ZÓ DOE JE DAT

ZÓ DO

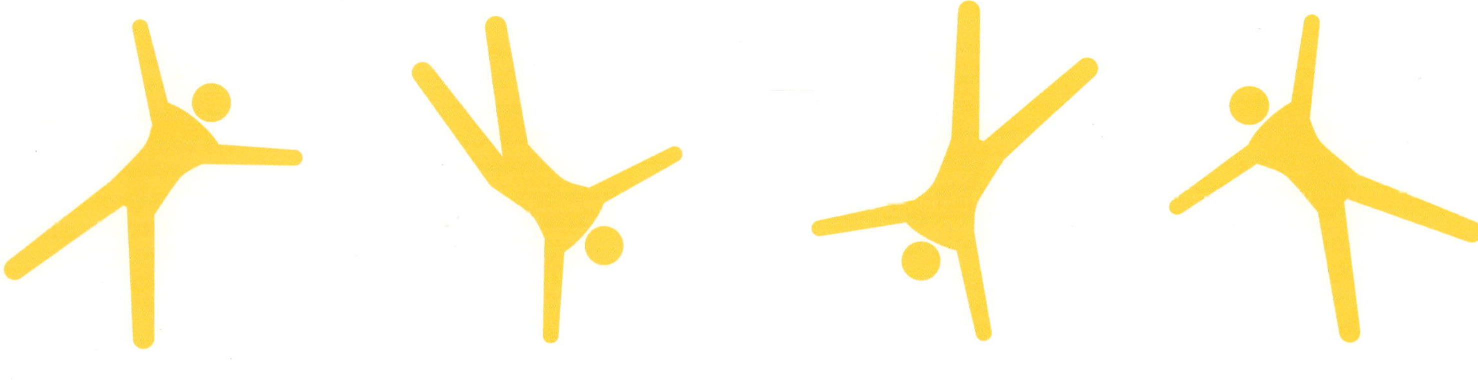

E JE DAT

500 ONMISBARE, OVERBODIGE EN *best wel* HANDIGE DINGEN DIE JE ÉCHT MOET KUNNEN

DEREK FAGERSTROM, LAUREN SMITH & THE SHOW ME TEAM

TERRA

Zó doe je dat…

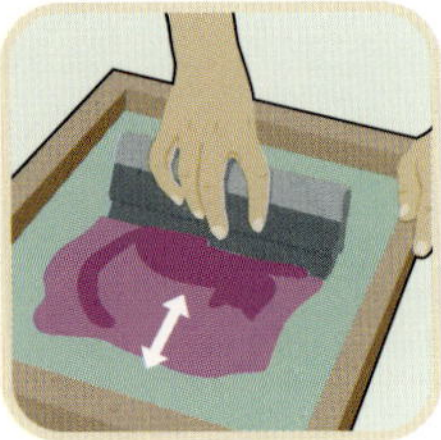

kunst

handvaar-
digheid

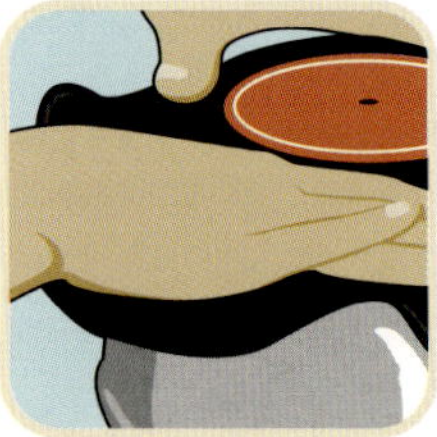

proefjes

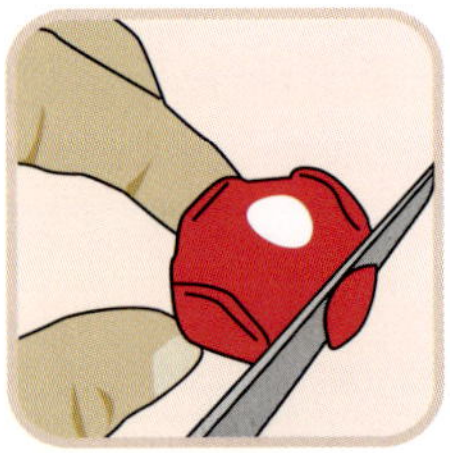

keukentips

Maken

Eten

Drinken

koken

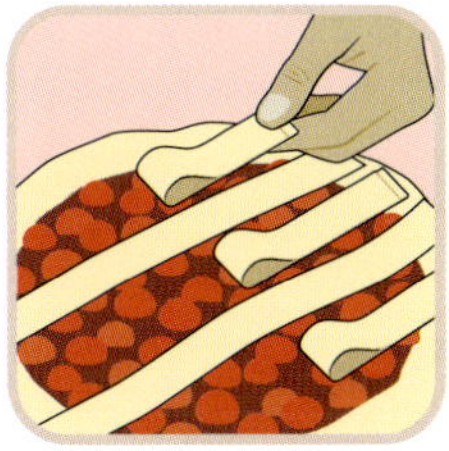

bakken

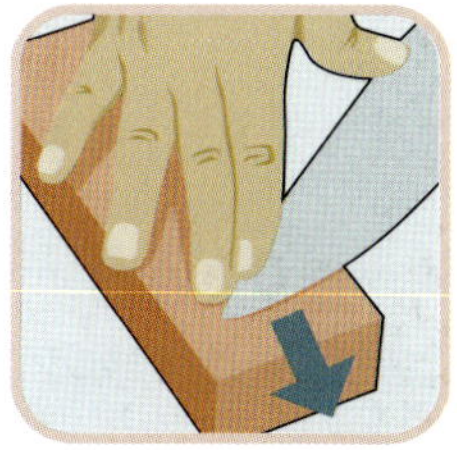

cocktails

koffie en thee

wijn

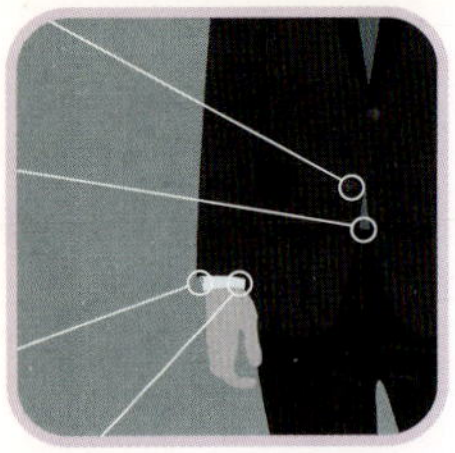

kleding

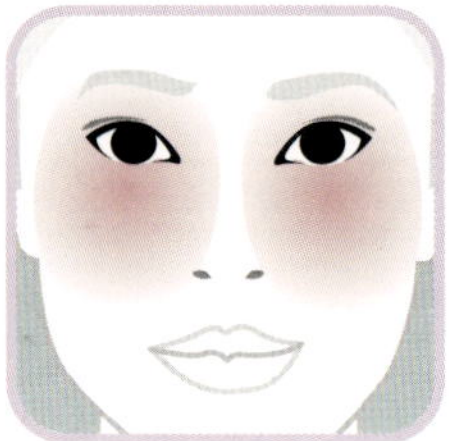

haar

make-up

flirten

daten

Opdoffen

Liefhebben

Nestelen

Verzorgen

trouwen

interieur

klussen

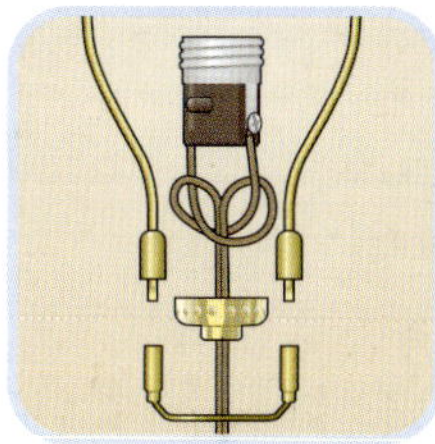

elektriciteit

planten

huisdieren

ouderschap

sporten

gezondheid

Welvaren

Gaan

EHBO

reizen

cultuur

vrije tijd

navigeren

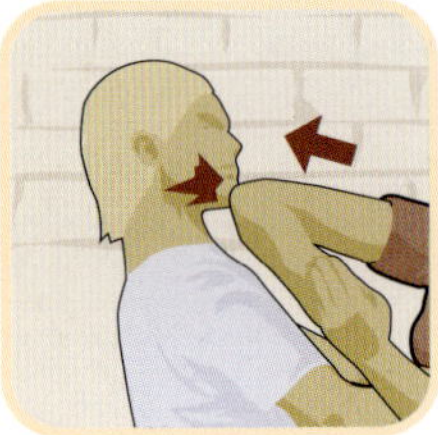

zelfverdediging

jungle

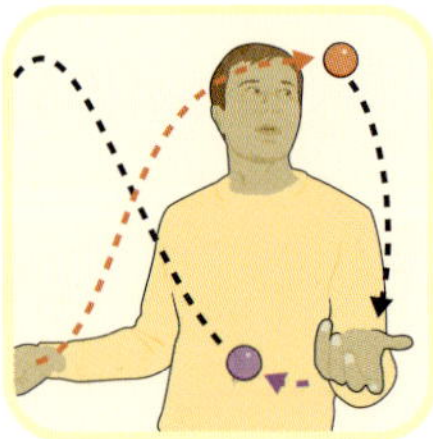

trucs

Overleven

Imponeren

481 Schaduwen werpen met je handen
482 Geluidseffecten bij een film maken
483 Een muntstuk wegtoveren
484 De illusie wekken dat je zweeft
485 Jezelf bevrijden uit een dwangbuis
486 Het laken van een gedekte dis rukken
487 Een valse vingerafdruk maken
488 Een cilinderslot openmaken
489 Een leugenaar ontmaskeren
490 Een 180-gradenslip maken
491 Een wheelie maken
492 Een donut maken
493 Vuur spuwen
494 Lopen op het wiel van je eenwieler
495 Jongleren met drie ballen
496 Een menselijke kanonskogel worden
497 Een ollie maken als een pro
498 Een feeble grind wagen
499 Een180-kickflip maken
500 Een handstand fingerflip maken

geintjes

stunts

benodigd-
heden

register

Noot van Derek en Lauren

8 Vreemde snuiters kleien

Eigenlijk waren we altijd al bezig met het verzamelen en uitwisselen van bijzondere, gekke en soms zelfs (enigszins) nuttige kennis. Onze enorme leergierigheid heeft er zelfs toe geleid dat we elke maand samenkomen met vrienden om elkaar coole, af en toe tamelijk bizarre dingen te leren – van het zelf maken van jam (lekker!) tot het vouwen van ballondieren (waarmee je op kinderen én volwassenen diepe indruk maakt!). Met elkaar hebben we ook een leuk winkeltje in spullen waarmee we mensen aansporen allerlei aparte dingen te doen, zoals portemonnees knutselen van ducttape, kleine figuurtjes haken en muziekinstrumenten bouwen. En dus reageerden we enthousiast toen we werden benaderd om dit fantastische boek samen te stellen. De mensheid heeft zo duidelijk behoefte aan heldere stapsgewijze instructies voor het kleien van vreemde snuiters (activiteit 8), het weven van een kleed van plastic tasje (238) en het voorkomen van een panteraanval (434).

238 Een kleed van plastic tasjes weven

We durven zelfs te wedden dat je, voordat je dit las, al een paar keer door het boek hebt gebladerd en wat handige kennis hebt opgedaan. Ben je net als Derek vastbesloten je algemene kennis te vergroten, dan lees je het boek helemaal, van begin tot eind. Wil je jezelf alleen verbeteren op bepaalde gebieden, zoals Lauren, dan zoek je gewoon op onderwerp. Of nog beter: nodig wat vrienden uit en duik met z'n allen in het boek! *Zó doe je dat* wil je kennis verrijken, je vermaken en je zo nu en dan verbluffen. Dus als het boek jou weet te pakken elke keer dat jij het erbij pakt (of je stimuleert om weer een paar gekke of wonderbaarlijke dingen te leren), dan is onze missie volbracht.

434 Een panteraanval voorkomen

DEREK mag graag zijn bijen verzorgen (activiteiten 278 en 333), zijn zaag laten zingen (469) en opgaan in zijn passies voor koffie (126-130) en kamperen (402-404). Hij is zeer verheugd dat hij door dit boek zijn kennis van knopen leggen heeft opgevijzeld (395) en wacht met smart op het moment dat hij zijn nieuwverworven talent voor het oppakken van egels kan aanwenden (287).

LAUREN is een geboren fröbelaarster: urenlang zoet met breien (48), borduren (50) of het maken van papieren creaties (18). Ze laat geen gelegenheid onbenut om haar gereedschapskist tevoorschijn te halen en heeft zich voorgenomen om in elke kamer van het huis een dimmer te installeren (239). En hoewel ze niet terugschrikt voor een behangklus (221), hoopt ze van haar levensdagen geen haai van zich te hoeven afslaan (452) – maar ze is blij te weten hoe te handelen mocht het ooit zover komen.

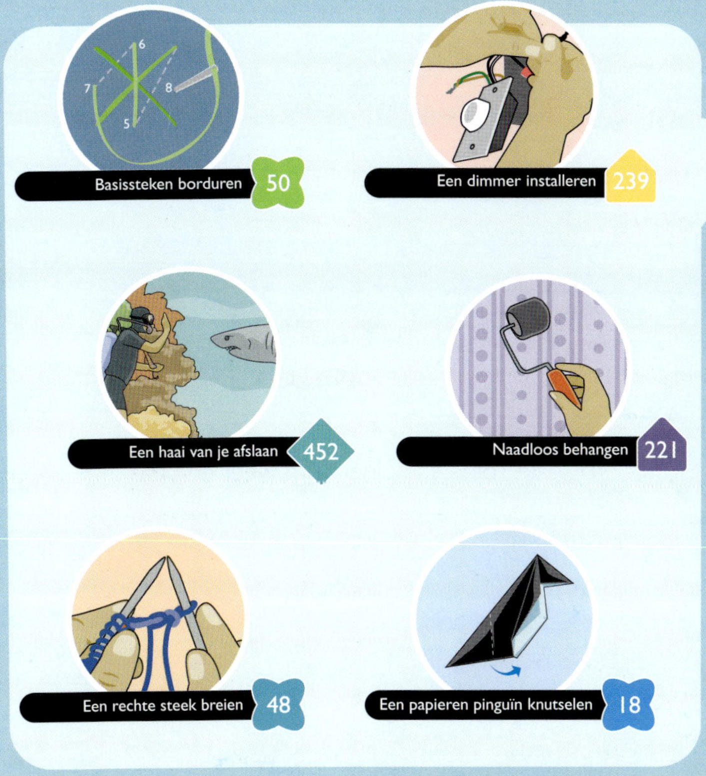

Zó doe je dat is een nieuw type boek, waarin vrijwel elk brokje informatie is geïllustreerd. En hoewel de afbeeldingen meestal voor zich spreken, is het soms nuttig te weten hoe aanvullende informatie is uitgebeeld.

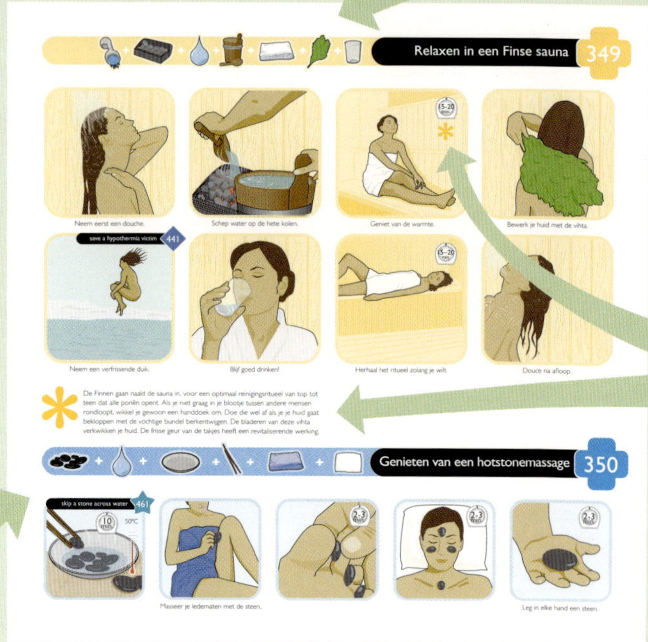

VERWIJZINGEN Het een leidt vaak tot het ander. Daarom verwijzen we steeds naar gerelateerde, nuttige of anderszins interessante activiteiten.

Een steen over water keilen 461

BENODIGDHEDEN De balk met benodigdheden toont alles wat je nodig hebt om de activiteit uit te voeren. Vind je het lastig de benodigdheden te ontcijferen? Blader dan naar het handige overzicht achter in het boek.

MEER INFORMATIE Is er iets heel belangrijks dat je moet weten over de activiteit – of valt er iets noemenswaardigs te melden – zoek dan naar de tekst met een *.

CLOSE-UPS In cirkels vind je belangrijke informatie over specifieke handelingen – óf absolute don'ts.

MEETKUNDE Met de handige tekeningetjes van de hoeken zit je altijd goed – of in elk geval in de juiste richting! En als het om de verhoudingen gaat? Dan zoek je naar aanwijzingen zoals 3:1. Steken de hoeveelheden heel nauw, dan staan ze rechts in de kaders aangegeven.

3:1 240-475 ml

SYMBOLENWIJZER In het hele boek vind je symbolen die je helpen bij belangrijke aspecten als tijdsduur, hoeveelheid, veiligheid en meer. De onderstaande symbolen kom je in het boek tegen.

!	Gevaar! Doe dit niet als je onervaren of onbevoegd bent.	2-3 min	Op het klokje zie je hoeveel tijd een relatief korte handeling in beslag neemt.
	Die lucht! Zet van tevoren een raam open.		De kalender laat zien hoeveel dagen, weken of maanden een activiteit duurt.
9-1-1	Bel 112 voor hulp als je je in deze noodsituatie bevindt.		De thermometer geeft steeds de juiste temperatuur aan.
×2	Herhaal de beschreven handeling het aantal aangeven keren.		Hoe heet? Kook op respectievelijk laag, matig of hoog vuur.
kopieer!	Deze bladzijde dient als sjabloon. Kopieer of scan hem (vergroot hem zo nodig) en volg de verdere aanwijzingen.		Van een vleesthermometer lees je af wanneer het voedsel gaar is.

OPMERKINGEN De activiteiten in dit boek dienen uitsluitend ter vermaak. Houd steeds het volgende in acht:

- **GEVAARLIJKE ACTIVITEITEN** Bepaalde activiteiten in dit boek zijn niet alleen gewaagd, maar ronduit krankzinnig. Voordat je iets nieuws gaat ondernemen, moet je je bewust zijn van je beperkingen én op de hoogte zijn van alle bijkomende gevaren. (En sla 493 in vredesnaam over.)
- **DESKUNDIG ADVIES** Hoewel elk item uitvoerig is gecheckt, dienen de activiteiten in dit boek op geen enkele wijze ter vervanging van professioneel advies op het gebied van gezondheid, koken, mode, diergeneeskunde, cocktails, sport, auto's en romantiek – of welk ander gebied dan ook.
- **FYSIEKE EN GEZONDHEID-GERELATEERDE ACTIVITEITEN** Raadpleeg een arts voordat je begint aan een gezondheid- of dieet-gerelateerde activiteit, of enige andere handeling die lichamelijke inspanning vergt. Vooral als je conditie dit niet of onvoldoende toelaat – of als je niet voor schut wilt staan (471).
- **TOEZICHT DOOR EEN VOLWASSENE** De activiteiten in dit boek zijn bedoeld voor volwassenen; kinderen mogen ze alleen uitvoeren onder toezicht. Aan een groot deel van de activiteiten kunnen volwassenen zich misschien beter helemaal niet wagen (zie 433).
- **WETSOVERTREDING** De informatie in dit boek mag niet worden gebruikt om wetten of regels te overtreden. Met andere woorden: ben je in New York City, dan kun je activiteit 500 maar beter laten.

maken

2 Een schommelband ophangen

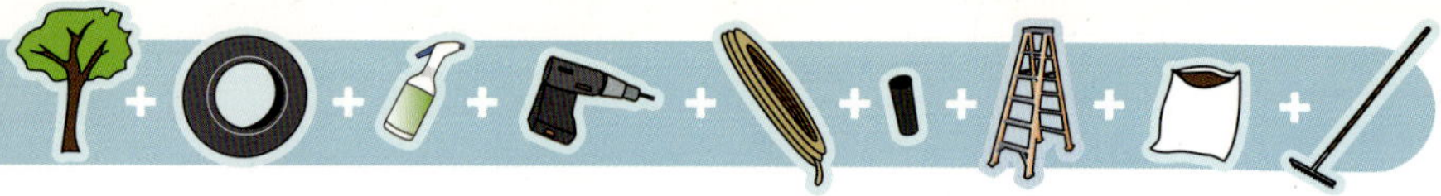

Zoek een stevige, hoge tak.

Boor drie gaten voor de waterafvoer.

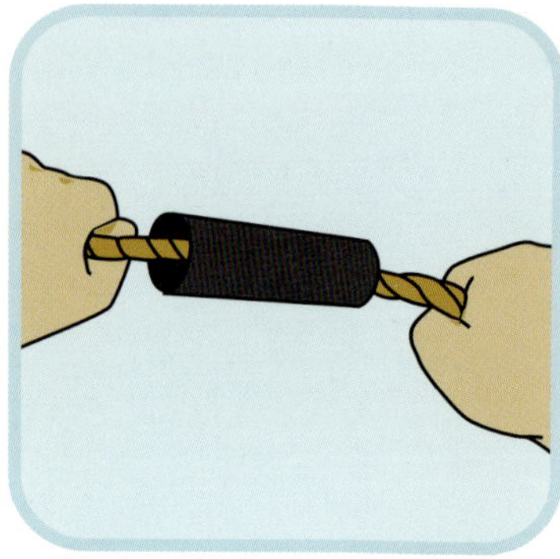

Voorkom dat de schors het touw slijt.

Maak vast met een platte knoop.

Hang op met de gaten naar beneden.

Houtsnippers garanderen een zachte landing.

3 Mooie bloemen drogen

Leg op krantenpapier; vouw dubbel.

Laat drogen.

Bevestig op zuurvrij papier.

piep!

5 Kralen van klei maken

219 De kleurentheorie ophalen

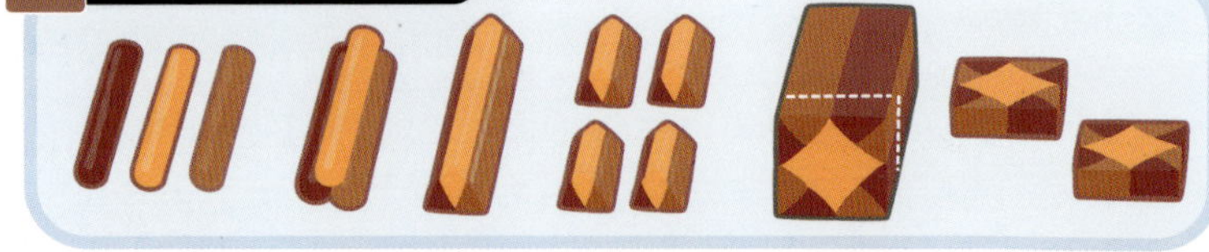

7 Dieren van klei boetseren

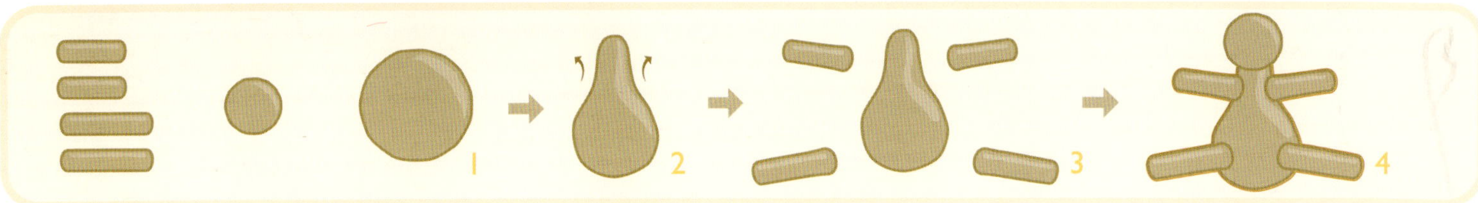

hond

kat

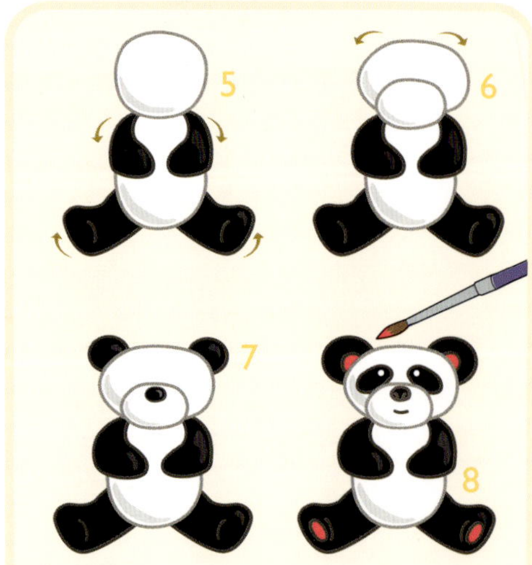

pandabeer

Kleikralen rijgen 6

Maak als de klei nog zacht is met een dikke naald gaatjes in de kralen.

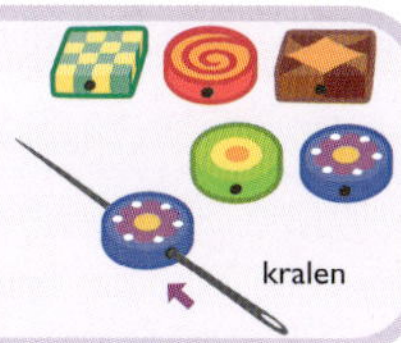

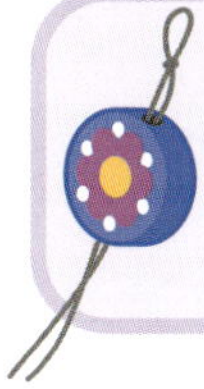

1 Maak een lus, leg een knoopje en haal door de kraal.

2 Leg nog een knoop, rafel het uiteinde en knip netjes bij.

De draad moet ruim om je hals passen. Knoop de uiteinden aan elkaar vast of breng een sluitinkje aan.

* Vrolijk je creaties op met details van klei – zoals oogjes, knopjes, voeten, voelsprieten – en experimenteer met meerdere lagen en kleuren. Wat dacht je van röntgenogen voor je buitenaardse wezen, een raampje in je ruimteschip of een spiraalvormig cyclopenoog voor je monster?

Vreemde snuiters kleien 8

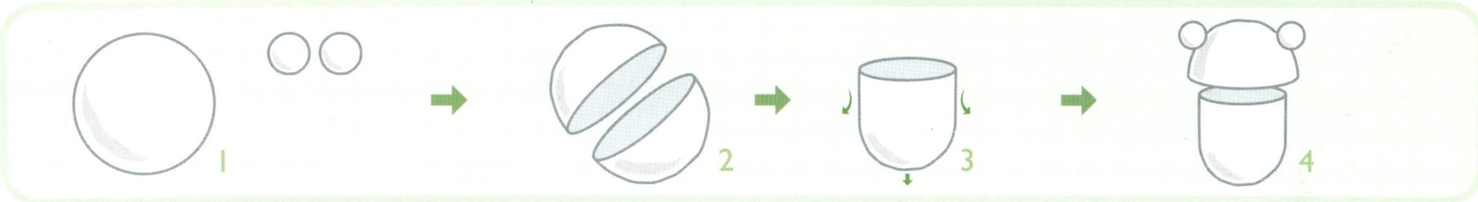

Graancirkels maken 477

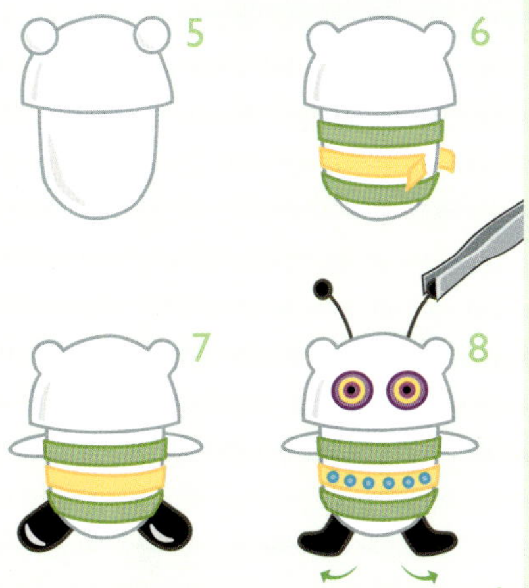

buitenaards wezen

ruimteschip

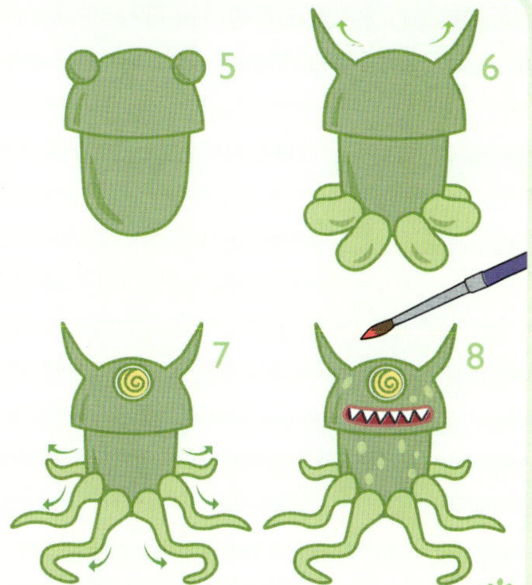

monster

9 Een enge voodoopop maken

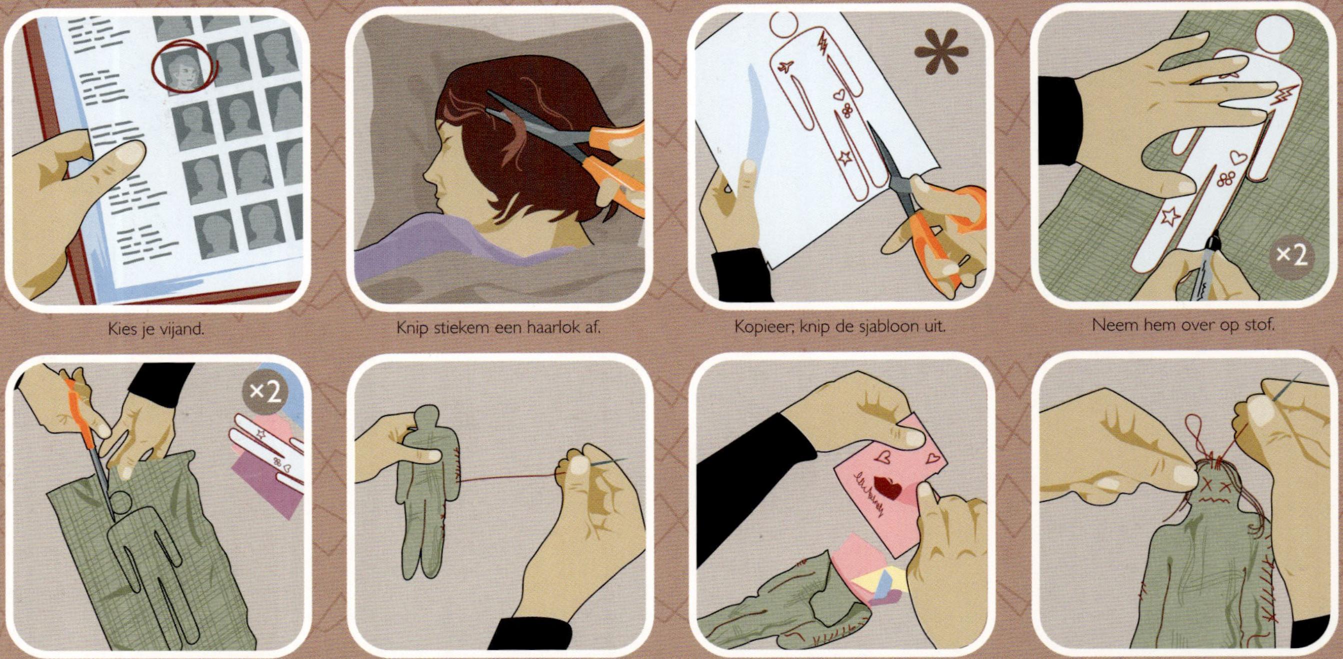

Kies je vijand.

Knip stiekem een haarlok af.

Kopieer; knip de sjabloon uit.

Neem hem over op stof.

Knip een voor- en achterkant uit.

Naai de stukken deels aan elkaar.

Vul de pop met belastend materiaal.

Tooi de pop met je vijands haar.

10 Je voodoopop gebruiken

Versier je pop met symbolen die je verlangens symboliseren. Kies vervolgens een speld uit en prik die in de juiste symbolen. Wat helpt, is zingen tijdens het uitspreken van je vervloekingen. Onthoud: zet je krachten slim in en betover erop los!

* Om je eigen voodoopop te maken hoef je alleen maar deze sjabloon over te nemen, in welk formaat je maar wilt. (Hoewel ze heel effectief zijn, zijn levensgrote voodoopoppen vaak lastig te verstoppen.)

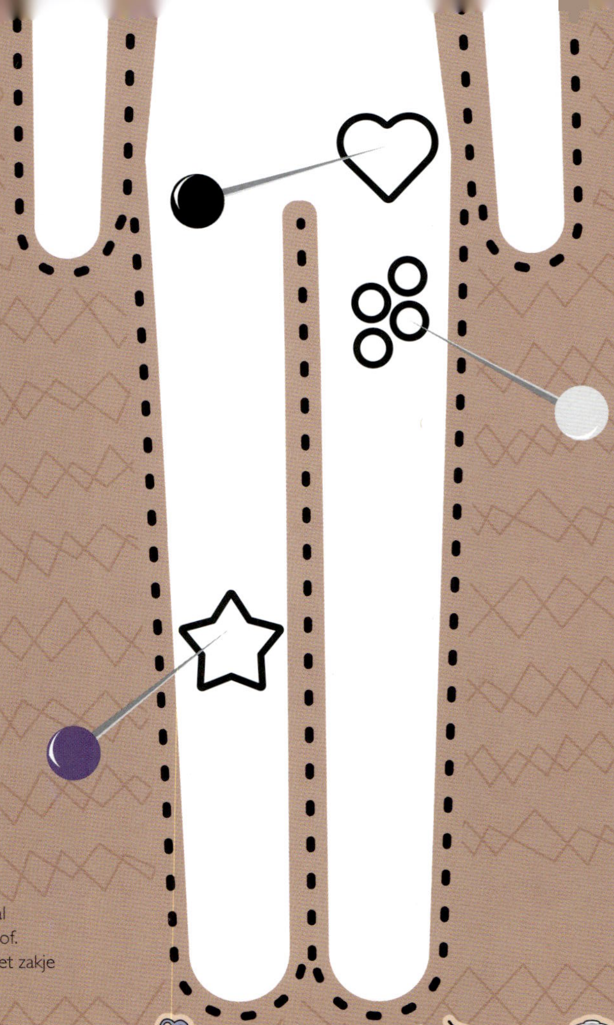

Past iemand voodoo op jou toe? Vul dan dit zakje met maximaal 13 voorwerpen, zoals stenen, kruiden of modder van een kerkhof. Daarmee houd je boze krachten op afstand. Vrouwen dragen het zakje links, mannen rechts.

11 Met een talisman kwaad afweren

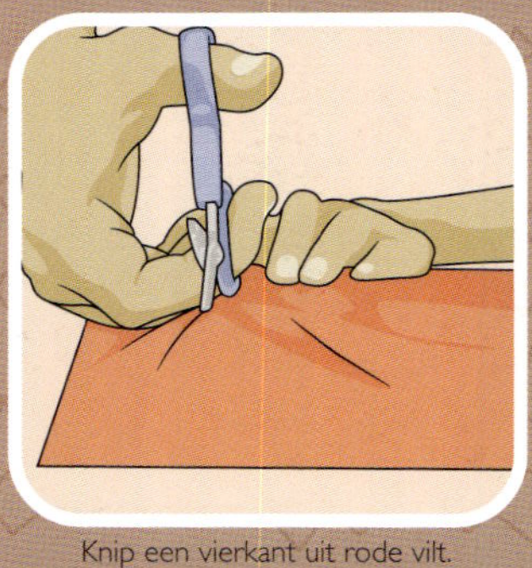

Knip een vierkant uit rode vilt.

Vul met een oneven aantal items.

Vouw tot een zakje en naai dicht.

252 Je met Brigids kruis beschermen

Speld aan de binnenkant van je shirt.

kopieer!

12 Ongezien afdrukken achterlaten

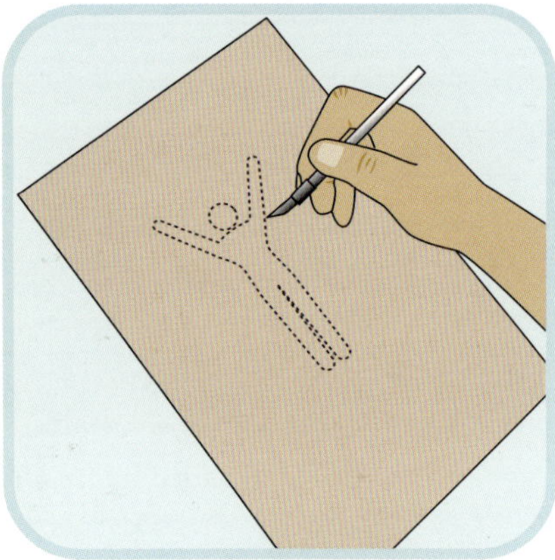

Ontwerp een tag en knip hem uit.

Haal de bodem uit een papieren tas.

Sluip in donkere kleren naar je bestemming.

Loop onopvallend weg.

13 Met onzichtbare inkt schrijven

Teken met het citroensap.

Geef aan een betrouwbare vriend.

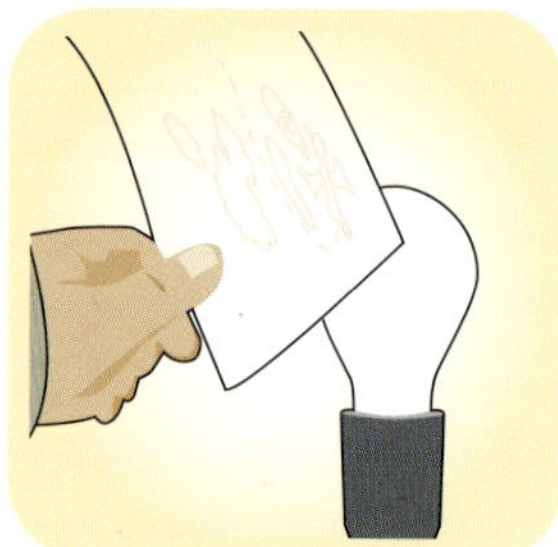

Een boek uithollen

14

Smeer lijm op de randen van de bladzijden.

Leg er een stuk karton tussen; laat drogen.

Snijd de bladzijden eruit.

Bestrijk de binnenkant met lijm.

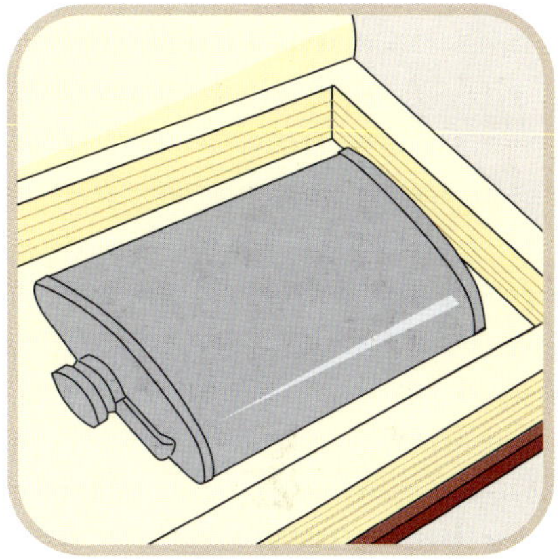

Verstop er voorwerpen in.

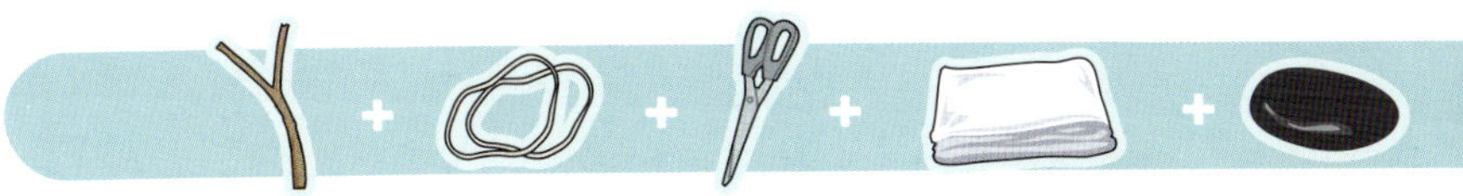

Een te gekke katapult maken

15

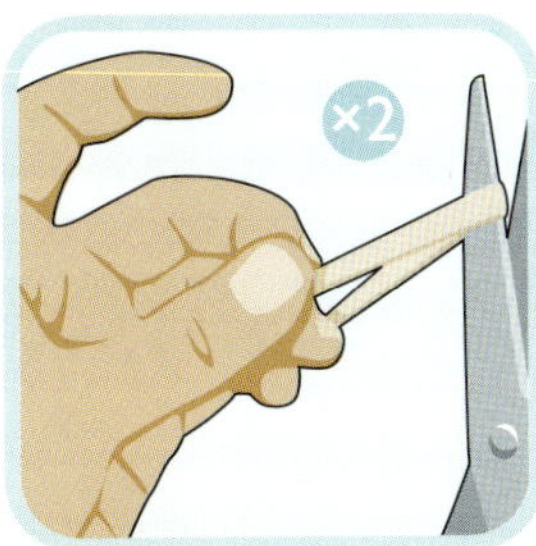

Knip de elastiekjes door.

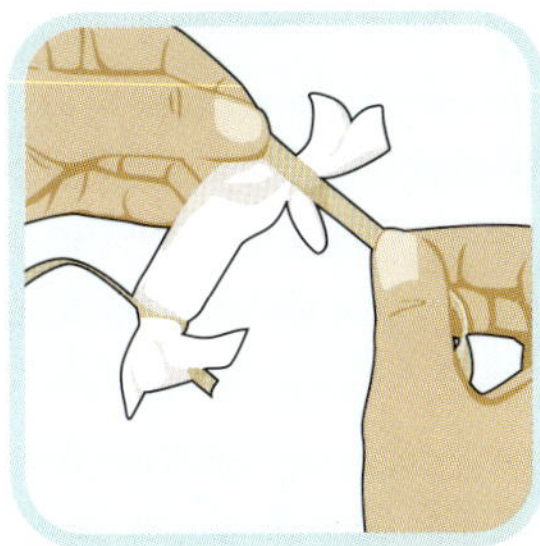

Knoop ze aan het stukje stof.

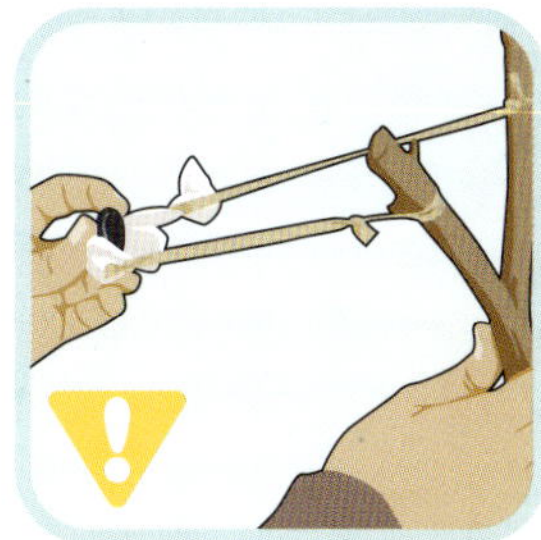

Zoek een steen – en een doelwit!

16 Een zestienpuntige ster vouwen

Deze vrolijke ster maak je in een handomdraai. Voeg extra punten toe voor een groter exemplaar. Of kies allerlei verschillende kleuren voor een nog feestelijker resultaat.

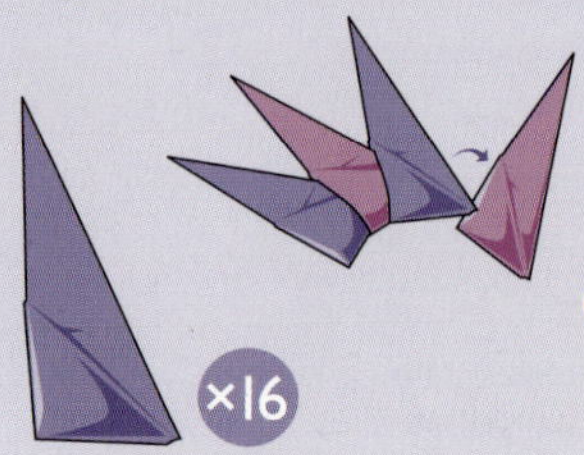

216 Een trouwring maken van papier

17 Een origamidoosje vouwen

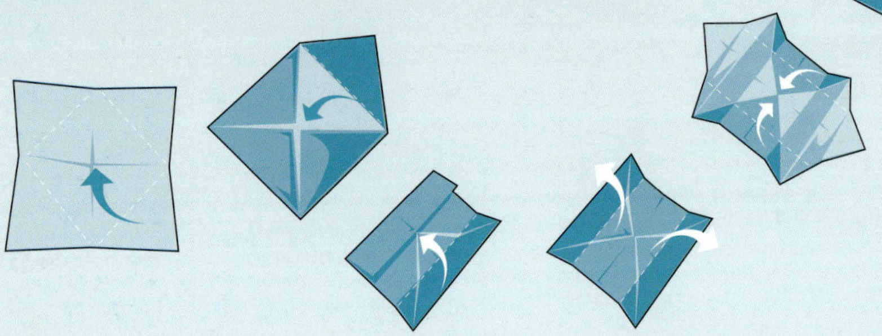

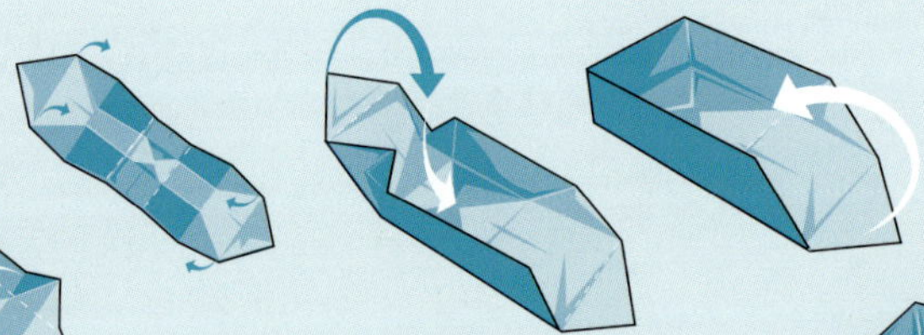

Voor het deksel van het doosje volg je dezelfde eenvoudige instructies. Druk tot slot de randen van het doosje iets naar binnen, zodat het deksel er goed op past.

18 Een papieren pinguïn knutselen

Als je deze jongen op de juiste manier vouwt, blijft hij mooi rechtop staan. Spreid de 'voet' iets voor extra steun.

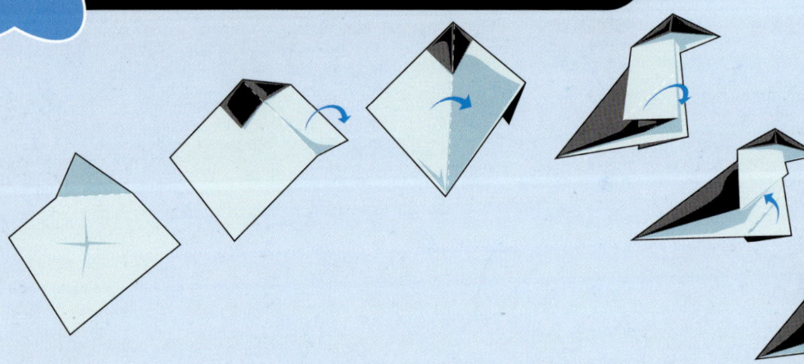

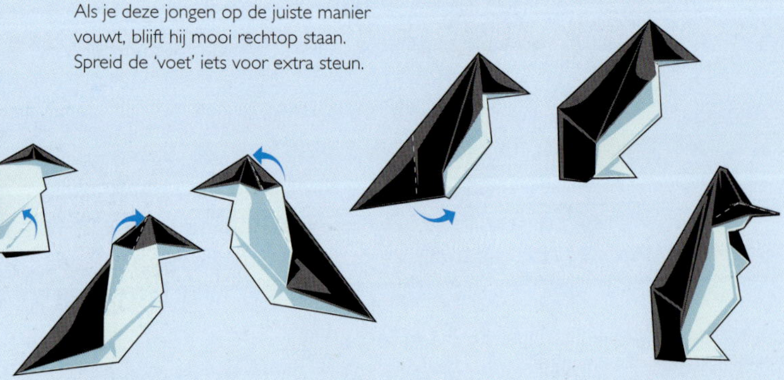

Een cool ontwerp zeefdrukken 19

Neem over op een overheadsheet.

Bestrijk met een emulsie.

Ook aan de achterkant. Laat drogen.

Plak de sheet vast op het frame..

Leg de glasplaat erop.

Leg onder een lamp van 250 watt.

Spoel goed af.

Leg het frame op papier.

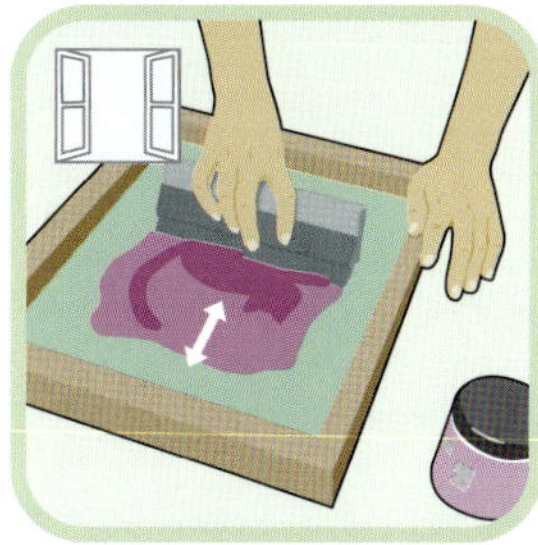

Bestrijk met inkt.

Je over een bange kat ontfermen 296

Haal het frame weg.

* Voor het beste resultaat kies je een grafisch eenvoudig ontwerp, zonder kleine details of letters die kunnen vervormen in het zeefdrukproces.

Een harmonicaboek binden 20

Maak een voor- en achterkant.

Vouw de bladzijden dubbel.

Lijm ze overlappend aan elkaar.

Plak ze in de kaft.

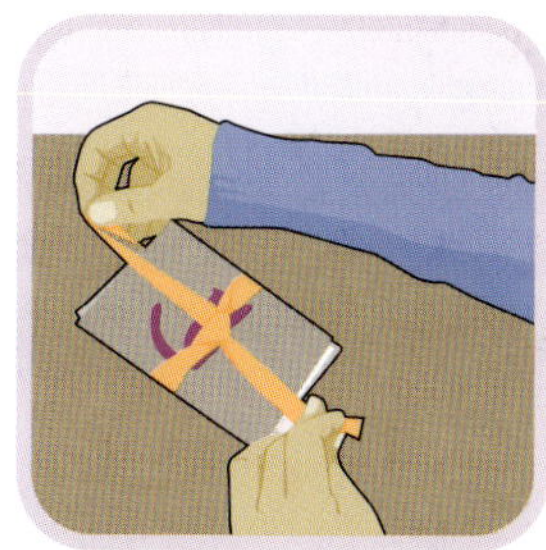

21 Een compactdiscobal maken

Omwikkel twee keer; knoop vast.

Plak op de piepschuimbal.

Plak de hele bal vol.

464 De moonwalk doen

Beentjes van de vloer!

22 Een elpeekommetje maken

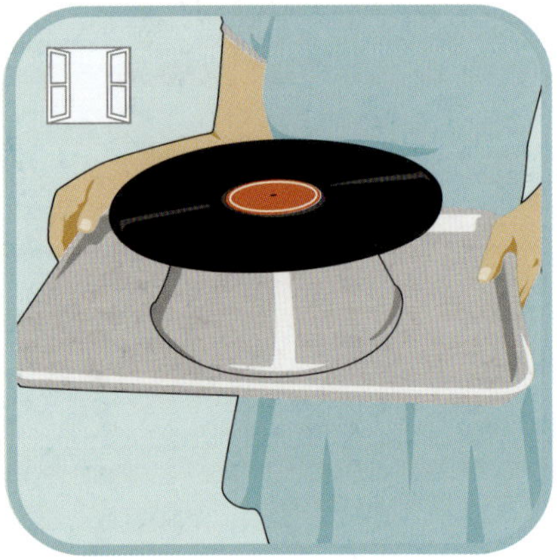

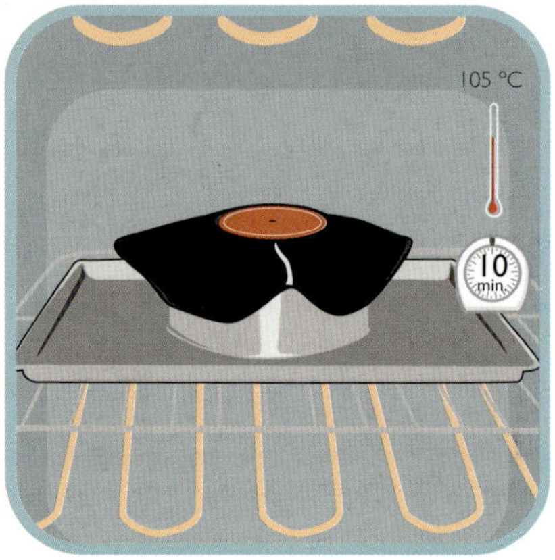

331 Eerstegraads brandwond behandelen

Vouw de lp voorzichtig over de kom.

Druk aan met een iets grotere kom.

Laat drogen

Draai om en gebruik ter decoratie.

Een didgeridoo van pvc-buis maken 23

Verhit tot de was buigbaar is.

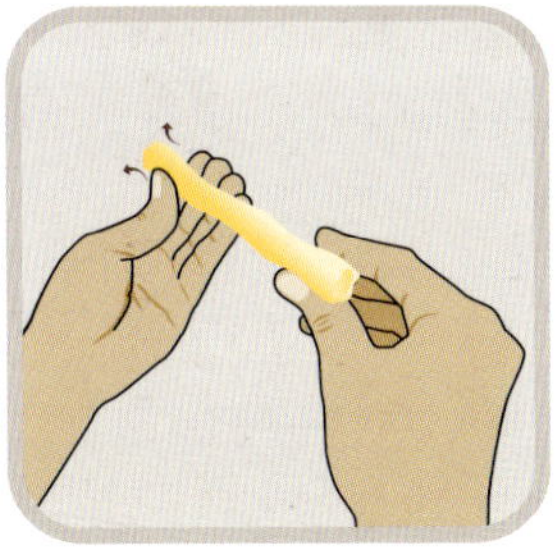

Kneed er een 'slang' van.

Vouw die rond het mondstuk.

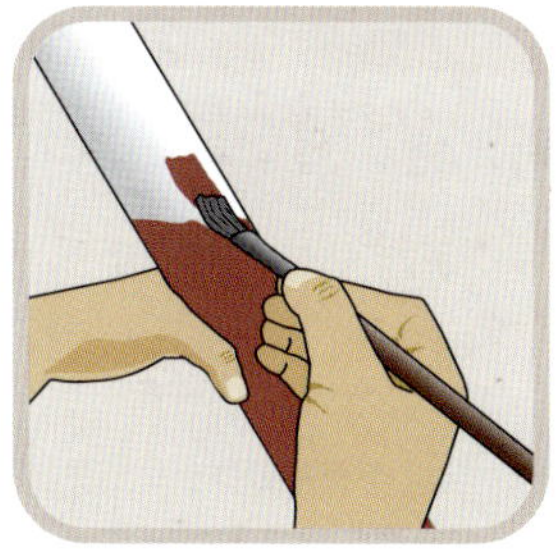

Sluit je lippen eromheen en blaas!

Het bijzondere, monotone geluid van de didgeridoo is het resultaat van een circulaire ademhaling. Als zijn longen bijna leeg zijn, slaat de didgeridoospeler zijn laatste adem op in zijn wangen. Daarna blaast hij langzaam uit terwijl hij inhaleert door zijn neus. Op deze manier is de luchtstroom constant en creëer je die heerlijke vibrerende tonen!

Een beurs van speelkaarten maken 24

Plak de kaarten op buigzaam karton.

Lamineer de achterkant.

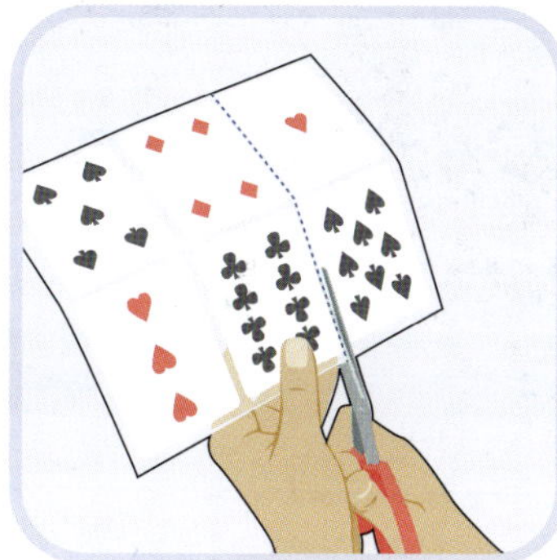

Vouw de vier kaarten; beplak de randen.

Tape de randen van het geldvakje.

Plak de onderkant dicht.

25 Een maliënbikini maken

1. Buig een ringetje open.
2. Hang er twee aan; sluit de schakel.
3. Ga door tot je een ketting hebt.
4. Bind twee kettingen samen.
5. Maak en verbind drie panelen.
6. Verbind de binnenste randen.
7. Maak aan elkaar vast.
8. Voeg alle stukken samen.

493 Vuur spuwen

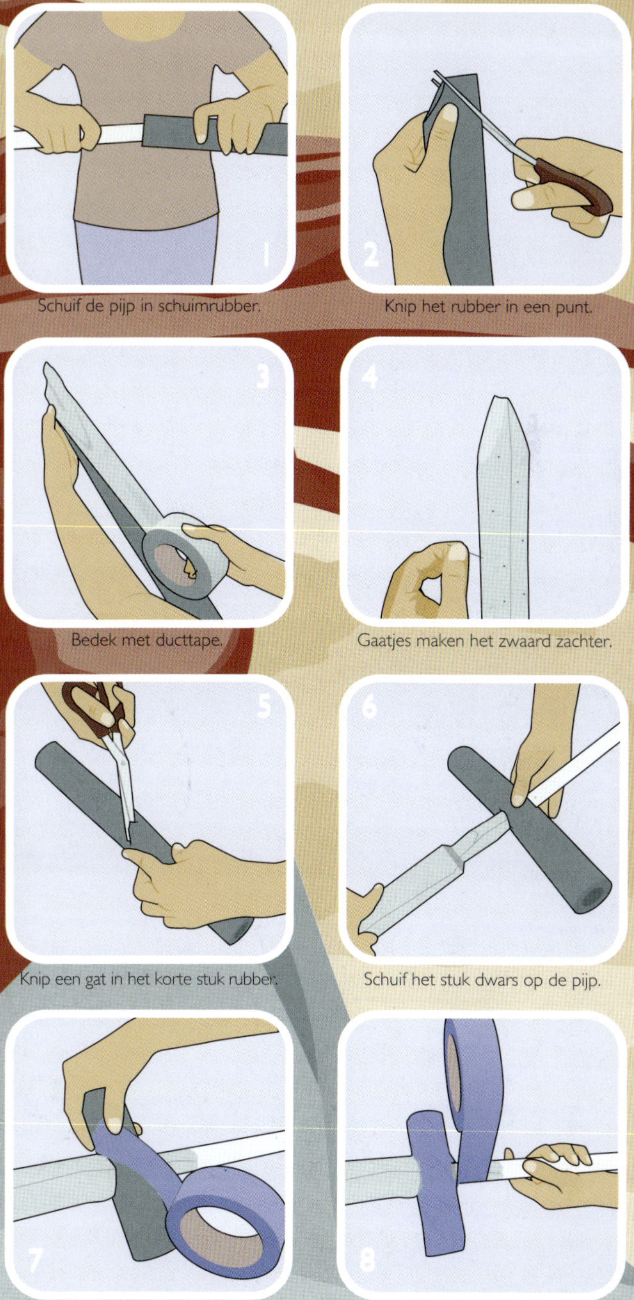

1. Schuif de pijp in schuimrubber.
2. Knip het rubber in een punt.
3. Bedek met ducttape.
4. Gaatjes maken het zwaard zachter.
5. Knip een gat in het korte stuk rubber.
6. Schuif het stuk dwars op de pijp.
7. Omwikkel het met tape.
8. Omwikkel het uitstekende handvat.

27 Een aardappelklok bouwen

Steek de gegalvaniseerde spijkers erin.

Vervolgens de koperdraden.

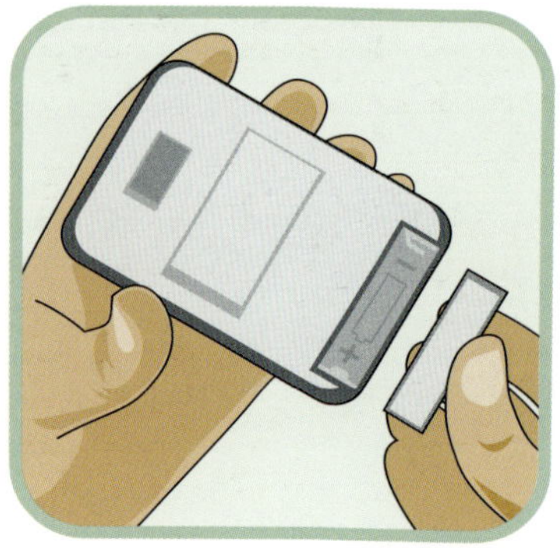

Open het batterijvakje.

Het zal je misschien verbazen, piepers die dienen als batterijen, maar het zijn niet de enige bijzondere voorwerpen die een digitaal klokje van stroom kunnen voorzien. Bijna alles geleidt voldoende elektriciteit. Probeer het maar eens met citrusvruchten, bananen, avocado's of zelfs spa rood. Belangrijk is dat je de gegalvaniseerde spijkers en de koperdraden zo ver mogelijk uit elkaar houdt: het is de tussenliggende afstand die de stroom opwekt.

28 Een roteerapparaatje laten lopen

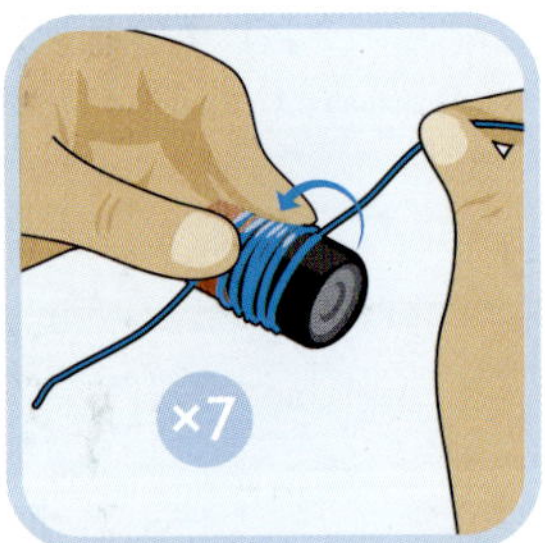

Omwikkel met elektriciteitsdraad.

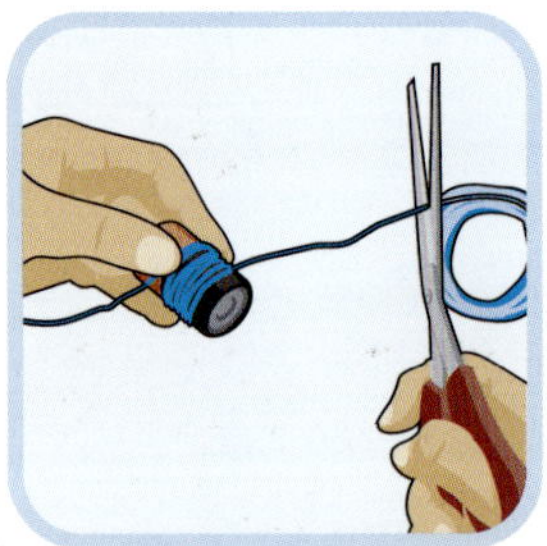

Knip af en verwijder de batterij.

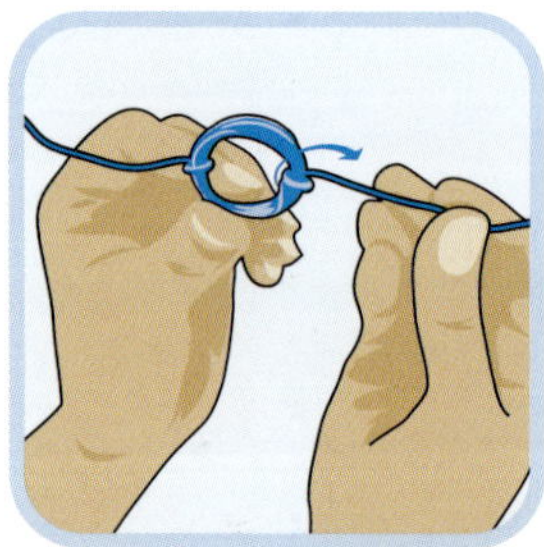

Haal door het ringetje.

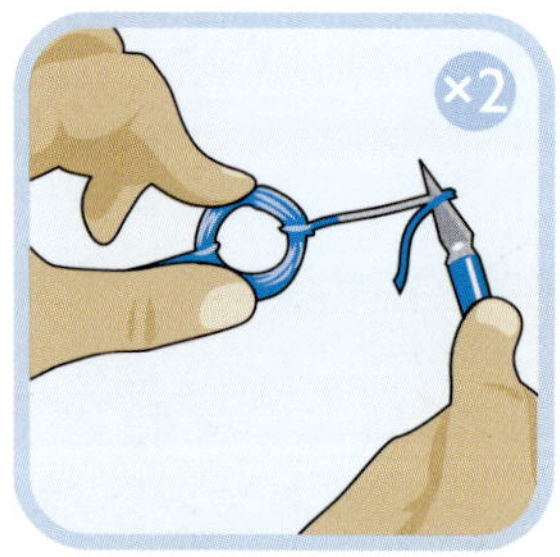

Snijd de isolatie eraf.

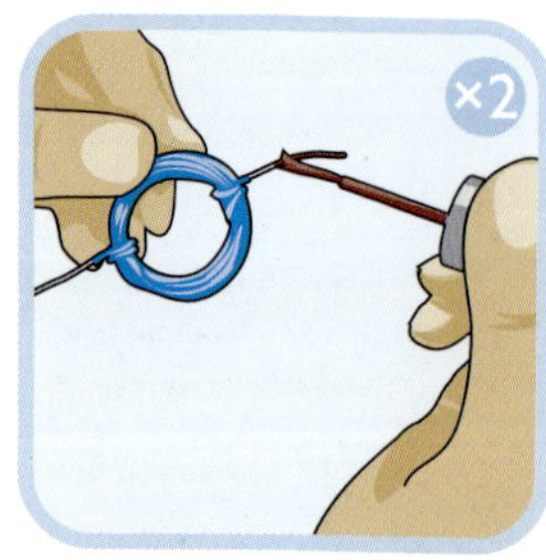

Bestrijk de uiteinden met nagellak.

Bevestig de batterij.

Daarna de veiligheidsspelden.

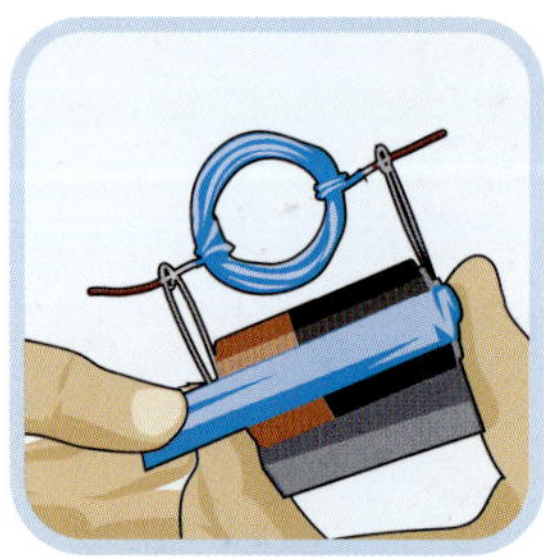

Voeg de ring toe en plak vast.

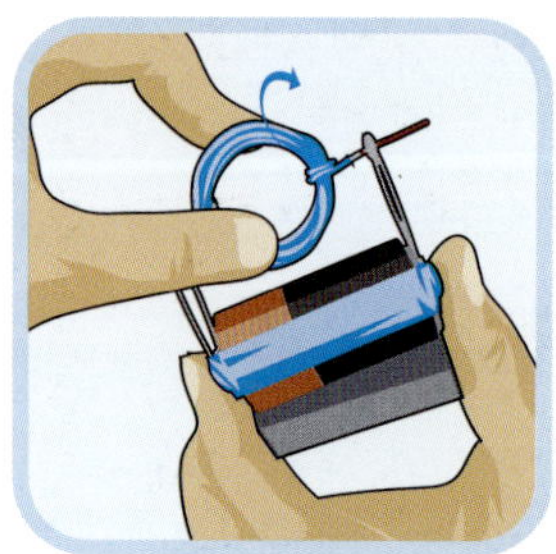

Geef het ringetje een zwieper.

En daar draait-ie!

Met startkabels je auto starten 399

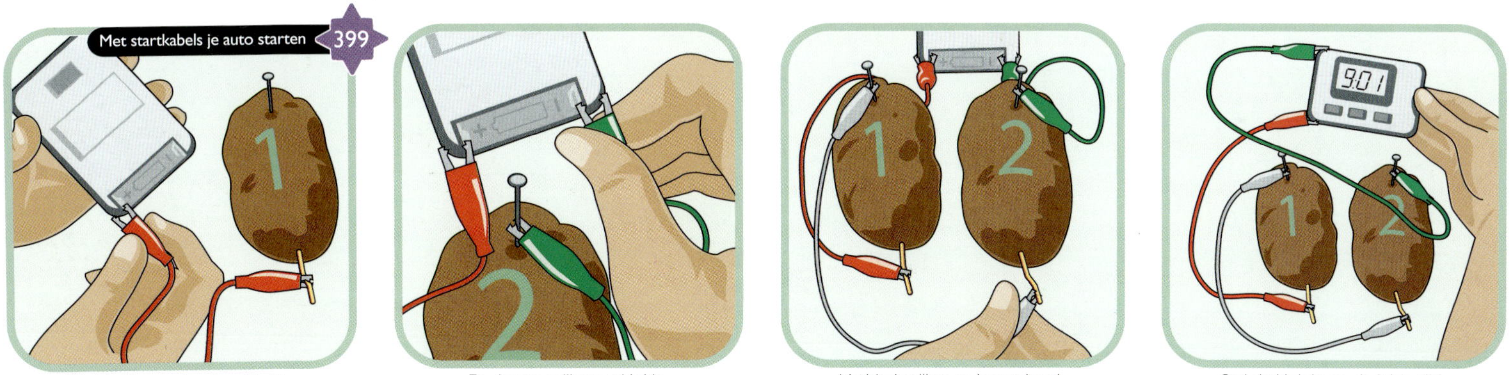

Verbind koperdraad en klokje.

En daarna spijker en klokje.

Verbind spijker en koperdraad.

Stel de klok in op de juiste tijd.

Een ontvanger bouwen 29

Deze ingenieuze apparaatjes zijn bedacht door soldaten die in de Tweede Wereldoorlog contact zochten met de buitenwereld. Naar sommige onderdelen (zoals het kristaloortelefoontje) zul je misschien even moeten zoeken, bijvoorbeeld via internet of in een elektronicawinkel.

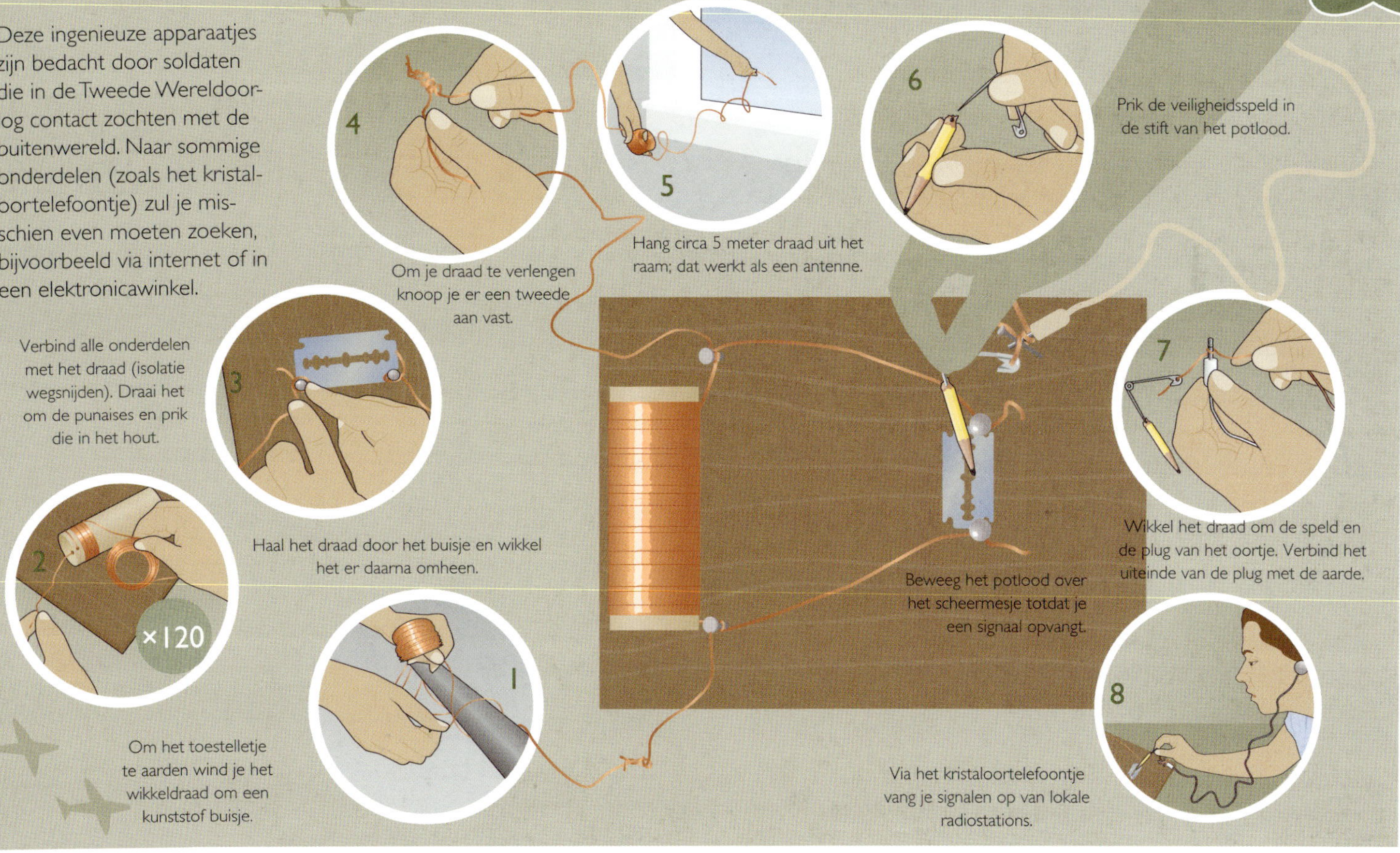

1 Om het toestelletje te aarden wind je het wikkeldraad om een kunststof buisje.

2 Haal het draad door het buisje en wikkel het er daarna omheen.

3 Verbind alle onderdelen met het draad (isolatie wegsnijden). Draai het om de punaises en prik die in het hout.

4 Om je draad te verlengen knoop je er een tweede aan vast.

5 Hang circa 5 meter draad uit het raam; dat werkt als een antenne.

6 Prik de veiligheidsspeld in de stift van het potlood.

Beweeg het potlood over het scheermesje totdat je een signaal opvangt.

7 Wikkel het draad om de speld en de plug van het oortje. Verbind het uiteinde van de plug met de aarde.

8 Via het kristaloortelefoontje vang je signalen op van lokale radiostations.

30 Een eclipskijker monteren

Beplak met een papieren 'scherm'.

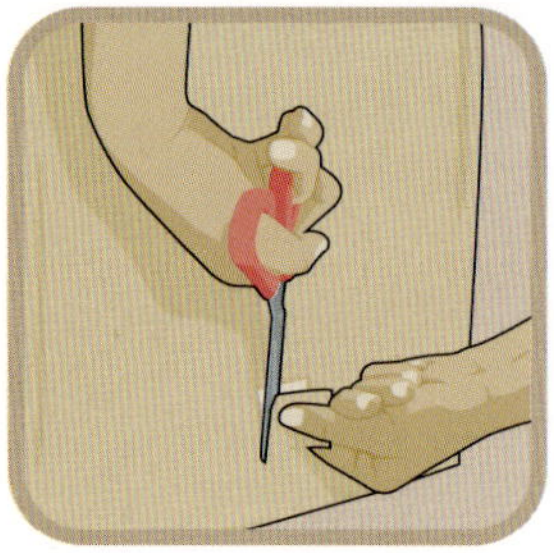

Knip een gat tegenover het scherm.

Bedek met folie en prik door.

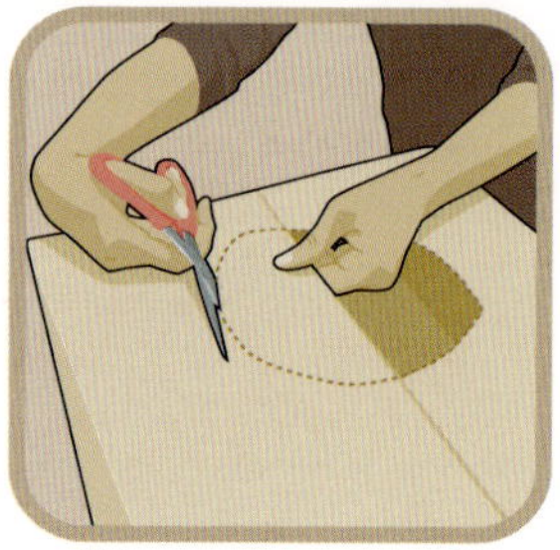

Knip een gat voor je hoofd.

Draai zo dat je de eclips ziet.

Een zonsverduistering ziet er spectaculair uit, maar is ook het laatste wat je ziet als je er rechtstreeks naar kijkt. Het gaatje in de doos projecteert het beeld van de eclips op het papieren scherm, terwijl je ogen beschermd worden tegen het verblindende licht. Hoe langer de doos, hoe groter het beeld.

31 Een spuwende vulkaan bouwen

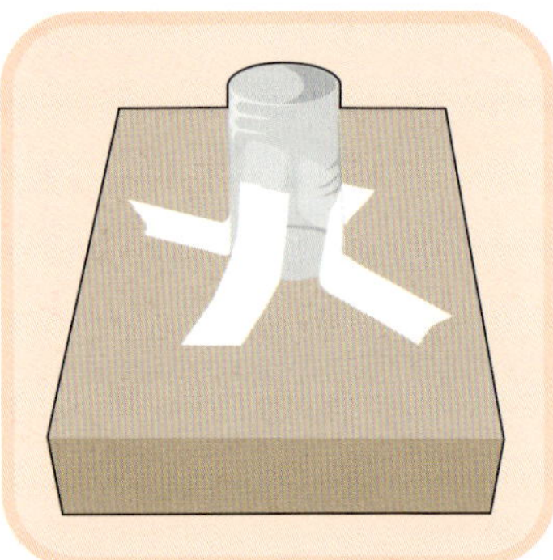

Plak een beker op een platte doos.

Plak een berg van kranten om de beker.

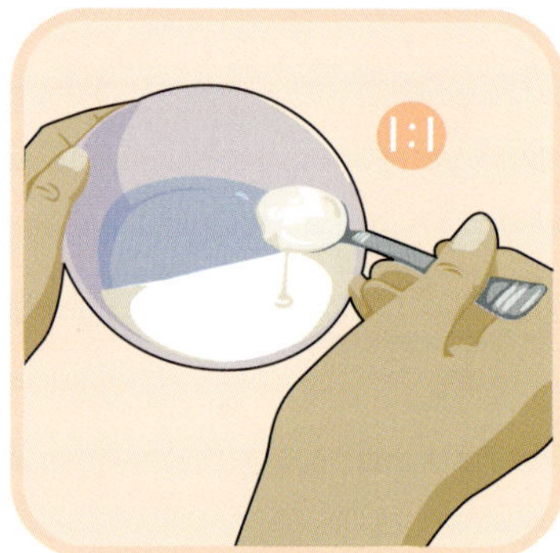

Roer een pasta van bloem en water.

Beplak de berg met stroken papier.

Verf de opgedroogde vulkaan.

Voeg dierenfiguren en planten toe.

Vul voor de helft met zuiveringszout.

Voeg azijn en kleurstof toe.

Een terrarium is een betoverende wereld in het klein, omsloten om van te genieten. Deze tropische variant is ingericht met planten die van een vochtige omgeving houden. Een woestijn-terrarium bevat groen dat houdt van warmte, zoals vetplanten. (Deze terraria kun je het beste onbedekt laten, zodat een teveel aan vochtigheid kan verdampen.)

Zaailingen verspenen 269

33 Een vriendschapsarmband vlechten

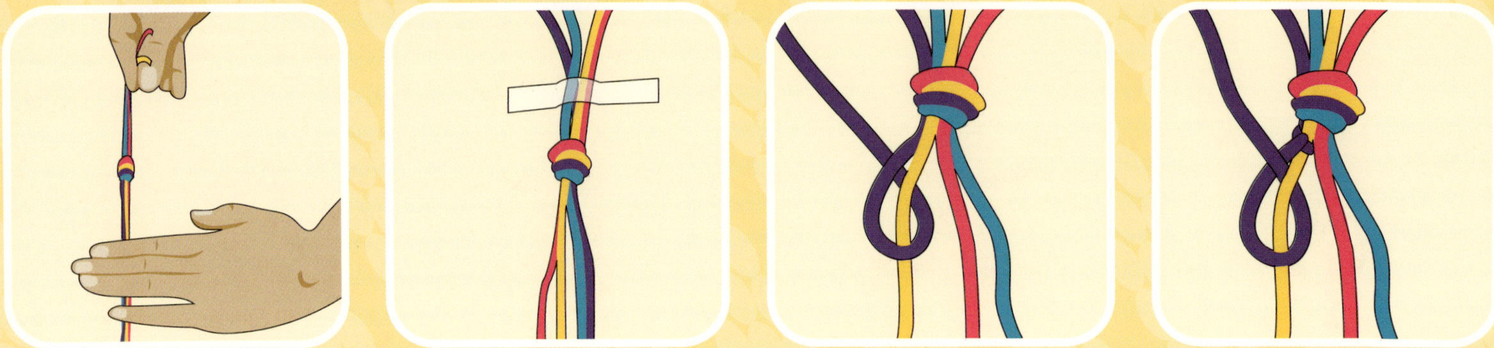

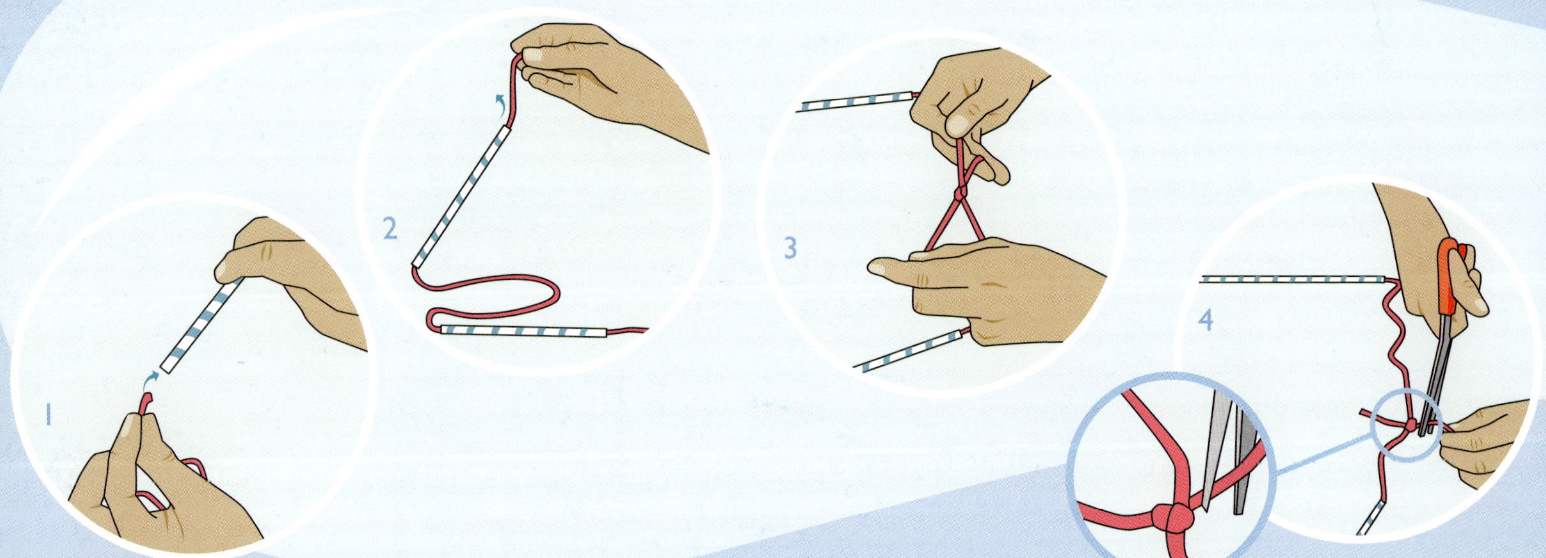

34 Een gigantische bel blazen

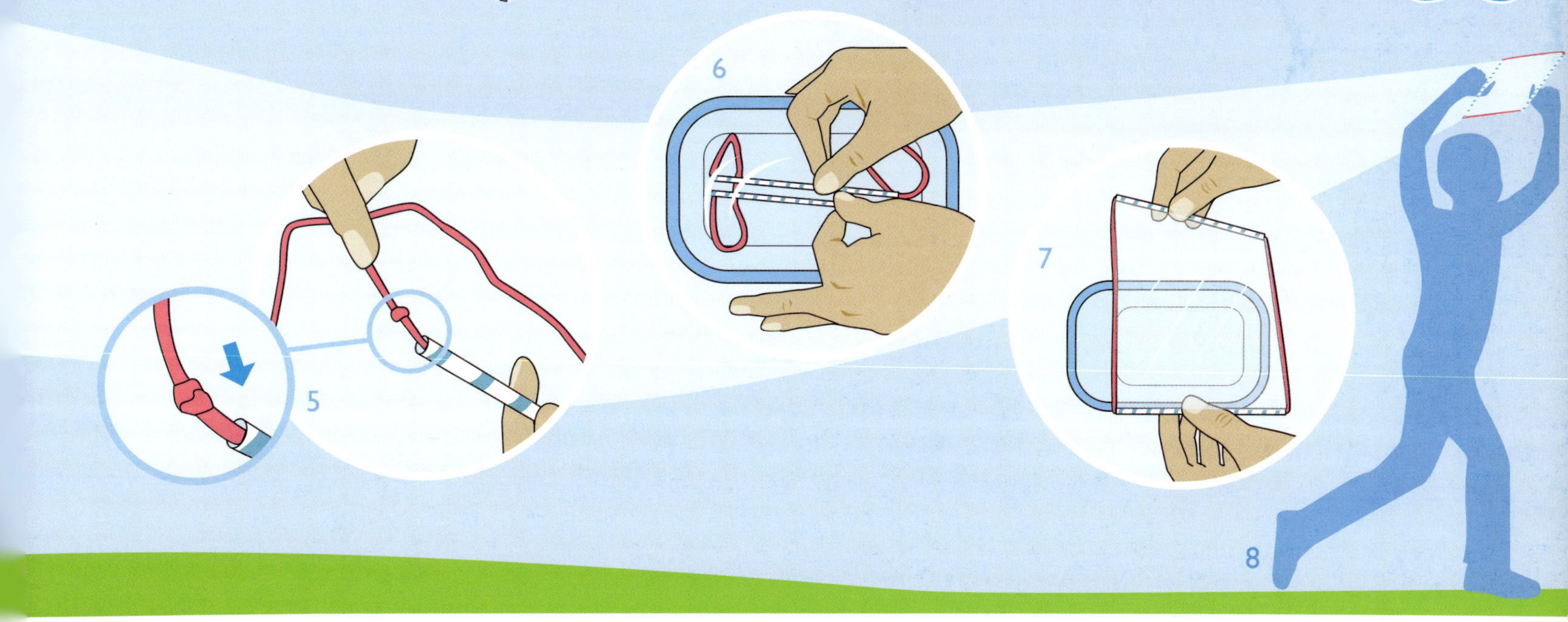

35 Een ballonhondje vouwen

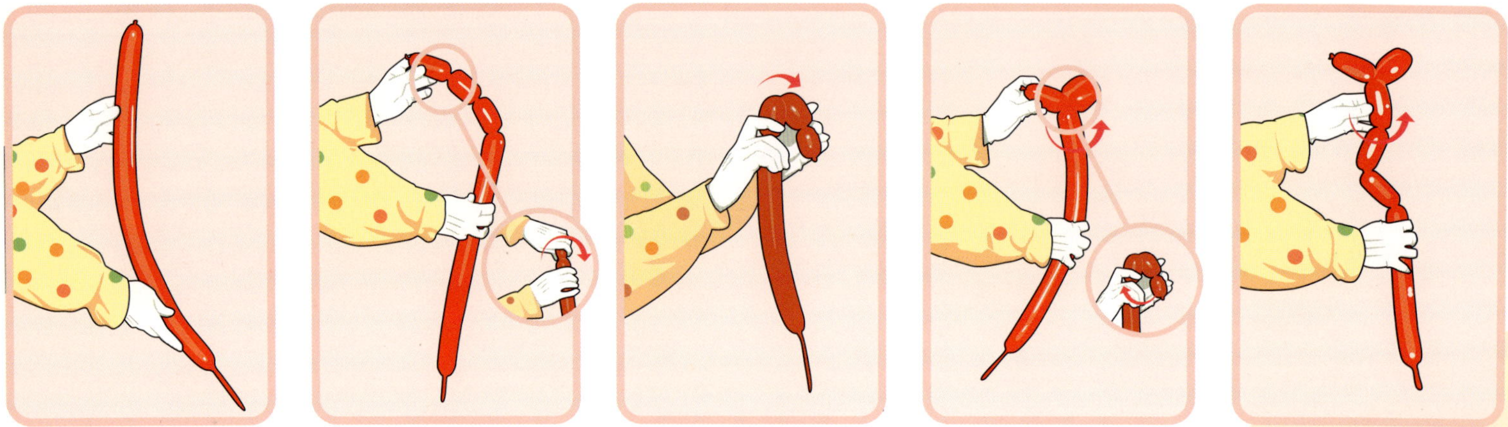

Blaas de ballon niet helemaal vol. | Draai drie bubbels. | Vouw twee bubbels terug. | Zet de eerste en derde bubbel vast.

291 Een vreemde hond begroeten

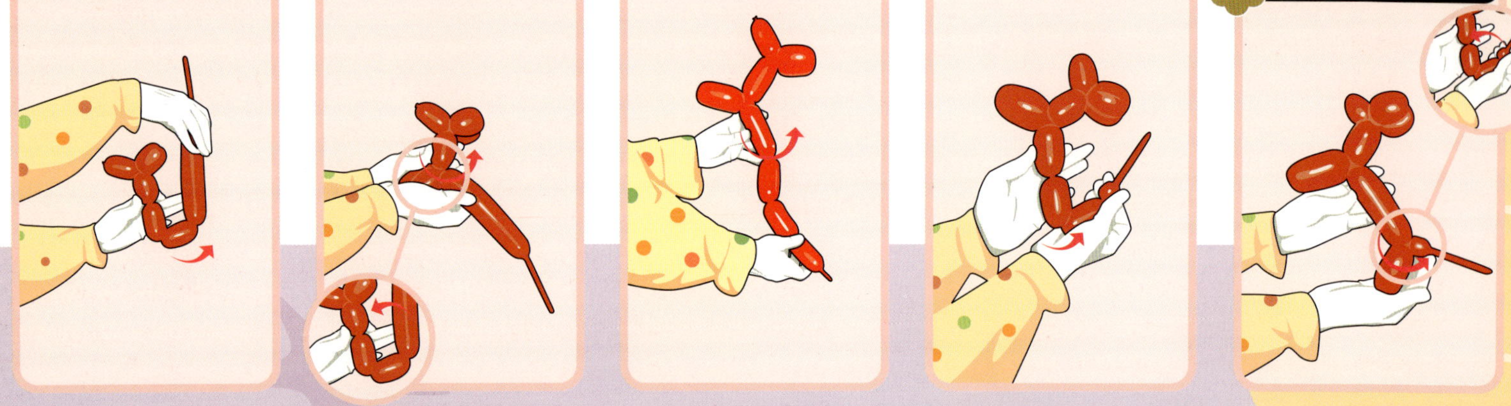

36 Kandij maken

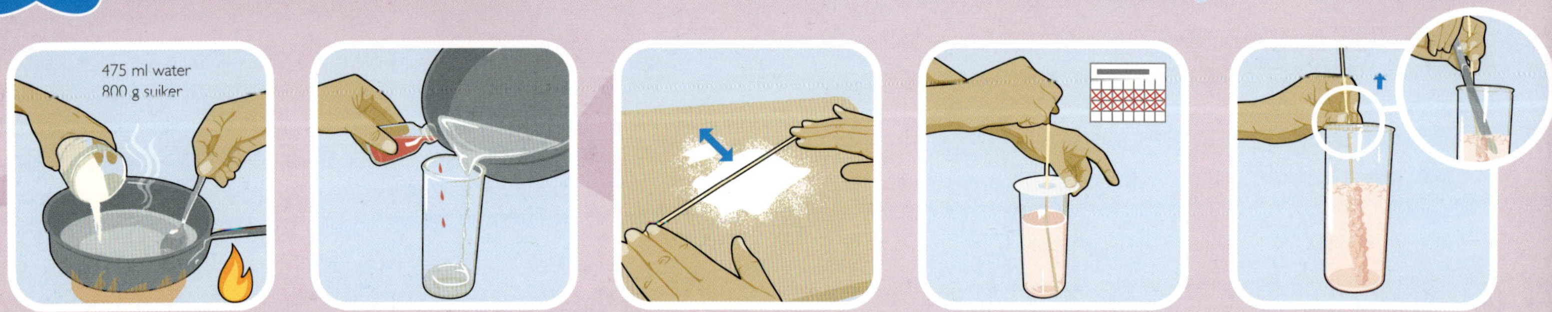

Los de suiker op in het water. | Vermeng siroop en kleurstof. | Rol het natte stokje door de suiker. | Dek af; steek het stokje erin. | Snijd het stokje uit voor gebruik.

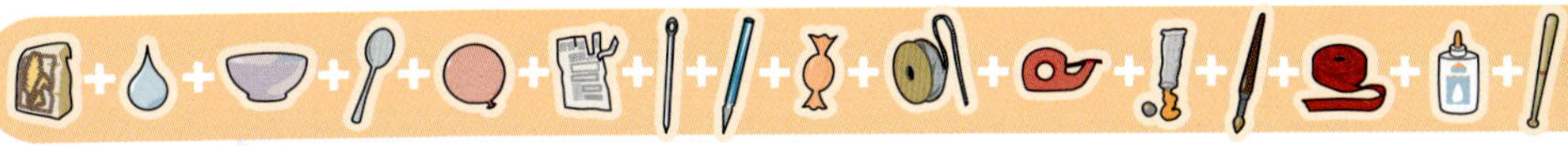

Een piñata knutselen 37

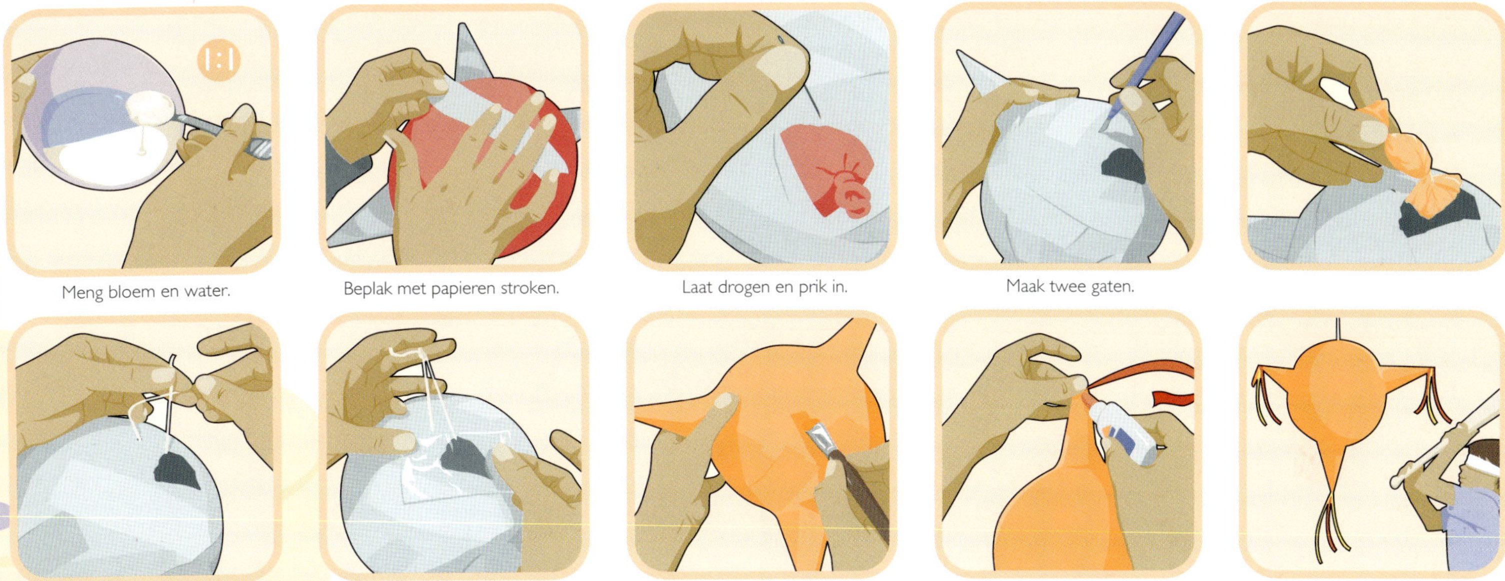

Meng bloem en water.

Beplak met papieren stroken.

Laat drogen en prik in.

Maak twee gaten.

Haal het touwtje door de gaten.

Hang op en mep erop los!

Een aardappelstempel uitsnijden 38

Een aardappelklok bouwen 27

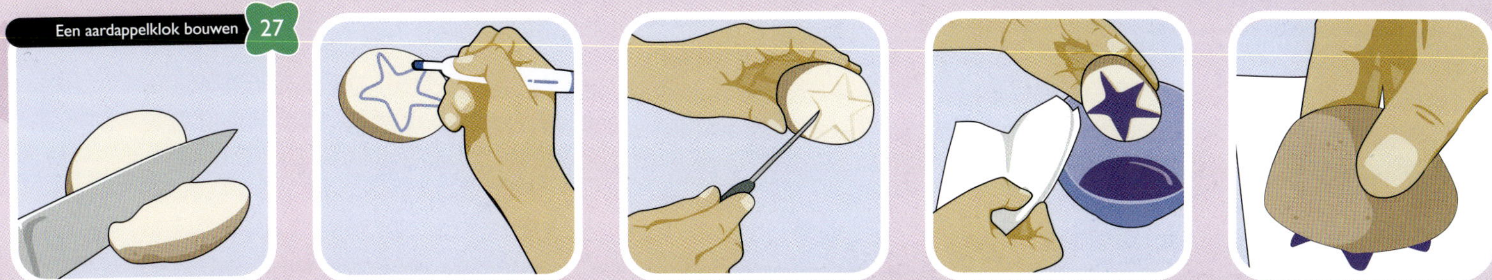

Snijd de achtergrond weg.

39 Een sneeuwbol maken

Een kerstkrans maken 40

Buig de hanger in een cirkel. | Breng het groen in lagen aan. | Maak vast met bloemistendraad.

Een reukbal maken 41

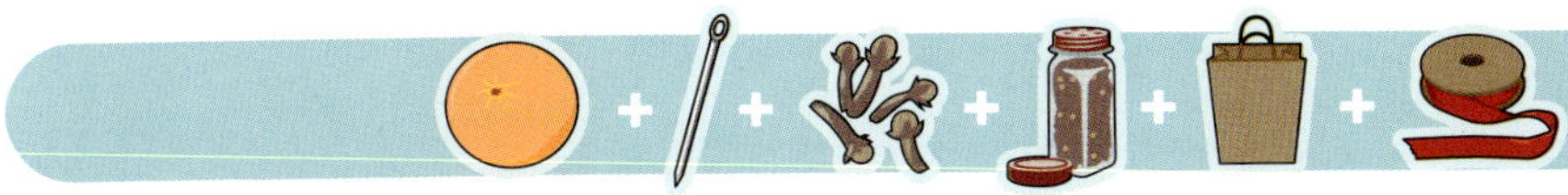

Een citrusboom enten 266

Steek kruidnagels in. | Rol door specerijen. | Laat goed uitdrogen.

Een lampion van blik maken 42

Laat water in het blik bevriezen. | Spijker het motief in het blik. | Warm water smelt het ijs. | Kaarsje erin en aansteken.

43 Een tafelkleed batikken

Spoel het kleed uit.

Dompel in de gewenste kleur.

Teken je motief.

Smelt de was; verf je ontwerp.

Dompel in de achtergrondkleur.

45 Strepen knoopverven

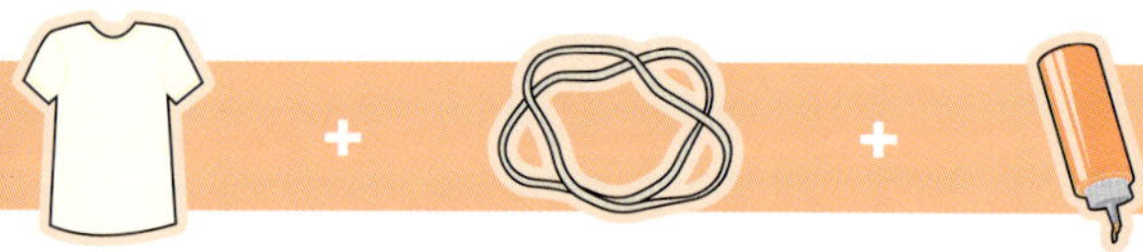

Pak vast in het midden.

Spoel uit en trek aan.

Hang de stof te drogen.

Strijk de was eruit.

Vlekken verwijderen 184

Wassen voor gebruik.

Batikmotieven ontcijferen 44

Dit Indonesische motief, sido dadi ('je zou moeten zijn wie je wilt zijn'), is een gunstig voorteken.

Alleen de allerwaardigsten dragen de satrio wibowo, gekenmerkt door het ruitpatroon.

In de symmetrische kawung, ooit gedragen door koninklijke families, zijn energie, macht en andere krachten in balans.

De purang rusak was ooit het favoriete motief van de familie van de sultan. De golvende lijnen zouden geluk brengen.

Een spiraalvorm verven 46

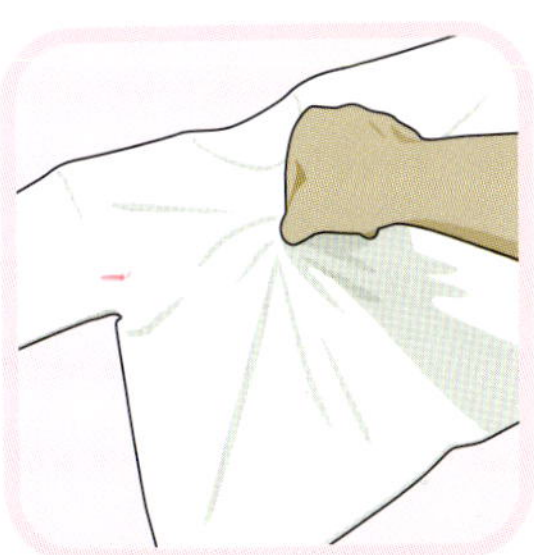

Pak vast in het midden.

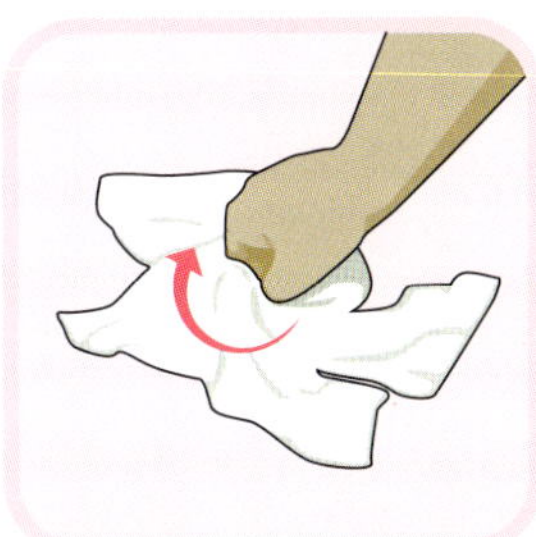

Draai het shirt tot een pakje.

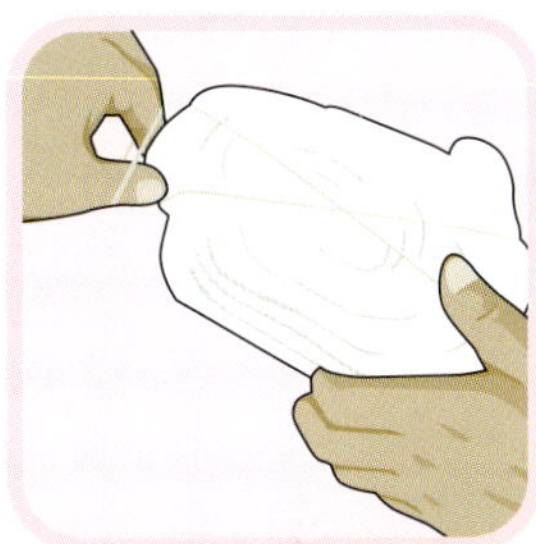

Zet het pakje vast met draad.

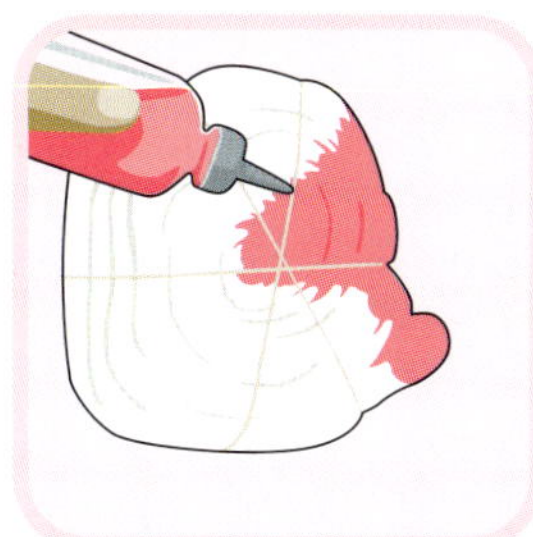

Breng diverse kleuren verf aan.

Spoel uit en trek aan.

47 Steken opzetten

146 Hairextensions maken van wol

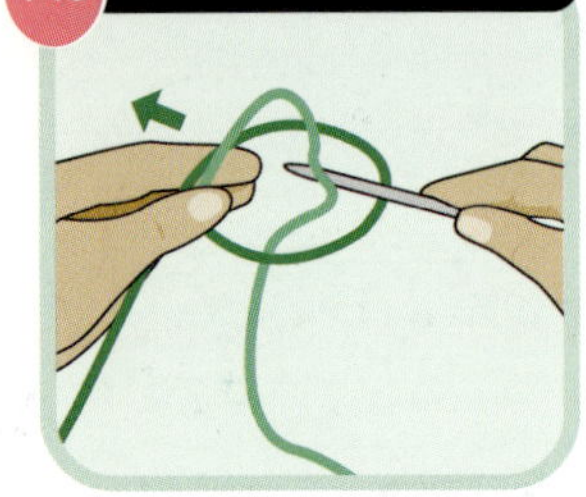
Steek de naald in een slipsteek.

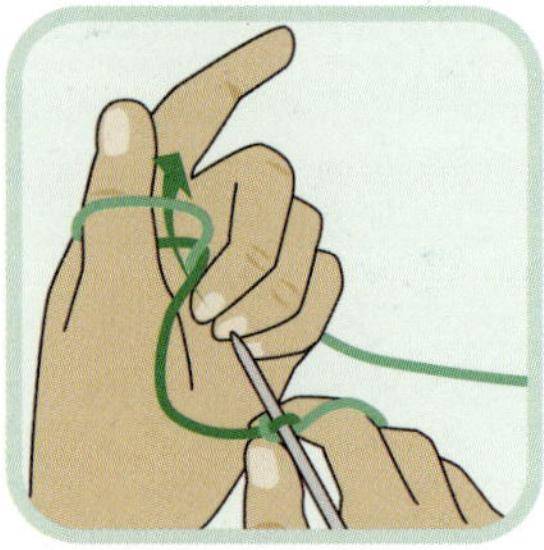
Trek door de lus.

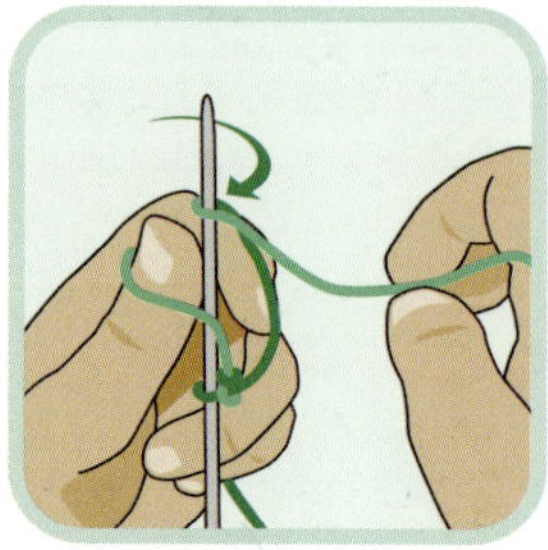
Sla om de naald.

Trek de draad over de naald.

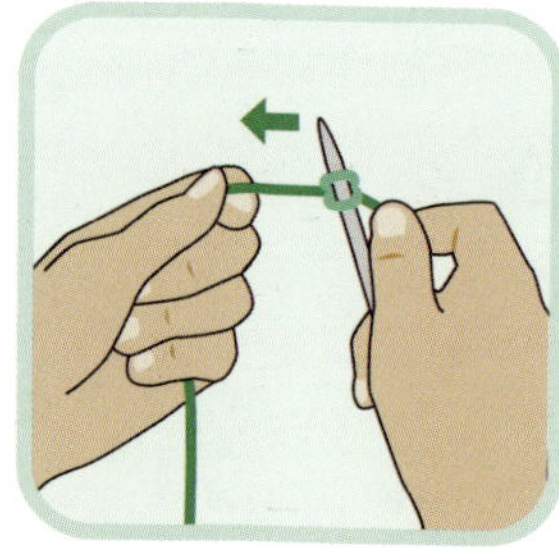
Trek aan om een steek te vormen.

48 Een rechte steek breien

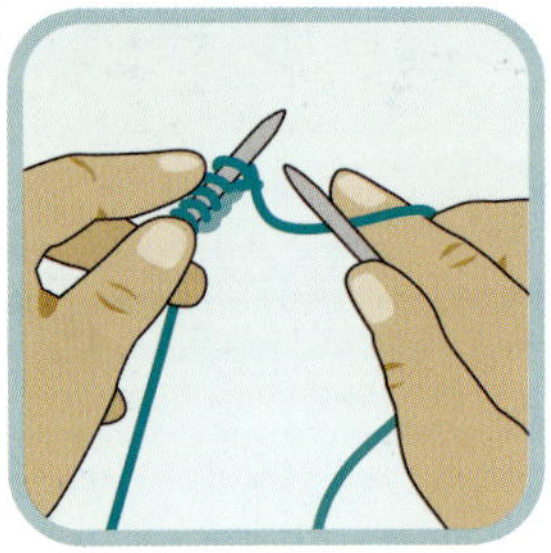

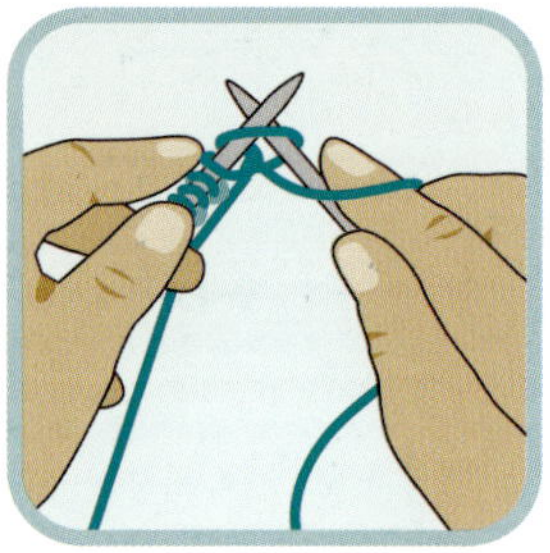
Steek de rechternaald achterin.

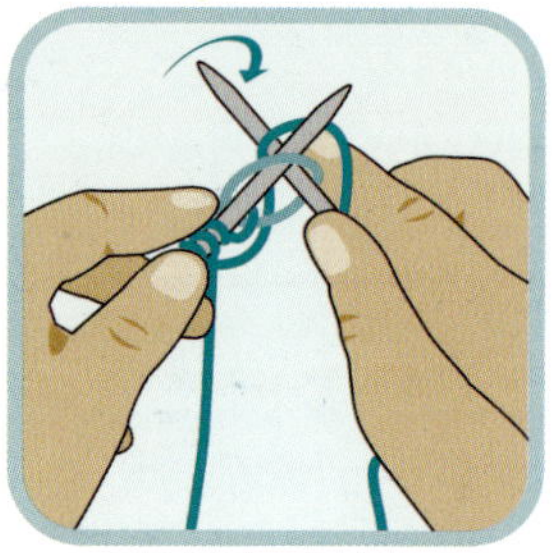
Sla de draad om de naald.

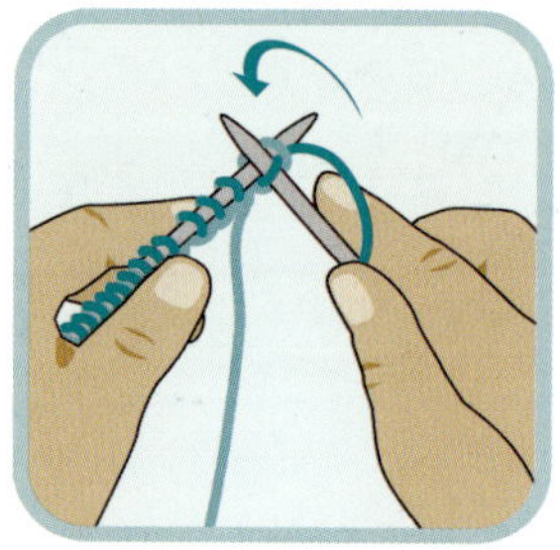
Haal de achterste naald naar voren.

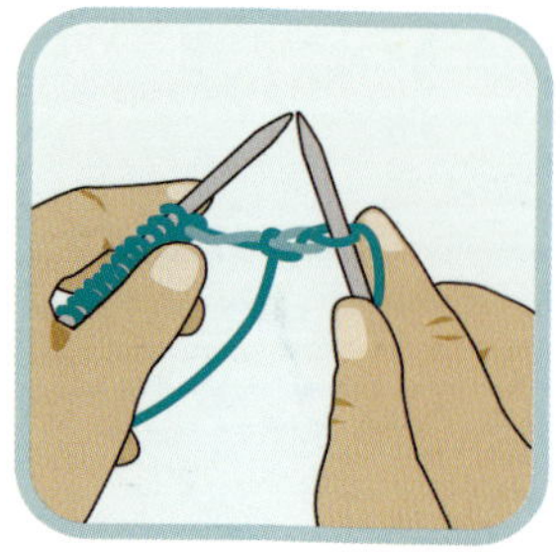
Laat afglijden van de linkernaald.

49 Een averechte streek breien

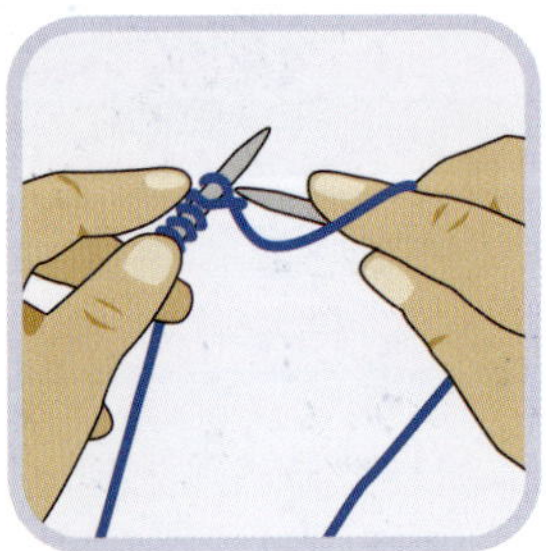

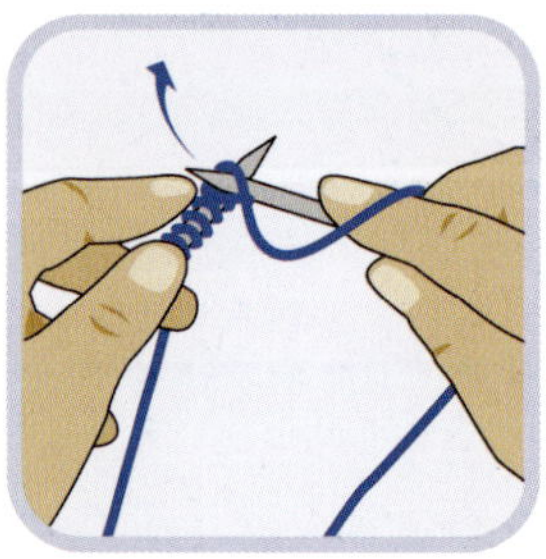
Steek de rechternaald voorin.

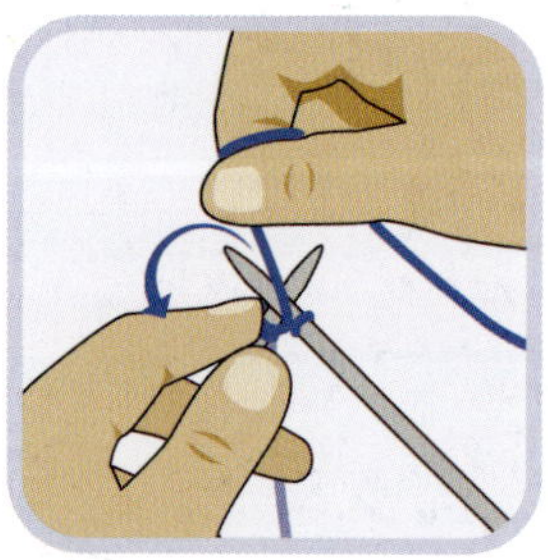
Sla de draad om de naald.

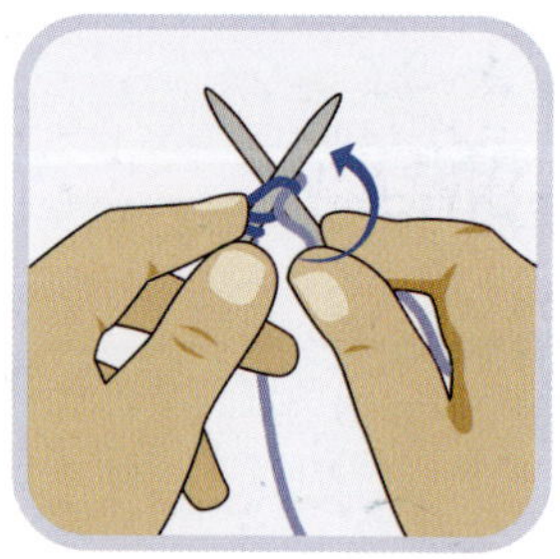
Breng de voorste naald naar achteren.

185 Een trui op de hand wassen

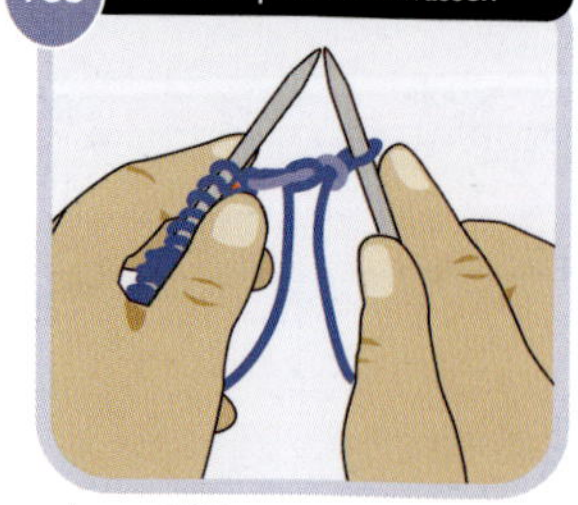
Laat afglijden van de linkernaald.

Kruissteek

Koninginnesteek

Flanelsteek

Vastgezette flanelsteek

Schoofsteek

Kettingsteek

Taksteek

rand veer morgenster

51 Indiaanse kraalmotieven stikken

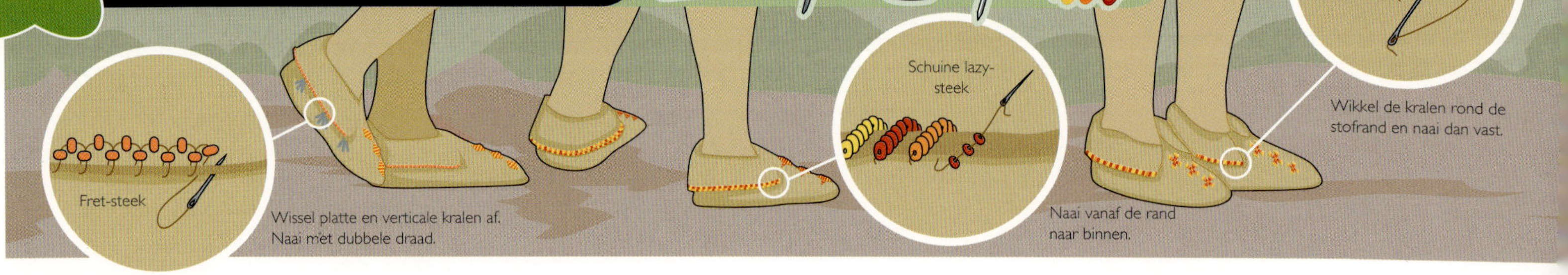

52 Je voeten opmeten

Wil je mocassins maken zoals de indianen vroeger deden, zonder moderne materialen? Neem de omtrek van je voeten over op suède en knip voldoende stof uit om je voeten te bedekken.

schildpad

bliksemschicht

pijlpunten

zon

rivier met een eiland

elandhoef

vogel paardenhoef hoofd sporen

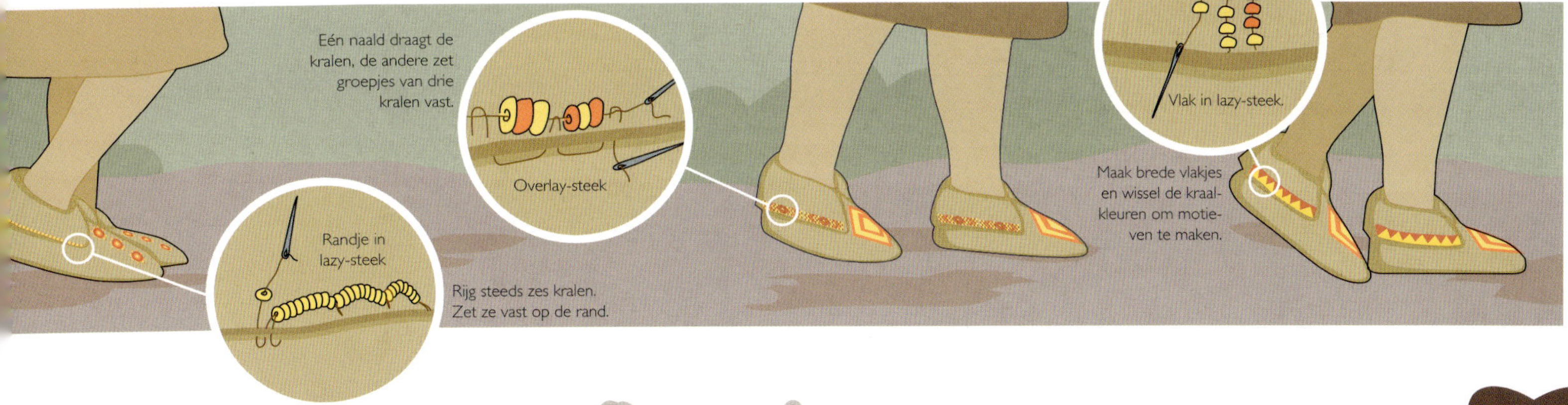

Suède mocassins maken

53

Vouw dubbel.

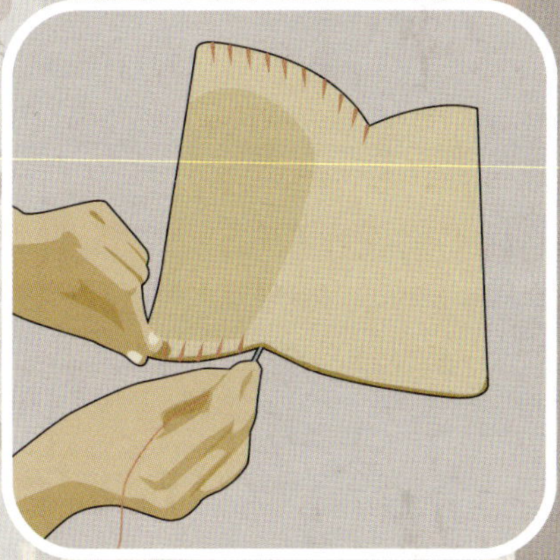
Naai de randen aan elkaar vast.

Keer binnenstebuiten.

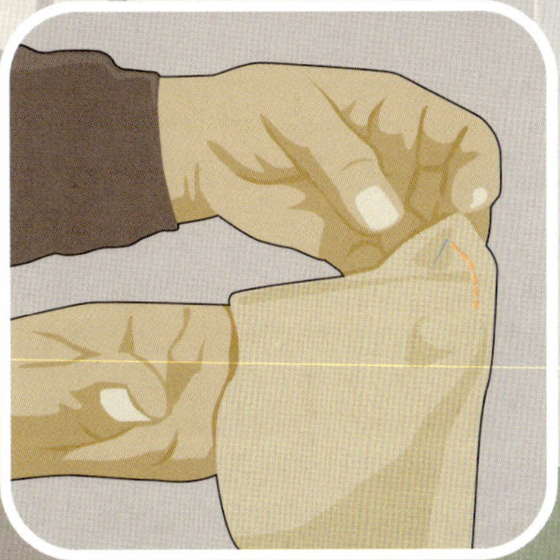
Breng kraalmotieven aan.

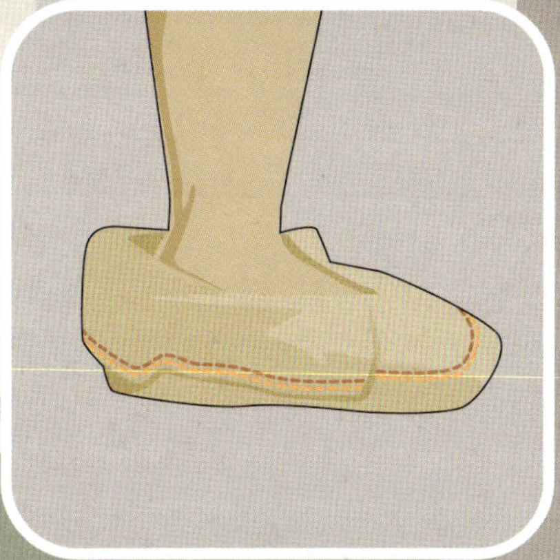
Vouw de flappen naar buiten; trek aan.

spin libelle

tipi rivierkreeft onweersbui ster

eten

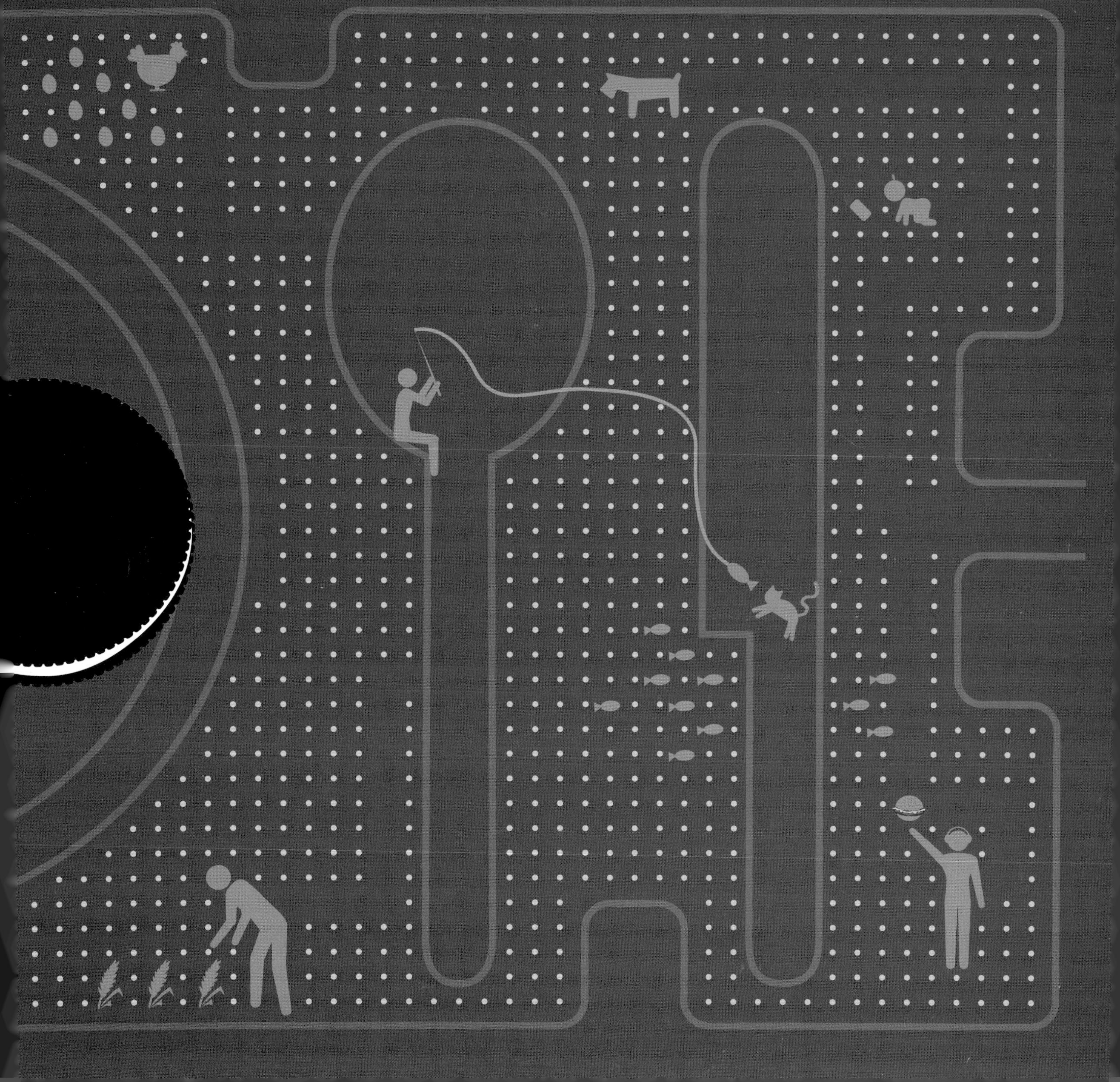

54 Een granaatappel opensnijden

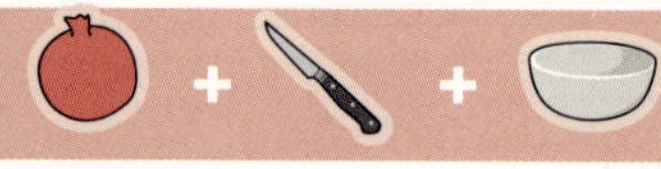

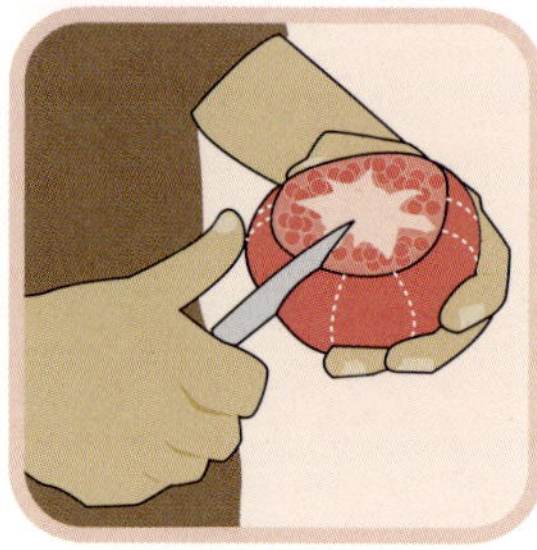

Snijd de schil in.

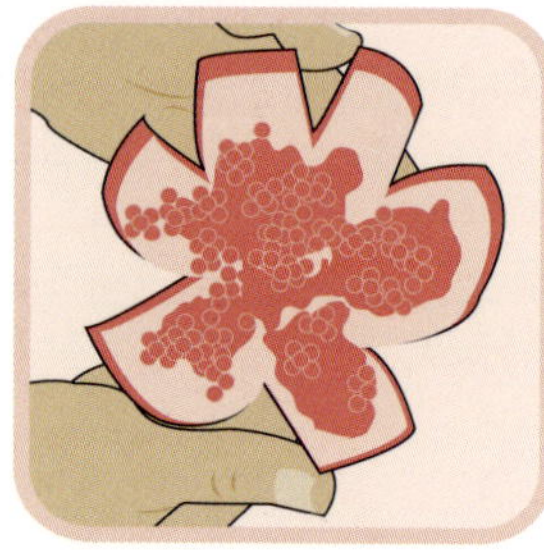

Maak open; verwijder de pitjes.

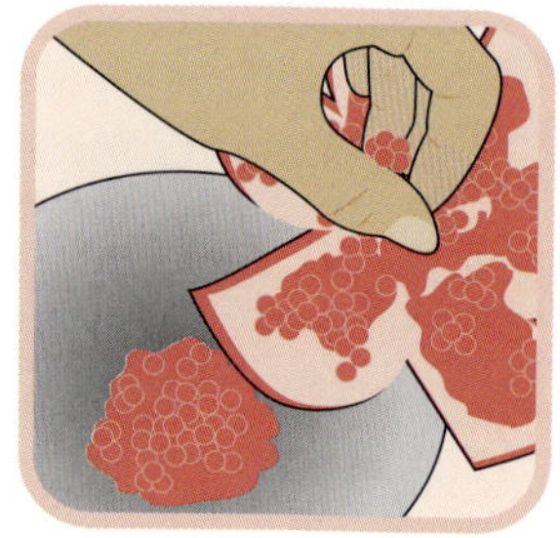

55 Een mango in blokjes snijden

Snijd aan twee kanten in.

Verwijder de pit.

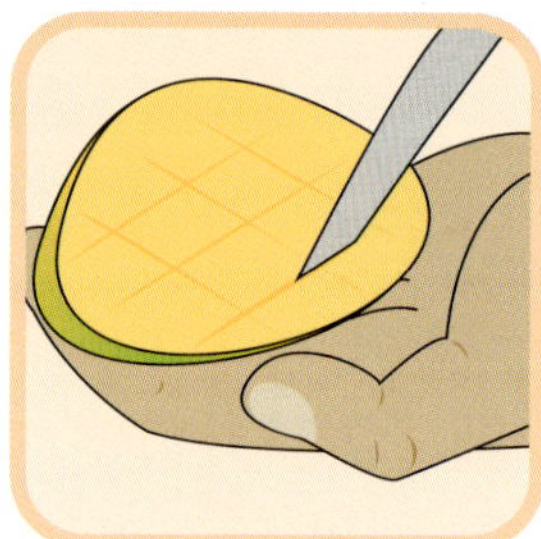

Draai binnenstebuiten.

Schraap het vruchtvlees eruit.

56 Een avocado ontpitten

Hak in de pit en wring hem eruit.

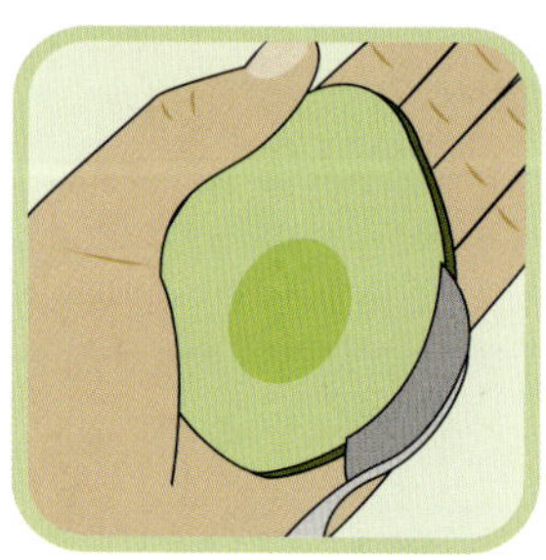

Schep het vruchtvlees eruit.

262 Een avocadoboom kweken

Een kokosnoot openmaken 57

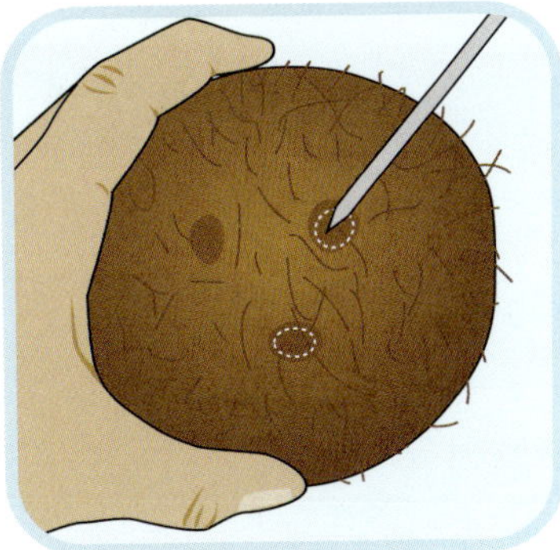

Sla gaten in twee van de ogen.

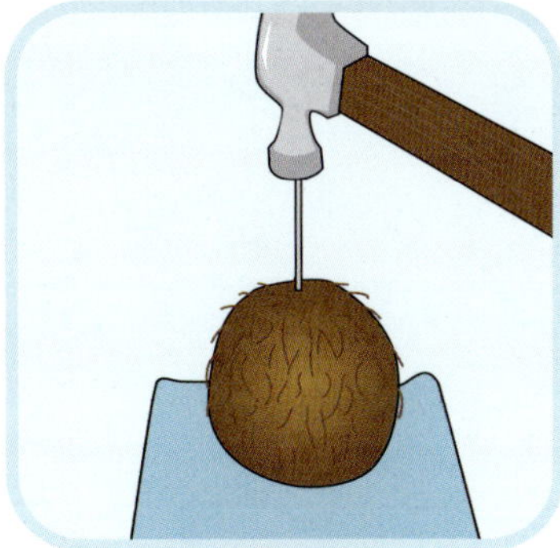

Maak ze vervolgens dieper.

Laat het vocht eruit lopen.

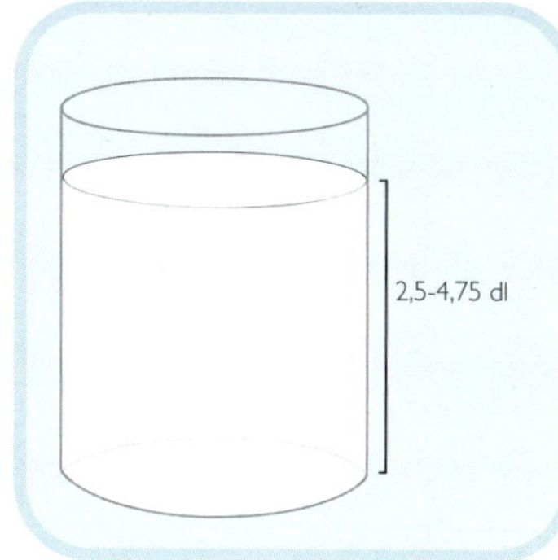

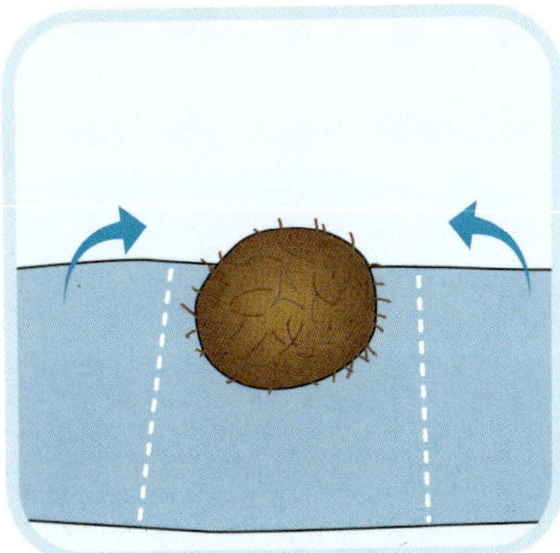

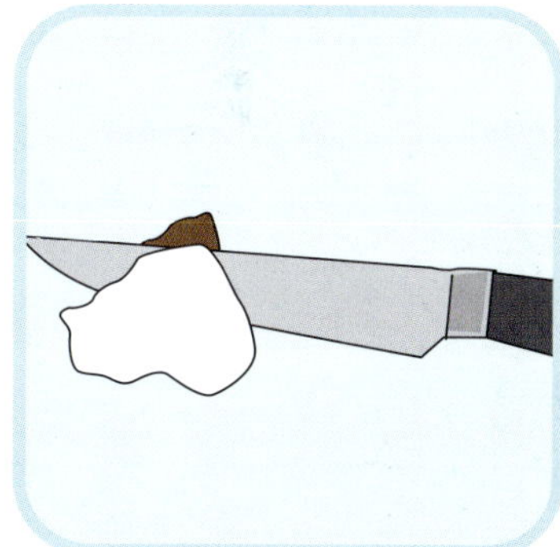

Snijd het vruchtvlees van de schil.

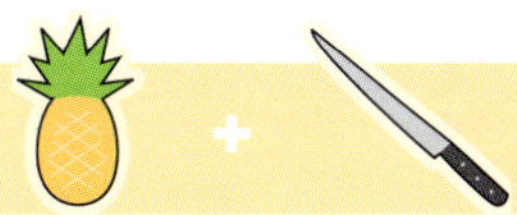

Een ananas schillen 58

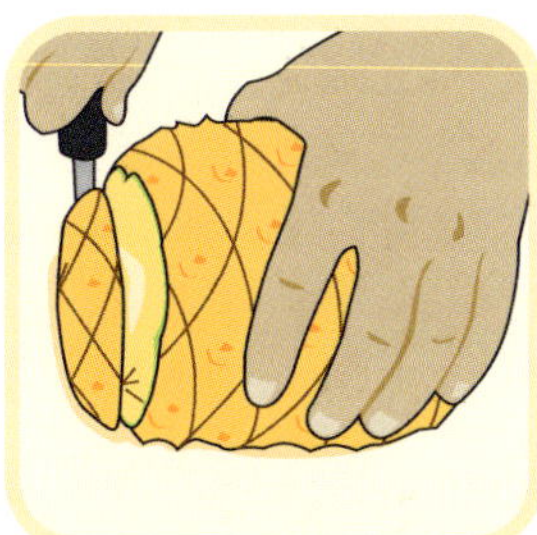

Snijd boven- en onderkant eraf.

59 Een eitje koken

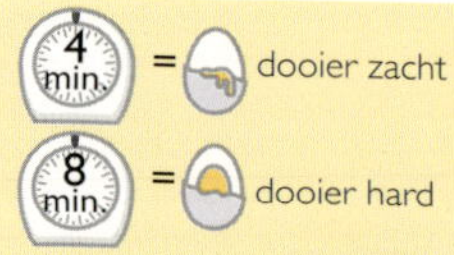

Voeg zout toe aan het water zodat de eierschaal niet barst.

4 Eieren versieren

61 Eieren bakken

Smelt boter in de pan.

62 Eieren pocheren

Met een scheutje azijn stolt het eiwit sneller.

Bliksemsnel een eitje pellen

Breek. Pel. Breek. Pel.

* Het ei uit de schaal krijgen vereist krachtig blazen. Beginners kunnen het ei beter over een harde ondergrond rollen. Daardoor breekt de schaal en komt hij sneller los van het ei.

Giet elk ei voorzichtig in de pan zodat de dooier niet breekt.

Liever een spiegelei? Draai het vuur uit en serveer.

Vind je die lichte azijnsmaak vies? Spoel de eieren dan af voor je ze eet.

63 Een Mexicaanse burrito vouwen

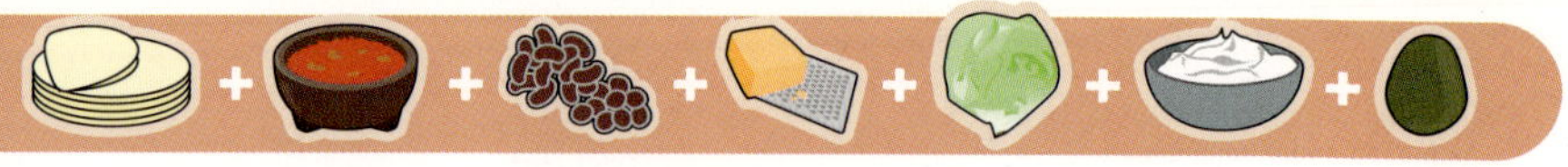

Neem een warme tortilla.

Zijkanten naar elkaar toe.

Vouw ze over elkaar heen.

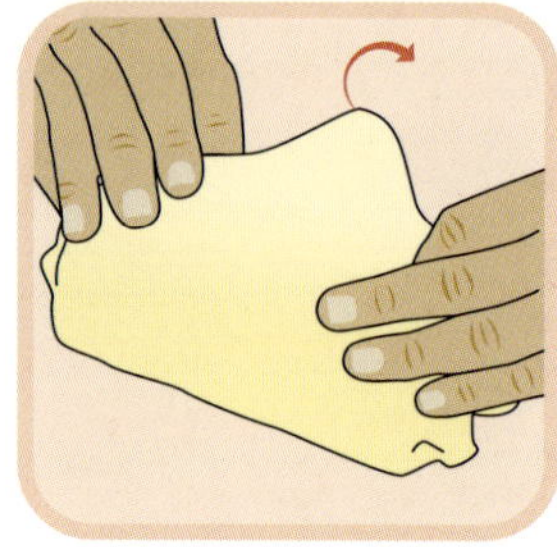

Rol op en werk de flap weg.

Vouw losse zijden naar binnen.

64 Tortillachips bakken

Snijd de tortilla's in zessen.

Voeg ruim maïsolie toe.

Bak de chips; keer ze af en toe.

Laat uitdruipen op keukenpapier.

Bestrooi de chips met zout.

65 Guacamole maken

56 Een avocado ontpitten

Besprenkel met limoensap.

Hak de koriander.

Snipper de ui.

Meng en prak tot puree.

Een Spaanse peper snijden 66

Snijd de peper in vieren.

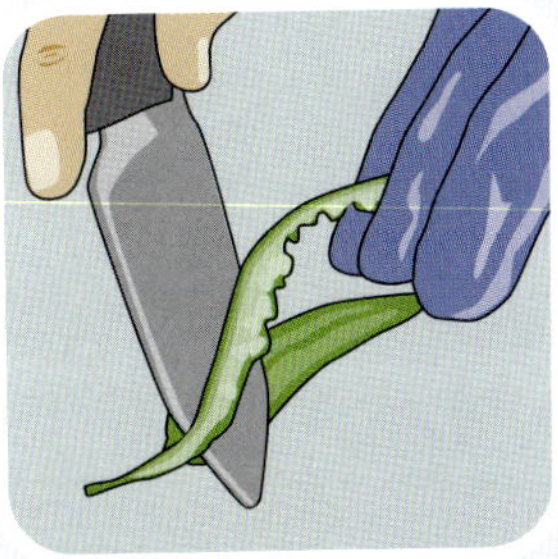

Verwijder zaad en zaadlijst.

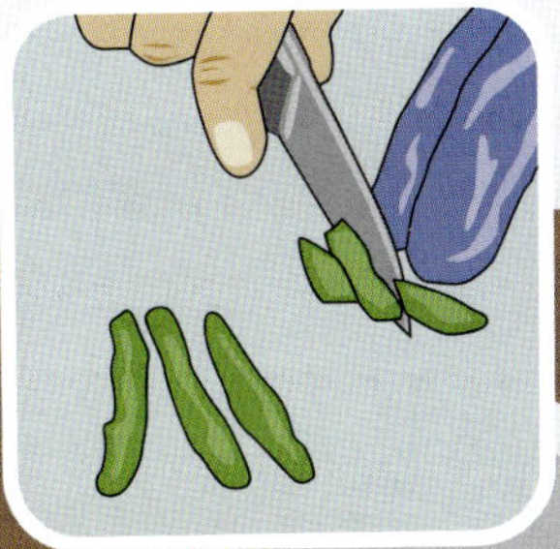

Pico de gallo bereiden 67

Dit eenvoudige, pikante bijgerecht maakt van elk gerecht iets feestelijks. Snijd de ingrediënten in blokjes, schep ze door elkaar en zet een uur koud weg. Serveer als pittig borrelhapje of bij je favoriete Mexicaanse gerechten.

68 Tomaat tot bloem snijden

Snijd de schil in één lange reep af.

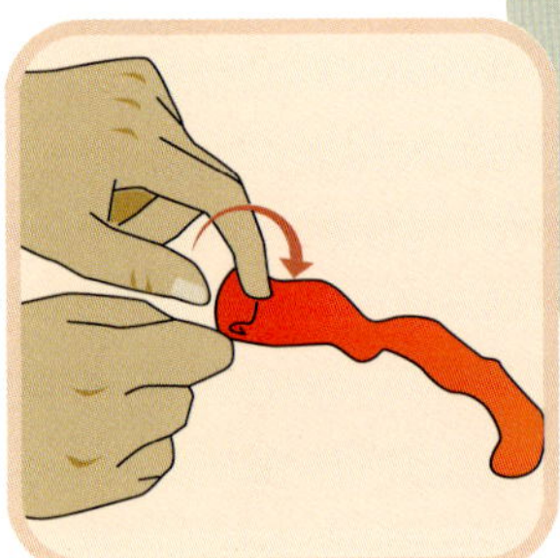

Begin met omkrullen.

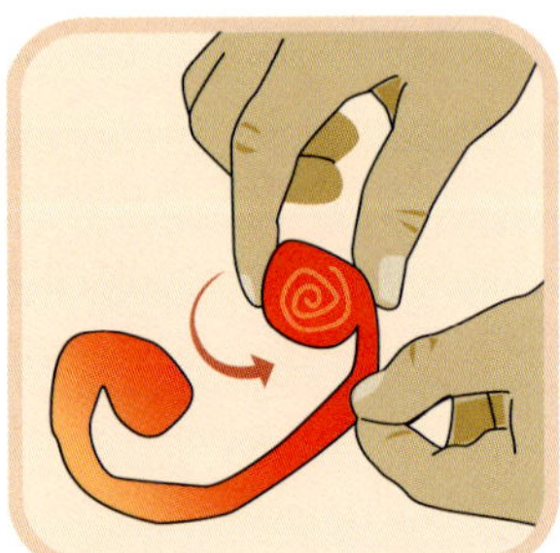

Rol in een mooie bloemvorm.

69 Radijsje tot roos snijden

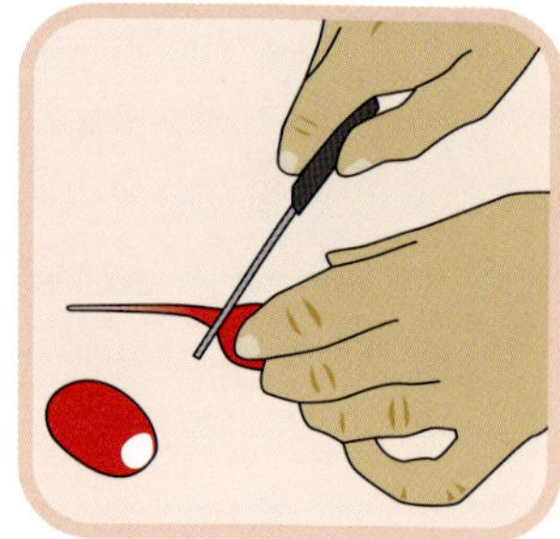

Kerf aan elke kant in.

En er direct naast nogmaals.

In ijswater gaat de bloem open.

267 Een rozenstruik snoeien

70 Gember fijnhakken

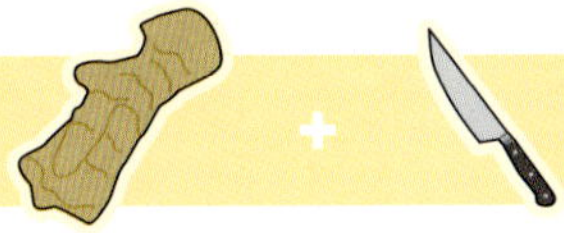

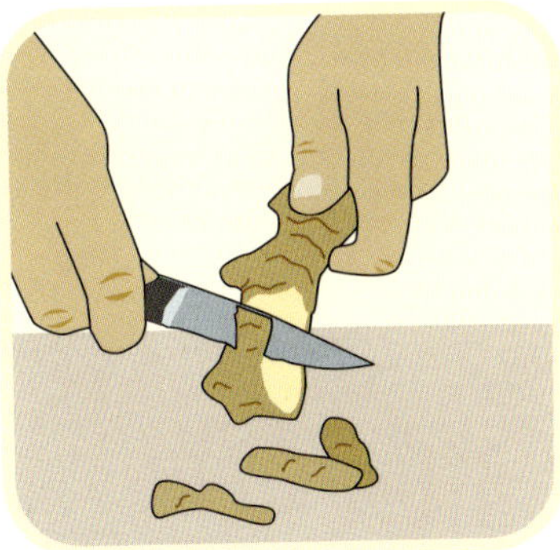

Snijd van je hand weg.

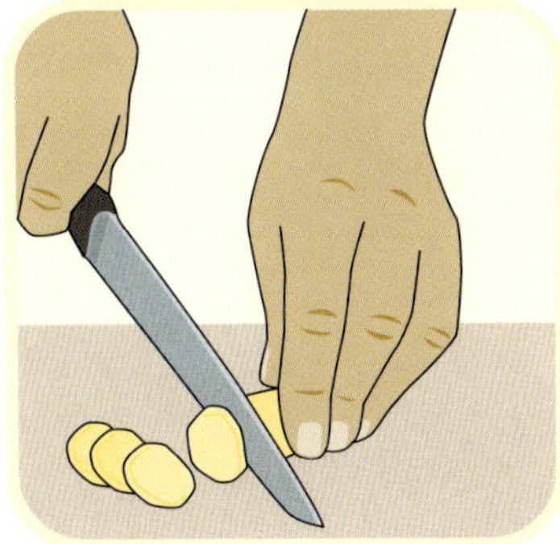

Maak een hoopje en hak fijn

Wiebel het mes heen en weer.

71 Een paprika ontvellen

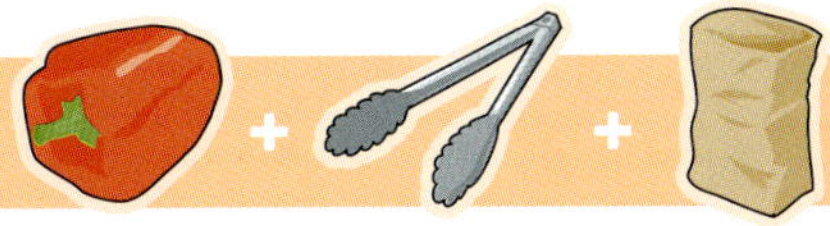

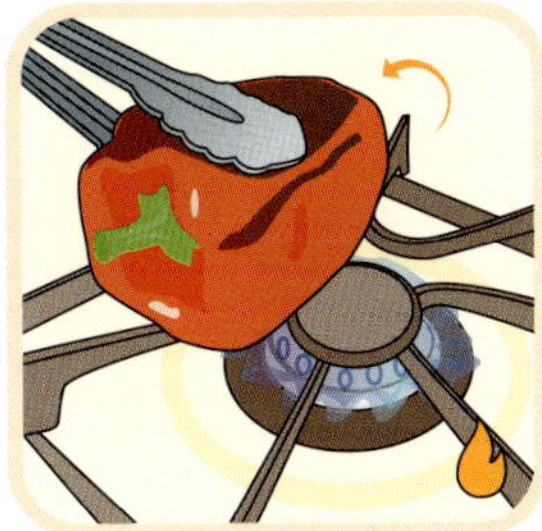

Schroei de paprika rondom.

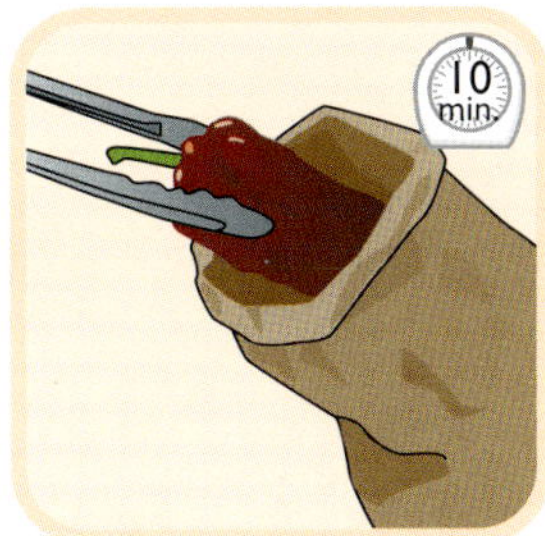

Stop hem in een zakje.

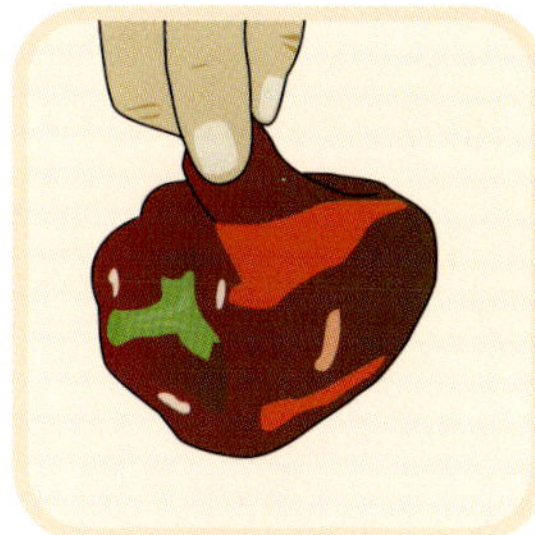

Trek de schil eraf.

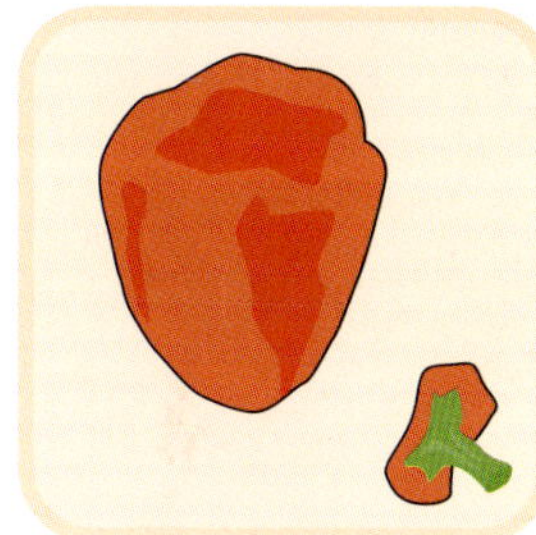

Verwijder de steelaanzet.

72 Een artisjok schoonmaken

Trek de buitenste blaadjes eraf.

Snijd de punt eraf.

Wrijf de steel in met citroensap.

Snijd het hart in vieren.

Verwijder het hooi.

73 Een gietijzeren pan ontroesten

Wrijf stevig met een schuursponsje.

Bedek de pan met olie.

Voeg zout toe; je krijgt een pasta.

Veeg schoon met keukenpapier; spoel af.

74 Een deegroller kleefvrij maken

Rek een pantykousje op.

Steek er een deegroller in.

Bestuif het werkvlak met bloem.

75 Een mes slijpen en polijsten

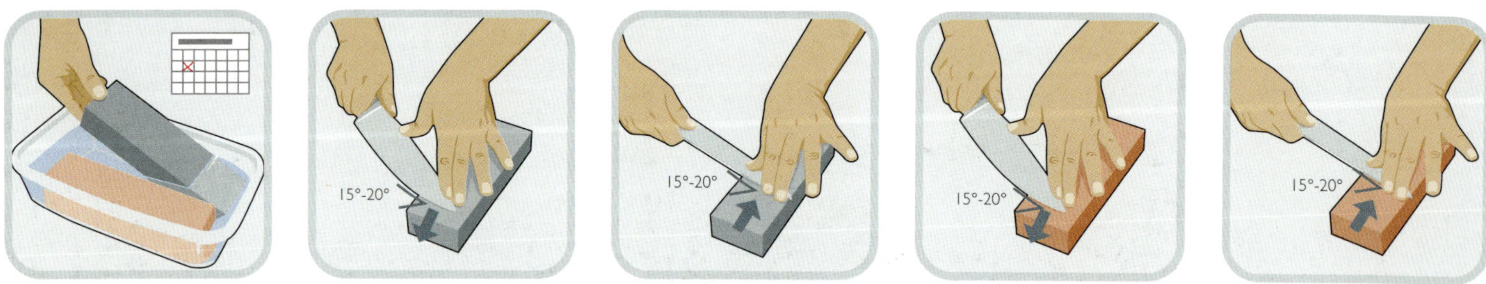

Week de slijpstenen

Druk het mes naar voren.

Keer het mes; trek het terug.

Wissel van steen en herhaal.

Met blote handen een vis vangen 426

* Om takjes kruiden vers te houden zet je ze met hun steeltjes in een glas water in de koelkast. Uitzondering op de regel is basilicum, dat vaak bruin wordt in de koelkast.

Portiegroottes visualiseren 328

77 Met stokjes eten

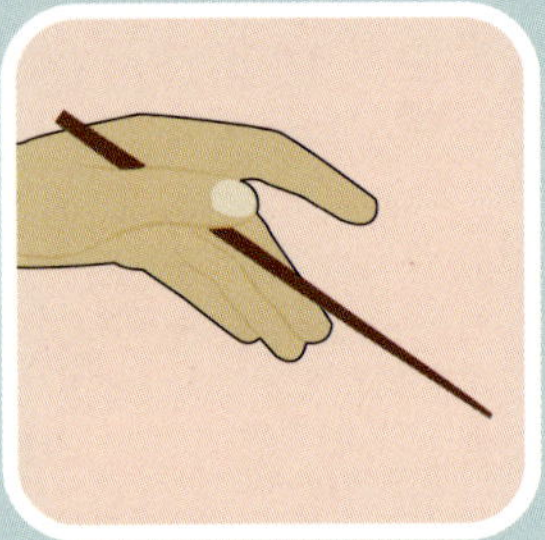

Leg één stokje in je duimholte.

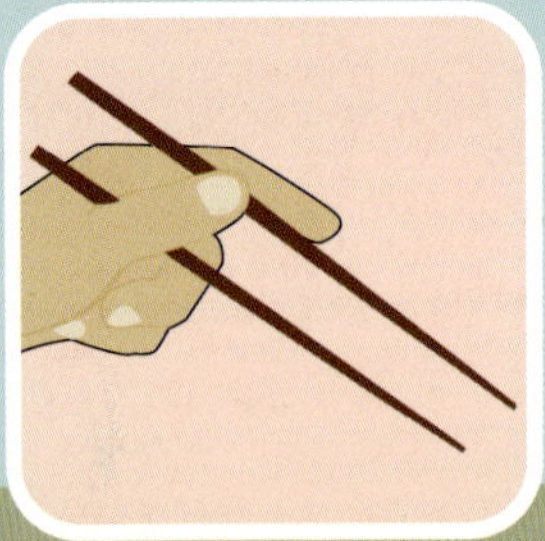

Het andere tegen je wijsvinger.

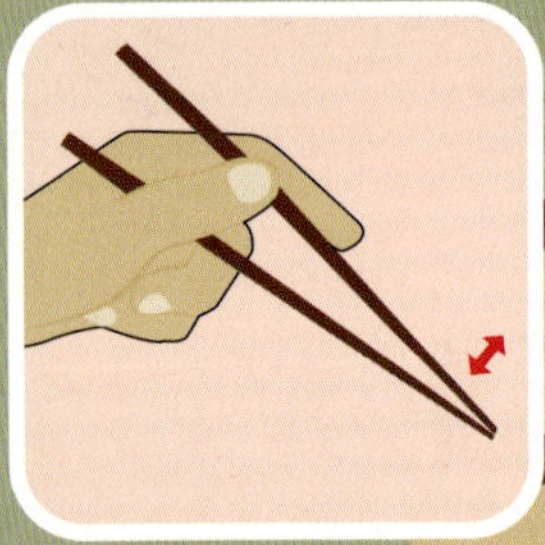

Houd het onderste stokje stil.

*Het eten met stokjes lijkt misschien een hele klus. Onthoud dat je er nooit eten mee aan elkaar doorgeeft. Op die manier ontvangen in Japan nabestaanden namelijk de as van hun dierbaren tijdens de crematie.

78 Een temaki sushi vouwen

Schep rijst op het norivel.

Laat bovenin 2 cm vrij.
Bestrijk met een lijntje wasabi.
Voeg ingrediënten toe.
Druk op de nori.
Rol stevig op.
Ikura (zalmkaviaar) nigiri
Sake (zalm) nigiri
Maguro (tonijn) nigiri
Ebi (garnalen) nigiri
Maguro (tonijn) temaki
Shoyu (sojasaus)
Werk de uiteinden naar binnen.
wasabi
gari (ingelegde gember)

80 Een kreeft voorbereiden

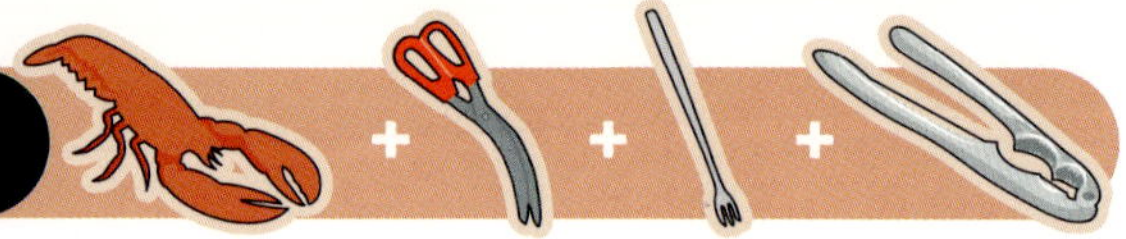

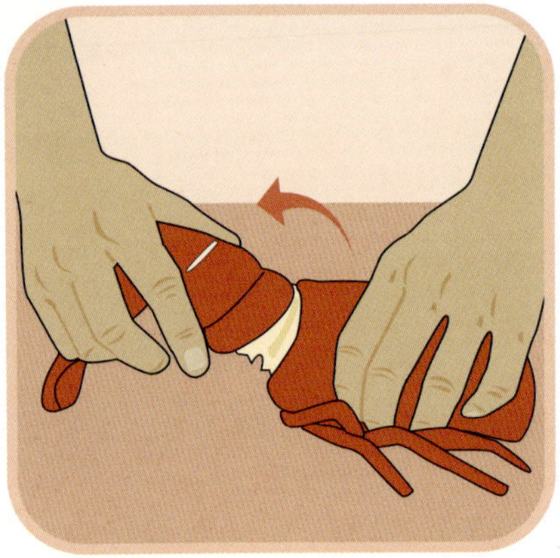

Draai de staart van de romp.

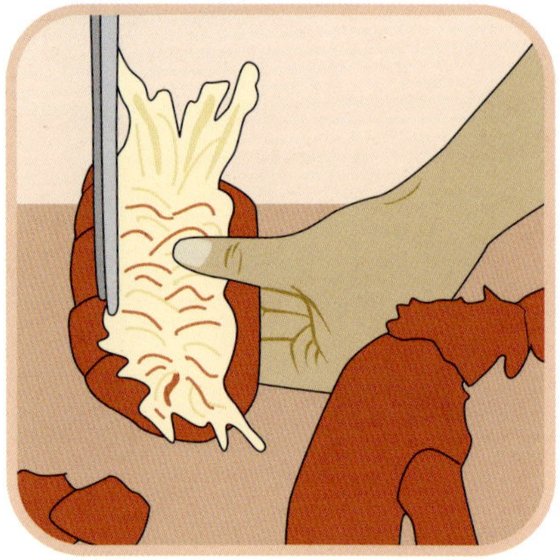

Snijd het kraakbeen door; vlees eruit.

Verwijder het darmkanaal.

Trek de staart van het borststuk.

Halveer het borststuk; peuter het vlees eruit.

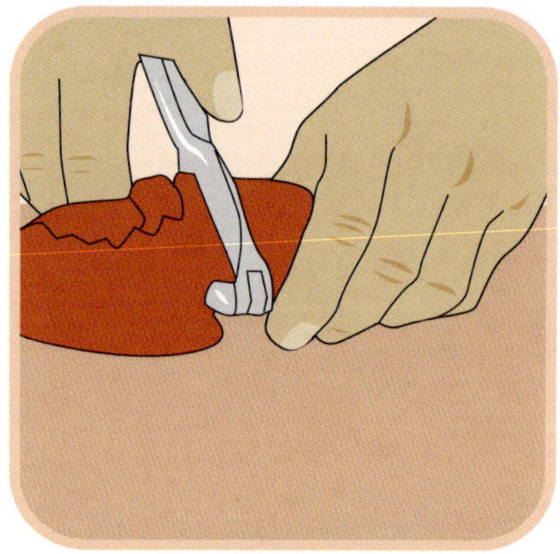

Kraak de scharen; peuter het vlees eruit.

81 Een garnaal pellen

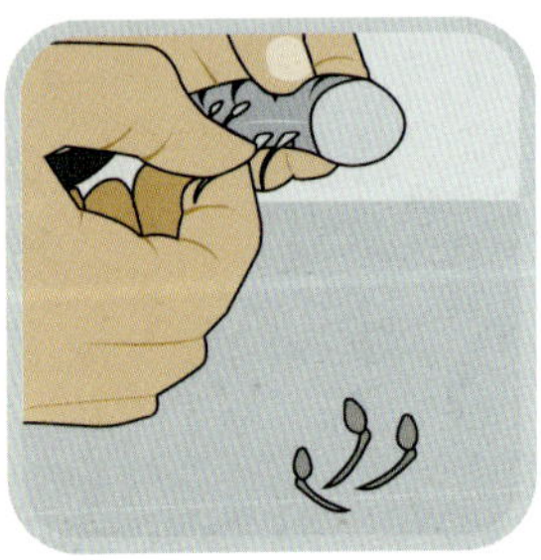

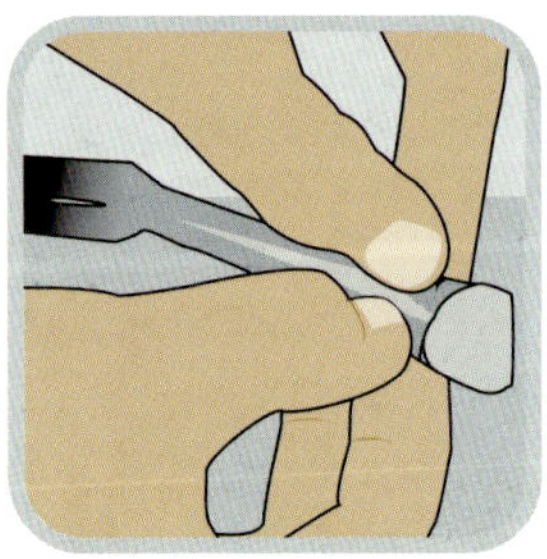

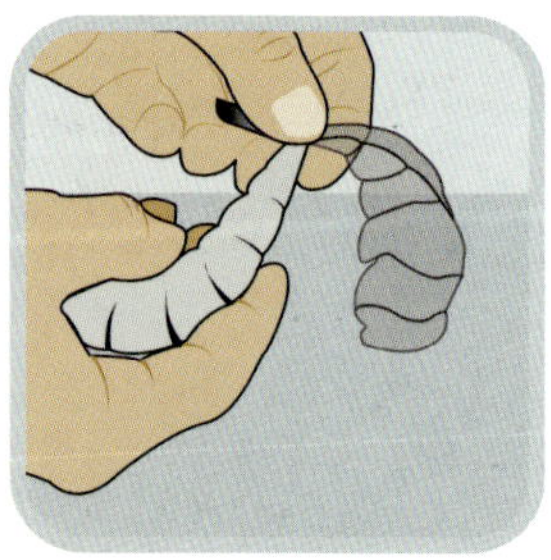

Pel de schaal eraf.

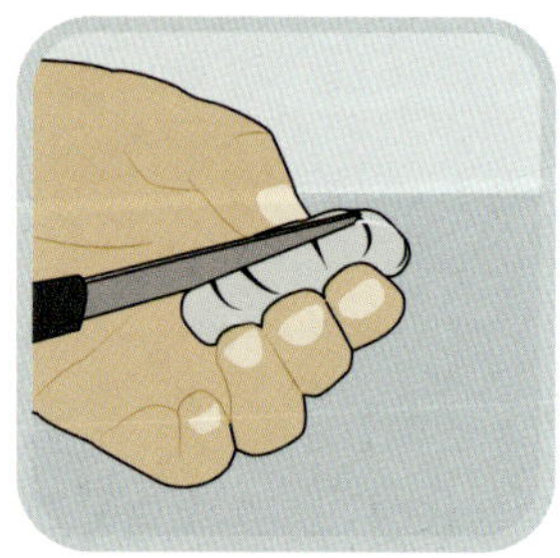

Snijd het vlees in.

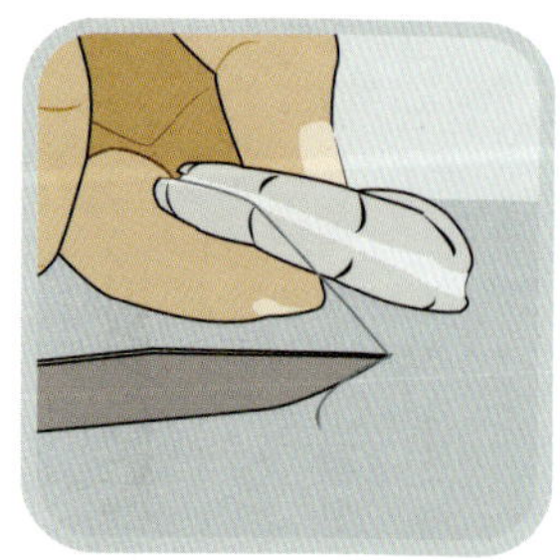

Verwijder het darmkanaal.

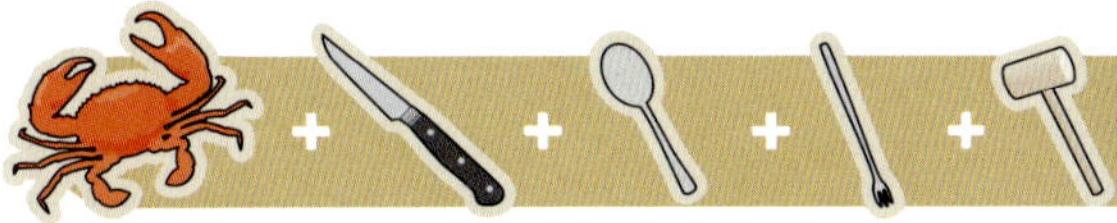

Een krab voorbereiden 82

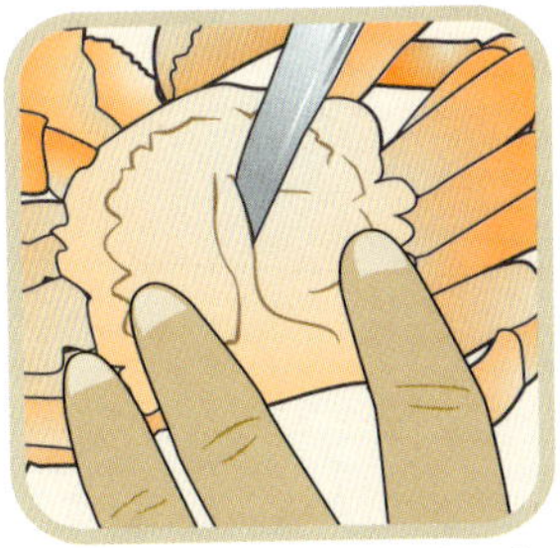

Snijd of trek het 'schortje' eraf.

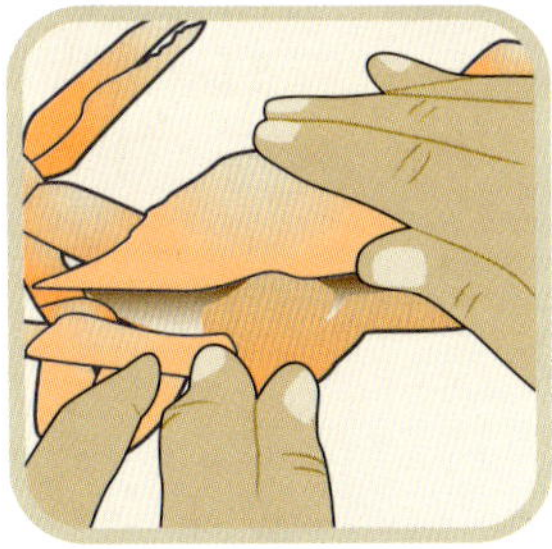

Trek het rugpantser eraf.

Schep het vet uit het pantser.

Verwijder de kieuwen.

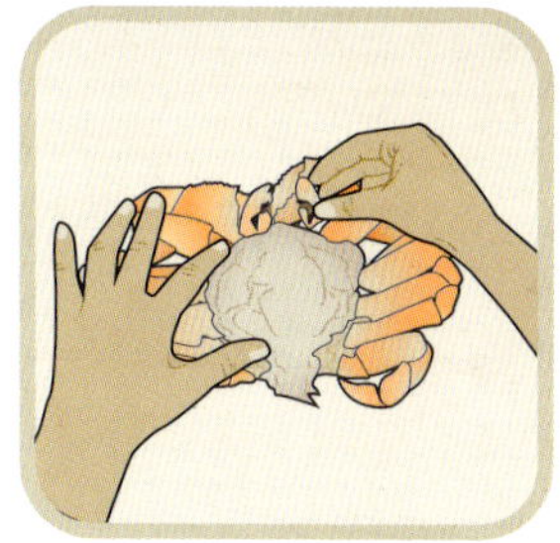

Trek de kaken eraf.

Haal het darmkanaal eruit.

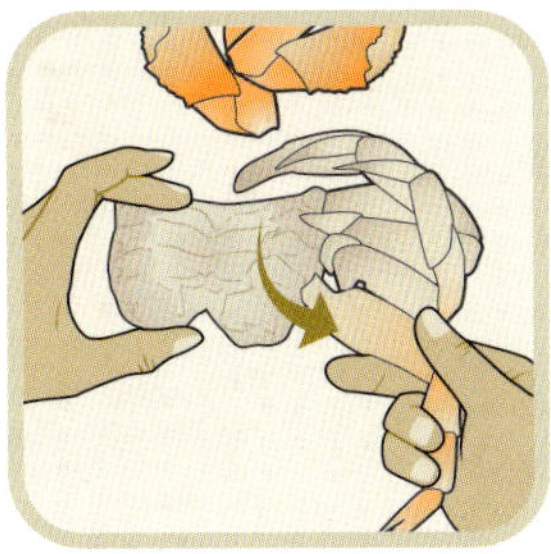

Draai de scharen en poten eraf.

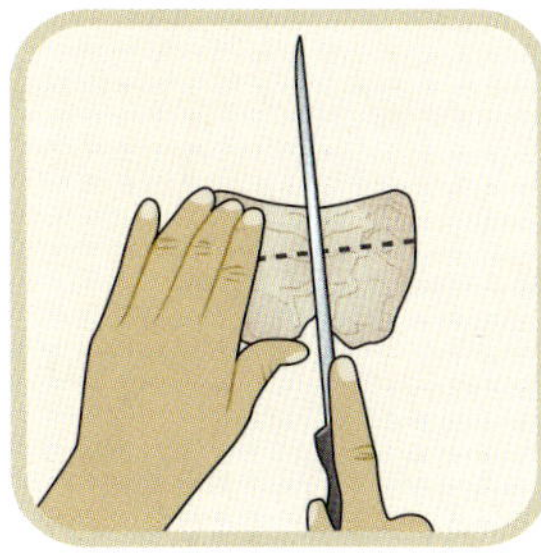

Snijd in vieren.

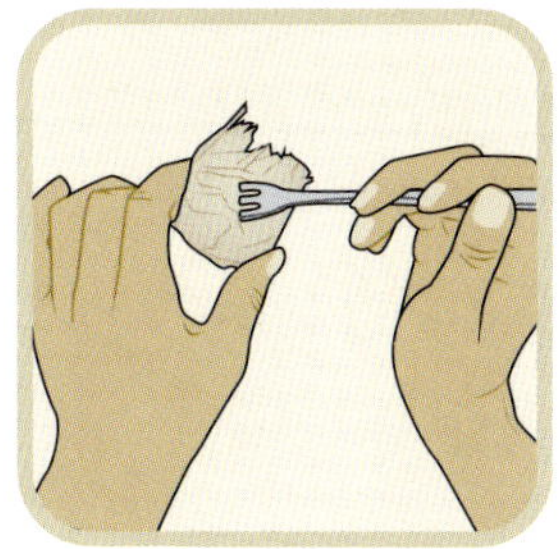

Peuter het vlees eruit.

Kraak de scharen.

* Stop, gooi het vet niet weg! Deze gele substantie uit het rugpantser heeft een lekkere, iets zoutige smaak die het goed doet in sauzen en boter.

Een oester openwrikken 83

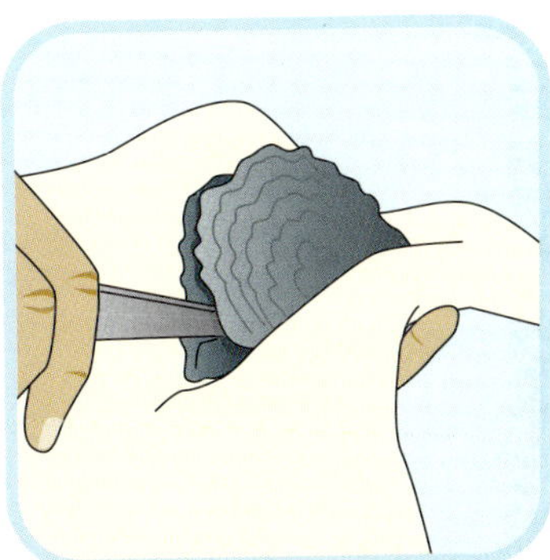

Breek het scharnier.

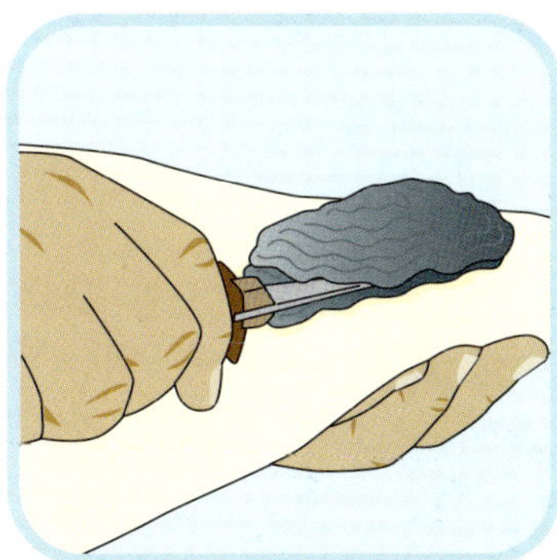

Snijd het vlees los van de schelp.

Verwijder de bovenste schelp.

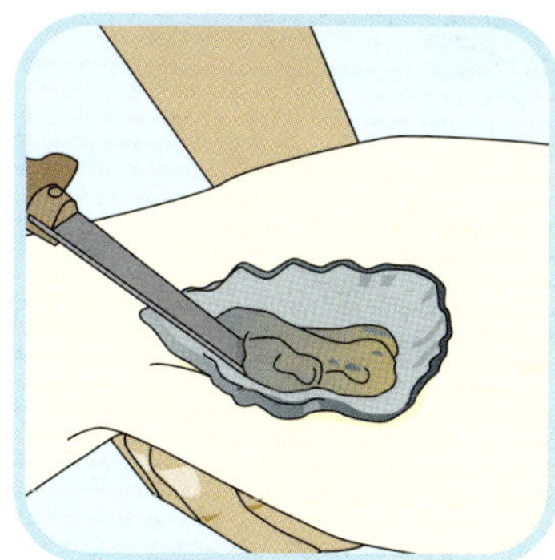

Wip de oester eruit.

84 Stukken rundvlees identificeren

86 Kruidige worstjes draaien

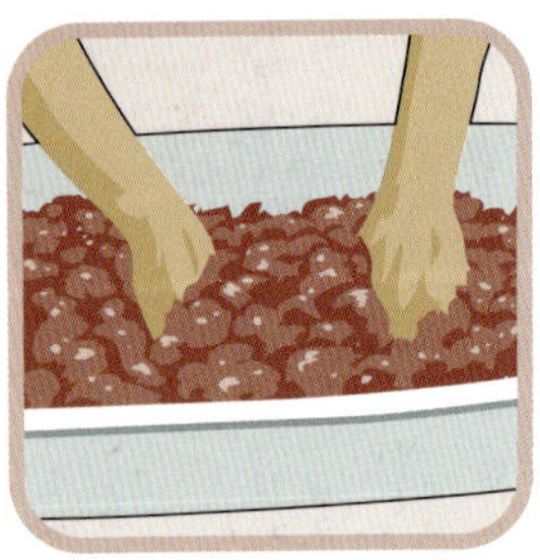

Kneed specerijen door het vlees.

Spoel de darm schoon.

Vet de tuit in.

Stroop de darm erop.

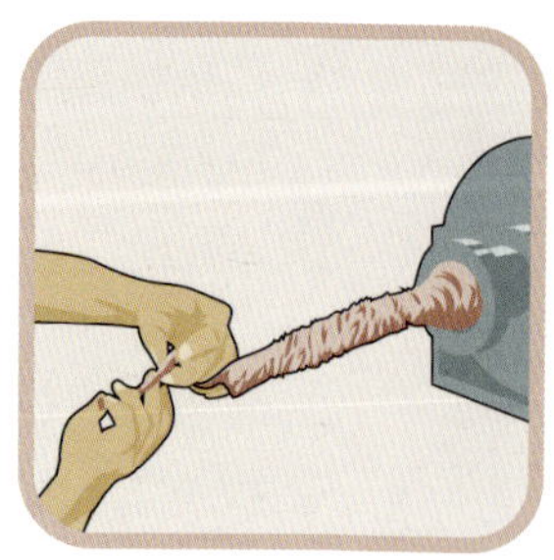

Knoop het uiteinde dicht.

Stukken varkensvlees identificeren 85

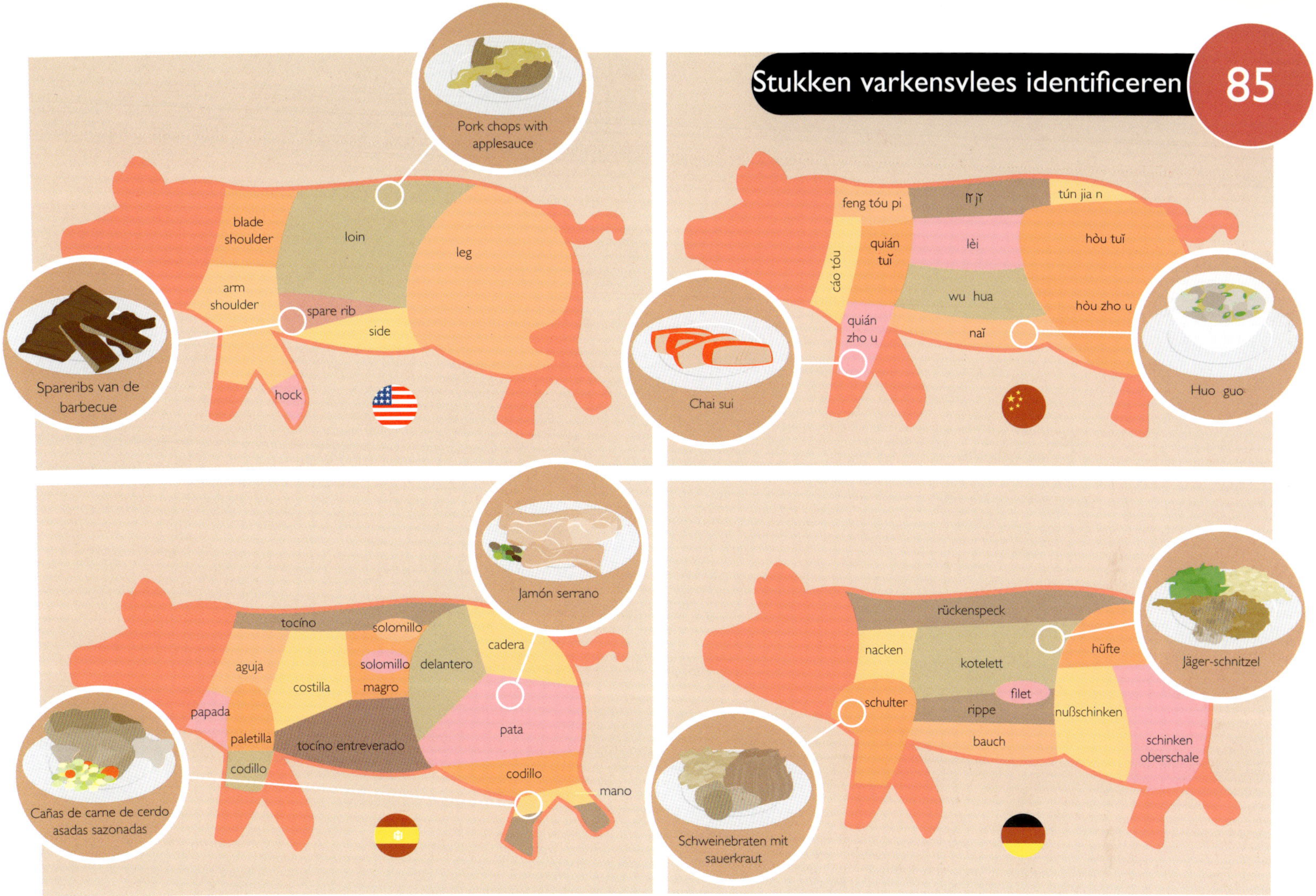

Een ballonhondje vouwen 35

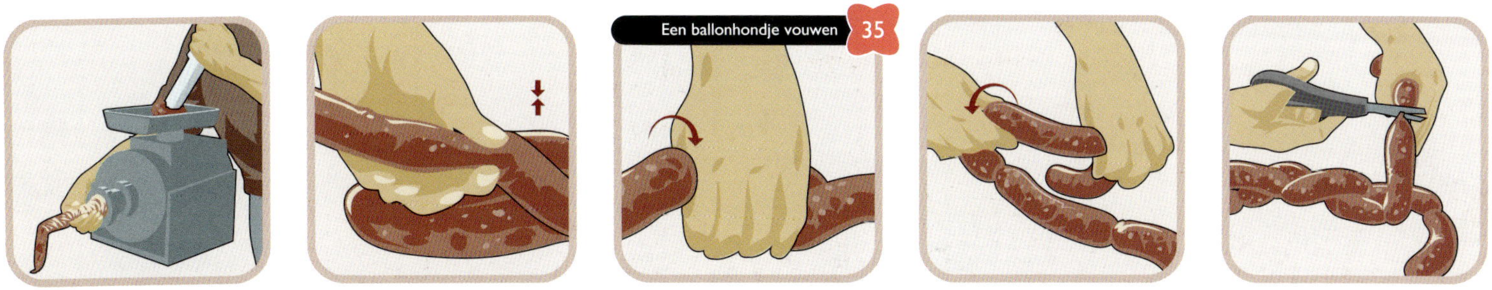

Doe gehakt in de vleesmolen.

Knijp dicht.

Draai met de klok mee.

Draai telkens een slag.

Knip los voor bereiding.

87 Een megaburger stapelen

klassieke burger

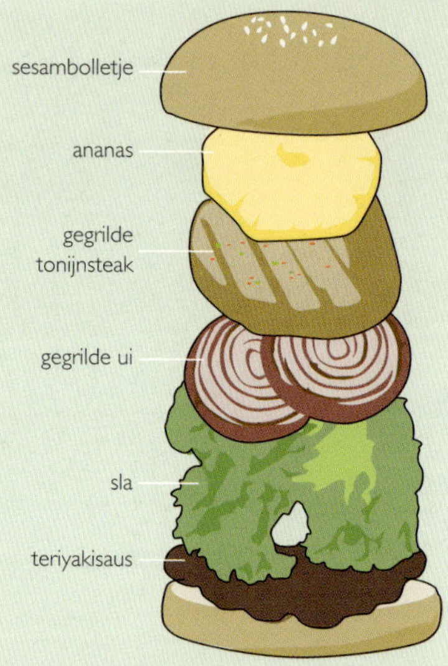

alohaburger

vegaburger

Griekse lamsburger

cordonbleuburger

88 Een sissende steak bakken

Verwijder het overtollige vet.

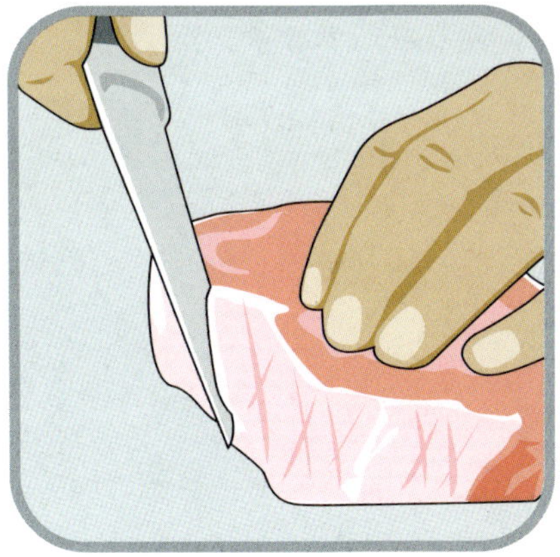

Kerf de zijkanten in tegen omkrullen.

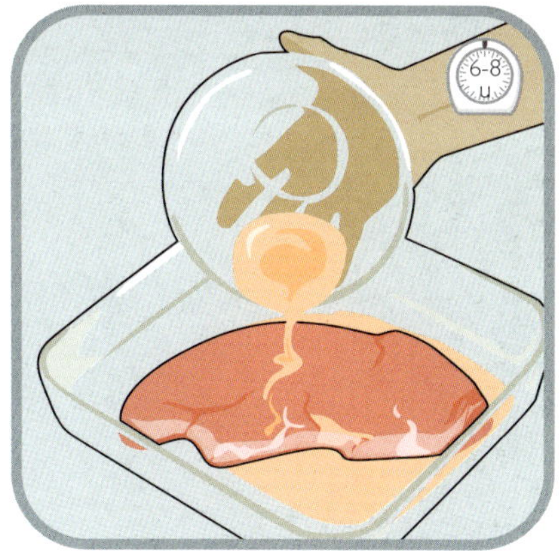

Marineer en zet koel weg.

Leg op een voorverwarmde grill.

Bak om en om voor een ruitpatroon.

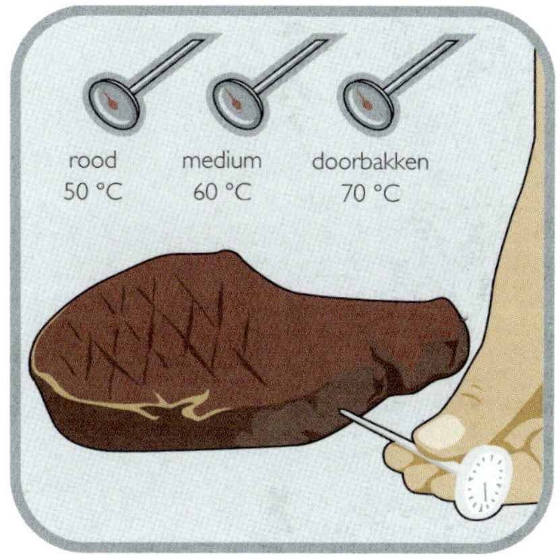

Controleer de gaarheid.

89 Kip op een bierblikje grillen

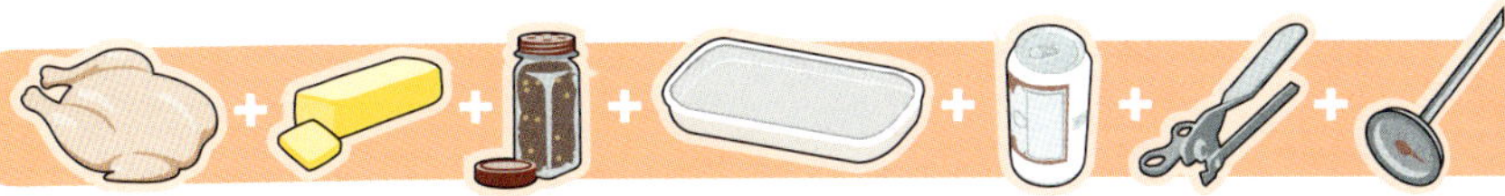

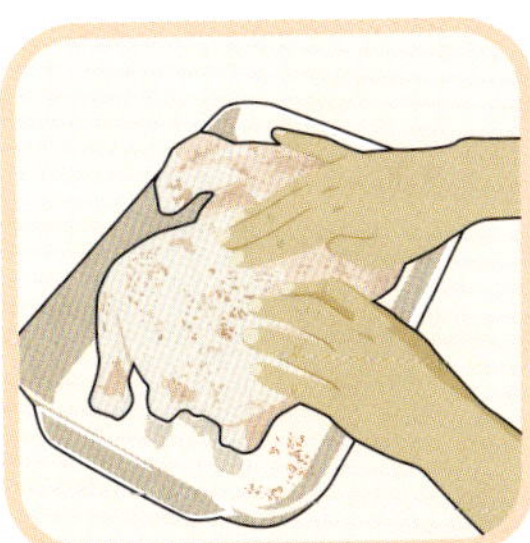

Wrijf in met boter en specerijen.

471 Drinken uit een bierhoed

Voeg specerijen toe.

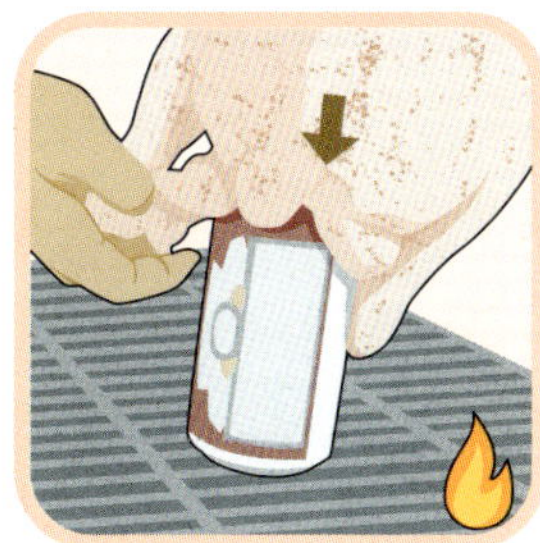

Vouw over het blik.

90 Een kalkoen braden

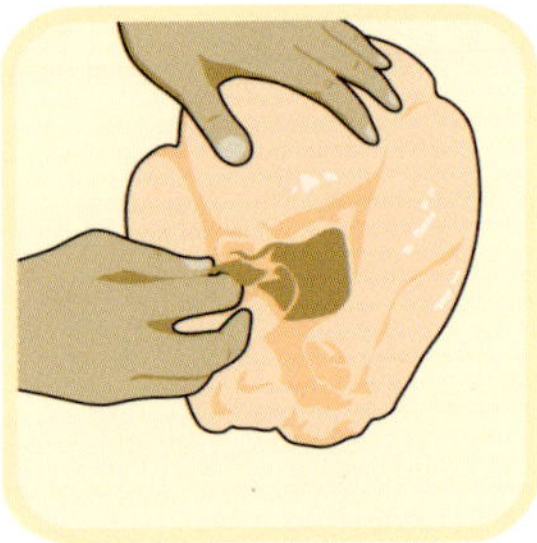

Verwijder de ingewanden.

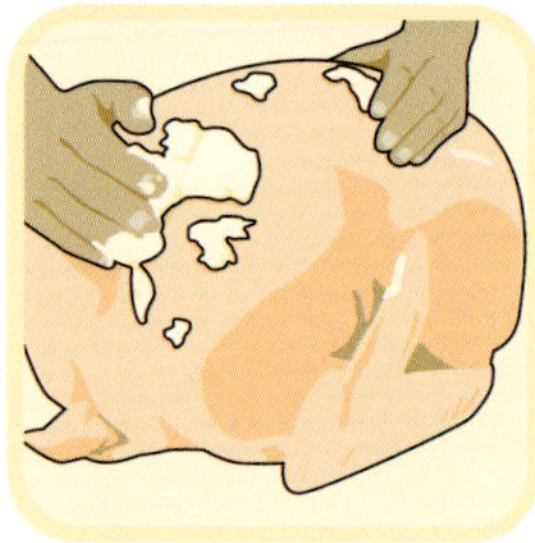

Wrijf het vel in met boter.

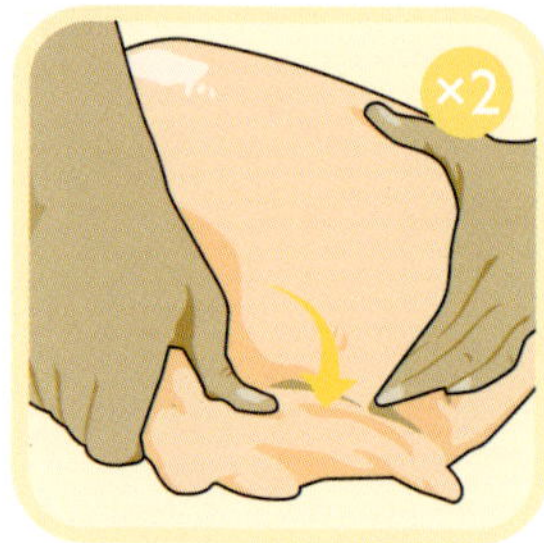

Stop de vleugels weg.

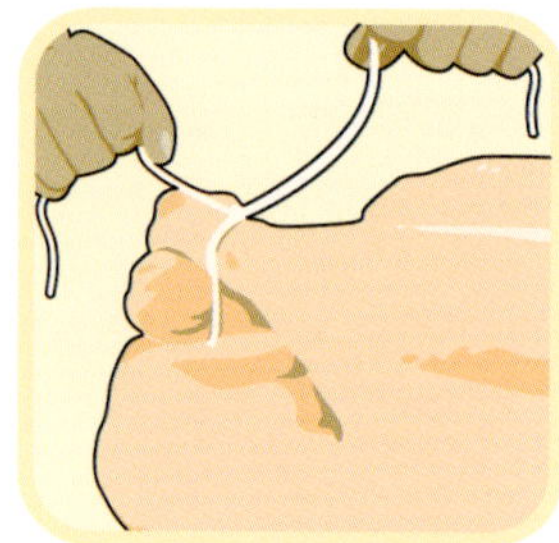

Bind de poten samen.

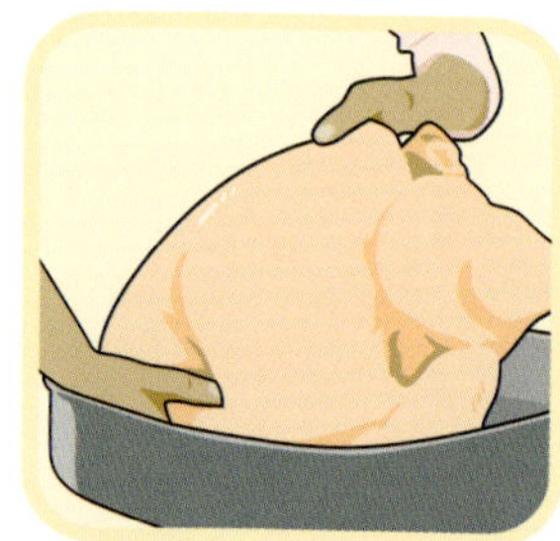

De borstzijde wijst omhoog.

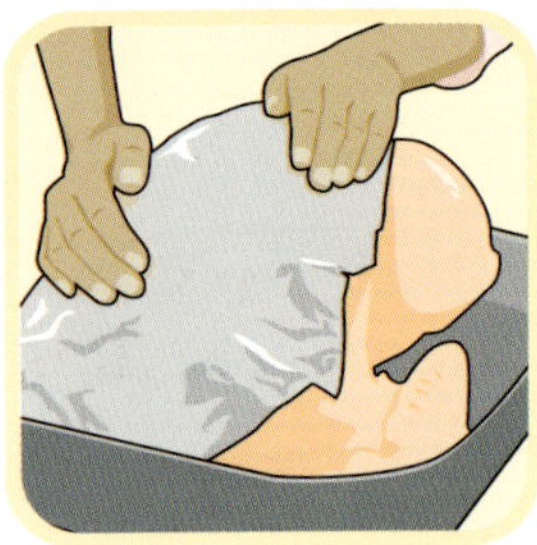

Bedek de borst met folie.

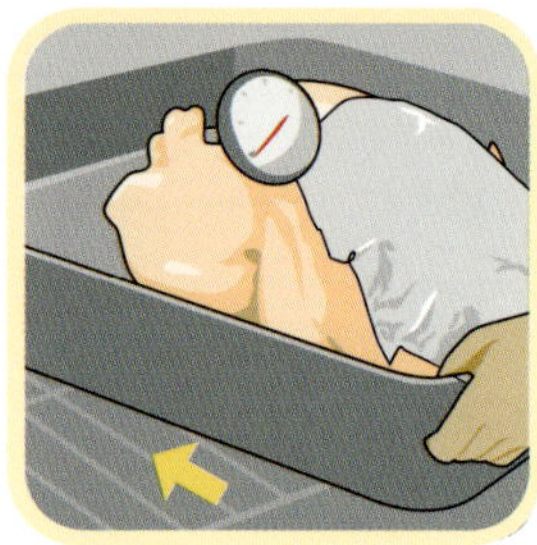

Bedruip elke 45 minuten.

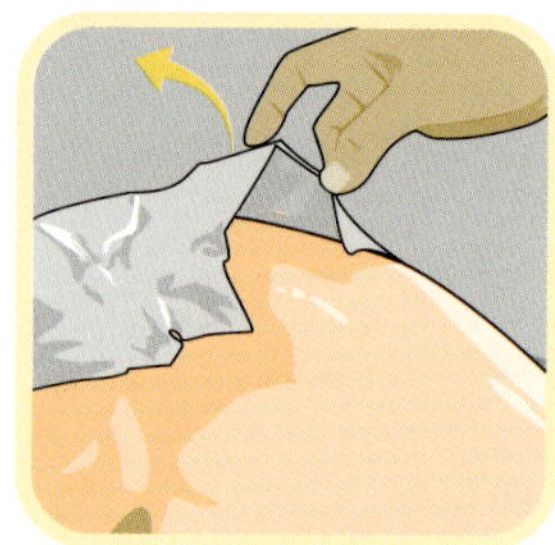

Braad het laatste uur onbedekt.

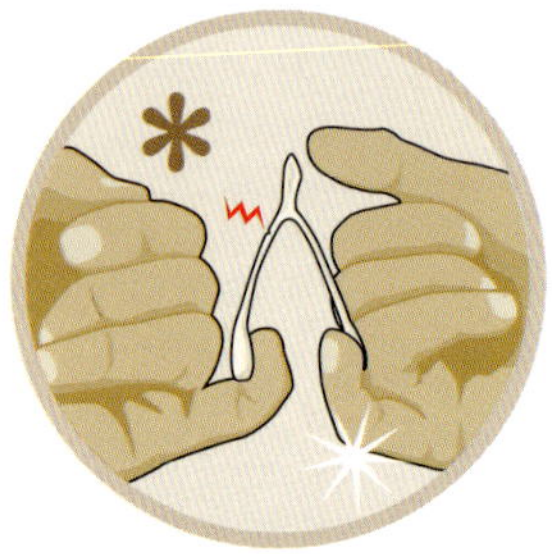

Het waren de Romeinen die dit grappige gelukbrengende ritueel in het leven riepen. Tegenwoordig is het in de VS een spannend spelletje tijdens het Thanksgiving-diner. Hoe het in zijn werk gaat? Twee personen klemmen hun pink om het vorkbeentje (dat is het U-vormige sleutelbeen) en proberen het langste stuk af te breken. De winnaar wacht voorspoed.

91 Een kalkoen snijden

Snijd de vleugels eraf.

Verwijder de poten.

Snijd de drumsticks door.

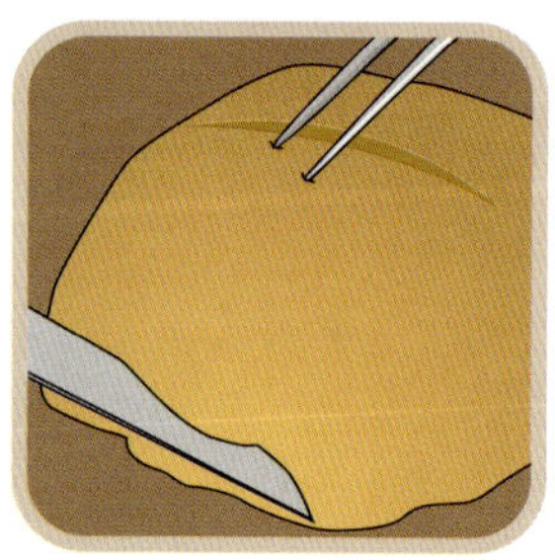

Snijd parallel aan het been.

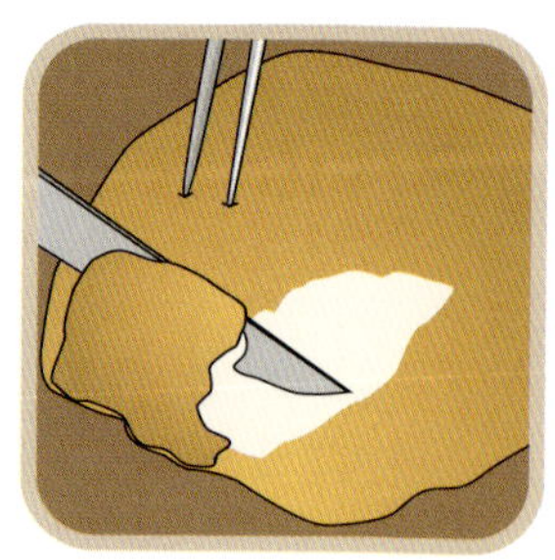

Snijd de borst in plakjes.

Kip bakken 92

Klop karnemelk en zout dooreen.

Dompel de kip onder; zet koud weg.

Haal door bloem en specerijen.

Verhit een flinke laag olie.

Frituur elke kant goudbruin.

Schuif in de oven; controleer gaarheid.

Vleesjus maken 93

Scheid het braadvet

Giet de sappen in een kan.

Voeg bloem en boter toe.

Voeg sappen en bouillon toe.

Controleer de dikte.

94 Pasta met een saus combineren

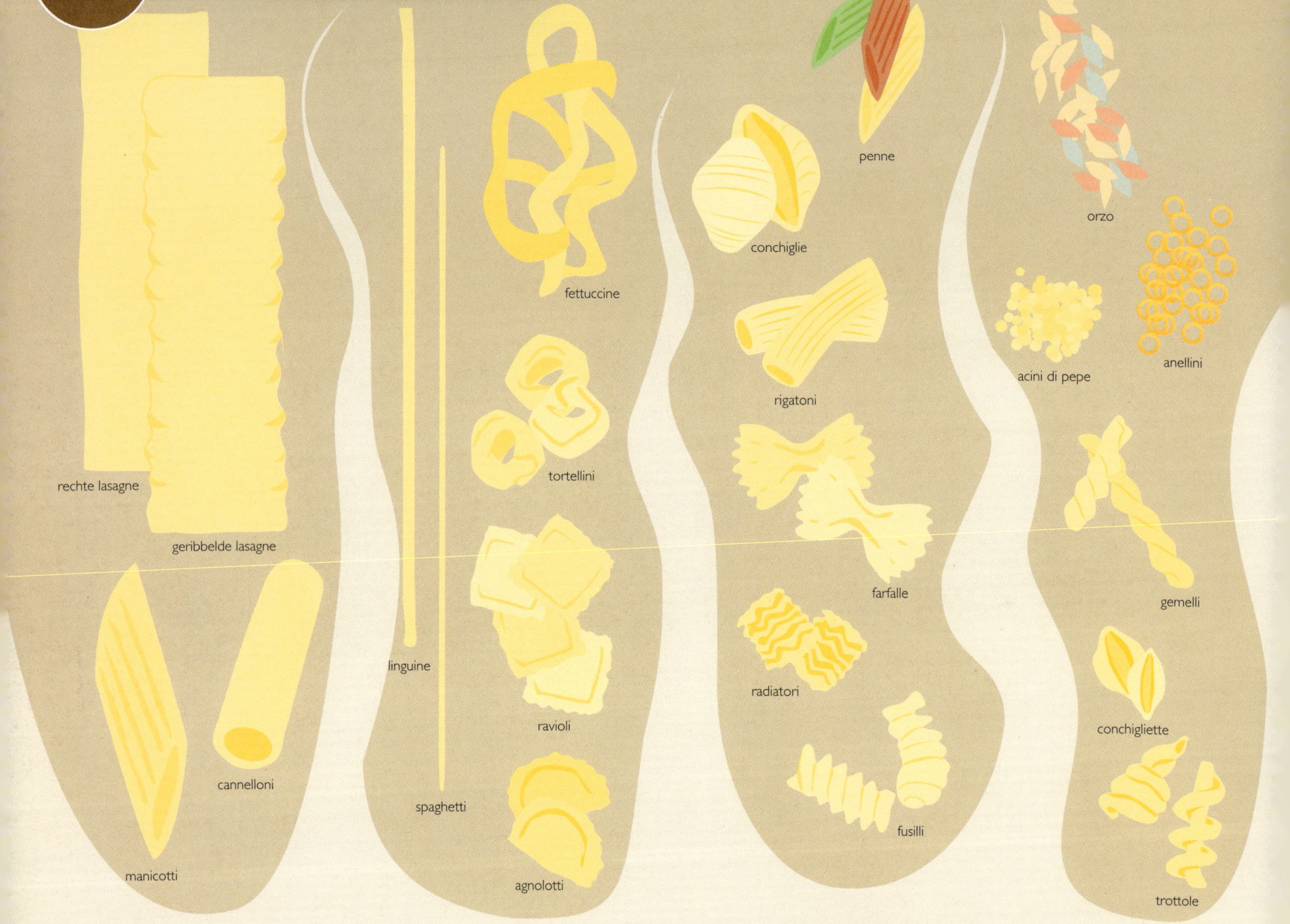

Met grote pasta maak je de lekkerste ovenschotels met tomatensaus.

Romige witte sauzen passen zowel bij dunne als bij gevulde pasta.

Deze verschillende pastavormen smaken uitstekend met een kruidige tomatensaus.

Kleine pasta geeft volop textuur aan soepen en salades.

95 Pastadeeg bereiden

Maak een kuiltje in de bloem.

Voeg het ei-oliemengsel toe.

Werk het door de bloem.

Rol de deeg tot een bal.

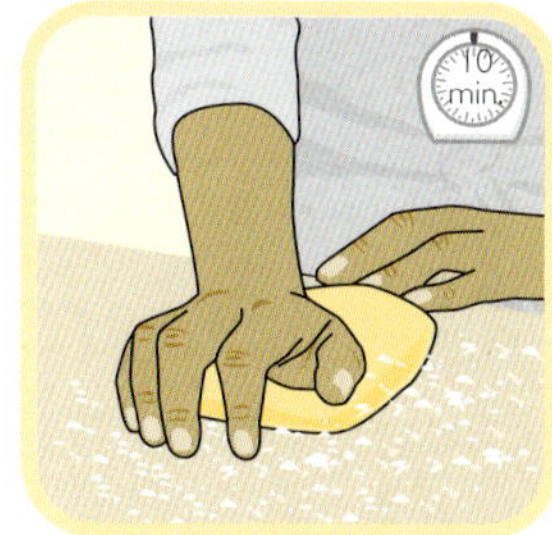

Bestuif werkvlak met bloem.

Deel in vieren.

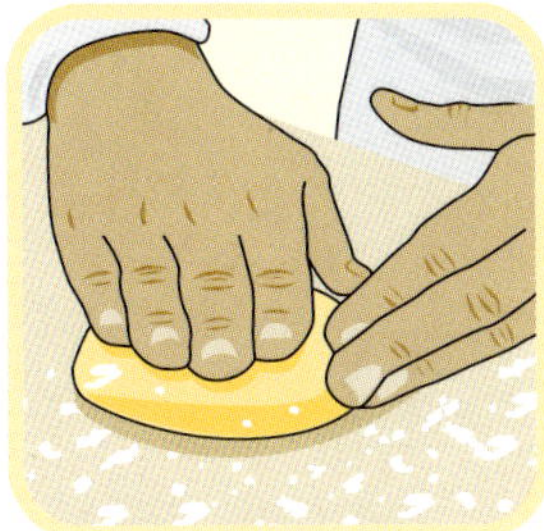
Kneed tot platte schijven.

74 Een deegroller kleefvrij maken

Draai om en rol verder.

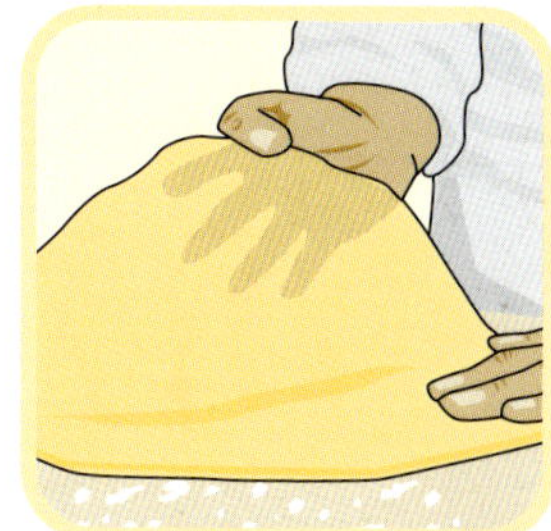
Controleer de transparantie.

96 Fettuccine snijden

Goed verdelen; laten drogen.

97 Tortellini maken

Vul; bevochtig de randen.

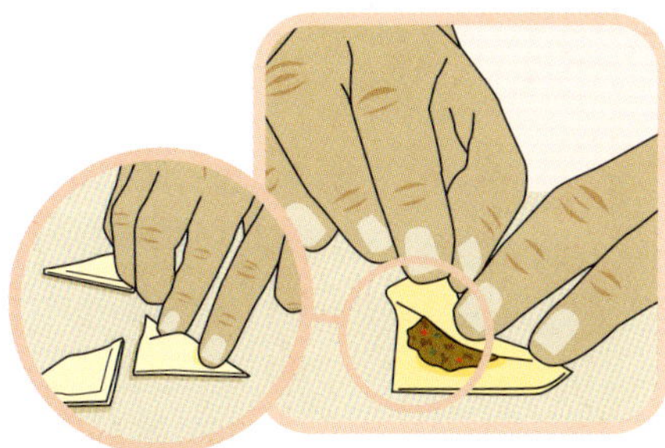

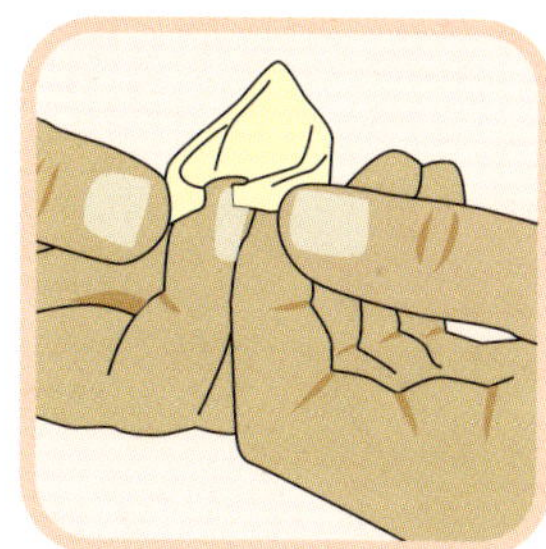

98 Een galette vouwen

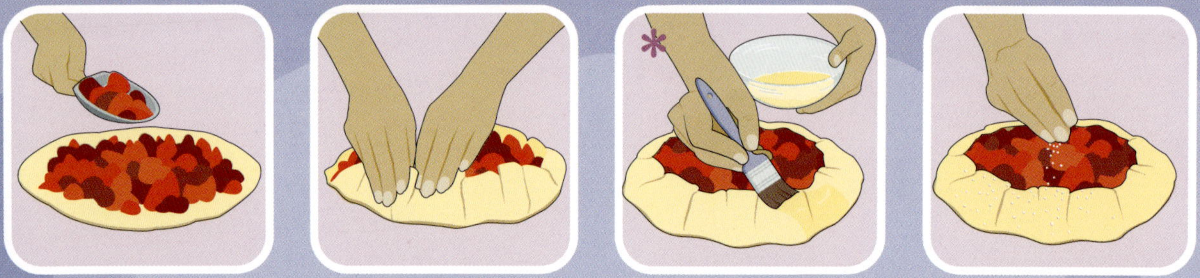

Vouw over de randen.

Bestrijk met eimengsel.

Bestrooi met suiker.

* Voor het eimengsel kluts je wat water door een eierdooier. Door het ei worden pasteien en brood bruin, krijgen ze een lichte glans en behouden ze hun heerlijke smaak.

99 Een baguette kneden

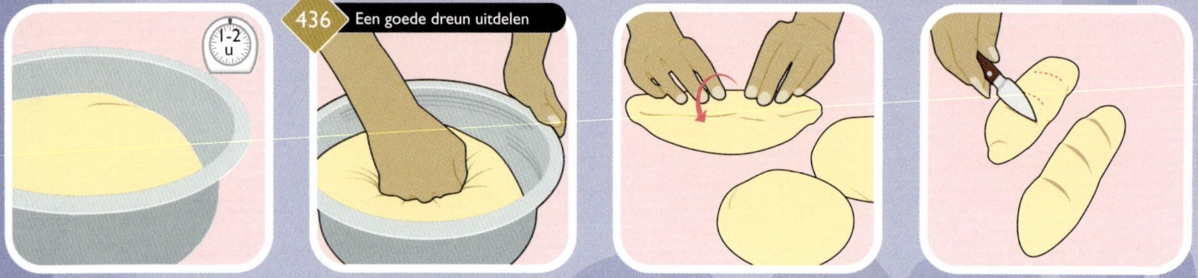

436 Een goede dreun uitdelen

Laat het deeg rijzen.

Laat koolzuurgas ontsnappen.

100 Een challa vlechten

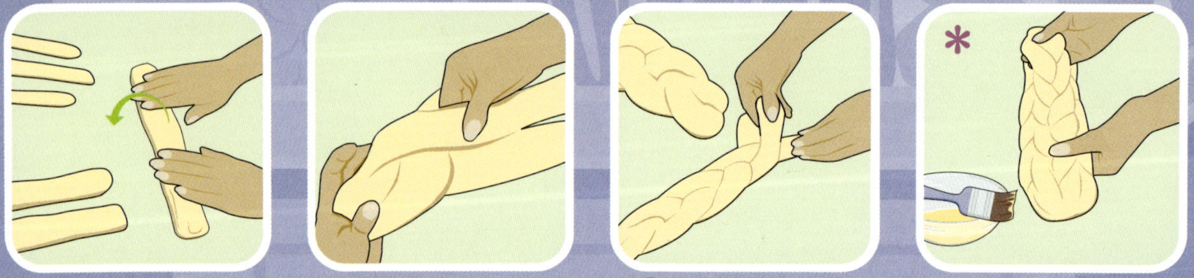

Maak een dikke vlecht.

En maak een dunne vlecht.

Stapel; bestrijk met eimengsel.

101 Een raster vlechten

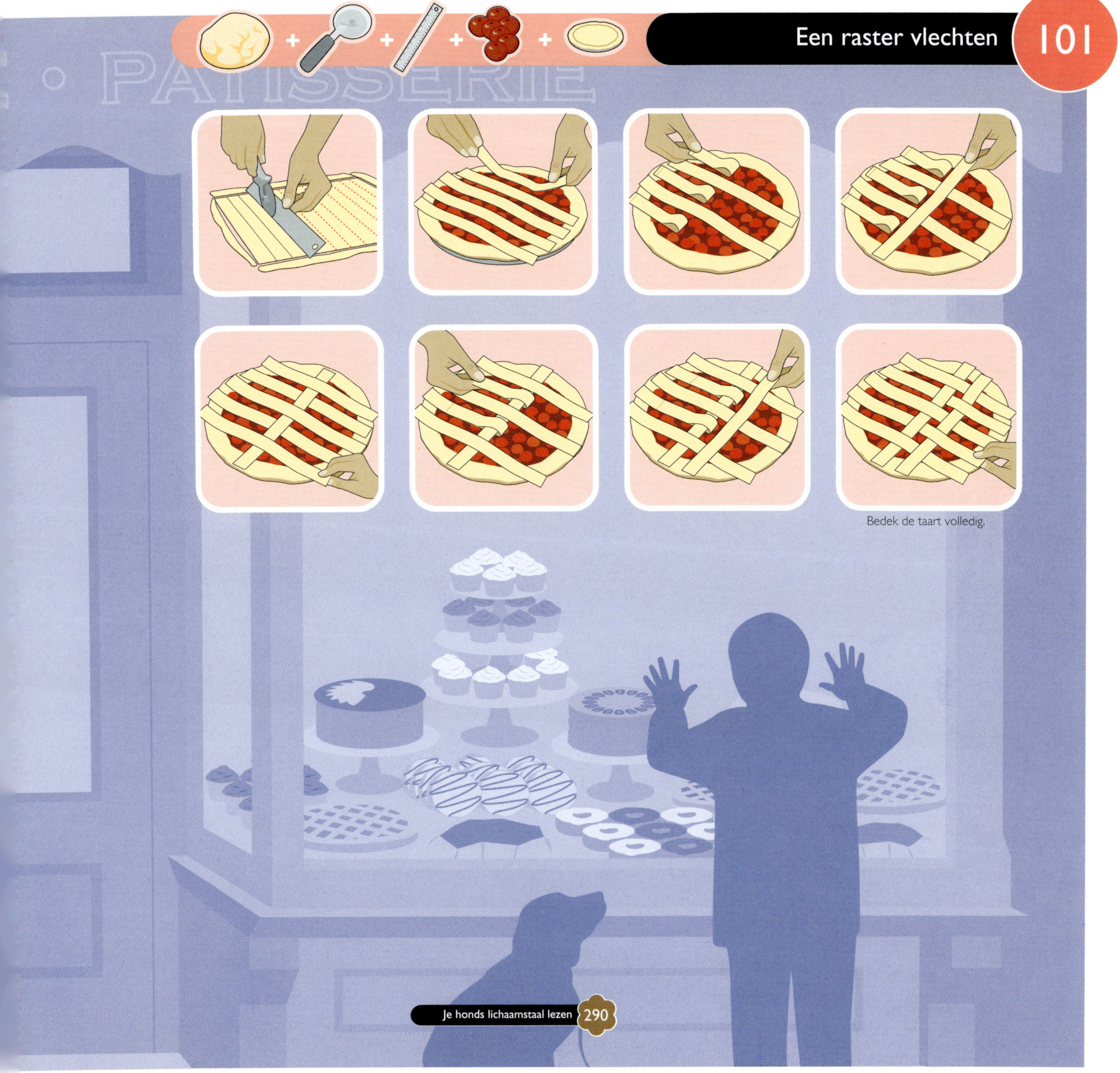

Bedek de taart volledig.

Je honds lichaamstaal lezen 290

drinken

102 Champagne serveren

Champagne bevat zwemen van citroen, hazelnoot, groene appel en toast, en heeft bloemige aroma's.

De langwerpige vorm van de flûte zorgt voor optimaal tintelende bubbels.

103 Pinot gris serveren

Pinot gris is een wijn met toetsen van mineralen, komkommer, appel, citroen en kruiden.

Drink hem uit een klein tulpglas om te genieten van zijn frisse smaak.

104 Chardonnay serveren

Veel mensen ontwaren volle tonen van boter, peer, hazelnoot, sinaasappel en vanille in deze witte wijn.

In een klein tulpglas concentreren de aroma's van chardonnay zich aan de rand.

Pinot noir serveren 105

De sappige afdronk van deze wijn komt doorgaans van kruiden, bananen, kersen, lavendel en aardbeien.

In een bourgogneglas kan het robuuste aroma van pinot noir zich goed ontplooien.

Merlot serveren 106

Paprika's, gemengde bessen, steranijs, kaneel en pruimen geven merlot een kruidige smaak.

In een groot tulpglas komt het gronderige bouquet van merlot goed tot zijn recht.

Cabernet sauvignon serveren 107

Cabernets zijn verlevendigd met de smaak en geur van bramen, paprika's, sigaren, zwarte peper en kruidnagels.

De taps toelopende vorm van het bourgogneglas benadrukt het aroma van deze wijn.

108 Een fles wijn ontkurken

405 Zonder kurkentrekker wijn ontkurken

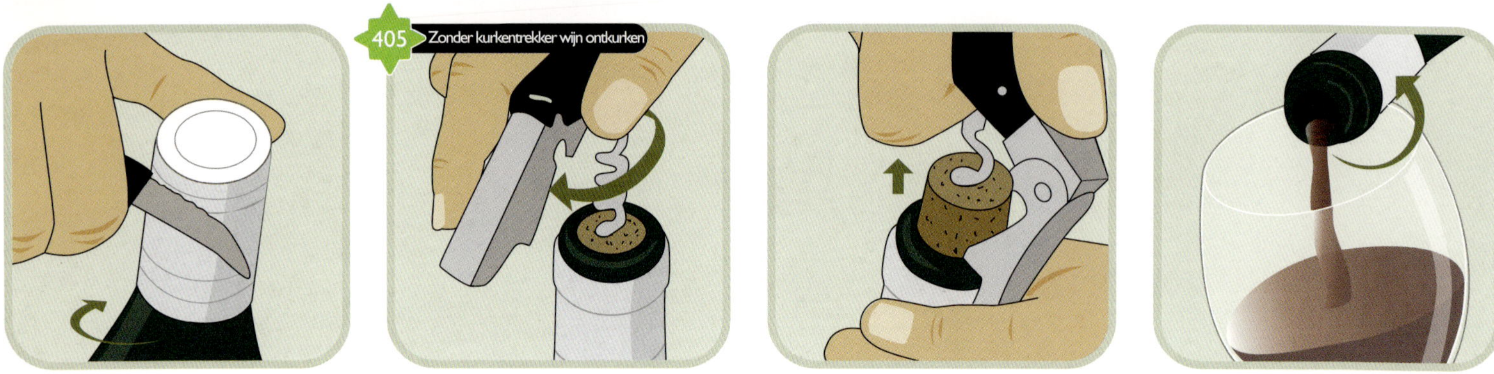

Duw het lemmet tegen de folie. Draai tot halverwege de kurk. Zet het armpje op de rand en trek. Draai iets om morsen te voorkomen.

109 Stukjes kurk wegfilteren

Controleer op stukjes kurk. Vouw een filter over het glas. Duw de kurk terug; schenk in.

110 Wijn proeven

Controleer kleur en helderheid. Wals; bekijk de 'tranen'. Inhaleer de geur diep. Vul je mond met een derde. Laat rondgaan in de mond.

Met sabreren imponeren 111

Veeg de fles droog.

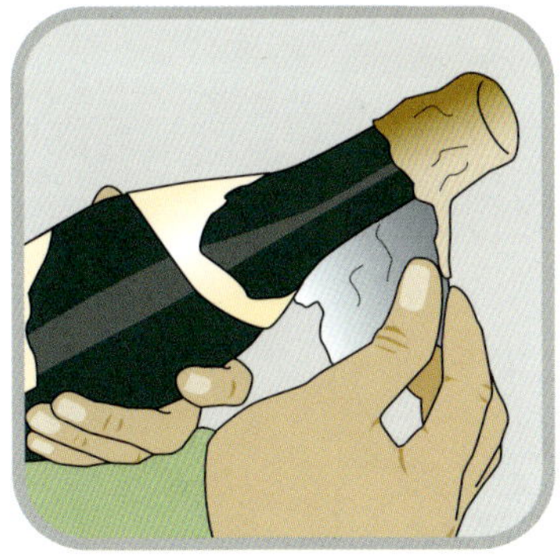

Draai; verwijder het muselet.

Zoek de zwakste plek.

Sla in één beweging naar voren.

De straal slaat alle splinters weg.

* Deze spetterende truc werd voor het eerst toegepast door Napoleons soldaten. Het geheim? Daar waar de naden van de fles elkaar kruisen, zit een zwakke plek die onder druk makkelijk barst. Dus wil je indruk maken op je gasten (én ze een nat pak geven)…

Een fles champagne ontkurken 112

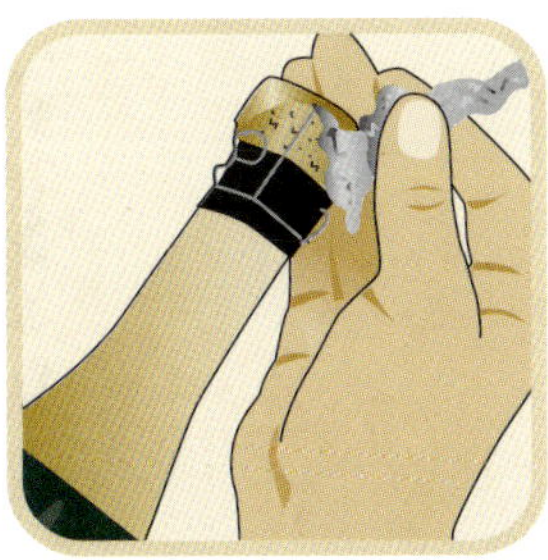

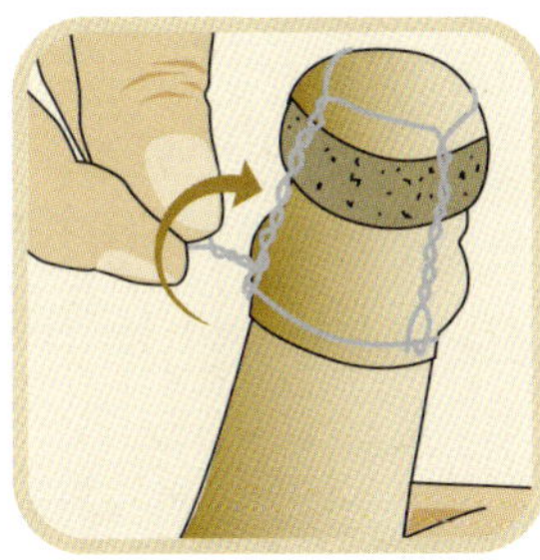

Draai de fles om te openen.

Vul de glazen geleidelijk.

113 Absint bereiden op rituele wijze

Leg suiker op een absintlepel.

Verdun met water

140 Baard- en snortypen identificeren

In de Tsjechische variant doop je het suikerklontje in de absint en steek je het aan (maar pas op: het hoge alcoholpercentage van de drank maakt absint zeer ontvlambaar!). Als de suiker is gesmolten, schenk je in en duw je het drankje in handen van de eerste de beste ruige bink die je tegenkomt: *Na zdraví!*

114 Een pousse-café schenken

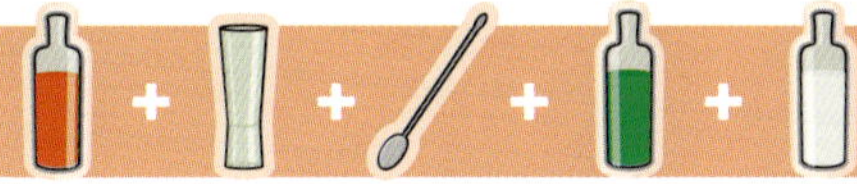

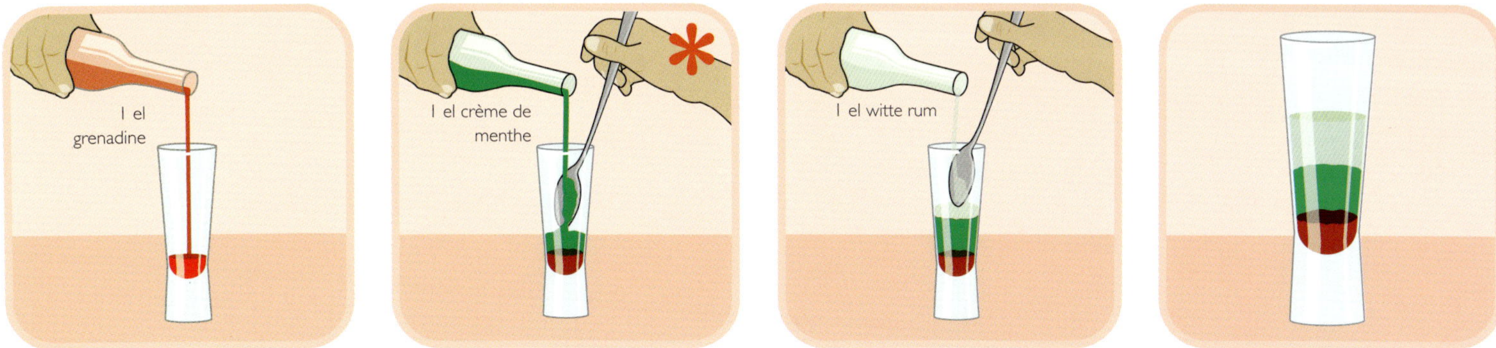

Serveer zonder te roeren.

* Een pousse-café herken je aan zijn verschillende laagjes – een kwestie van zwaartekracht. Om de dranken zo mooi mogelijk ingeschonken te krijgen, schenk je ze in op volgorde van soortelijk gewicht. Giet daarbij over de bolle kant van een lepel, zodat de vloeistoffen zich niet vermengen.

115 Heerlijk koele sangria mixen

Snijd het fruit van je keuze.

Zet koud weg of serveer direct.

116 Een suiker- of zoutrand maken

Draai rond in suiker of zout.

bloody mary
60 ml wodka
120 ml tomatensap
1 el limoensap
½ tl peper
1 snufje zout
½ tl komijn
2 scheutjes worcestersaus
2 scheutjes pepersaus
1 stengel bleekselderij (garnering)
1 schijfje limoen (garnering)

mai tai
3 el bruine rum
2 el witte rum
2 el sinaasappellikeur
1 el abrikozenbrandewijn
2 el limoensap
1 el suikersiroop
1 scheutje amandelsiroop (*orgeat*)

sidecar
45 ml brandewijn
1 el sinaasappellikeur
1 el kersenlikeur
1 el citroensap
suiker voor de rand

strawberry margarita
60 ml tequila
30 ml limoensap
8 aardbeien zonder kroontje
1 aardbei (garnering)
zout voor de rand

Suikersiroop:
gelijke delen suiker en water

negroni
30 ml gin
30 ml vermout
30 ml campari
1 schijfje sinaasappel (garnering)
1 kers (garnering)

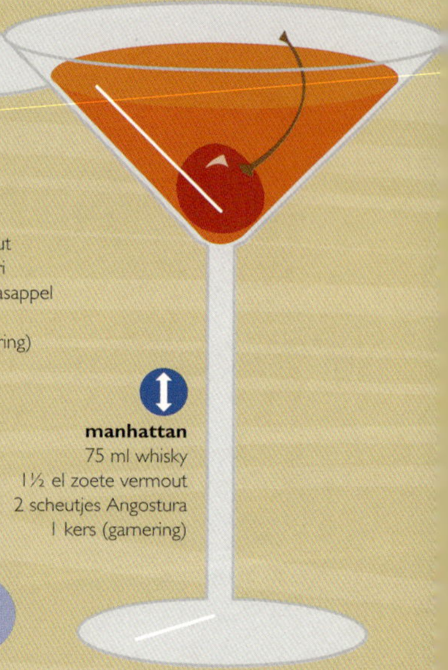

manhattan
75 ml whisky
1½ el zoete vermout
2 scheutjes Angostura
1 kers (garnering)

shaken | roeren | mixen

Sommige drankjes moeten krachtig worden geschud, andere zachtjes heen en weer gerold (of geroerd) en weer andere gemixt in de blender. Met deze wegwijzer word je meester in het bereiden van cocktails!

117 Mixen met een cocktailshaker

Schenk in; voeg ijs toe. | Geef een flinke klap. | Keer om en schud flink. | Duw, zodat het glas loskomt. | Zet de zeef erop en schenk uit.

118 Hemelse cocktails bereiden

Cape cod
75 ml wodka
120 ml cranberrysap
1 schijfje limoen (garnering)

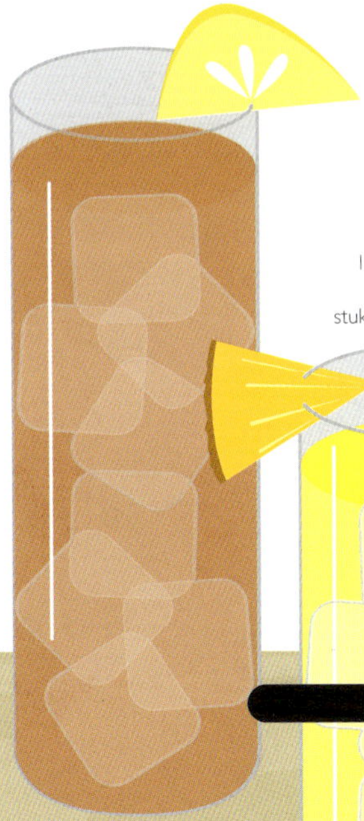

long island iced tea
1 el gin
1 el witte rum
1 el tequila
1 el wodka
1 el sinaasappellikeur
30 ml citroensap
1 el suikersiroop
150 ml cola
1 schijfje citroen (garnering)

tequila sunrise
75 ml tequila
120 ml sinaasappelsap
3 tl grenadine
stukje ananas (garnering)

Een ananas schillen 58

tom collins
60 ml gin
1 el citroensap
1 el suikersiroop
150 ml spuitwater
1 schijfje citroen (garnering)
1 kers (garnering)

mojito
6 muntblaadjes, gekneusd
1½ el suikersiroop
1 el limoensap
60 ml witte rum
60 ml spuitwater
2 schijfjes limoen (garnering)

white russian
60 ml wodka
30 ml koffielikeur
30 ml koffieroom

singapore sling
60 ml gin
1 el Bénédictine
1 el kersenbrandewijn
30 ml citroensap
1 el suikersiroop
60 ml spuitwater
1 schijfje citroen (garnering)

cuba libre
75 ml witte rum
30 ml limoensap
180 ml cola
1 schijfje limoen (garnering)

Met je tong een kersensteeltje knopen 193

piña colada
60 ml witte rum
180 ml ananassap
60 ml coconut cream
1 stukje ananas (garnering)
1 kers (garnering

caipirinha
2 schijfjes limoen (fijngestampt)
1 el suikersiroop
60 ml Cachaça

119 Een muddler gebruiken

Maal de blaadjes glad.

120 Een klassieke martini mixen

176 Een vlinderstrik strikken

* Heeft James Bond ongelijk? Shaken of roeren: het is gewoon een kwestie van smaak. Hoewel het een ongeschreven regel is dat je alle drankjes die vruchtensap bevatten shaket, hebben de meeste kenners hun martini liever geroerd, vanwege de zijdezachte textuur. Aan de andere kant komen er door te schudden wel water en ijssplinters los – lekker koud!

cosmo
60 ml citroenwodka
1 el sinaasappellikeur
1 el cranberrysap
1 el limoensap
1 schijfje limoen (garnering)

cooperstown
3 el gin
1 el zoete vermout
1 el droge vermout
1 takje munt (garnering)

cajun
75 ml peperwodka
1 el droge vermout
1 jalapeñopeper (garnering)

bermuda rose
60 ml gin
1 el abrikozenbrandewijn
1 scheutje grenadine
1 stukje abrikoos (garnering)

vesper
35 ml gin
35 ml wodka
1 el Lillet Blanc
1 schijfje citroen (garnering)

chocolate
60 ml wodka
30 ml crème de cacao
chocolaatje (garnering)

gibson
90 ml gin
1 el droge vermout
1 zilveruitje (garnering)

banana rum
60 ml bruine rum
1 el crème de bananes
1 plakje banaan (garnering)

orange blossom
75 ml gin
30 ml sinaasappelsap
3 tl suikersiroop
1 schijfje sinaasappel

corpse reviver
45 ml sinaasappellikeur
30 ml droge vermout
1 el citroensap
2 scheutjes absint
1 schijfje citroen (garnering)

Absint bereiden op rituele wijze 113

opera
60 ml gin
1 el Dubonnet Rouge
1 el kersenlikeur
1 kers (garnering)

naked
90 ml gin
1 groene olijf (garnering)

bacontini
90 ml wodka
1 scheutje vermout
1 reepje bacon (garnering)

Stukken varkensvlees identificeren 85

saketini
75 ml gin
3 tl sake
1 groene olijf (garnering)

tequilatini
75 ml tequila
3 tl zoete vermout
1 kers (garnering)

bloodhound
60 ml gin
1 el droge vermout
1 el zoete vermout
2 tl aardbeienmoes
1 aardbei (garnering)

122 Theezetten op Engelse wijze

Breng water aan de kook.

Spoel de theepot met heet water.

Zet water op voor de thee.

478 De toekomst voorspellen met thee

Voeg Indiase zwarte thee toe.

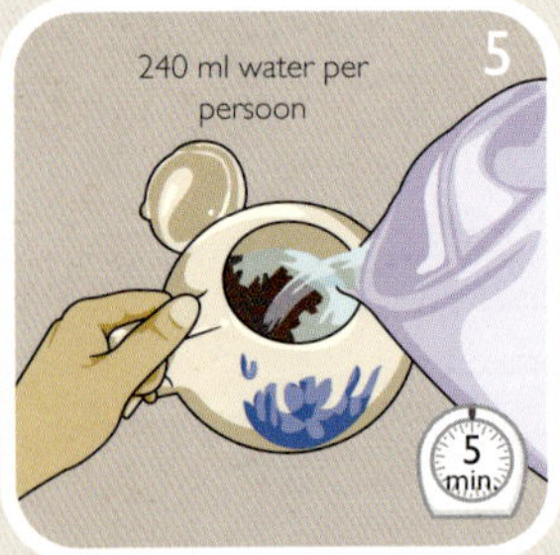

Laat trekken.

Schenk door een zeefje.

Voeg evt. melk en suiker toe.

Lekker met scones.

123 Thee maken in een samowaar

Kook water boven dennenappels.

Voeg Indiase zwarte thee toe.

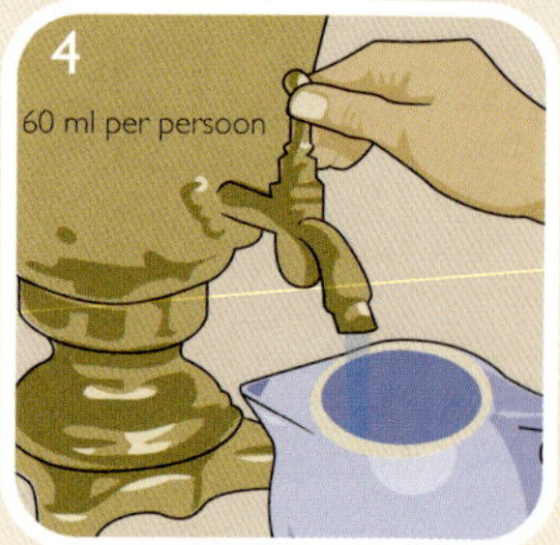

Doe er kokend water bij.

Zet boven op de samowaar.

Schenk uit in het theeglas.

Verdun naar smaak.

Tibetaanse jakboterthee bereiden 124

Voeg thee toe aan het water.

Schenk een derde in de karnton.

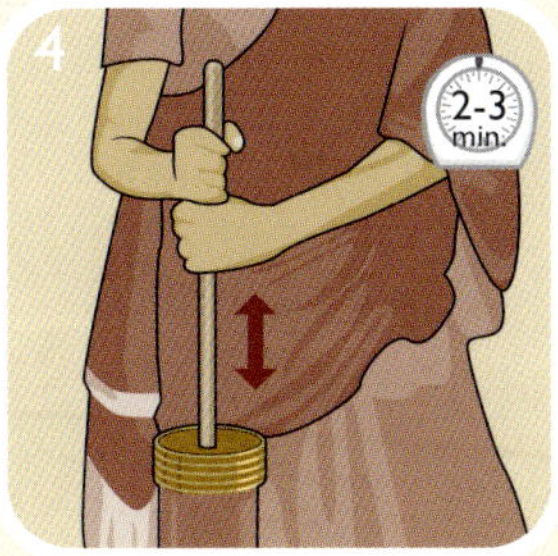

Roer krachtig.

Giet de helft terug in de ketel.

Ga door tot alles is gekarnd

Thaise ijsthee maken 125

Voeg gekruide Thaise thee toe.

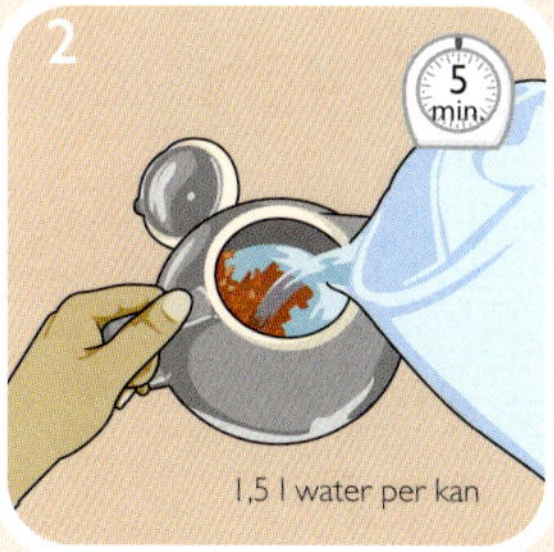

Laat de thee lichtoranje worden.

Schenk hem door een zeefje.

Zet koud weg.

126 Weten wat er in je koffie gaat

Opgeschuimde of gestoomde melk, volle melk, of een mengsel van melk en room (10-12% vet)? Als het je in het café begint te duizelen bij het zien van de drankenkaart, bekijk dan eerst eens deze eenvoudige koffierecepten.

127 Een cafeïnedrankje kiezen

Moet je een nacht doorhalen of juist vroeg onder de wol? Bestudeer deze vergelijkingstabel en bepaal welk drankje met welke hoeveelheid cafeïne je het best kunt nemen.

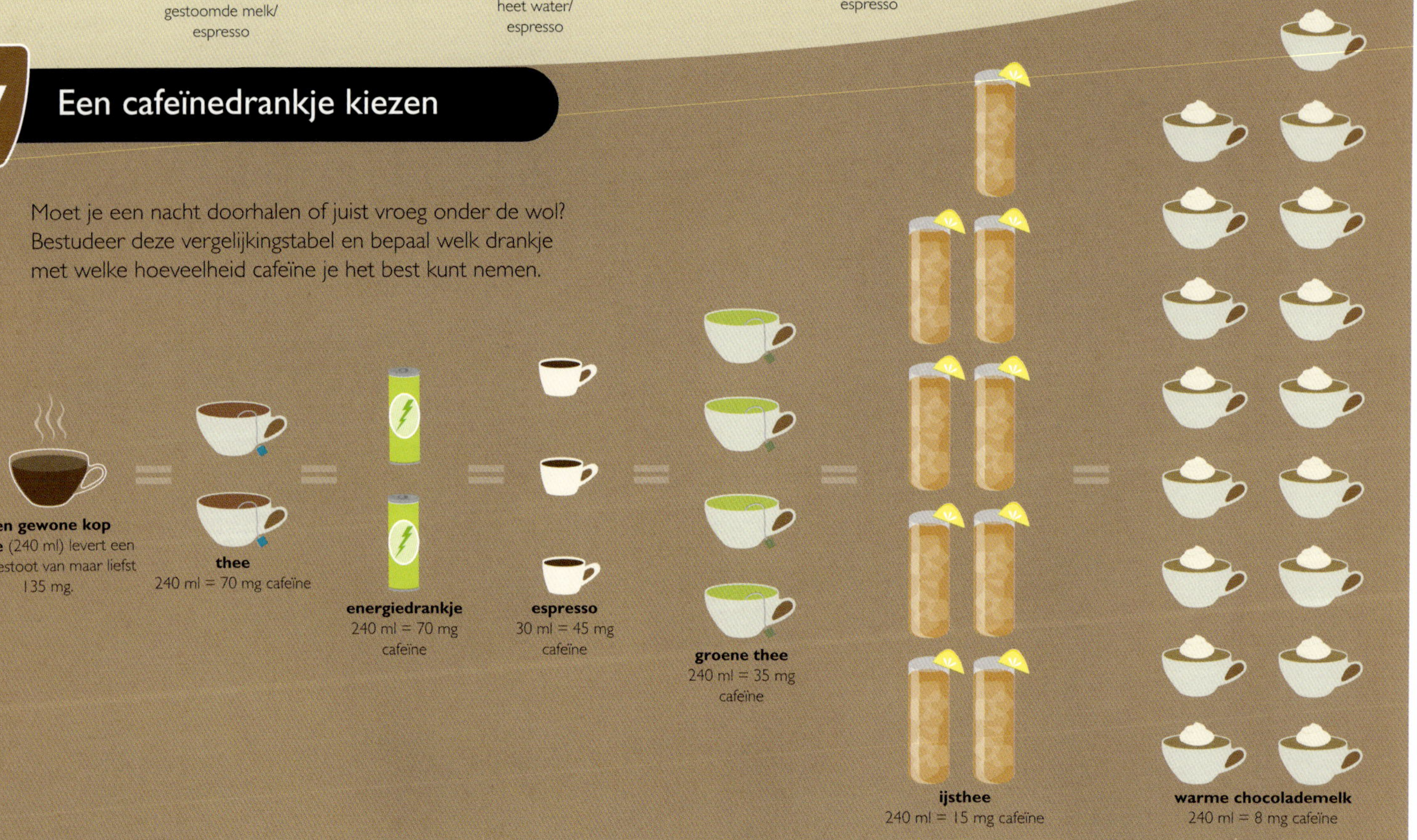

128 Een cafetière gebruiken

Voeg kokend water toe.

Laat trekken.

Druk het filter krachtig omlaag.

Schenk voorzichtig uit.

129 Een perfecte espresso maken

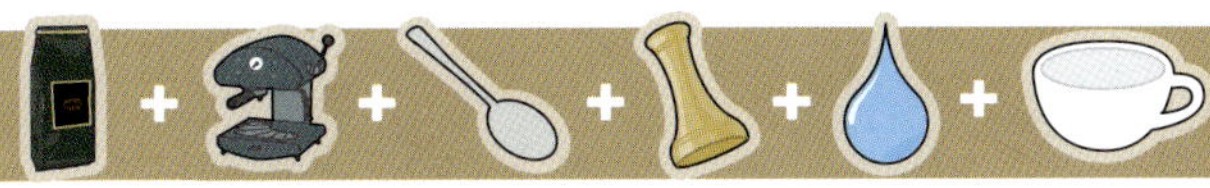

Vul met grof gemalen koffie.

Strijk het teveel af.

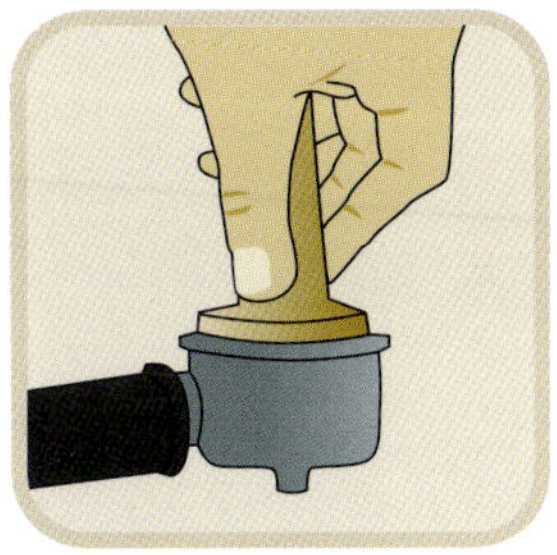

Druk stevig aan.

Zet je kopje eronder.

Trek de hendel aan.

130 Een tekening van melkschuim maken

Stoom melk voor 1 kopje.

Draai rond; sla luchtbellen eruit.

Beweeg je pols heen en weer.

'Teken' in het patroon.

131 Ploppen

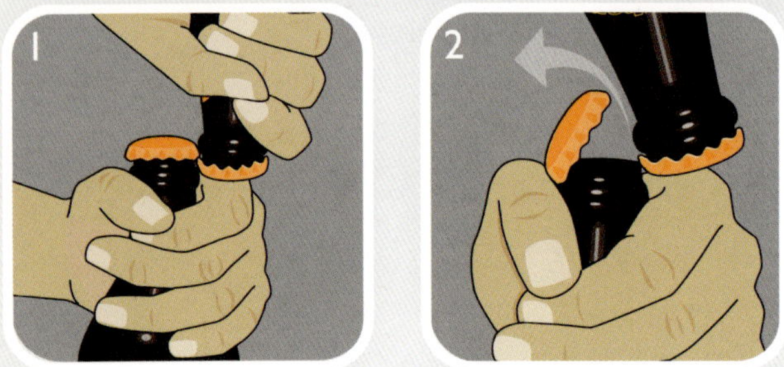

Haak de doppen in elkaar.

Druk omlaag.

132 Een biertje openen met je aansteker

Gebruik de hefboomtechniek.

133 Bier serveren in het juiste glas

Schenk Belgisch bier of gerstewijn in een tulpglas. De bolvorm en wijd uitlopende rand komen het volle aroma ten goede.

Het Weizenbierglas is speciaal ontworpen voor tarwebier. De vorm van dit glas zorgt voor een romige schuimkraag en een rijke gouden kleur. Serveer er geen citroen bij, want dan verdwijnt het schuim.

Schenk zwaar bier uit in een cognacglas. De grote bowl houdt de aroma's vast en concentreert die aan de glasrand.

De taps toelopende vorm van het pilsglas is bij uitstek geschikt voor pils. De sprankelende bubbels en luchtige schuimkraag komen er goed in uit.

Een goed pilsje schenken 134

Schenk langzaam.

Houd het glas steeds rechter.

Drinken uit een laars 135

Als zich een luchtbel vormt…

Van je hik afkomen 474

… draai je het glas een slag.

opdoffen

136 Dessins van herenkleding herkennen

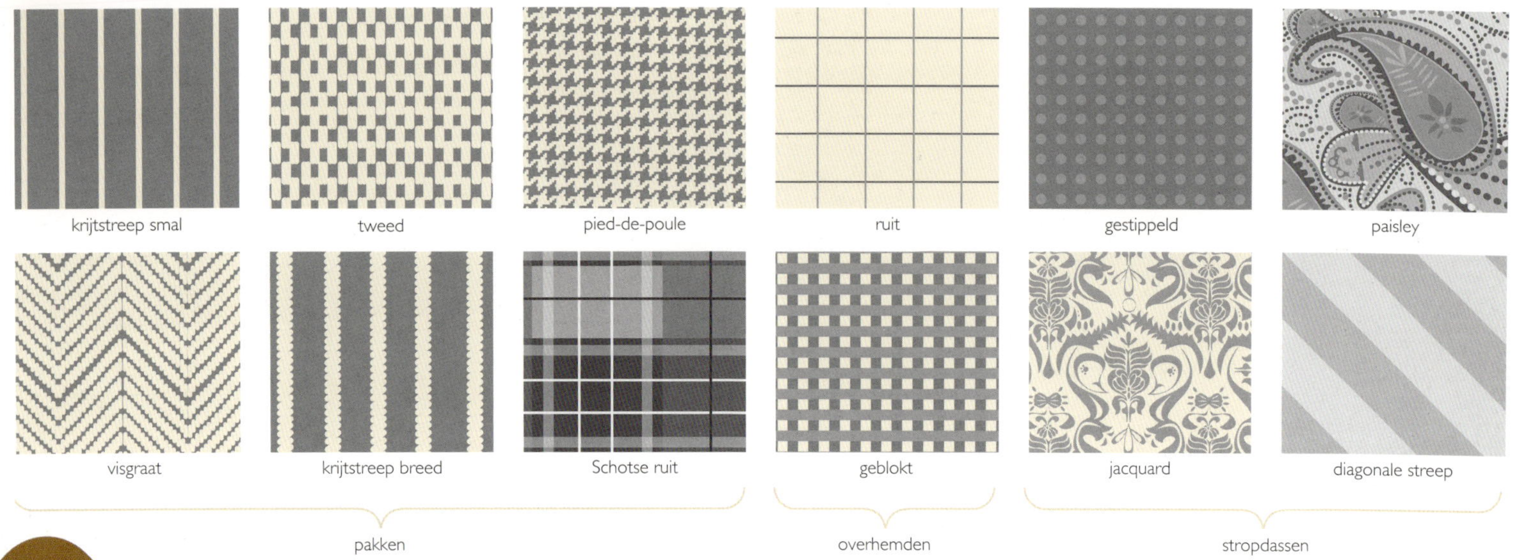

137 Een pak voor elk seizoen kiezen

Houd het luchtig met een niet te zwaar donkerblauw pak. Een streepje wijst op oog voor detail.

Blijf koel in een grijs lichtgewicht pak van tropische wol.

In de herfst draag je een veelzijdig en niet te zwaar donkerblauw pak. Krijtstrepen zien er gedistingeerd uit.

Wapen je tegen de kou in een wollen pak met visgraatmotief.

138 Er strak uitzien in een pak

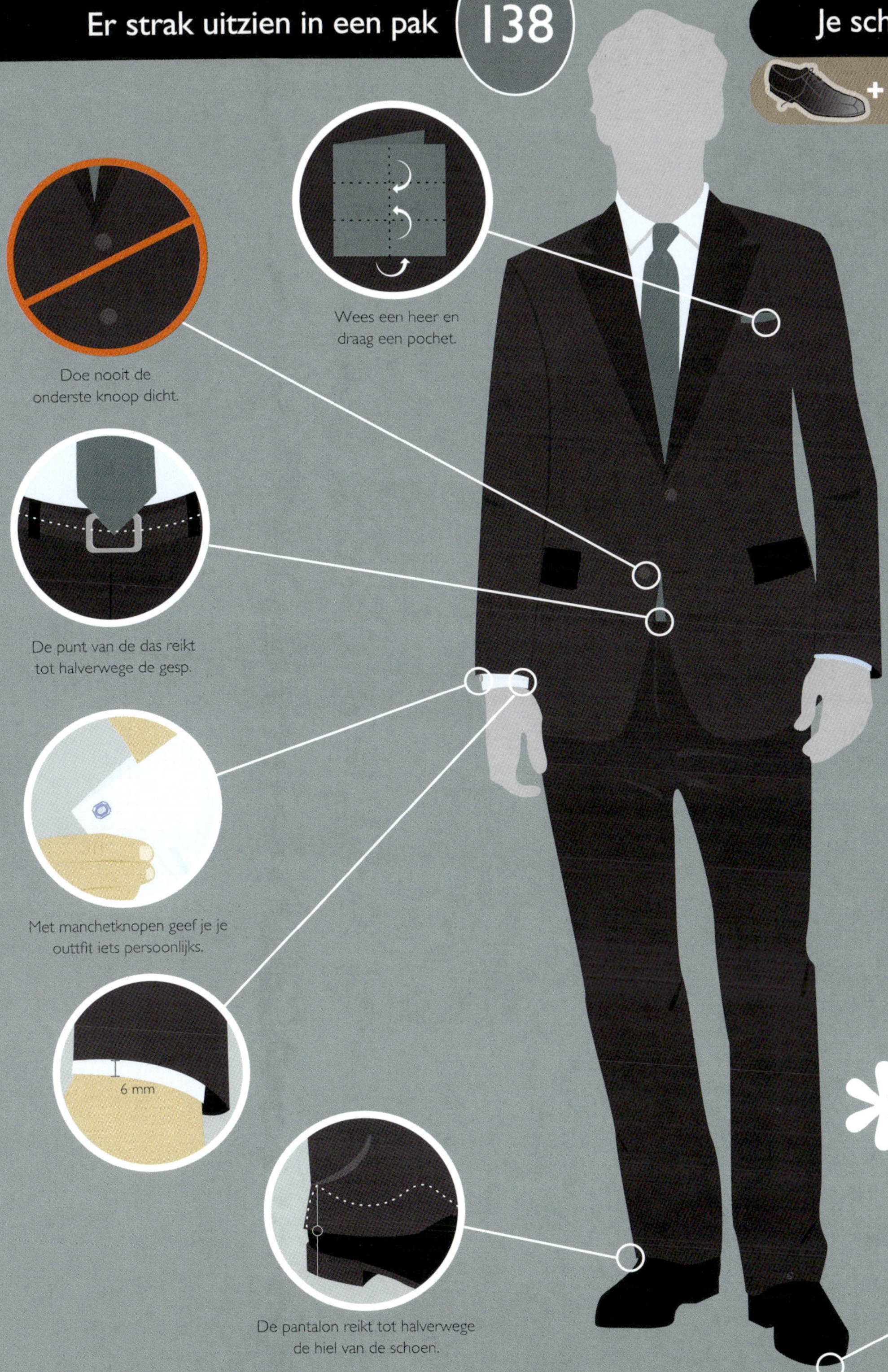

Wees een heer en draag een pochet.

Doe nooit de onderste knoop dicht.

De punt van de das reikt tot halverwege de gesp.

Met manchetknopen geef je je outtfit iets persoonlijks.

De pantalon reikt tot halverwege de hiel van de schoen.

139 Je schoenen glanzend poetsen

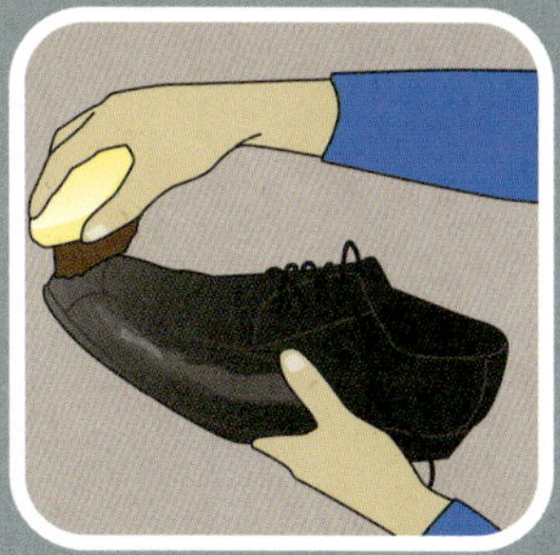

Verwijder vuil met een borstel.

Smeer in met schoensmeer. Wrijf uit.

Borstel de schoen nogmaals.

* Geen schoensmeer paraat? De binnenkant van een bananenschil verricht ook wonderen!

Wrijf de schoen tot hij glanst.

140 Baard- en snortypen identificeren

Welke snor of baard past precies bij jou: een ringbaard of een Fu Manchu? Vergroot deze pagina's op een kopieerapparaat, knip de snorren en baarden uit en probeer ze uit op je gezicht.

141 Je glad scheren

Neem eerst een warme douche.

Scheer indien nodig je baard af.

Klop scheerschuim schuimig in water.

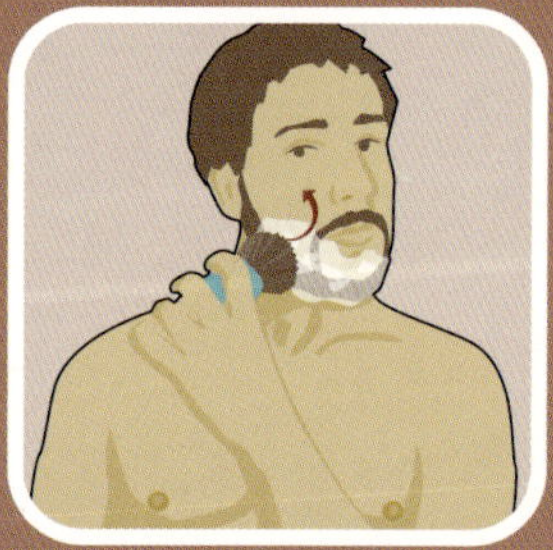

Breng in draaiende bewegingen aan.

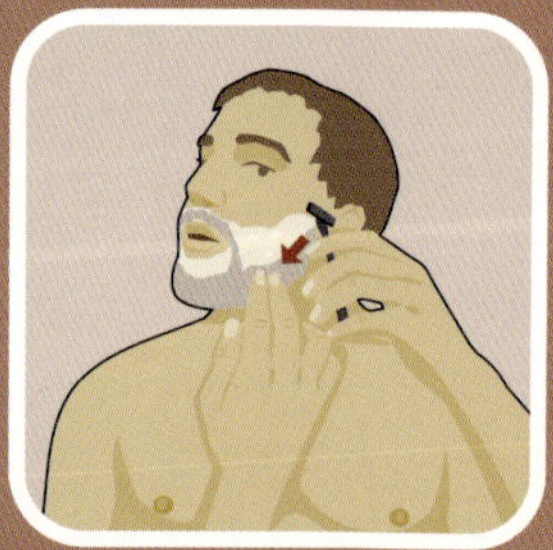

Scheer met haar mee omlaag.

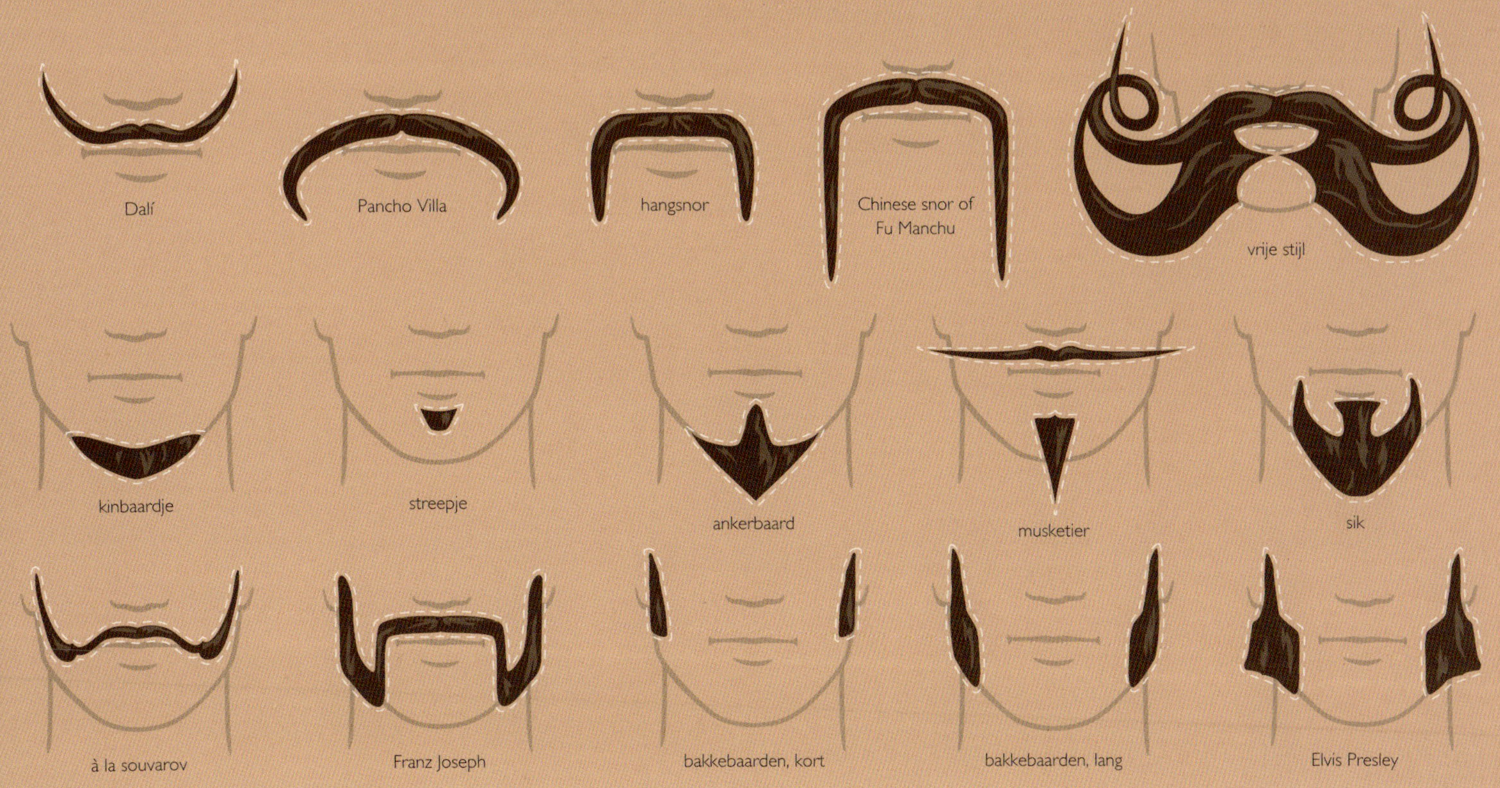
Dalí
Pancho Villa
hangsnor
Chinese snor of
Fu Manchu
vrije stijl
kinbaardje
streepje
ankerbaard
musketier
sik
à la souvarov
Franz Joseph
bakkebaarden, kort
bakkebaarden, lang
Elvis Presley

Spoel het mesje geregeld af.
Scheer tegen haar in omhoog.
Scheer je bovenlip.
Spoel je gezicht af en droog het.
Doe aftershave op.

142 Je haar invlechten

100 Een challa vlechten

Pak drie plukken haar.

Begin te vlechten.

Pak er nog een pluk bij.

Blijf plukken toevoegen en meevlechten.

143 Je haar stijlvol opsteken

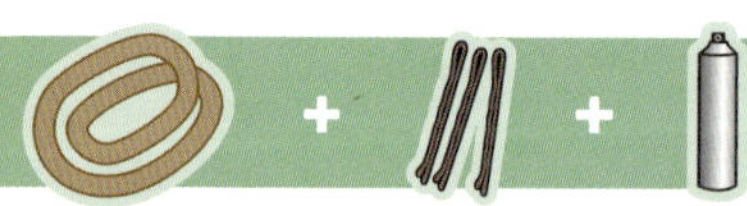

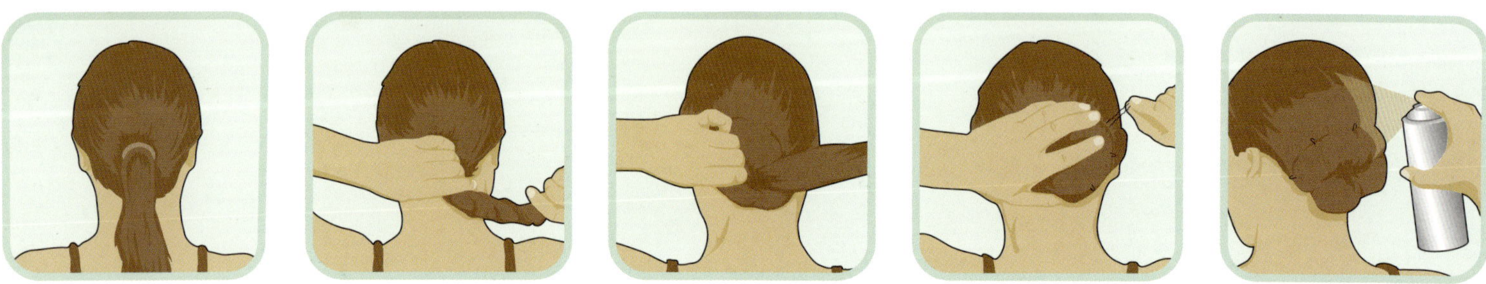

Maak een lage paardenstaart.

Draai de staart in een lus.

Trek de staart erdoorheen.

Zet het haar vast met spelden.

Spuit wat haarlak op.

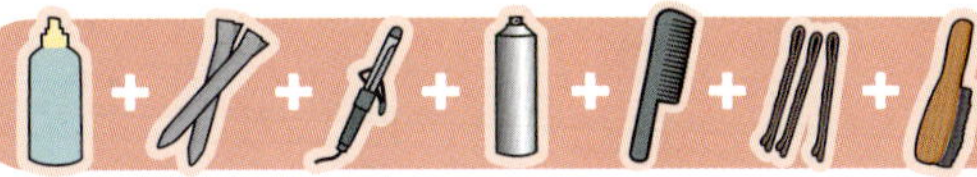

Een suikerspin maken 144

Verdeel het haar in vieren.

Spuit elk deel in met haarlak.

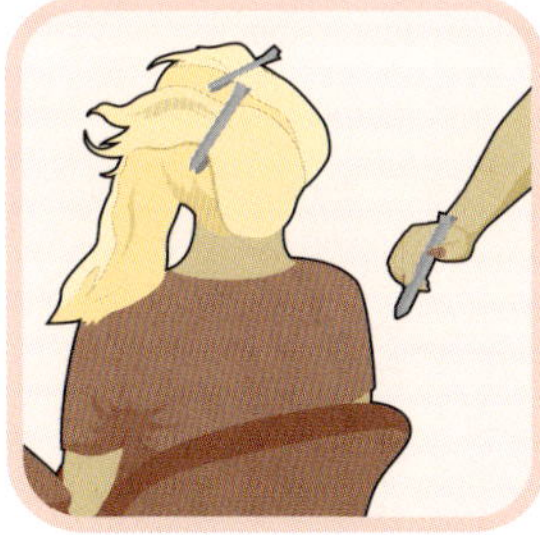

Zet de onbehandelde delen vast.

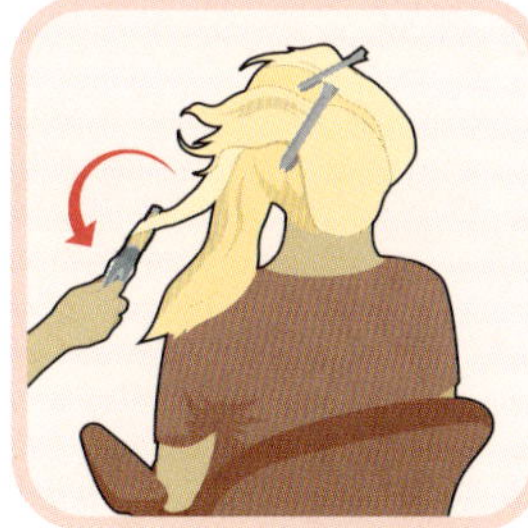

Krul de andere delen.

Spuit flink wat haarlak.

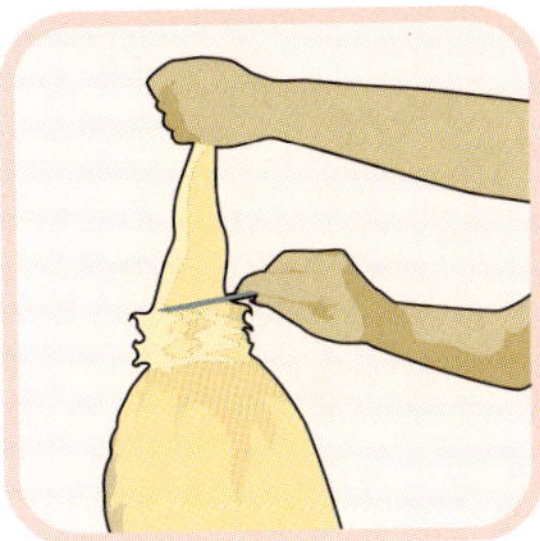

Toupeer het haar.

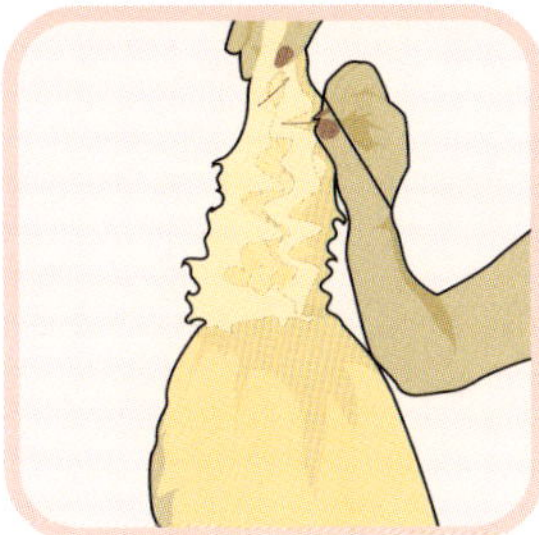

Zet de getoupeerde delen vast.

Borstel met een zachte borstel glad.

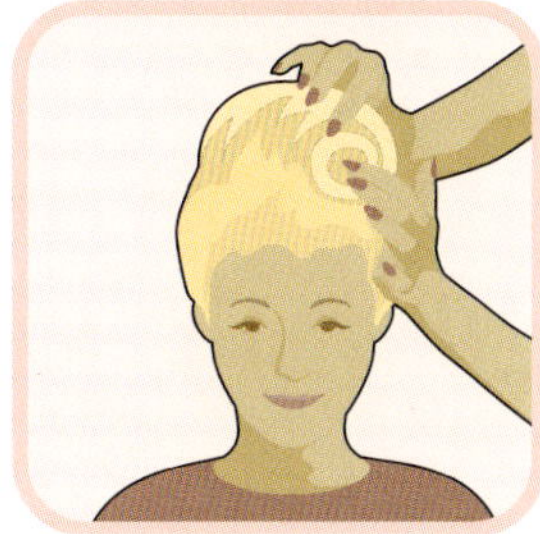

Draai van voren een mooie krul.

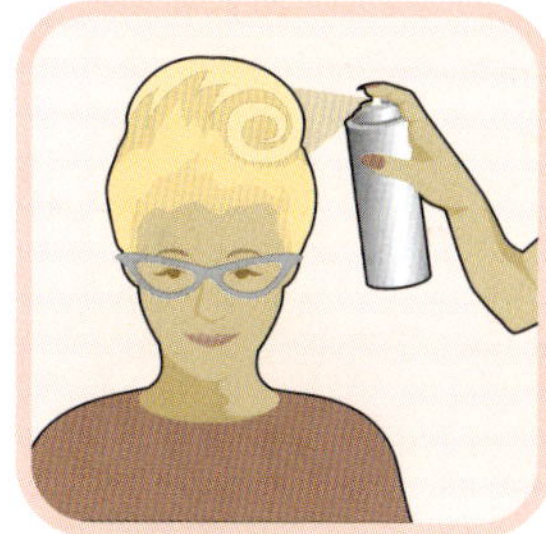

Eindig met nog meer haarlak.

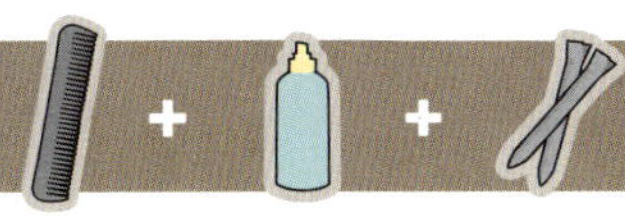

Je haar prachtig laten golven 145

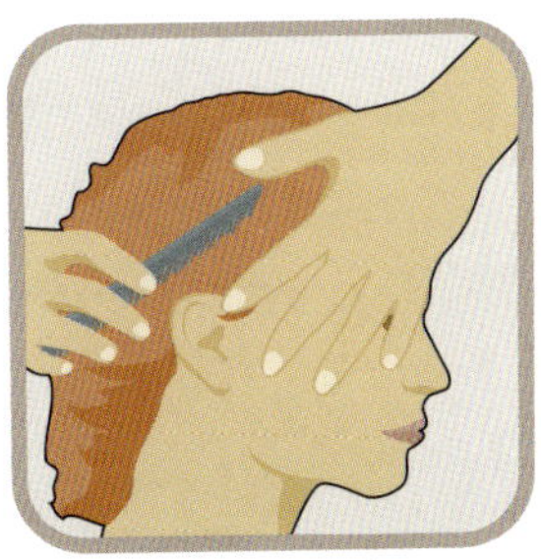

Breng een styling lotion aan.

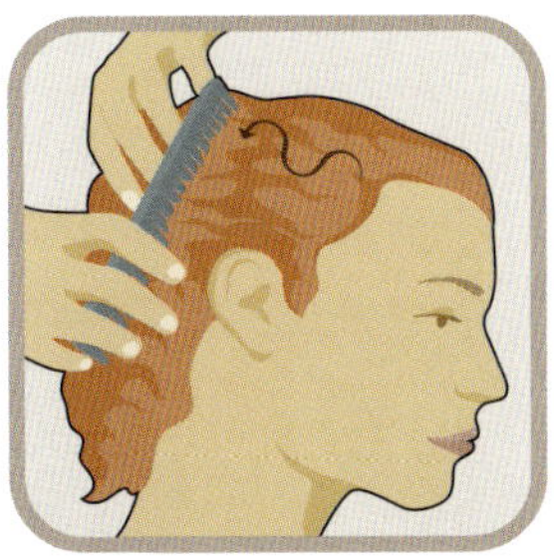

Maak met je vingers golven.

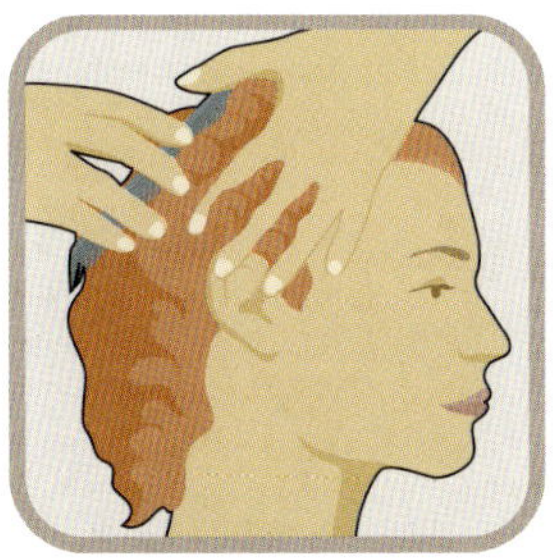

Knijp de golven aan.

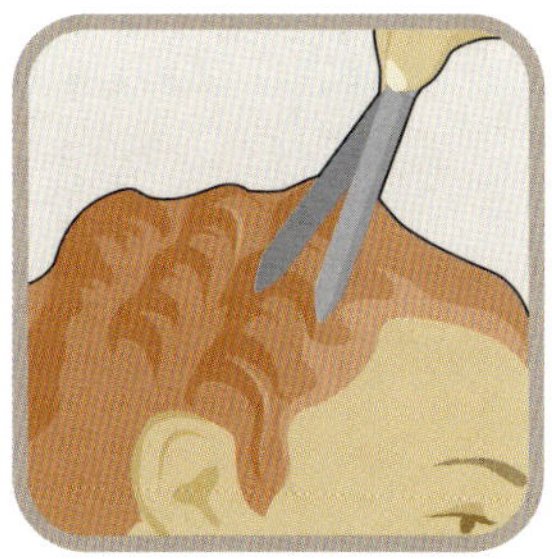

Zet ze vast met clips.

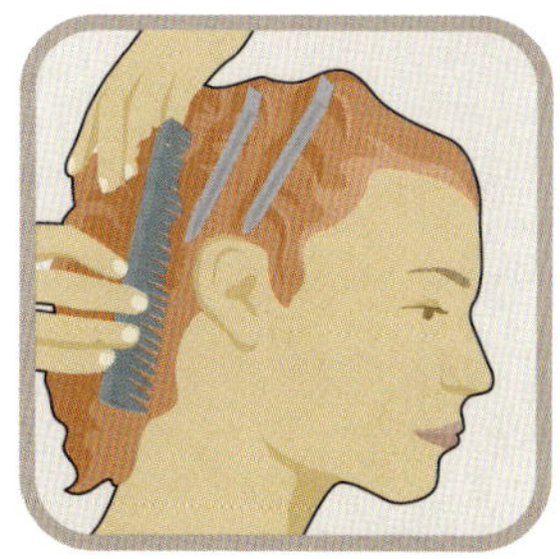

Ga door tot het kapsel klaar is.

146 Hairextensions maken van wol

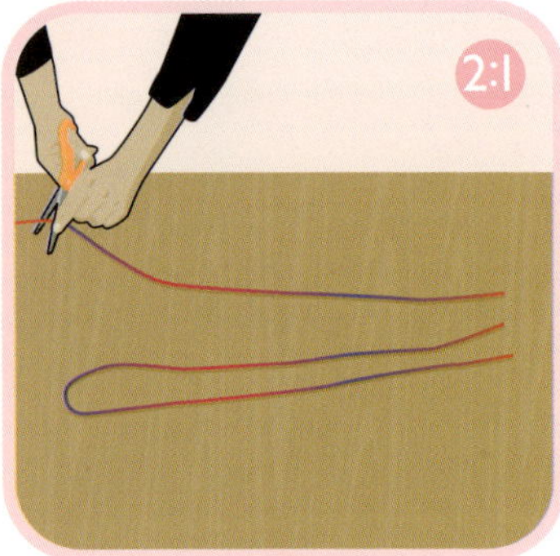

Knip twee draden af.

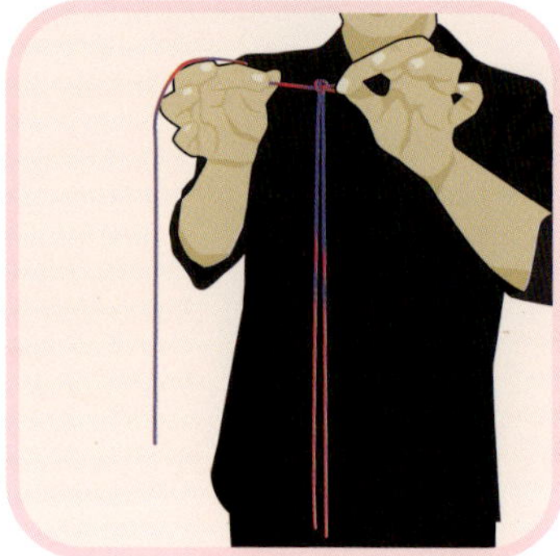

Knoop de korte draad in het midden.

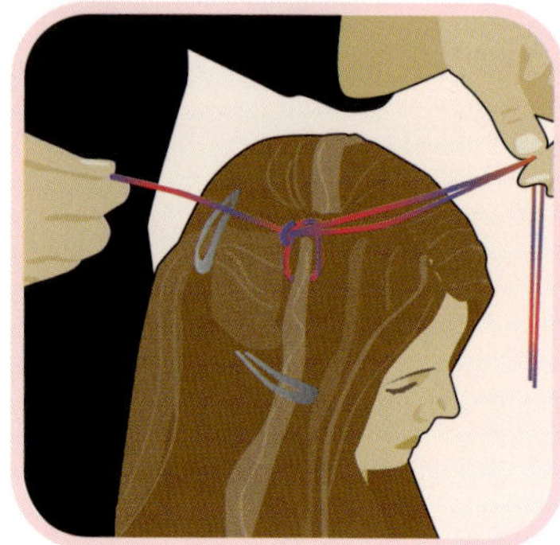

Knoop de lange draad aan een haarlok.

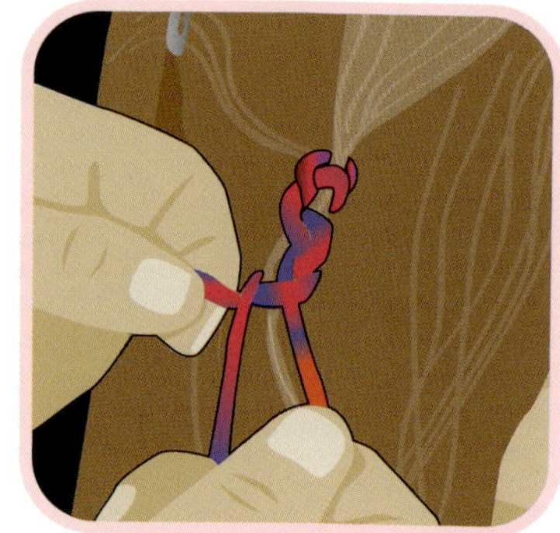

Leg één draad naast de lok en vlecht.

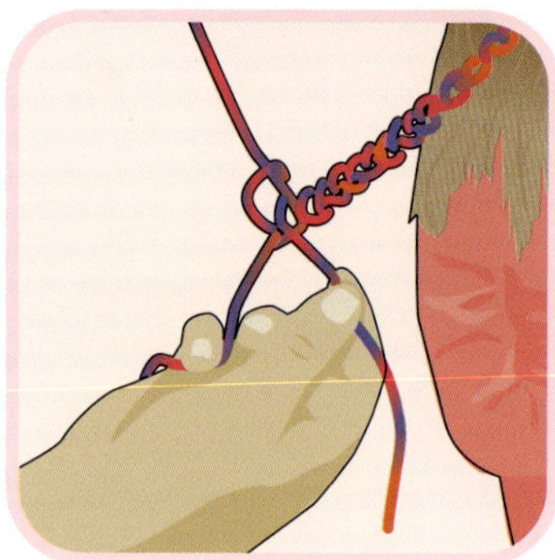

Knoop het uiteinde vast.

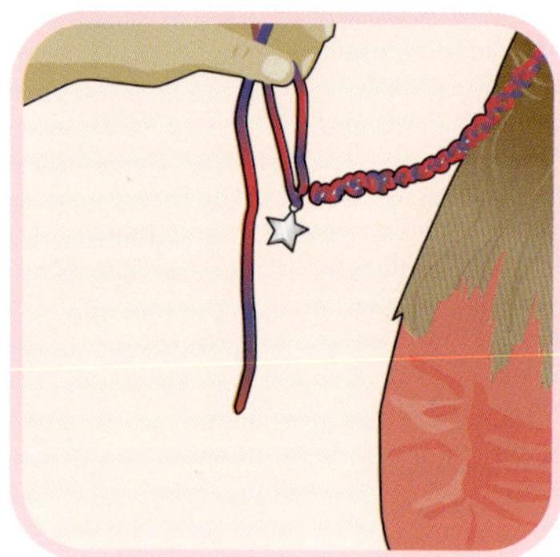

Hang er eventueel een bedeltje aan.

147 Een hanenkam aanbrengen

Scheer je; laat haar middenop zitten.

Kam het haar vanachter omhoog.

Breng veel lijm aan.

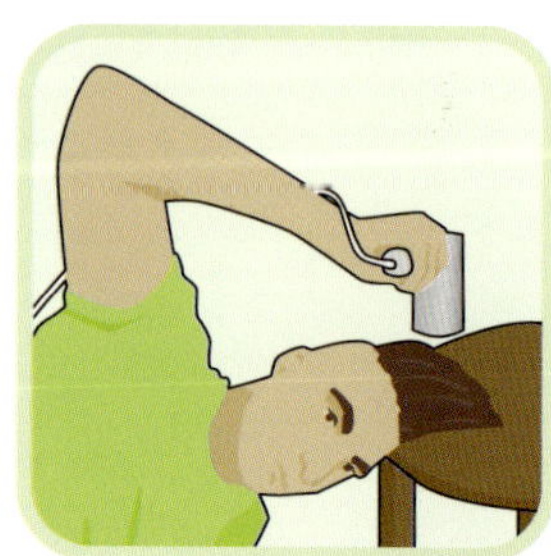

Föhn droog tegen een ondergrond.

Spuit veel haarlak.

Cornrows vlechten 148

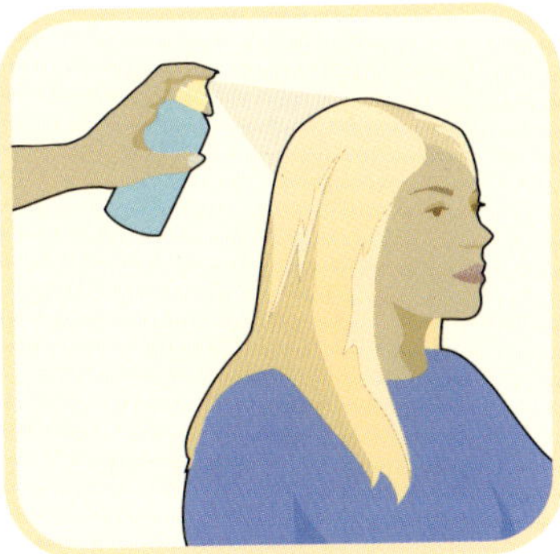

Spuit styling lotion op.

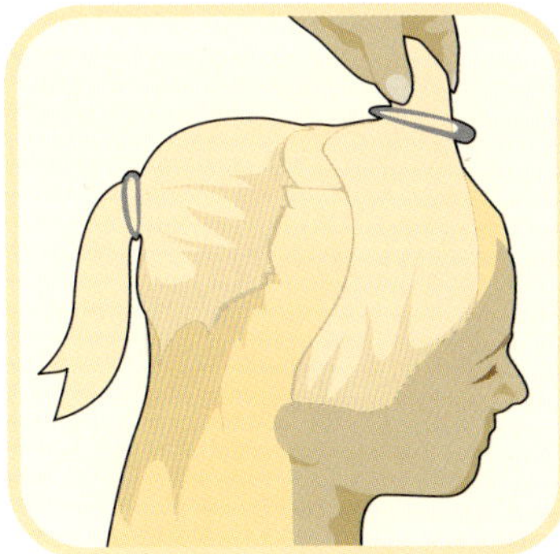

Maak een scheiding.

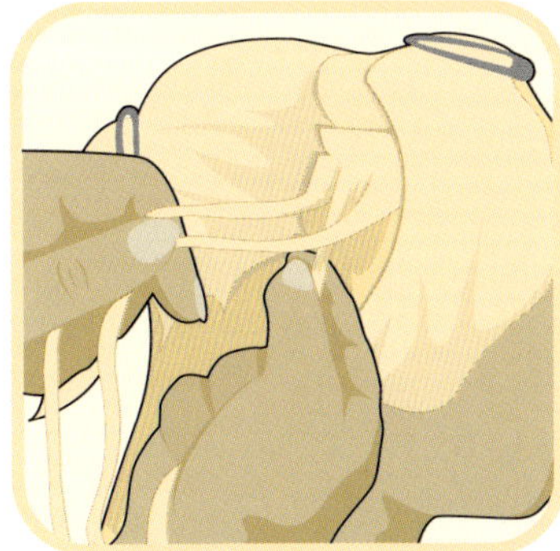

Vlecht dicht tegen de schedel aan.

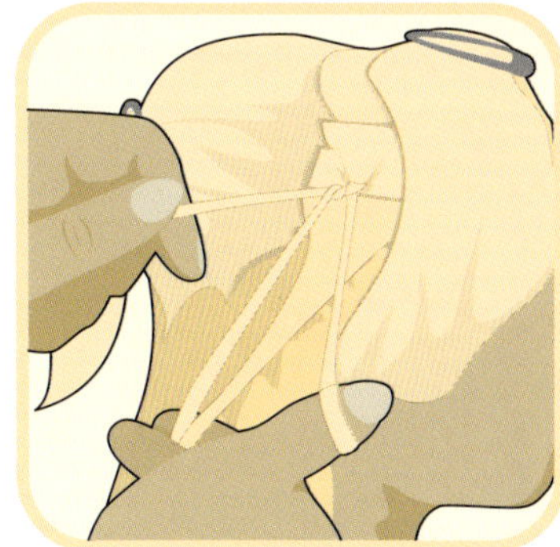

Voeg haar toe aan de middelste pluk.

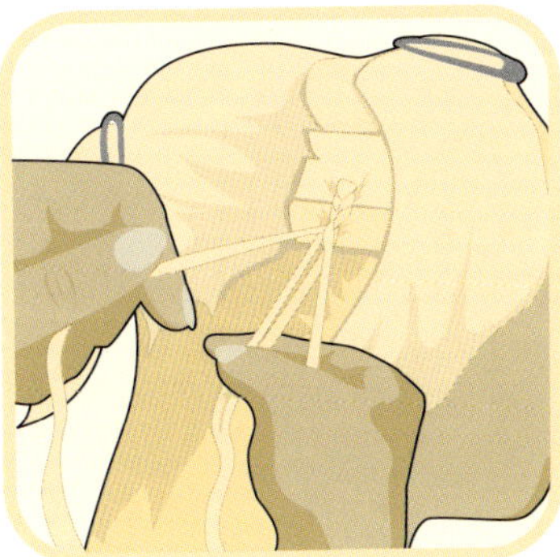

Ga door; voeg steeds extra haar toe.

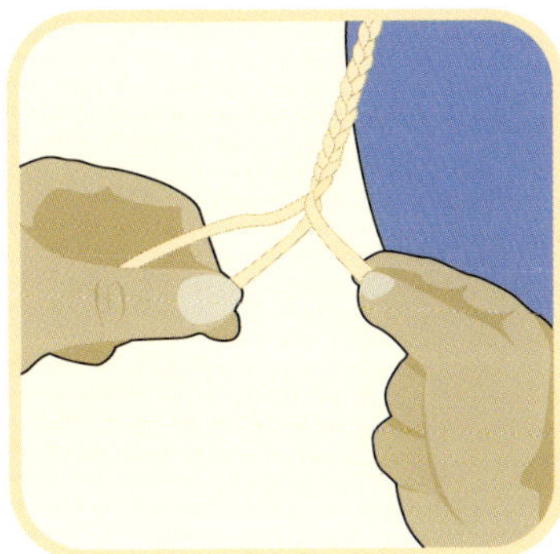

Maak de vlecht langer bij lang haar.

Kralen van klei maken 5

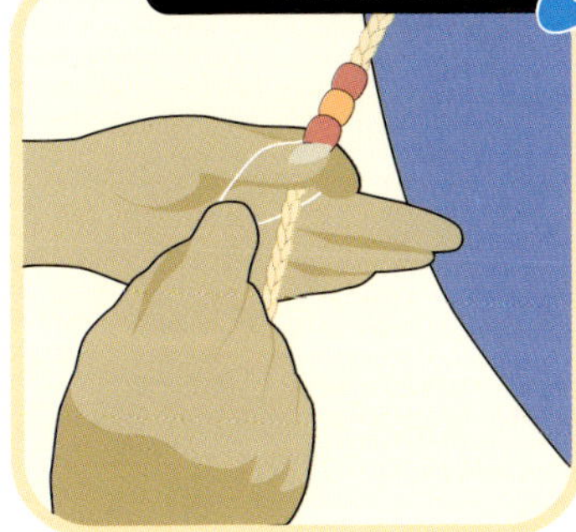

Rijg kralen en zet vast met elastiek.

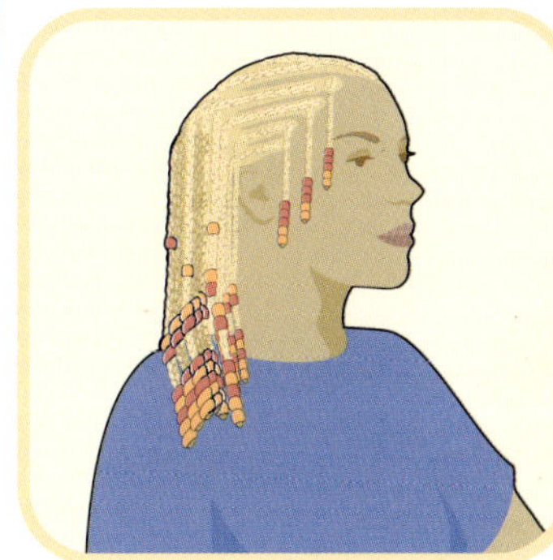

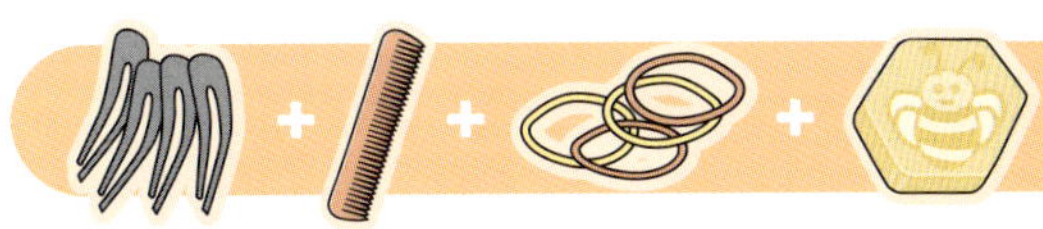

Dreadlocks maken 149

Verdeel het haar in plukken.

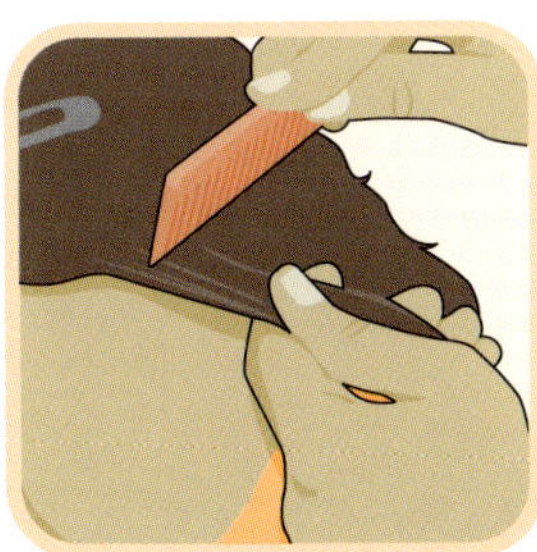

Kam één pluk.

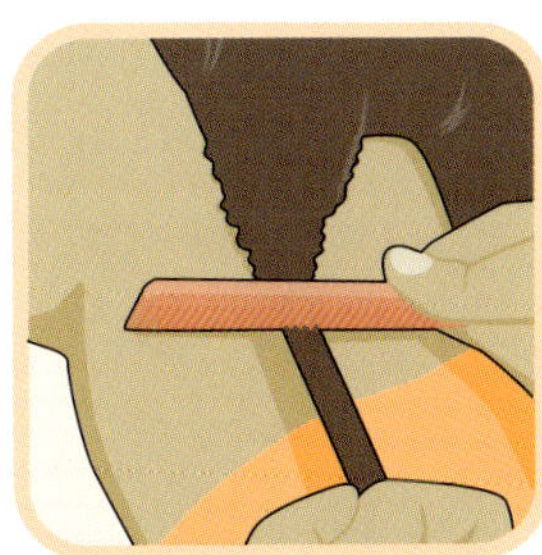

Toupeer elke pluk.

Draai de plukken en zet ze vast.

Onderhoud met bijenwas.

150 Veranderen in een zombie

308 Denkbeeldige monsters verjagen

151 Nepbloed maken

152 Zogenaamd een bot blootleggen

Snijd af tot de gewenste lengte.

Plak vast met vloeibare latex.

Breng nog meer latex aan.

Voeg nepbloed toe.

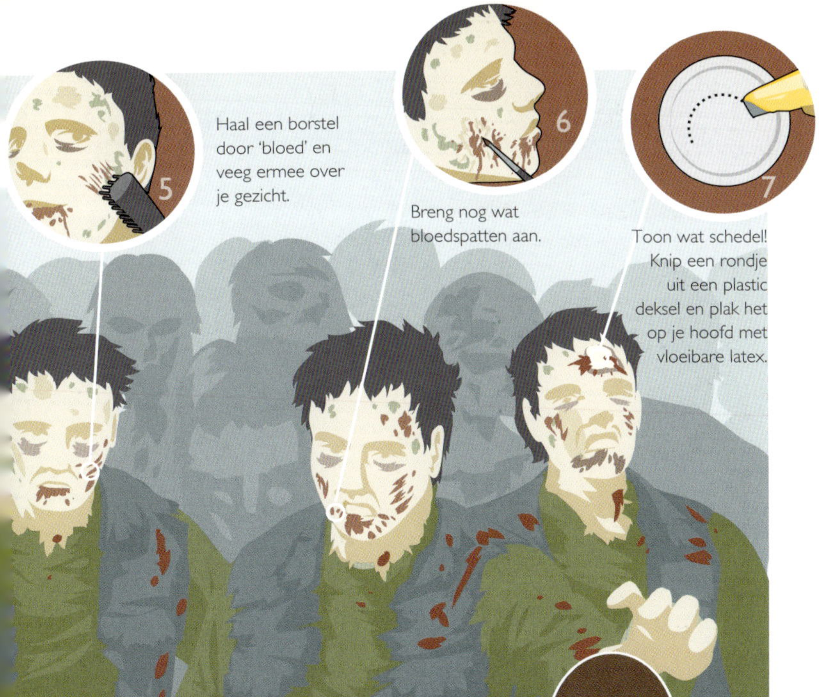

Een gapende nepwond maken 153

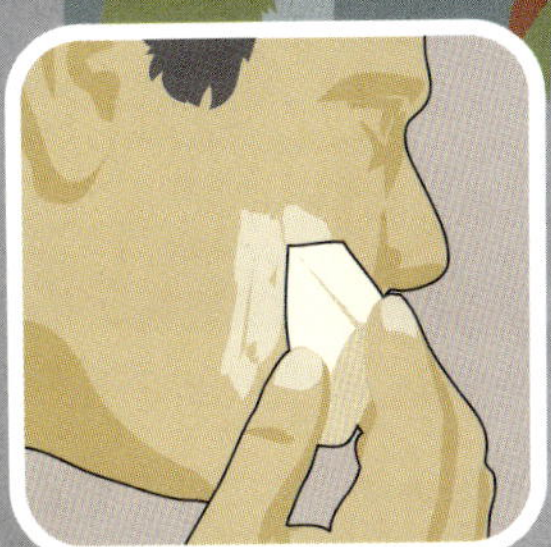
Breng wat vloeibare latex aan.

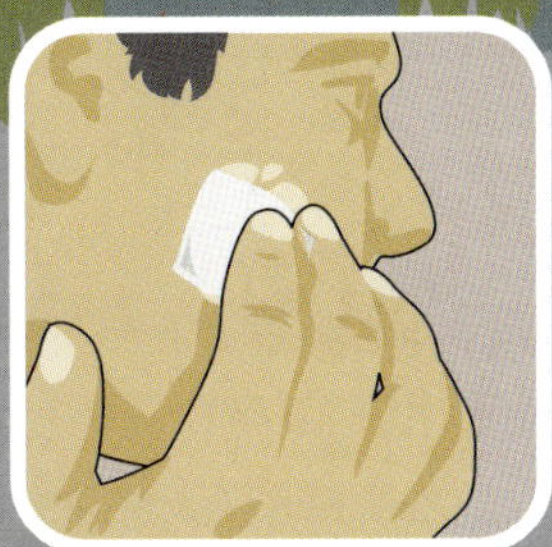
Druk er wc-papier op.

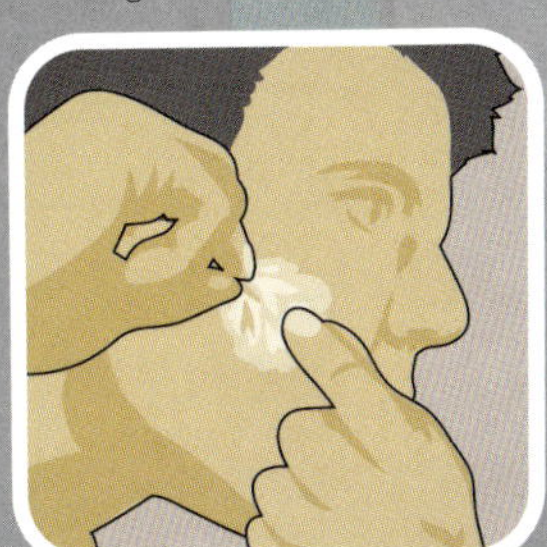
Laat drogen; prik gaatjes.

Voeg nepbloed toe.

Een stralende fee worden 154

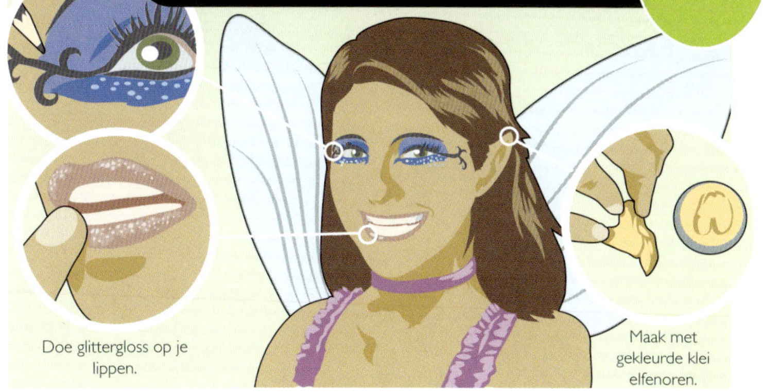

Een buitenaards wezen worden 155

De radar foppen met een nep-ufo 476

Jezelf jaren ouder maken 156

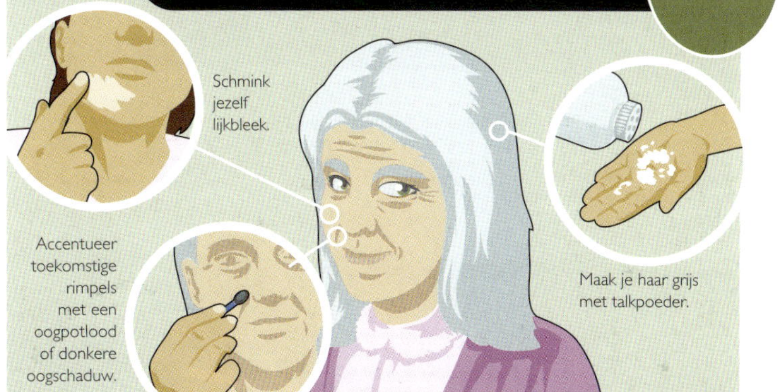

157 Je wenkbrauwen met draad epileren

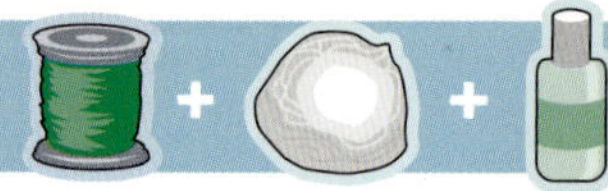

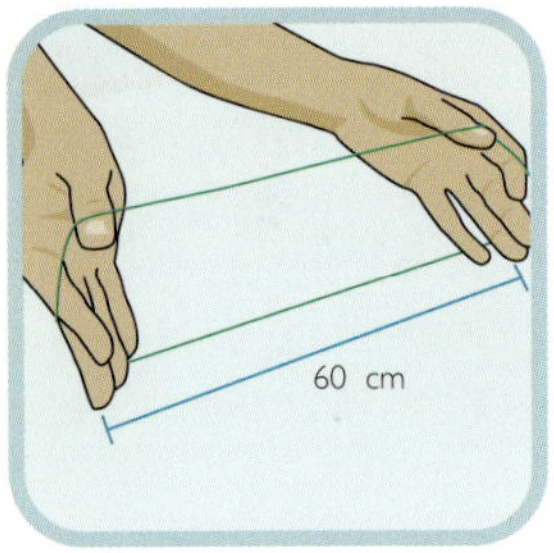

Maak een cirkel van de draad.

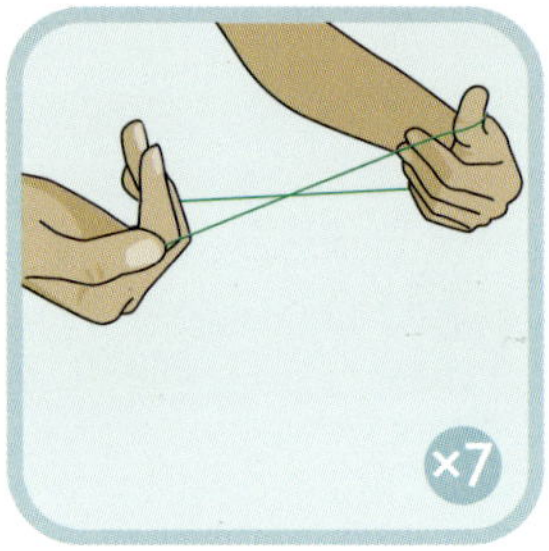

Draai als een diabolo.

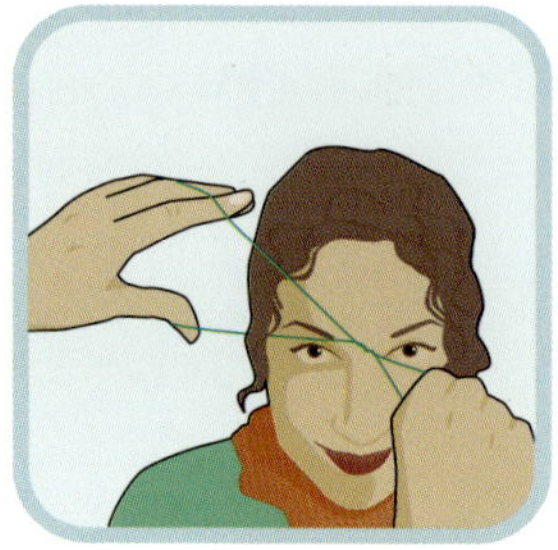

Leg het midden rechts naast het haar.

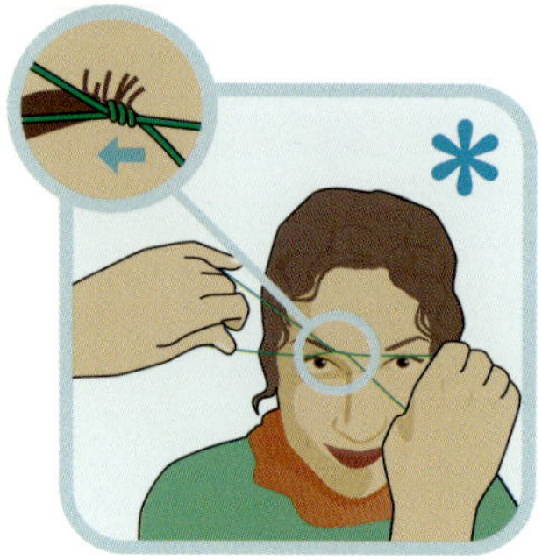

Maak één lus groter.

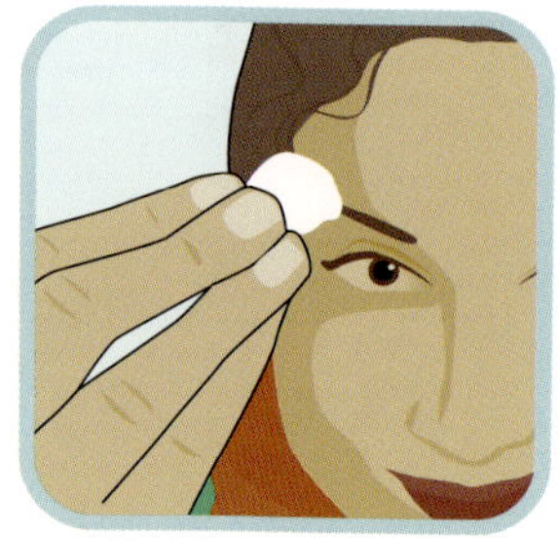

Desinfecteer met toner.

* Hoe werkt het precies? Door één hand te openen en de andere hand te sluiten terwijl je met het draad de wenkbrauw bij langs gaat, vang je 'verdwaalde' haren en trek je ze uit. Maar wees voorzichtig, want het doet wel zeer.

158 Valse wimpers aanbrengen

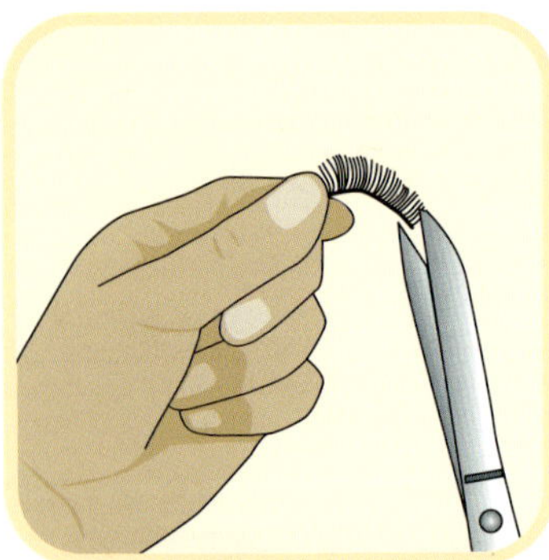

Knip de wimpers op de juiste maat af.

Breng achterop lijm aan.

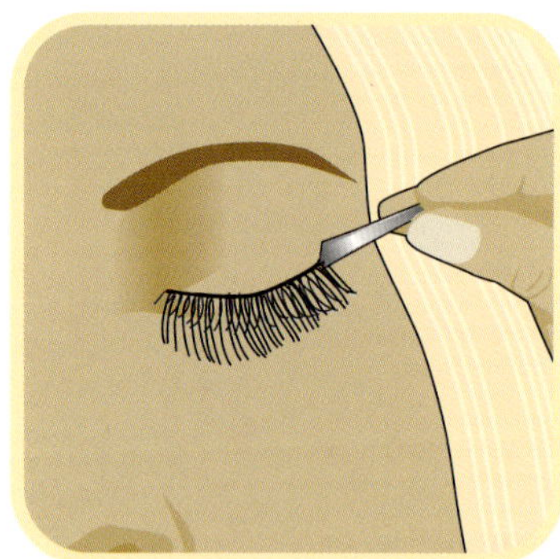

Leg ze op de rand van je wimpers.

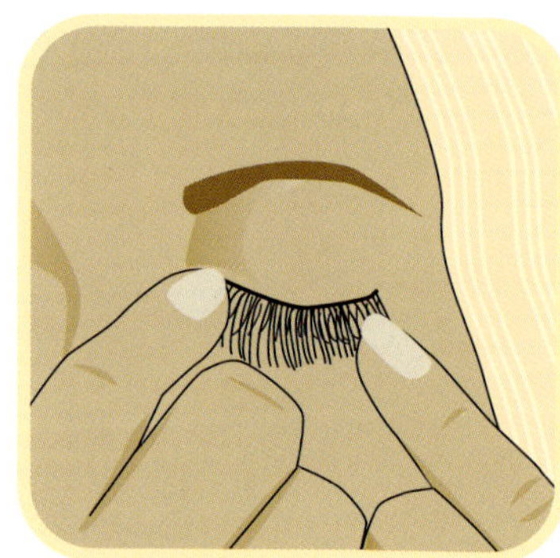

Houd vast terwijl de lijm droogt.

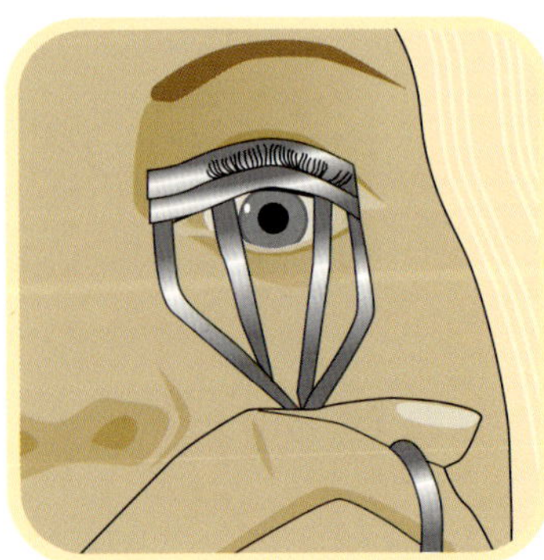

Krul de echte en nepwimpers.

Breng mascara op.

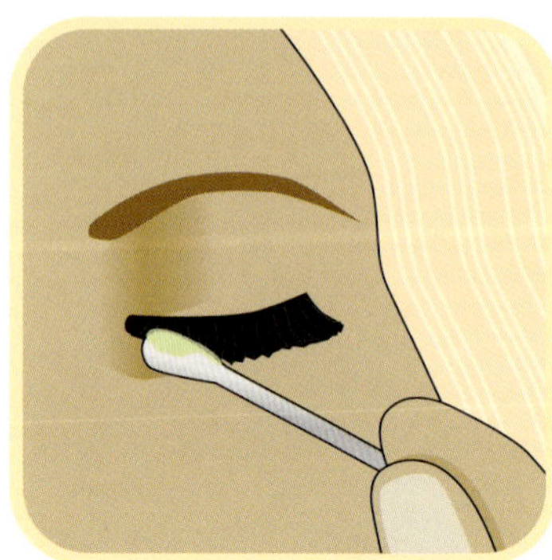

Speciale remover lost de lijm op.

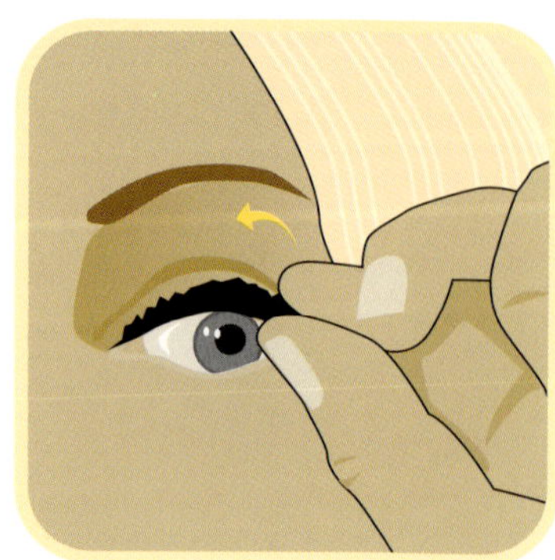

Trek de wimpers voorzichtig los.

Sexy smokey eyes creëren

159

Iets uit je oog verwijderen 335

Trek een lijntje boven je wimpers.

Breng lichte oogschaduw op.

Breng een middentint op.

Breng de donkerste oogschaduw op.

Trek onder je wimpers een lijntje.

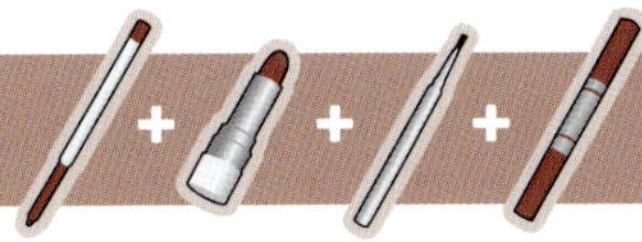

Je lippen stiften als een pro

160

Breng lipliner aan.

Teken de omtrek met lippenpotlood.

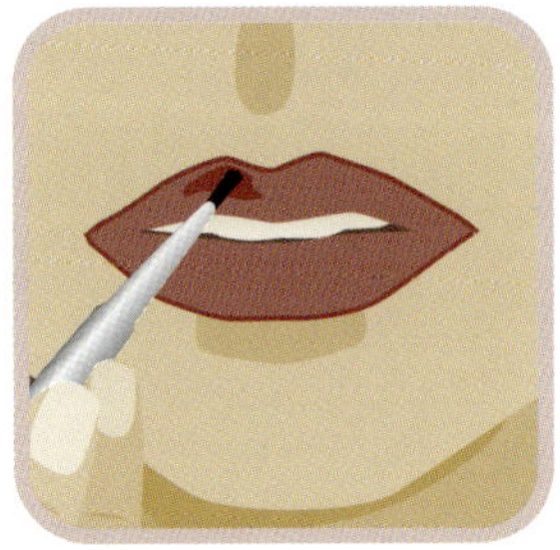

Breng lippenstift op met een kwastje.

Steek een vinger in je mond; trek eruit.

Breng in het midden lipgloss aan.

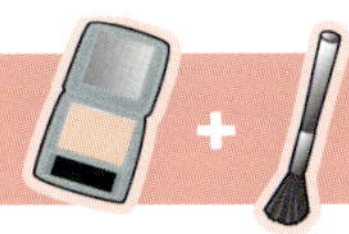

Rouge aanbrengen

161

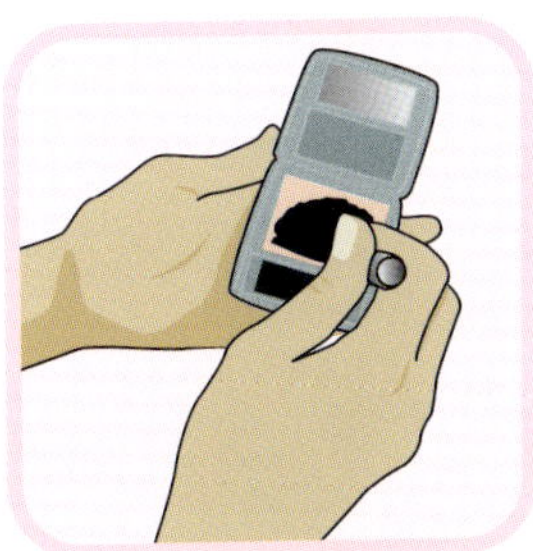

Schud overtollige rouge af.

Glimlach; breng aan op jukbenen.

Veeg richting je slapen.

Veeg een beetje rond je kaaklijn.

162 Een kimono aantrekken

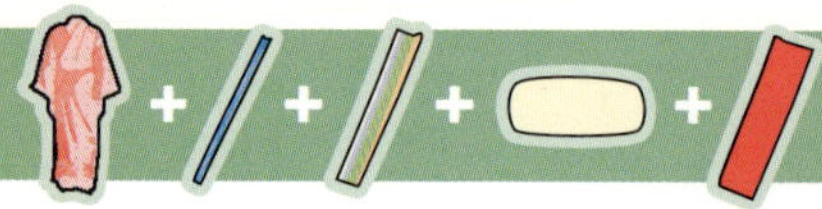

Vouw het linker- over het rechterpand.

Bind een koshi himo om.

Knoop de datejime eromheen.

Breng de obi makura aan.

Sla de obi om je middel.

Bind hem van voren dicht.

Vouw over je middel.

Maak een strik in het midden.

Stop de uiteinden naar binnen.

Draai de obi naar je rug.

163 Verschillende kimono's herkennen

De komon, een 'gewone' kimono, heeft een dessin dat egaal verspreid is over het kledingstuk. Hij wordt gedragen door gehuwde en ongehuwde vrouwen.

De furisode is een zeer formele kimono voor ongehuwde vrouwen. De elegante, zeer lange en wijde mouwen zouden huwelijkskandidaten aantrekken.

De yukata is een katoenen kimono voor de zomer. Hij is onmisbaar voor jonge sumoworstelaars.

De kurotomesode is altijd zwart en heeft kleurrijke motieven vanaf het middel naar beneden. Hij wordt gedragen bij officiële gelegenheden zoals bruiloften.

Bedek je haren.

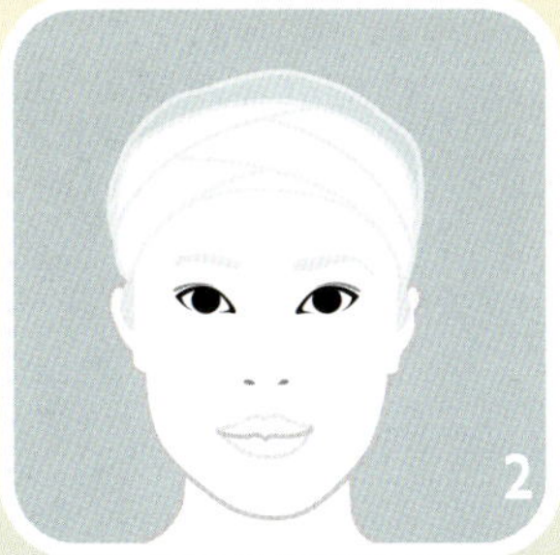

Breng witte foundation aan.

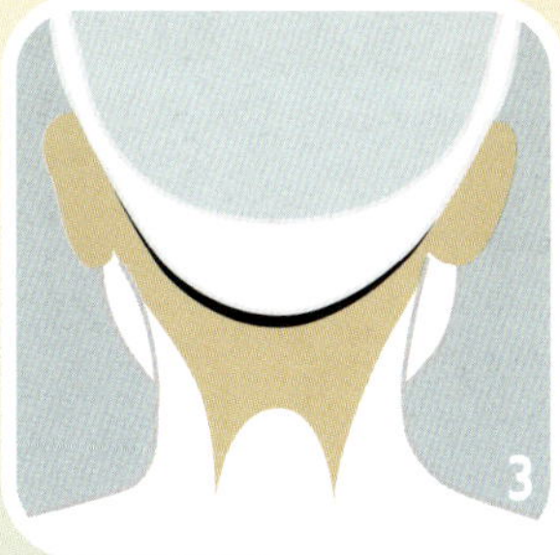

Maak een erotische W in je nek.

* Rozerode oogschaduw wordt traditioneel gedragen door maiko, geisha's in opleiding. Deze jonge vrouwen van onder de 21 oefenen heel hard op de gei (dansen, zingen, beleefd converseren) voordat ze als volleerde geisha's gasten mogen vermaken.

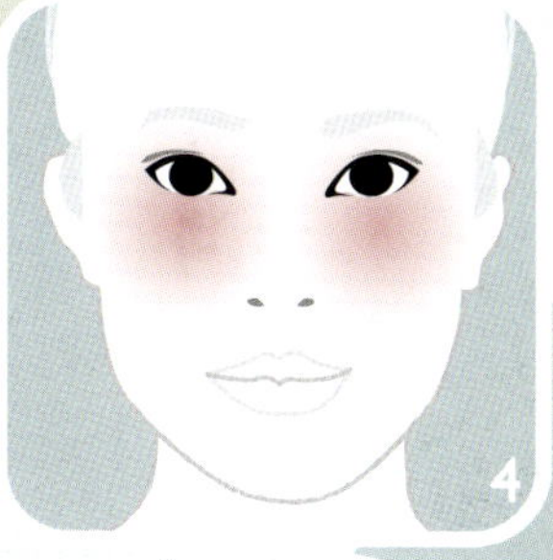

Breng rouge aan.

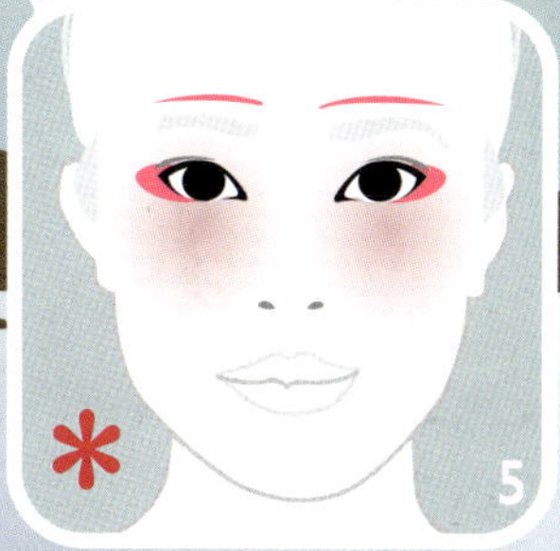

Roze rond ogen en wenkbrauwen.

Accentueer met zwarte eyeliner.

Maak een pruilmondje.

Steek stokjes in je haar.

165 Perfect gemanicuurde nagels

349 Relaxen in een Finse sauna

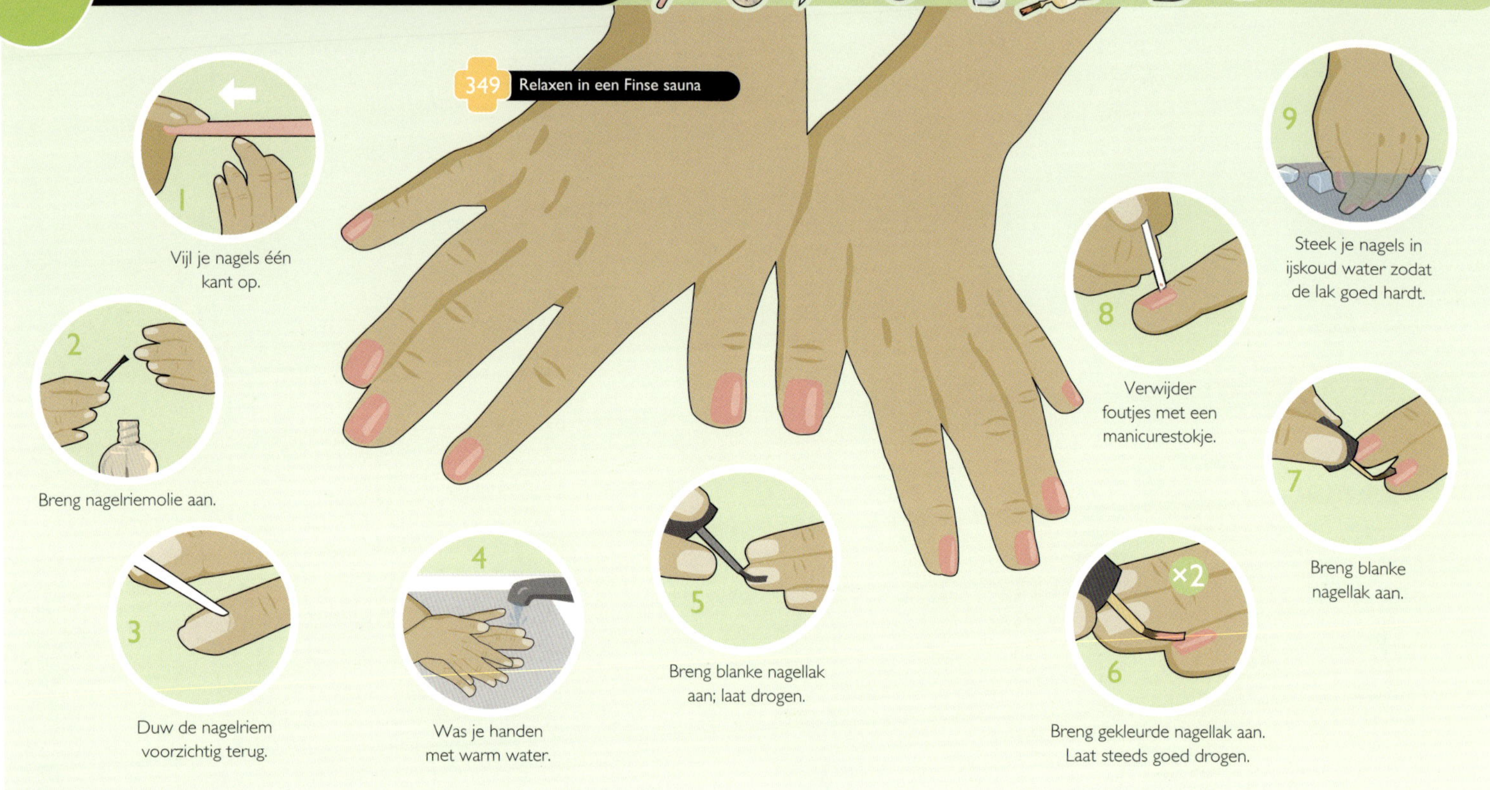

167 Je gezicht reinigen

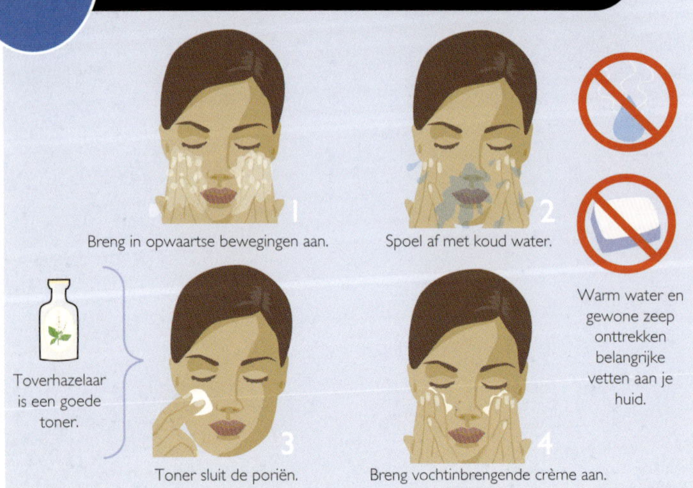

168 Een gezichtsmasker aanbrengen

166 Je voeten pedicuren

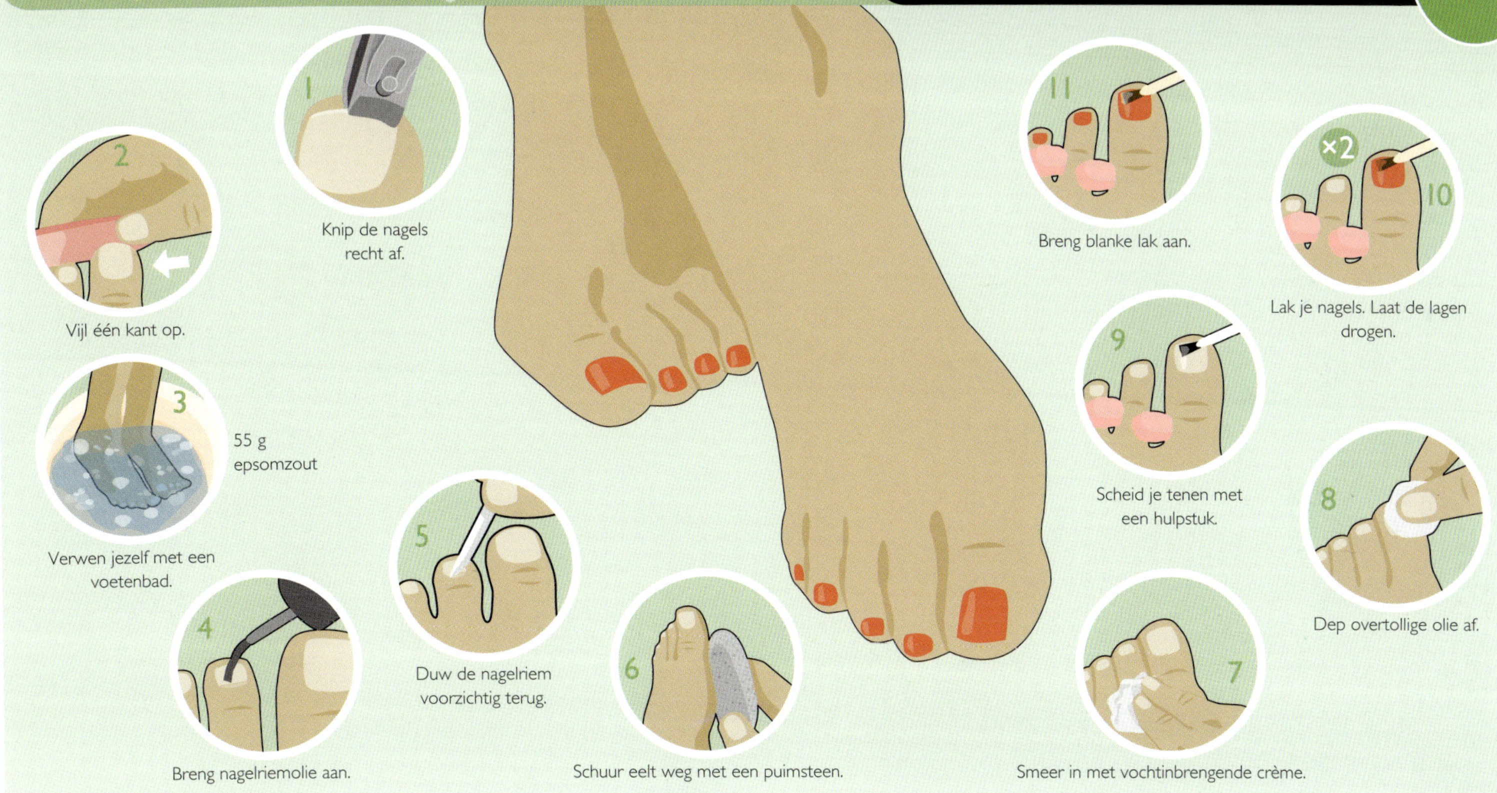

169 Gedegen scrubben

170 Je huid jong en stralend houden

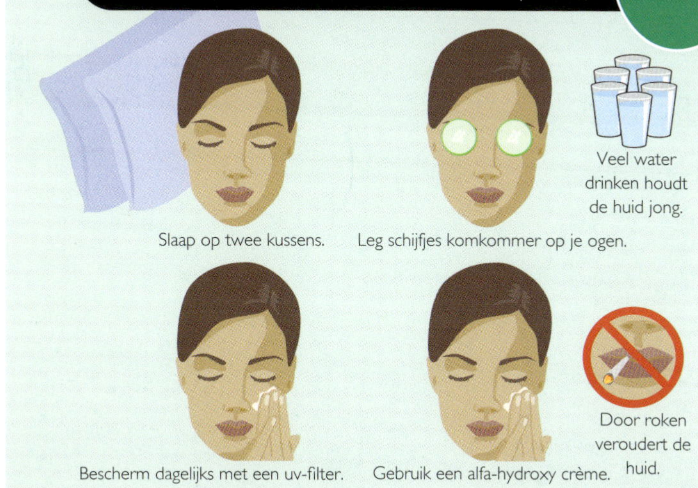

171 Damesshirts benoemen

172 Een broek uitzoeken

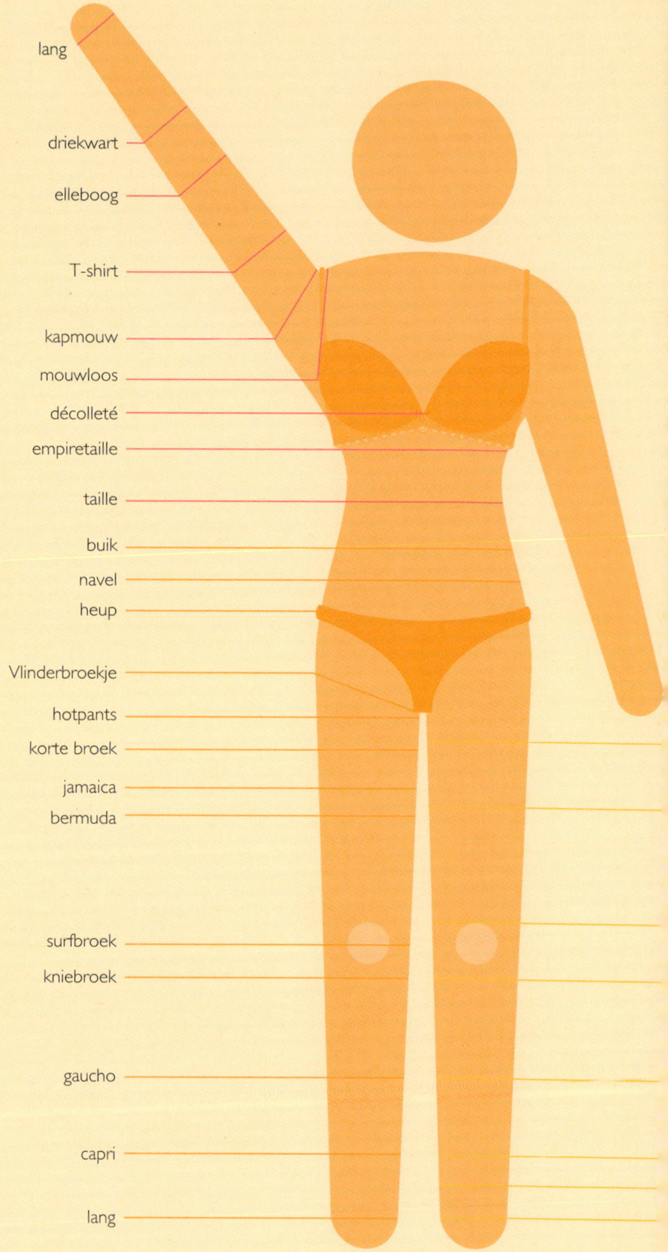

tailleslip
bikini- of rioslip
string
hipster

173 Jurk- en roklijnen benoemen

Strak lijfje, wijd uitlopende rok
nauwsluitende, rechte jurk
zonnejurkje
hemdjurk
rechte avondjurk met split
baljurk
zeemeermin
met empiretaille
superkort
mini
boven de knie
over de knie
midi
enkel
lang
maxi
sportrokje
ballonrok of tulpenrok
klokrok
sarong
A-lijn / gerend
flappenrok
fishtail
strokenrok

174 Ernstige modeflaters voorkomen

Combineer een sexy topje met een lange rok en sandalen.

Draag geen spijkerstof op spijkerstof

Wees elegant in een strak topje op een wijd uitlopende broek.

Draag boven een minirokje en knielaarzen een wijde trui.

Draag geen wijde bovenkleding op een wijde broek.

Zie er niet slonzig uit met een lange rok en coltrui.

Draag laarzen onder een bootcut spijkerbroek.

Combineer niet te veel dessins.

Toon niet te veel blote huid.

Draag een uitlopend empireshirtje op skinny jeans.

Draag een nauwsluitend colbert boven een wijd uitlopende rok.

avondtasje
handtas
boodschappentas
postbodetas
knielaars
regenlaars
enkellaarsje
pump met open teen

175 Een shawl sportief omdoen

Vouw de shawl dubbel.

395 Eenvoudige knopen leggen

Haal hem door de lus.

176 Een vlinderstrik strikken

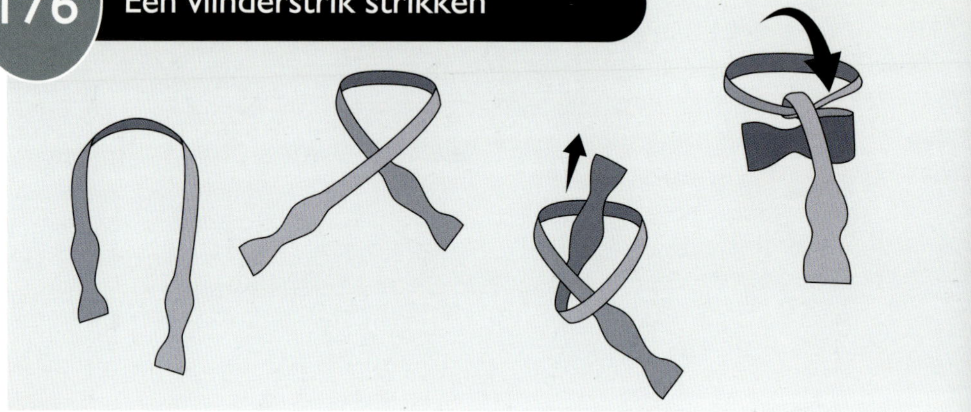

177 Een Windsorknoop knopen

178 Met flair je schoenveters strikken

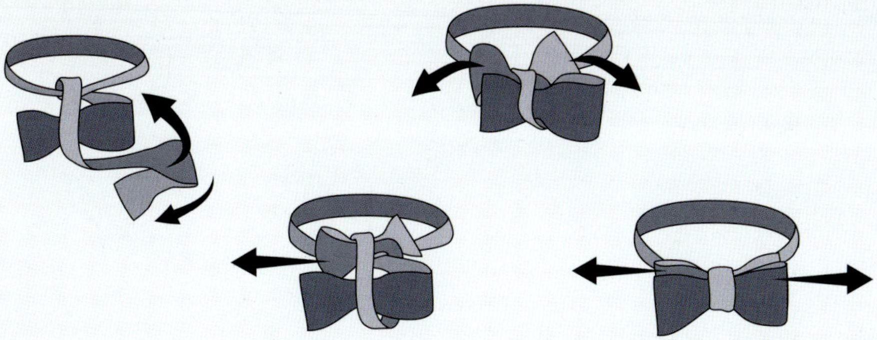

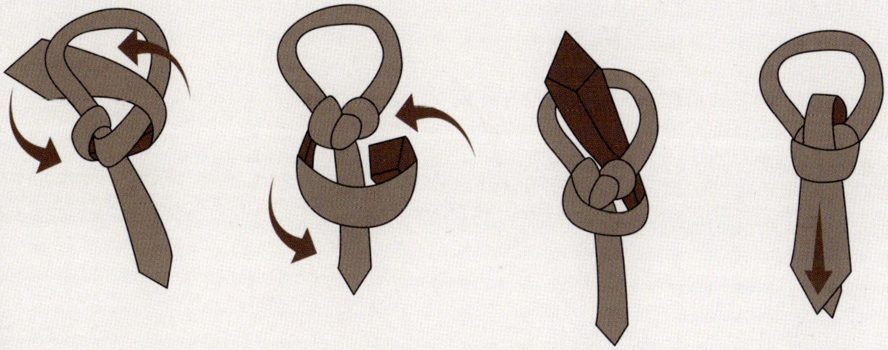

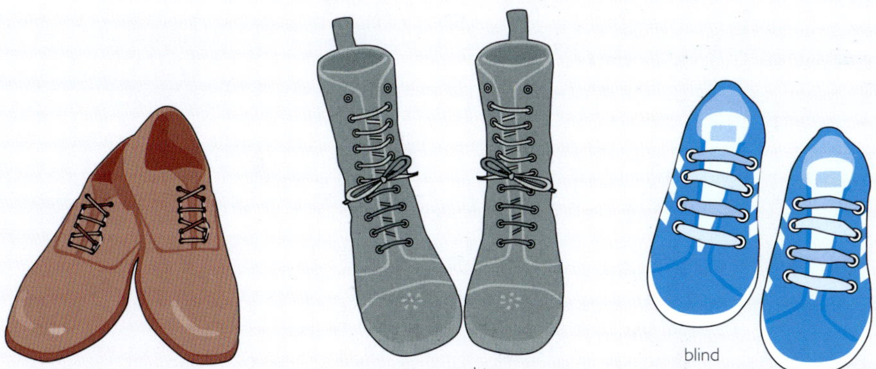

blind en kruislings

recht

blind

Hoofddoek in de cabrio 179

Vouw de doek tot een driehoek.

Sla om; knoop achter vast.

180 Gescheurde jeans repareren

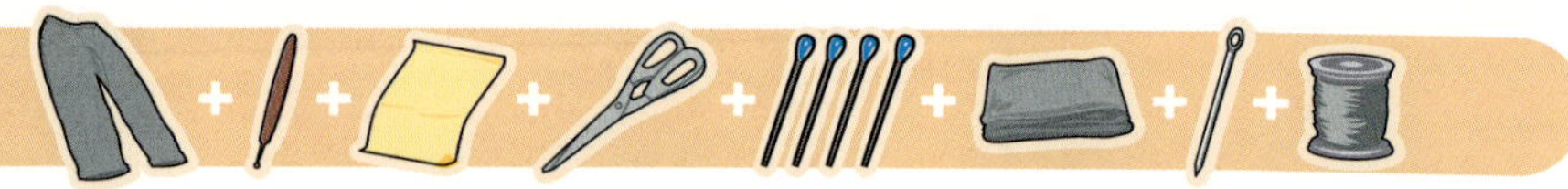

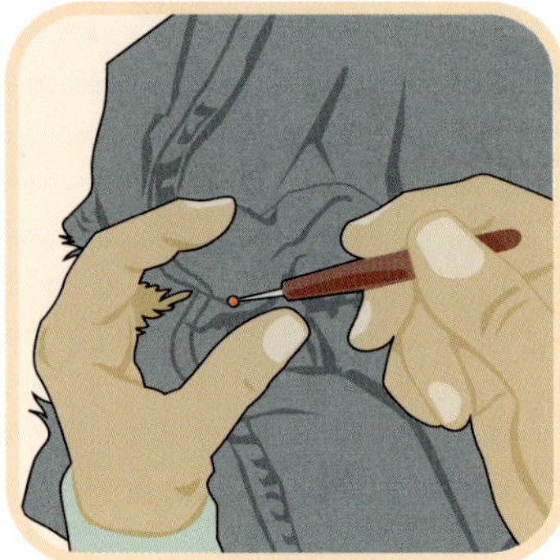
Haal het stiksel los met een tornmesje.

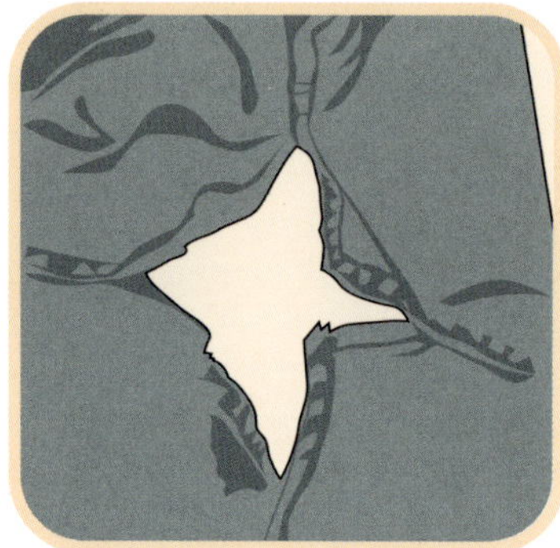

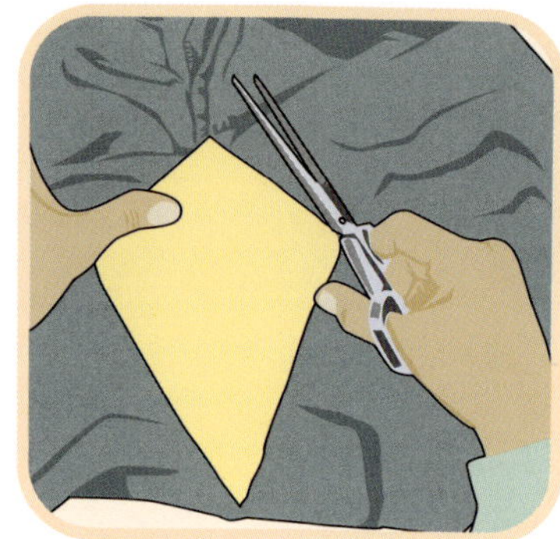
Neem het patroon over op papier.

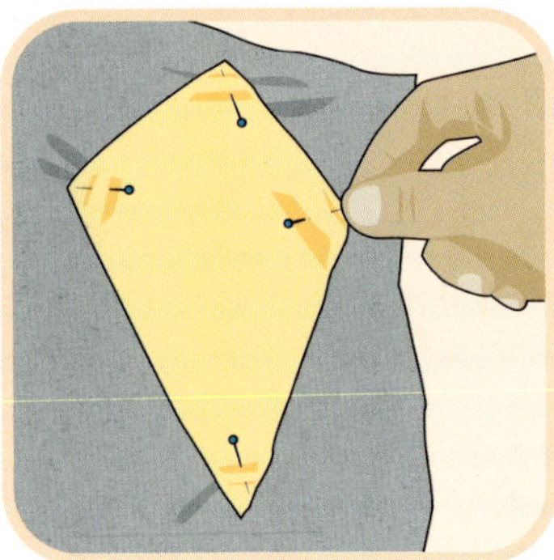
Speld het patroon op stof.

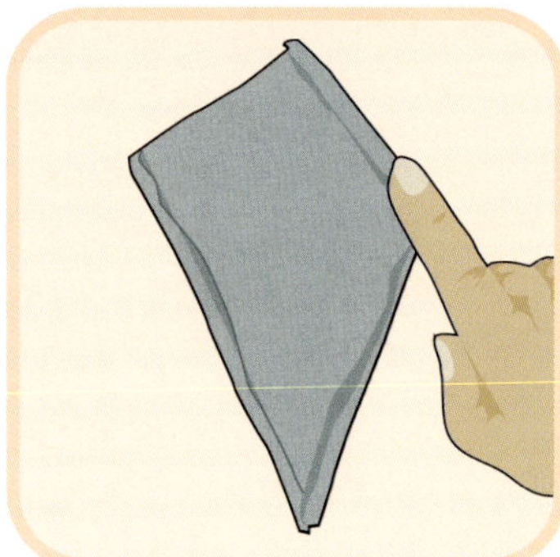
Knip het uit. Sla zomen om.

Zet de stof aan de buitenkant vast.

Geef onbezorgd een high-kick.

181 Een spijkerbroek zomen

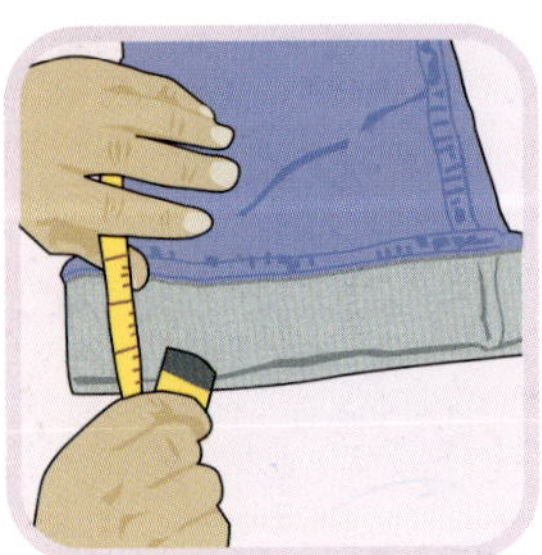
Meet de zoom af.

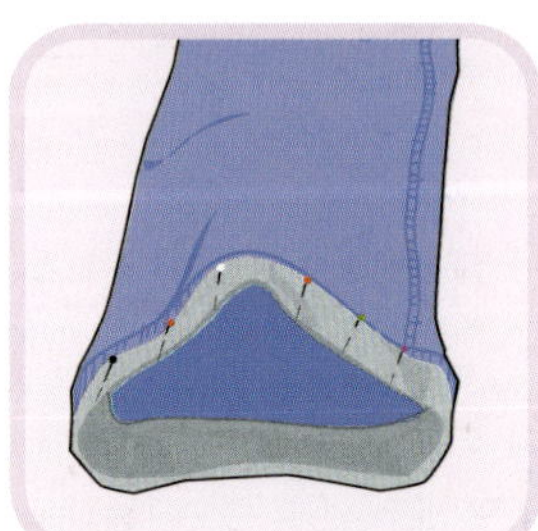
Sla half naar binnen; speld vast.

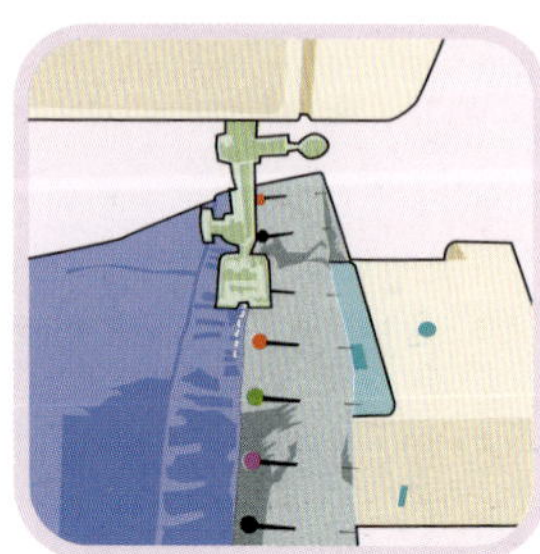
Stik langs de oude zoomnaad.

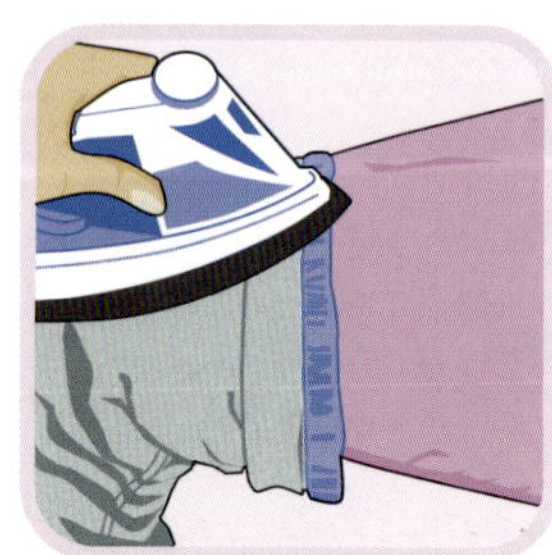
Keer binnenstebuiten; pers.

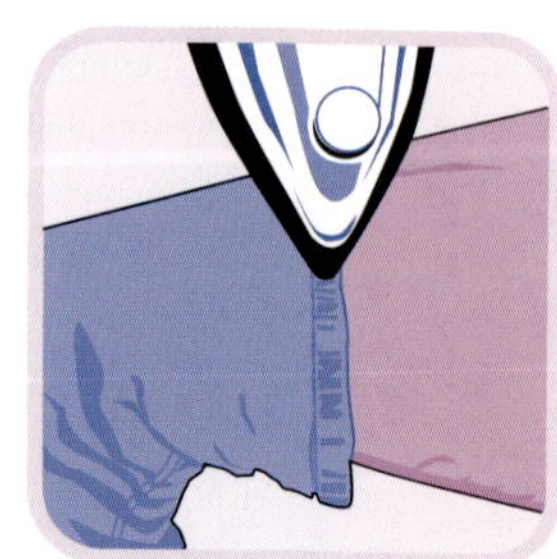
Pers aan de goede kant.

182 Een knoop aanzetten

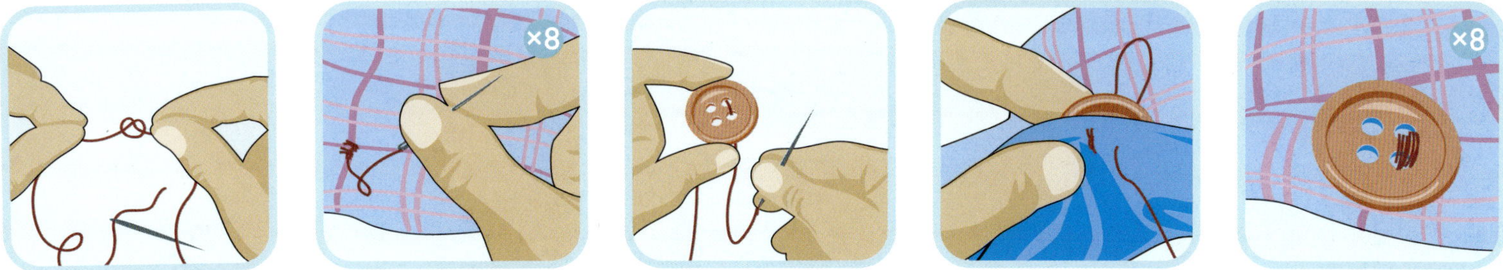

Haal draad door naald; leg knoop.

Zet de draad goed vast.

Zet de knoop aan.

Trek het garen niet te strak.

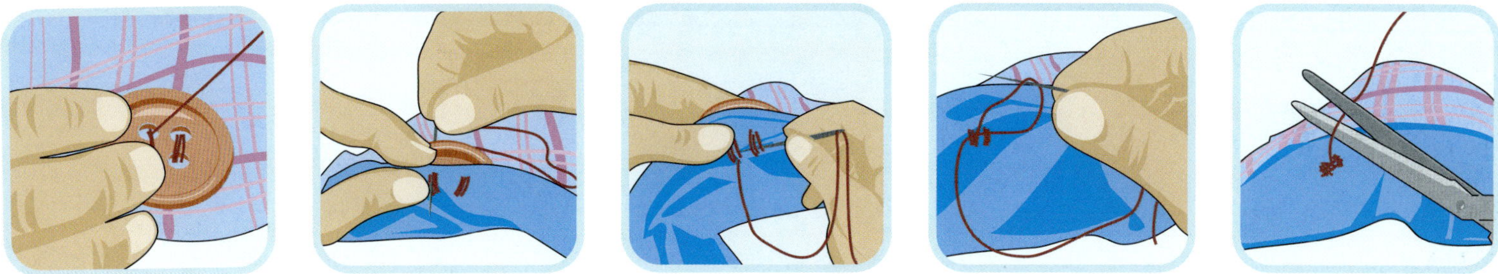

Haal de draad naar achteren.

Steek hem door de steken.

Leg een knoop tegen de stof aan.

Knip de draad af.

183 Een rokje van een broek maken

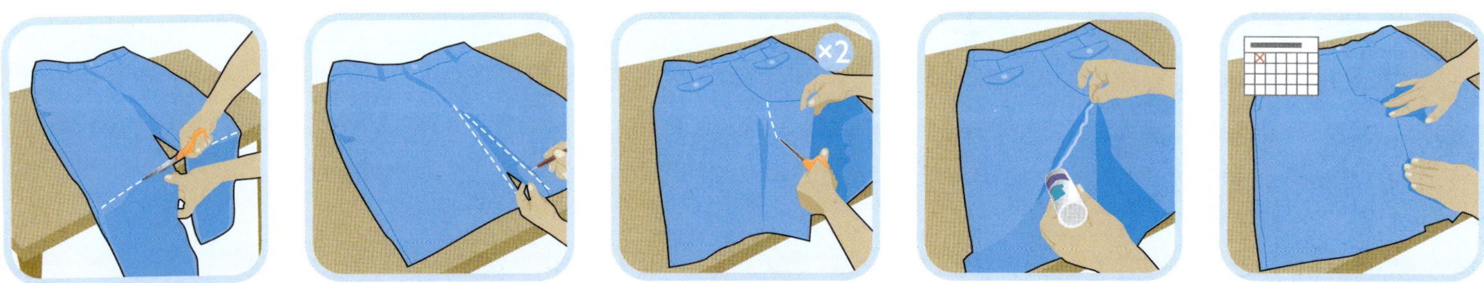

Knip de pijpen af.

Torn het stiksel aan de binnenkant los.

Knip overtollige stof af.

Plak de achterkant vast.

Plak de voorkant vast.

Vlekken verwijderen

354 Voor een langeafstandsloop trainen

Een trui op de hand wassen 185

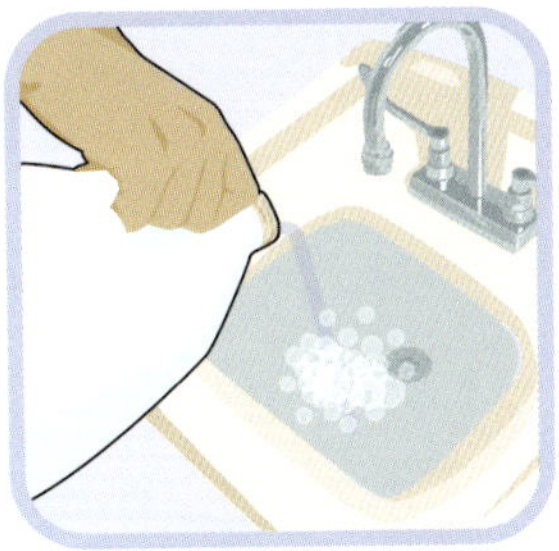

Voeg wasmiddel toe.

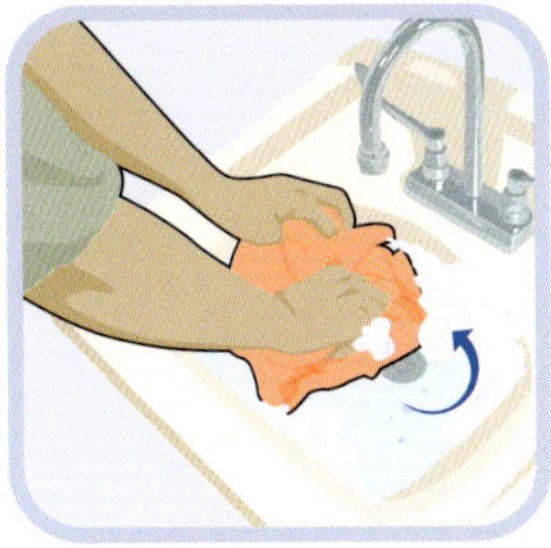

Was de trui in het sopje.

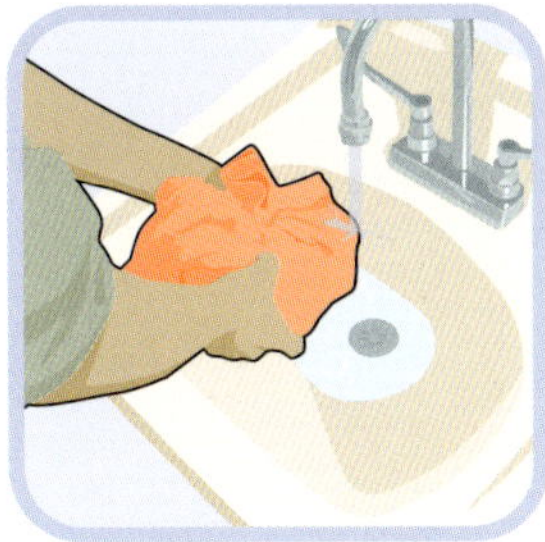

Spoel het wasmiddel uit.

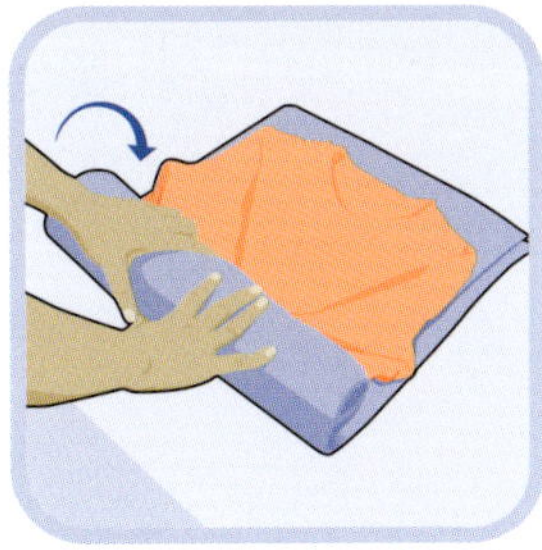

Rol in een handdoek en knijp uit.

Leg de trui plat te drogen.

Oeps! Is je trui gekrompen? Zet hem vast op een plank en rek hem tijdens het drogen op. Zo heeft hij snel weer zijn gewenste formaat.

Een overhemd strijken 186

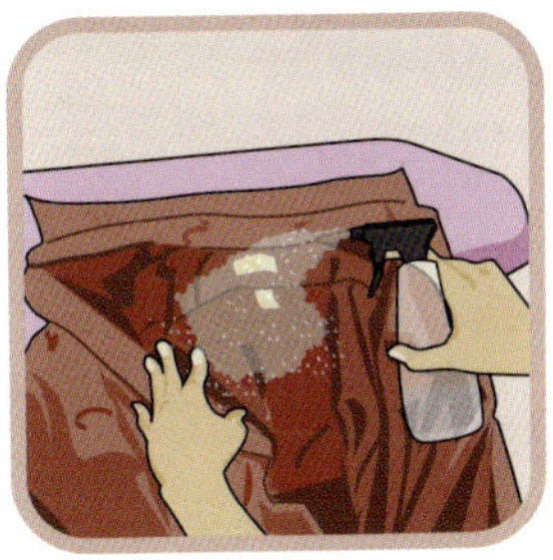

Houd vochtig tijdens het strijken.

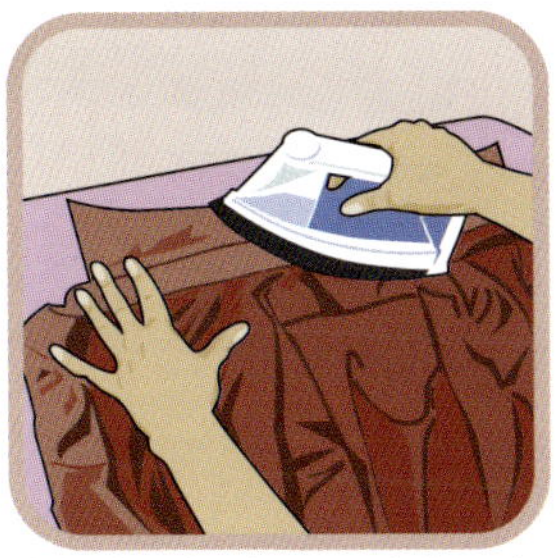

Strijk de achterkant van de boord.

Strijk de binnenkant van de boord.

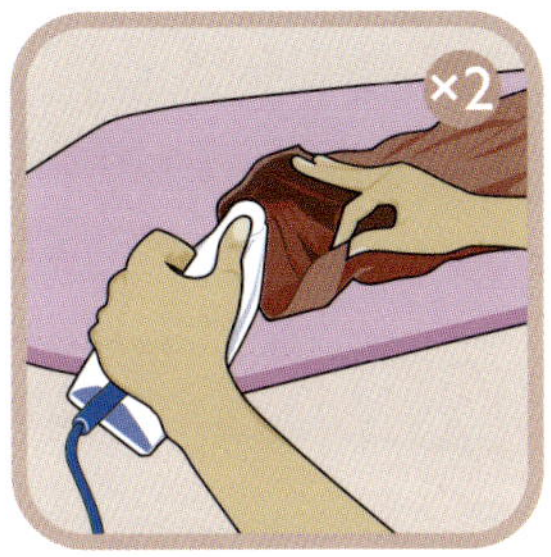

Sla de manchetten open; strijk binnenkant.

Strijk de mouwen en manchetten.

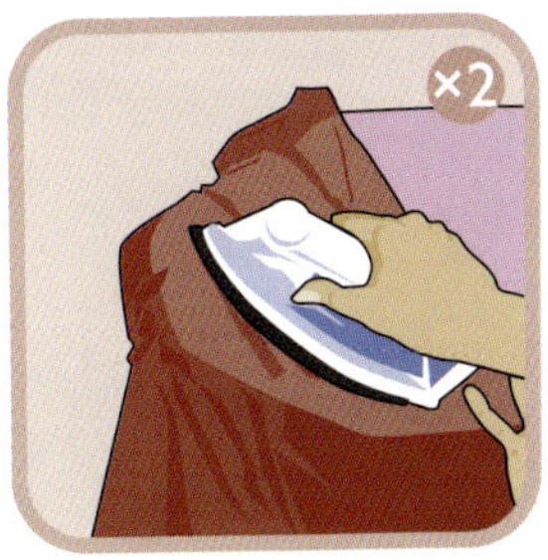

Strijk het schouderstuk.

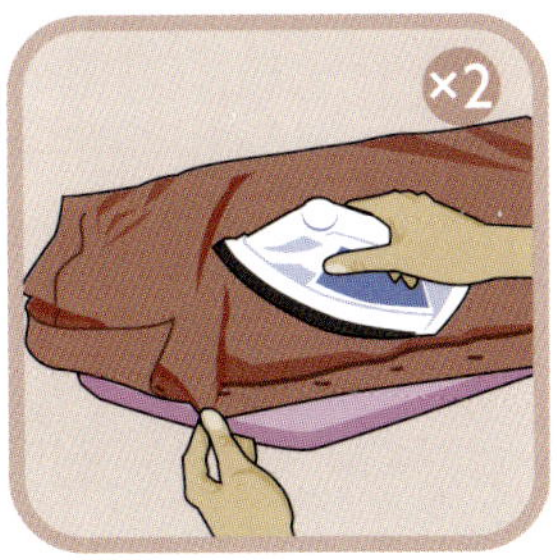

Strijk één voorpand.

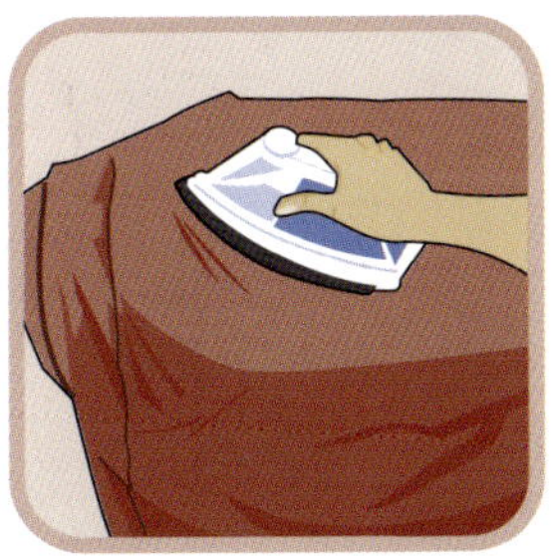

Draai om; strijk de achterkant

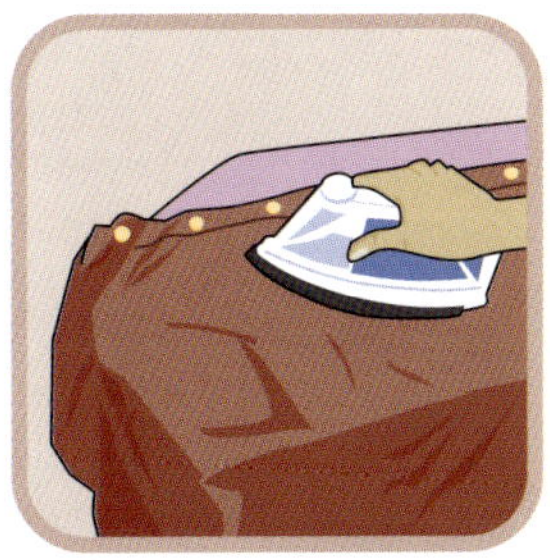

Strijk het andere voorpand.

Strijk tussen de knopen.

liefhebben

187 Je dates lichaamstaal ontcijferen

Heb je een iets te enthousiaste aanbidder? Wend je blik af en ga niet in op zijn avances.

Maak een praatje, maar laat je lichaam het echte werk doen! Leun naar voren en plaats je handen goed zichtbaar met de palmen omhoog.

Let eens op 'pauwengedrag', als een jongen er vol zelfvertrouwen bij staat met zijn borst vooruit. Als zij door haar haren strijkt, vindt ze het leuk!

Zie je iemand op de handen zitten of angstvallig een van de erogene zones bedekken? Dan staat er geen romantiek voor je in de sterren!

Schuif dichterbij en laat zien wat je in huis hebt als je de ander leuk vindt. Zo niet: ga erbij zitten als een zoutzak en sla je armen over elkaar heen.

Aan welke onbewuste handelingen je kunt zien dat twee mensen elkaar zien zitten? Zij laat haar hand bijvoorbeeld langs de steel van haar glas martini glijden om zijn aandacht te trekken, hij recht zijn stropdas om haar blik naar een erotische zone te trekken.

Een klassieke martini mixen 120

Imitatie is het toppunt van vleierij. Laat haar weten dat je interesse hebt en kopieer haar (hopelijk flirterige!) bewegingen.

Er een nacht lang op los flirten 188

uur : minuten	handeling
00:00	Maak een flitsende entree.
00:02	Begroet de gastheer of -vrouw.
00:05	Maak een praatje met de barkeeper.
00:06	Kijk een beetje rond.
00:10	Zoek je vrienden op.
00:30	Spot een lekker ding.
00:31	Knoop een gesprekje aan met dat stuk.
00:45	Ga de dansvloer op!
01:00	Geef nog eens een rondje.
01:40	Zoek een rustiger plekje op.
01:45	Wissel telefoonnummers uit!
04:00	Vier erop los.

189 Je sterrenbeeldmatch vinden

Wil je weten welk teken uit de Chinese dierenriem bij je hoort? Zoek dan in onderstaand diagram naar je geboortejaar. Houd er rekening mee dat het Chinese nieuwjaar begin februari is; dus als je in januari of begin februari bent geboren, ga je op zoek naar het jaar vóór jouw geboortejaar.

Aan elk teken en elk geboortejaar is een van deze natuurlijke elementen toegekend. Match de kleuren om erachter te komen welke bij jou horen – en wat ze voor je betekenen. Bijvoorbeeld: het element van alle apen is metaal, maar de vuur-aap die in 2016 wordt geboren, zal veel hartstochtelijker zijn dan de aarde-aap uit 1968.

aarde
gul en coöperatief; wil graag groeien en zich ontplooien

vuur
opgewekt en ongedurig; maakt graag lol

hout
gedisciplineerd en standvastig; dienstverlenend ingesteld

metaal
koppig en terughoudend; heeft ruimte nodig

water
geheimzinnig en creatief; gaat af op de intuïtie

191 In een rokje de auto uitstappen

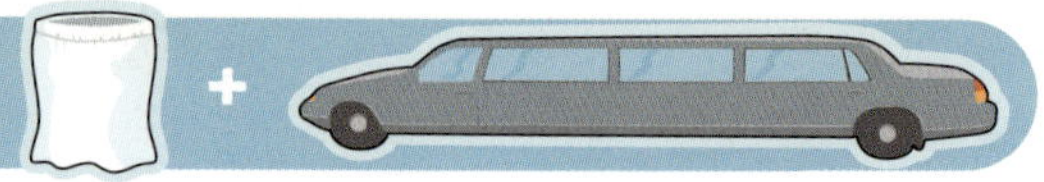

Schuif opzij, zet één been buitenboord.

Zet het tweede ernaast.

Duw jezelf omhoog.

192 Slim je arm om haar heen leggen

Wacht een geschikt moment af.

Zet de welbekende gaap in.

Rek je uit; steek je arm omhoog.

193 Met je tong een kersensteeltje knopen

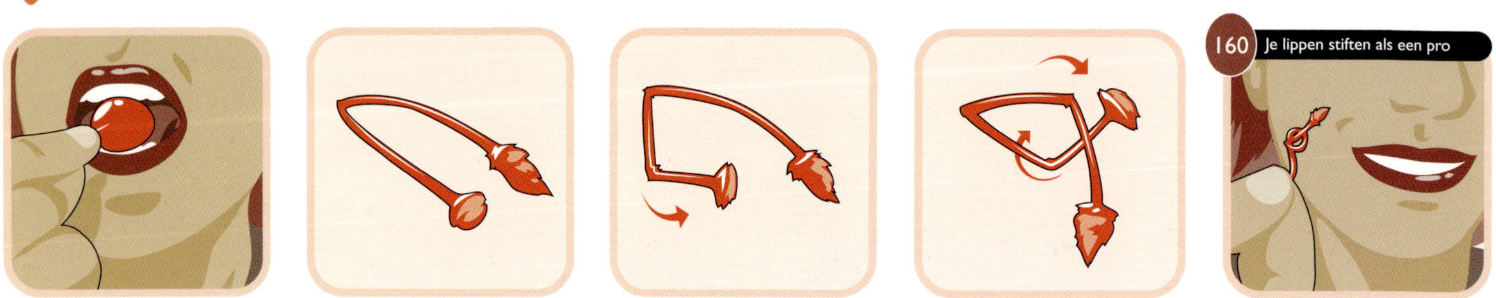

Buig het steeltje dubbel.

Vorm een scherpe knik.

Vorm een hoekje; haal erdoor.

194 Verleiden met je voeten

Pols of hij interesse heeft.

Schuif wat dichterbij.

Wrijf koket tegen zijn enkel.

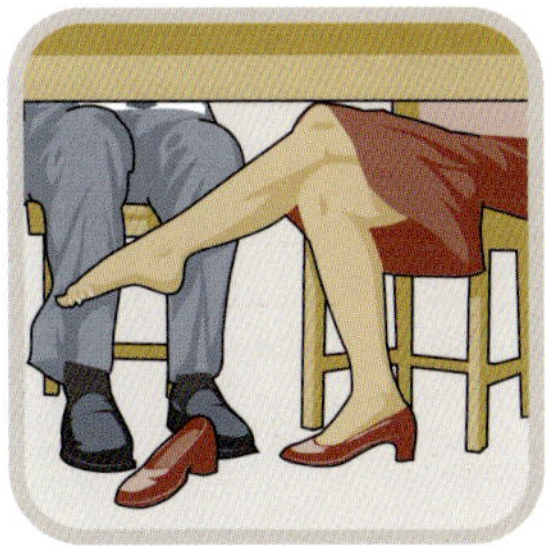

Wip je schoen uit.

Sla je benen over zijn knie.

195 Je lief een voetmassage geven

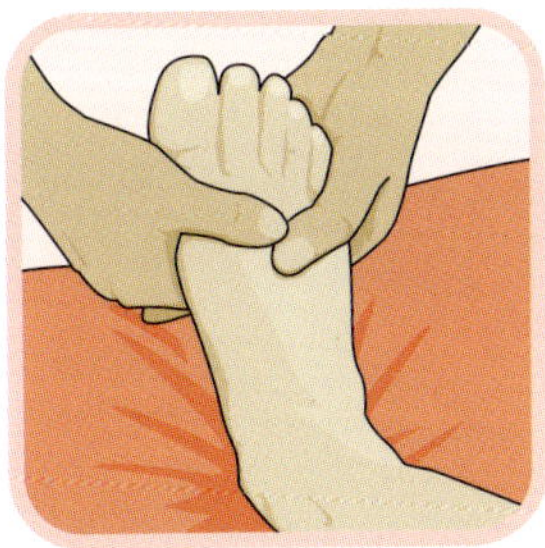

Strijk over de wreef van de voet.

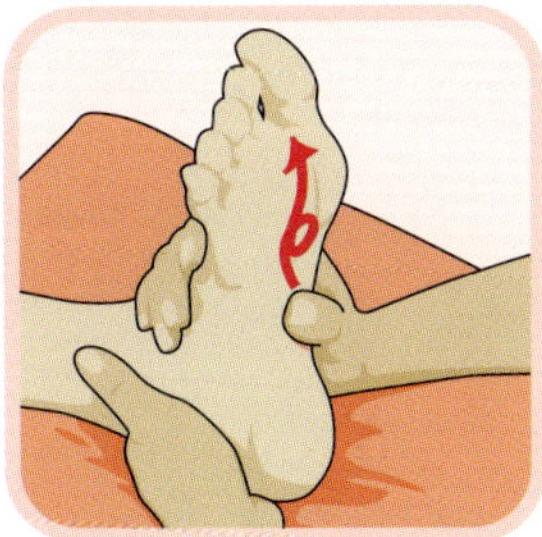

Maak draaiende bewegingen.

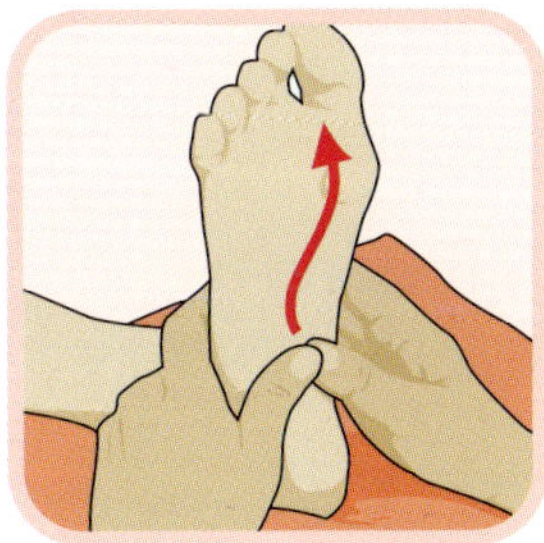

Kneed langs de middellijn.

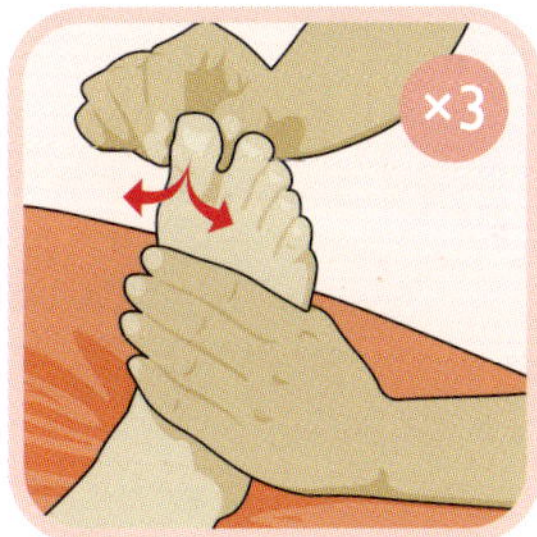

Trek en wiebel met alle tenen.

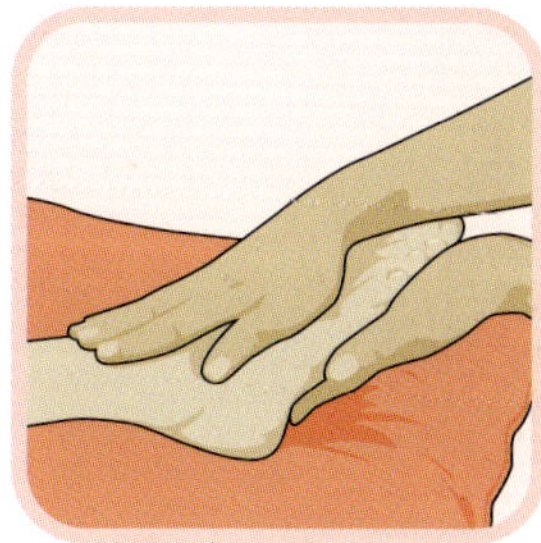

Eindig met liefdevol strelen.

196 Comfortabel lepeltje liggen

Je bed perfect opmaken 233

Sla je armen om je geliefde.

Rol haar voorzichtig op haar buik.

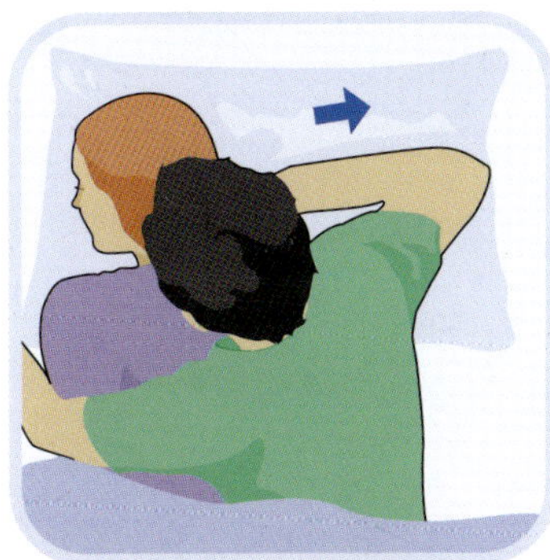

Trek je arm onder haar vandaan.

Leg je arm boven haar hoofd.

197 De nacht door walsen

198 Samen de jive dansen

Een vlammende tango dansen 199

Sexy salsabewegingen maken 200

Flirten met emoticons

- :] grappend
- %*} aangeschoten
- </3 ontroostbaar
- =O geschokt
- >:E tanden ontbloot
- :-r rokend
- :3 speels
- 8-} dom
- :-D breed grijnzend
- :') lachend en huilend
- :-x geen commentaar
- !-(blauw oog
- >:-O schreeuwend
- :9 lippen natmakend
- `:-) verbaasd
- <3 hart
- XD hard lachend
- <:O) feestend
- :'-(traantje wegpinkend
- 0:-) onschuldig
- >:-(kwaad
- :-** terug zoenend
- :-& sprakeloos
- =X zwijgend
- :P tong uitstekend
- >:] gemeen grijnzend
- : - [serieus
- :-O verbaasd
- =| sceptisch
- :-* zoenend
- (:-{) sexy snor
- (:-D roddelend
- B-) trots
- :-/ niet op je gemak
- 8-| suf
- ~ :-(woest
- ;;) flirtend
- }:-] duivels grijnzend
- >O au!
- :-) blij
- :-S gefrustreerd
- :-| onverschillig
- >;-(' witheet
- ;) knipogend
- :-K vampier
- =L kwijlend
- =) blij
- =(sip
- |-O gapend
- (:-& boos
- :-*) blozend
- &:-8-o-< rondborstige meid
- :) blij
- :(verdrietig
- S-) met de ogen rollend
- :-@ krijsend
- :-" fluitend
- @}-,-'-,-- roos

blij verdrietig overig boos flirterig

(>")>	dansend
<^O^>	hard lachend
(^.^)/	zwaaiend
*^O^*	opgewonden
\,,/(^_^)\,,/	rockend
d^_^b	naar muziek luisterend
\(^o^)/	zeer opgewonden
b(~_^)d	duimen omhoog
(/.\)	beschaamd
(-_-)	overstuur
(-_\\\)	emotioneel
;_;	huilend
(@_@)	verbijsterd
(~.~)	slaperig
)-0_0-(	stomverbaasd
(o_O)	in de war
(>_<)	gefrustreerd
(u_u)	mopperend
(=_=)	geïrriteerd
(9ò_ó)=@	klap uitdelend
o	met open mond
-^o^-	blozend
(0_<)	knipogend
_	sterrengek
(>^_^)> <(^_^<)	knuffelend
(,,,)=^_^=(,,,)	spinnend
(o)_(o)	verdwaasd

203 Een sexy korset vastsnoeren

Leg het korset plat neer; begin bovenaan.

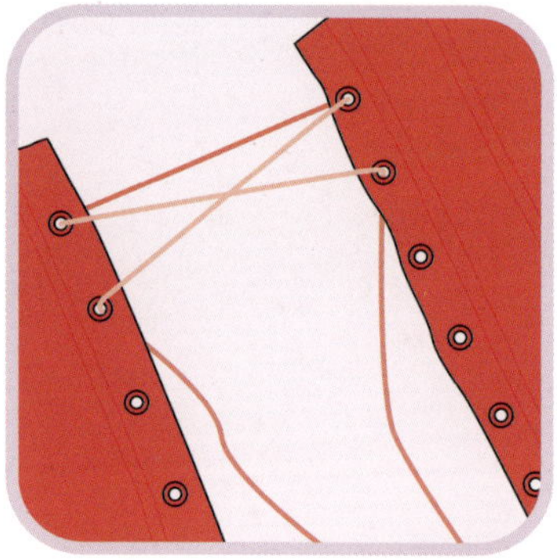

Steek de veter kruislings door de gaatjes.

178 Met flair je schoenveters strikken

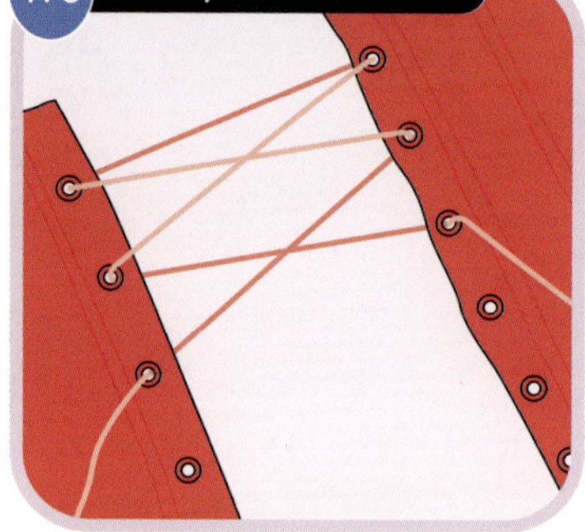

Maak in het midden een lus.

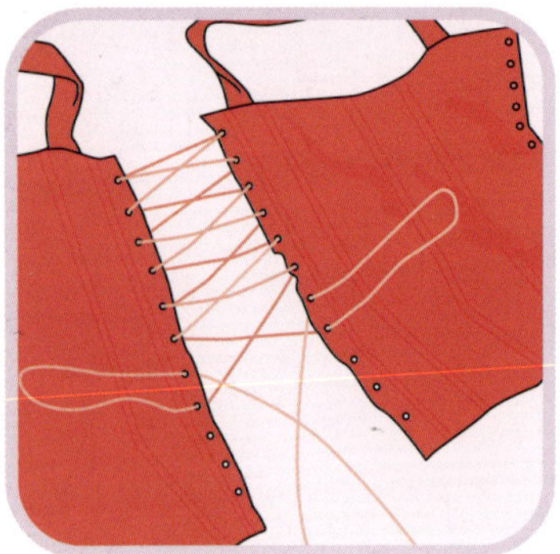

Maak nog een lus.

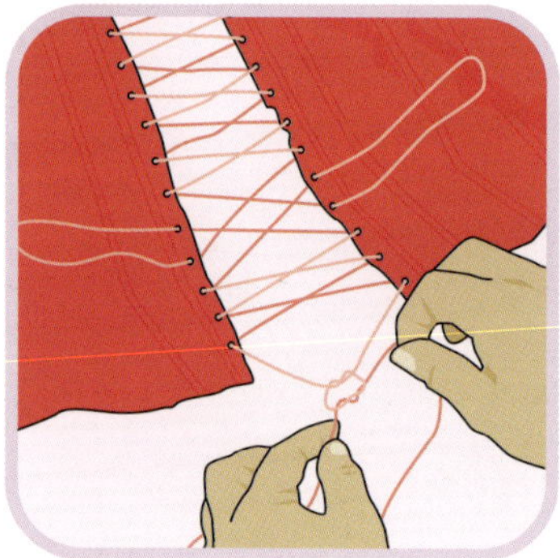

Knoop onderaan dicht.

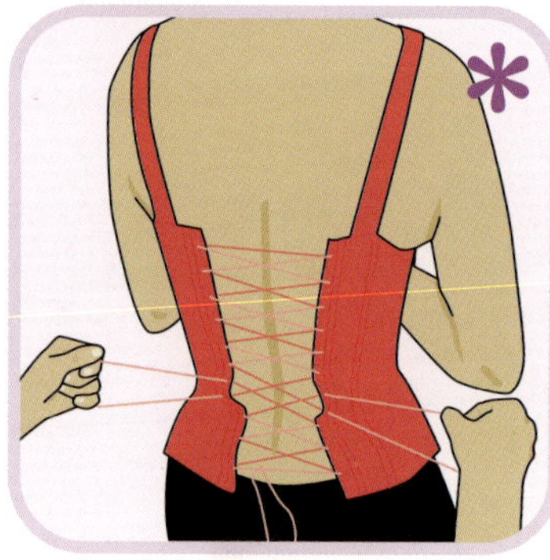

Trek aan; trek strakker aan de lussen.

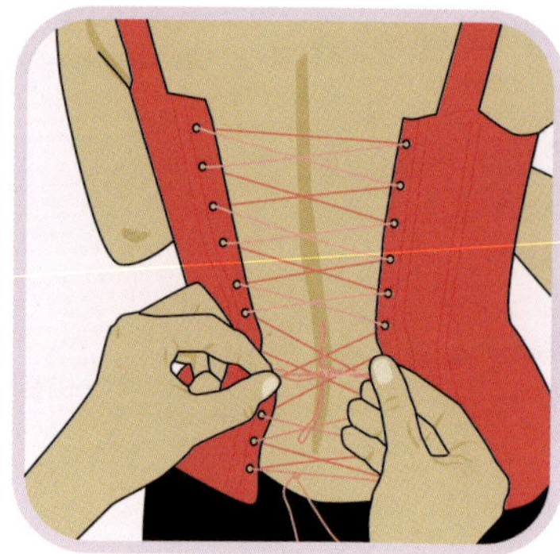

* Je wilt je korset misschien superstrak dichtrijgen voor een sexy resultaat, maar je kunt het beste bescheiden beginnen, zodat je gewend raakt aan het benauwende gevoel – en voorkomt dat het pijn gaat doen. Probeer het korset dagelijks een halfuur te dragen en snoer het elke dag iets strakker aan.

204 Handboeien knopen

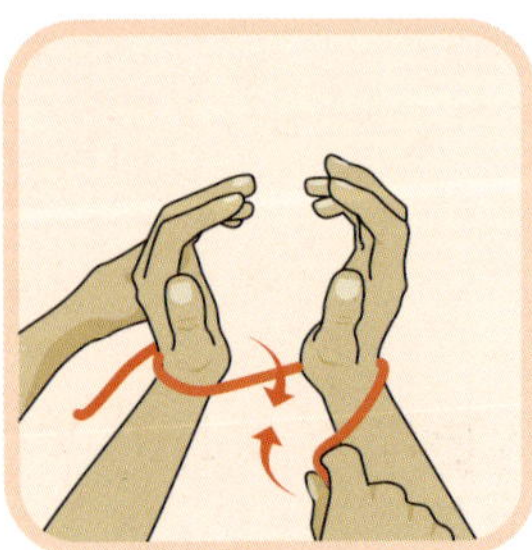

Vorm een acht.

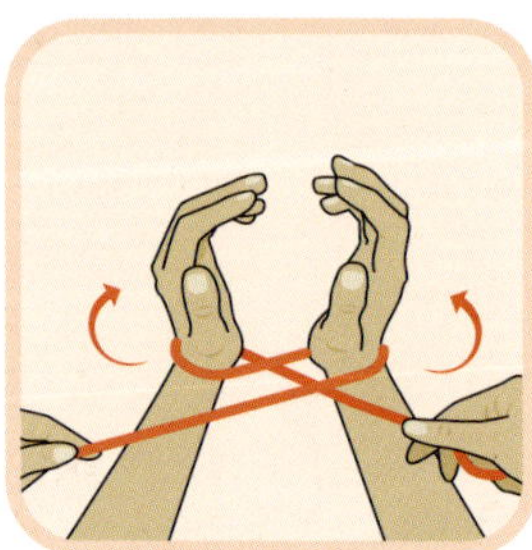

Doe dat nog eens.

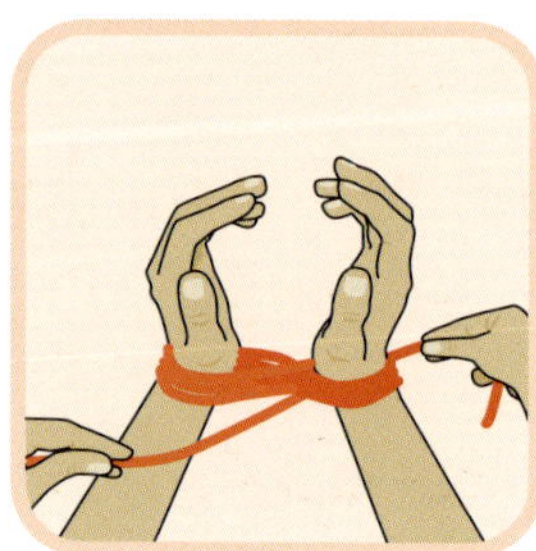

En nog eens.

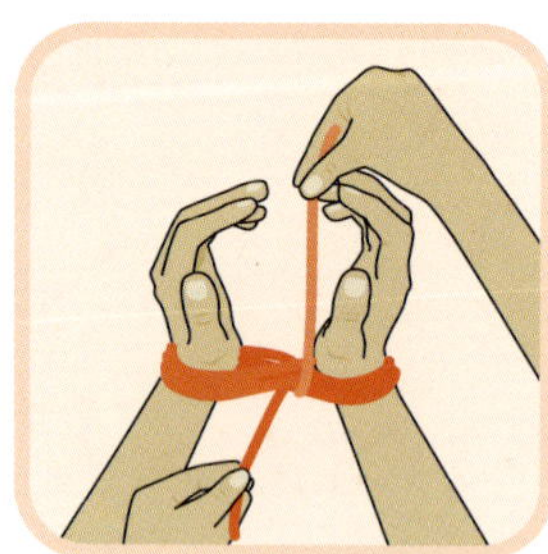

Wikkel de uiteinden eromheen.

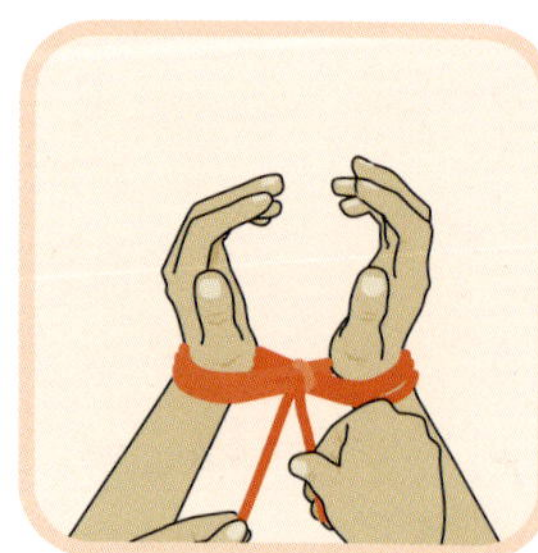

Knoop vast in het midden.

Een super eerste kus hebben 205

Maak je lippen op om te kussen.

Zorg voor een frisse adem.

Doe je haar naar achteren.

Maak oogcontact en leun naar voren.

Kantel je hoofd en sluit je ogen.

Zorg dat je lippen elkaar raken.

Gebruik je handen.

Ontdek nieuw terrein.

Stelletjesyoga doen 206

Omhels en kus.

207 Je dates hartlijn lezen

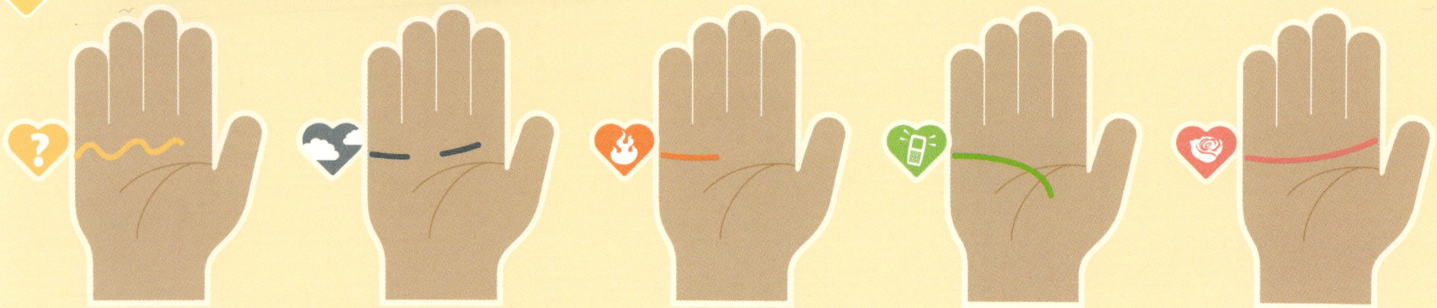

golvend = vaag · gebroken = duister verleden · kort = hartstochtelijk · schuin aflopend = behoeftig · lang = romantisch

208 Je dates hoofdlijn lezen

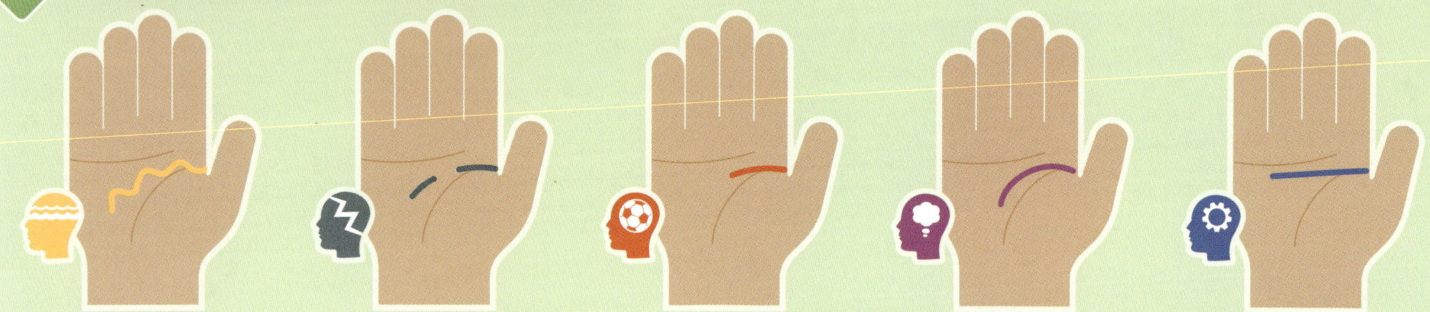

golvend = oppervlakkig · gebroken = licht psychotisch · kort = sportief · gebogen = dromer · recht = praktisch

209 Je dates levenslijn lezen

gevorkt = in balans · gebroken = gekweld · kort = zwak · gebogen = huiselijk · gecentreerd = ambitieus

net
bloemblad
knop
magna
dubbele roos
roos
highlight-briljant
roos
Zwitsers
naaldbriljant
dubbelbriljant
ster
Amerikaans
ovaal
kogel
jubilee
historisch
halfbriljant
koning
rond
wervel
vierkantbriljant
ceylon
trap
baguette
zeshoek
zeshoekbriljant
peer
briolette
driehoekbriljant
antiek
achthoek
vijfhoek
navette
druppel
driehoek
ruit
ton
trapezium
Frans
schild
olijf
sterbriljant
wapenschild
hart

211 Traditionele bruidshenna aanbrengen

Meng henna, citroensap en suiker.

Dek af totdat de bovenkant bruin kleurt.

Schep in een puntzakje; knip uiteinde af.

212 Een hennapatroon maken

Veel patronen zijn puur decoratief.

Dit ontwerp, het teken van de schorpioen, verbeeldt zowel het verdriet als het geluk van de liefde.

Het dambordpatroon staat symbool voor spel. Het voorspelt zorgeloze tijden.

Regen zie je terug in een zigzagpatroon. Het staat voor vruchtbaarheid en rijkdom.

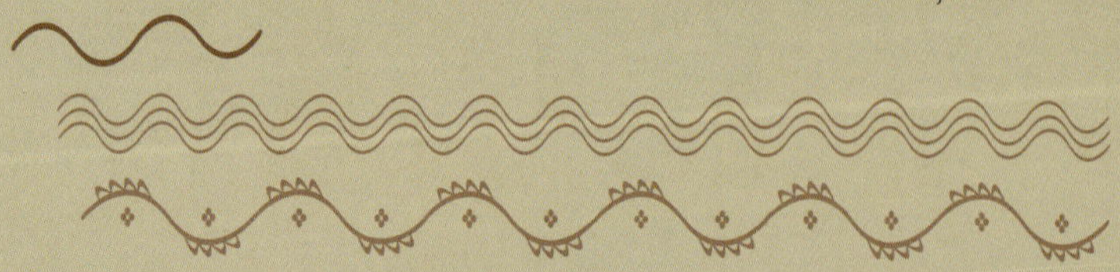

Golfjes suggereren de zuiverende en levenskrachtige eigenschappen van water.

Knoppen verschijnen na droogte; een teken van nieuw leven en jeugdige kracht.

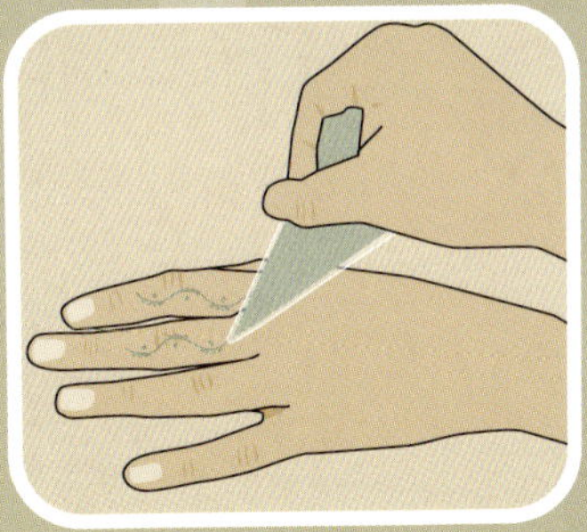

Fixeer met witte lijm en water.

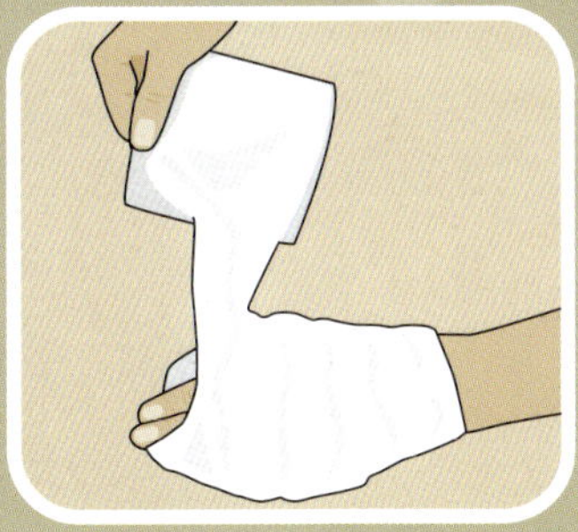

Wikkel in wc-papier…

… en daarna in plastic.

Trek er een sok omheen.

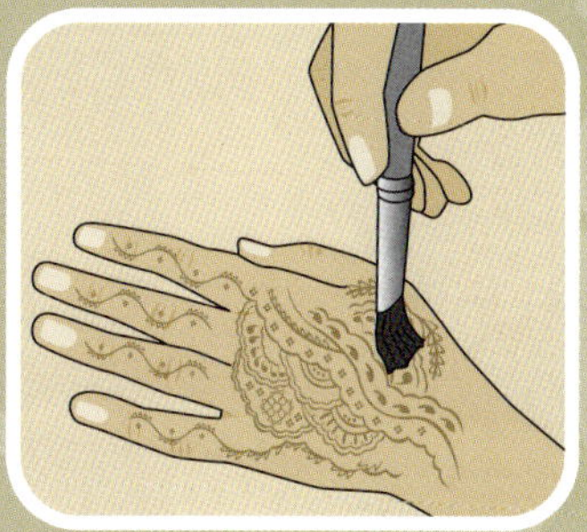

Veeg de opgedroogde henna af.

Hennasymbolen herkennen 213

De lotusbloem is een symbool voor verlichting. Is de bloem gesloten, dan is de persoon nog niet tot inzicht gekomen.

Bloemen staan voor vruchtbaarheid.

Pauwen symboliseren liefde.

Veel populaire symbolen zijn gewoon mooie tekens.

214 Een sierlijk boeket binden

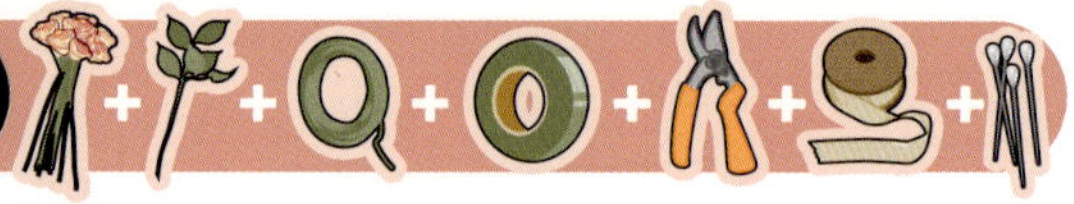

Verwijder blaadjes en dooms.

Voeg groen toe.

Maak vast met bloemistendraad.

Omwikkel met bloementape.

Knip de stelen bij.

Versier met satijnen lint.

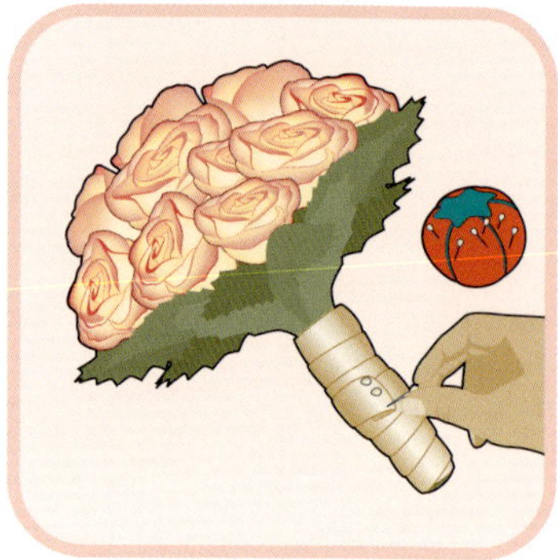

Zet vast met speldjes.

215 Een corsage maken

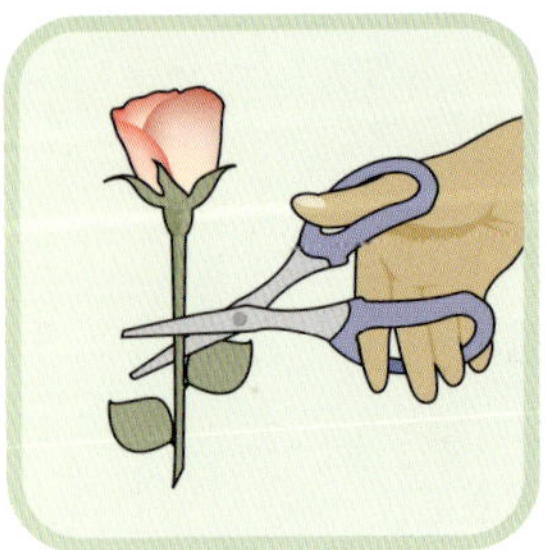

Knip de steel bij.

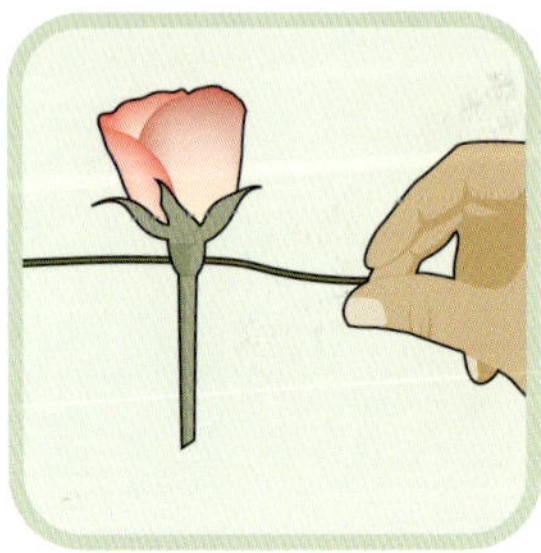

Steek er dun ijzerdraad in.

Plaats er groen achter; draai.

Omwikkel met bloementape.

Speld midden op de revers.

Een trouwring maken van papier 216

Knip een strook papier uit.

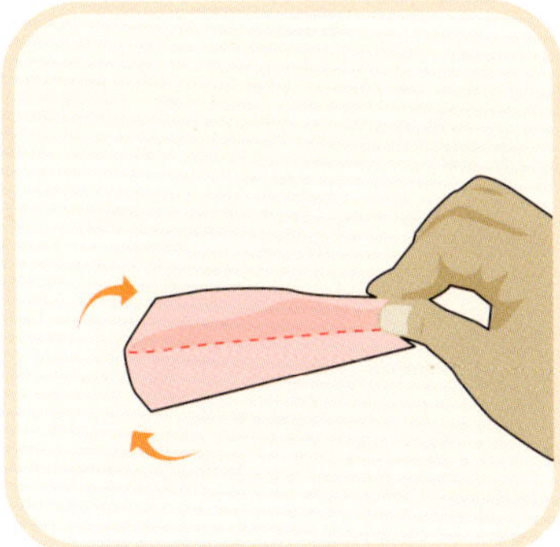

Vouw hem in de lengte dubbel.

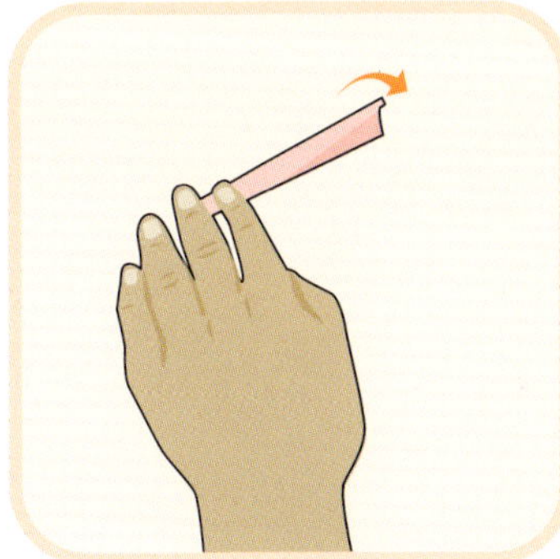

En nogmaals.

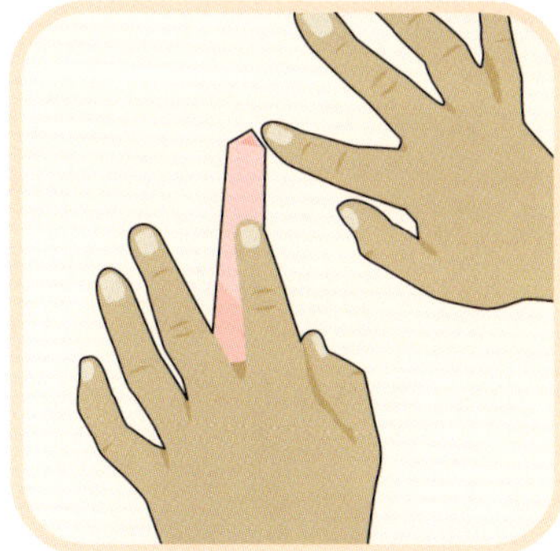

Vouw het uiteinde in een punt.

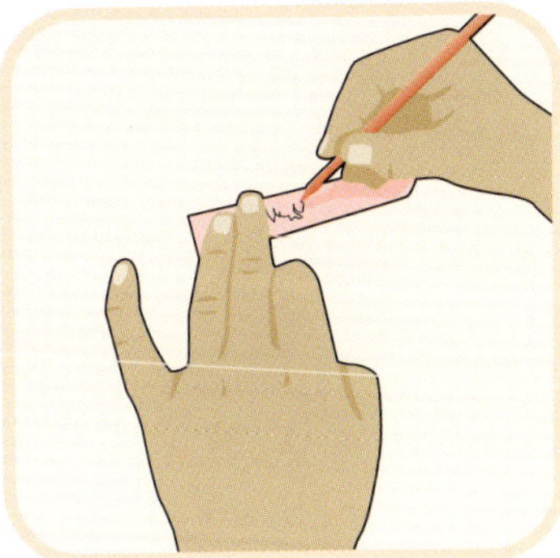

Maak een inscriptie – of een excuus!

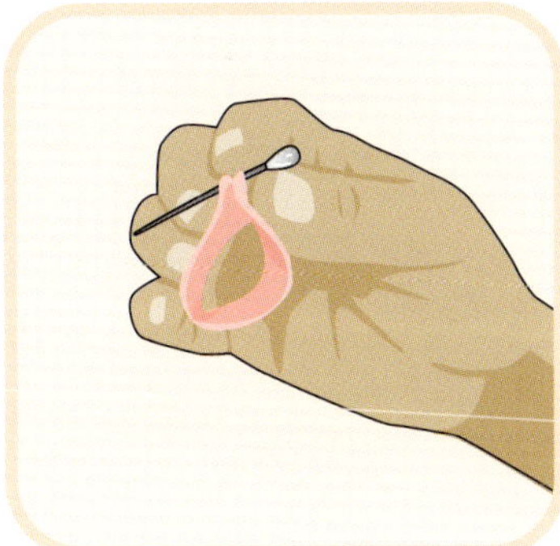

Maak vast met een speldje.

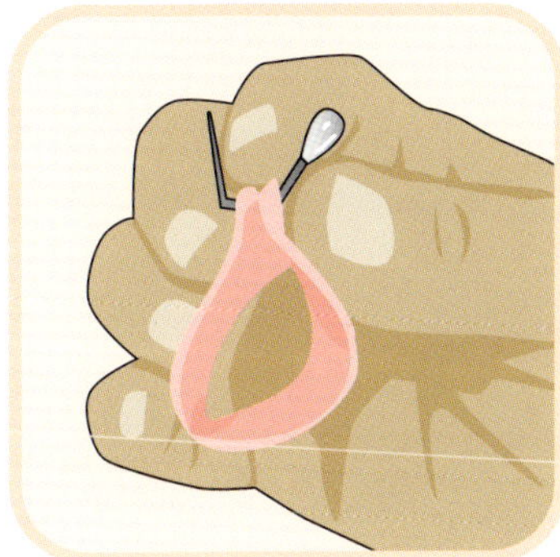

Buig het speldje dicht.

Je haar stijlvol opsteken 143

Een dronken bruiloftsgast verzorgen 217

Zet de ceremoniemeester in.

Help haar te gaan zitten.

Trek hoge hakken uit.

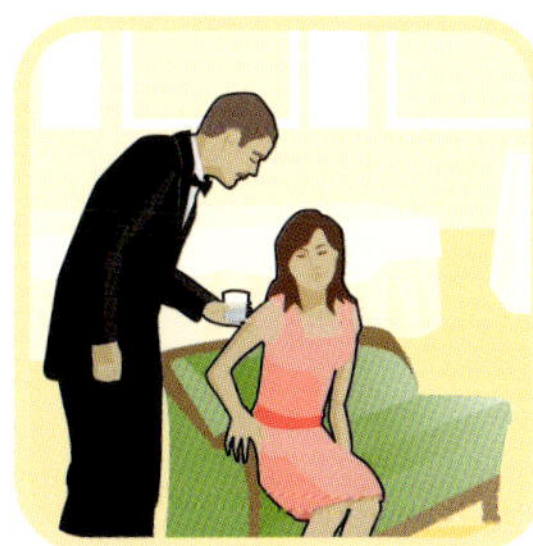

Breng haar een glas water.

Pak haar autosleutels af!

218 Je huis vullen met romantiek

Heb je een geheime fetisj? Leef je uit in een knus besloten stulpje voor twee.
Van een hookah-ritueel genieten
381
Afblijven van die muis. Laat je door niets afleiden wat met werk te maken heeft.
Niets zo sfeervol als kaarslicht en rozenblaadjes.
In de liefde is geen oppervlak te gek. Ruim alleen wel gevaarlijke voorwerpen uit de weg.
Laat die afwas lekker staan, die kan wachten – het is tijd voor romantiek!
Haal de troubadour in je naar boven. Regel een luit en breng je geliefde een ultraromantische serenade.
Vul je koelkast met verlokkelijke lustopwekkende hapjes.

nestelen

219 De kleurentheorie ophalen

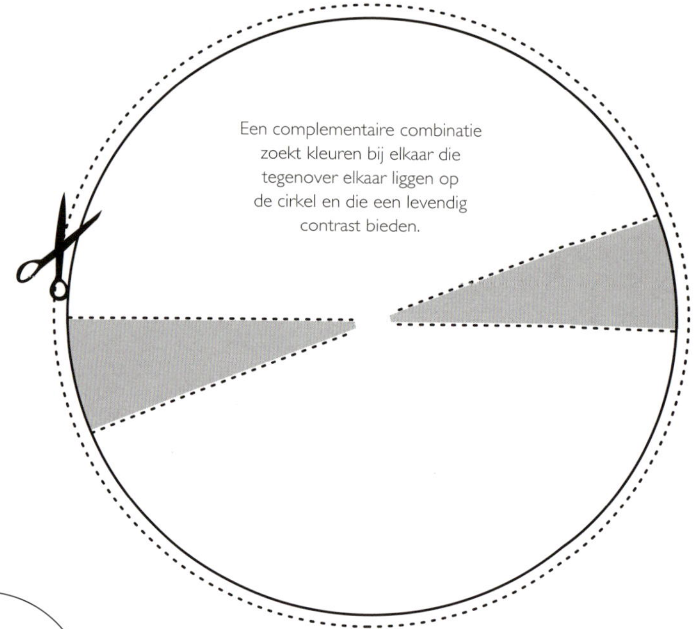

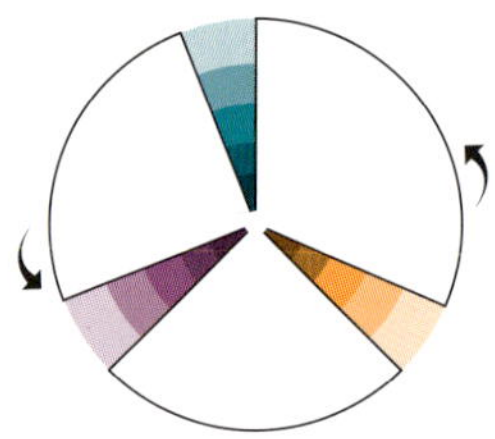

We weten allemaal wat de kleurencirkel is. Zijn duizelingwekkende hoeveelheid tinten biedt ons onbeperkte mogelijkheden. Gebruik deze voorbeelden van kleurenschema's om de creatieve mogelijkheden van de kleurencirkel te ontdekken en een perfecte combinatie voor je interieur te vinden – of je nu een ruimte nieuw leven wilt inblazen met een frisse kleur of een rustgevende plek wilt creëren. Kopieer deze bladzijde en knip de grijze delen uit de cirkels. Leg een van de cirkels op de kleurencirkel en draai hem rond om de verschillende combinaties te bekijken.

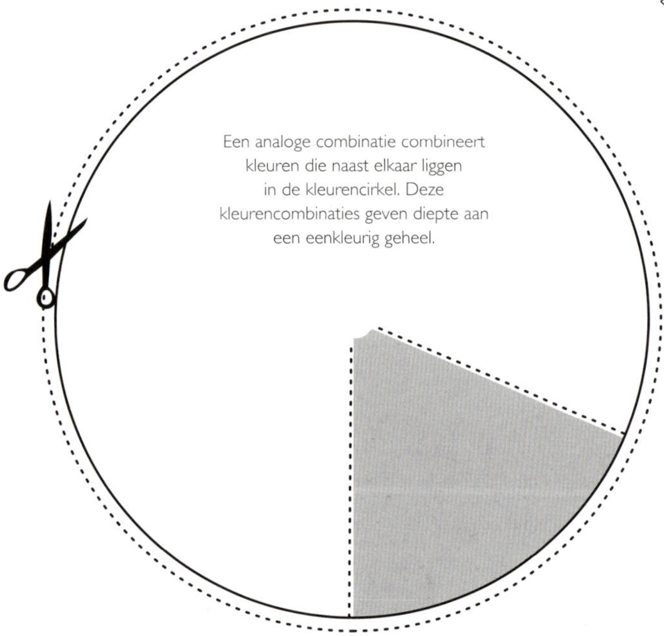

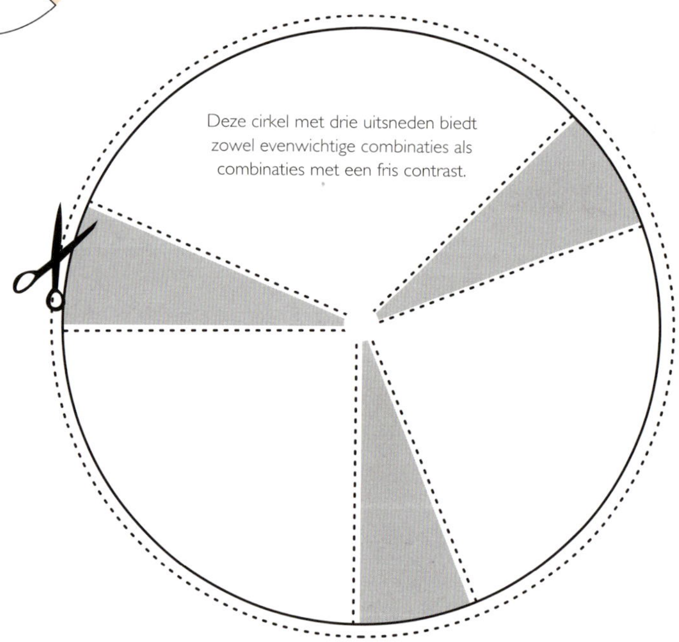

kopieer!

Een kleurenpalet voor thuis kiezen 220

Geef je kamer een Aziatische sfeer met een palet van felle, vrolijke kleuren, zoals oranje en rood.

Reis door de bijzondere straten van Marokko met muren van zandsteen en fonkelende accenten.

Roep de sfeer op van de Côte d'Azur met grote vlakken geel, die doen denken aan onberispelijke zandstranden.

Waan jezelf in het bos, met mosgroene tinten en het zachte bruin van een hertje.

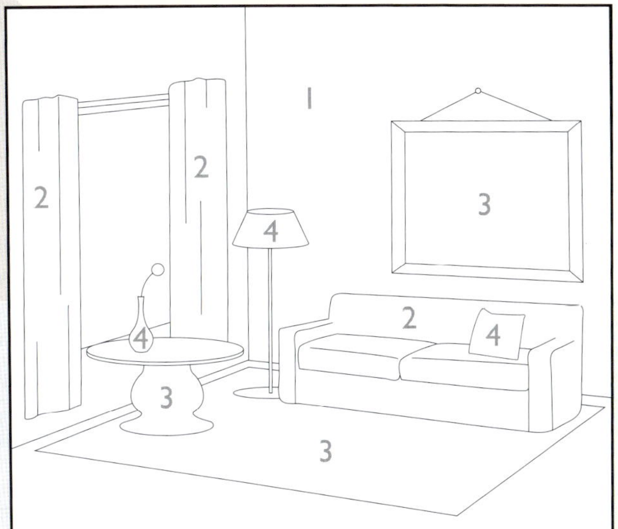

De cijfers komen overeen met de cijfers op de diverse kleurenpaletten.

Roep de sfeer op van het beton in een hippe stad met verschillende tinten grijs, opgepept met een opvallende stoplichtkleur.

Het groen van het gebladerte in het regenwoud zorgt voor rust. Kleine felle accenten doen denken aan de exotische planten in het regenwoud, zoals knalroze orchideeën.

Ga in een Engelse tuin wonen: verwijs subtiel naar de lavendelgeur met diverse paars- en blauwtinten.

De sfeer van Tahiti roep je het beste op met zachte blauwtinten. Zak onderuit op je beige bank en doe alsof je ligt te relaxen aan het strand.

221 Naadloos behangen

Zet de stroom uit; verwijder stopcontacten.

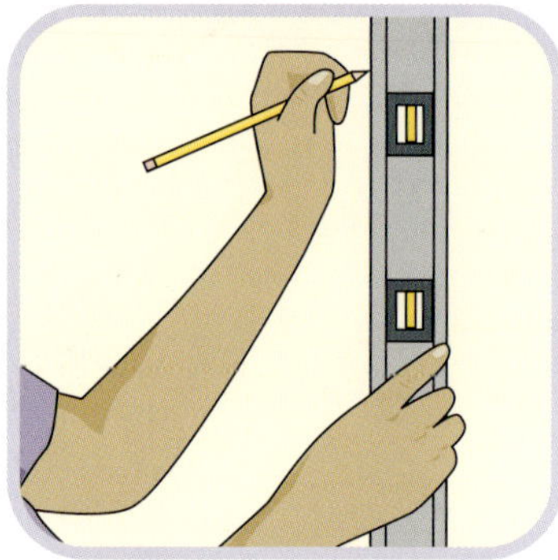

Trek een lijn van vloer tot plafond.

Bestrijk het behang met lijm.

Plak de strook strak tegen de lijn aan.

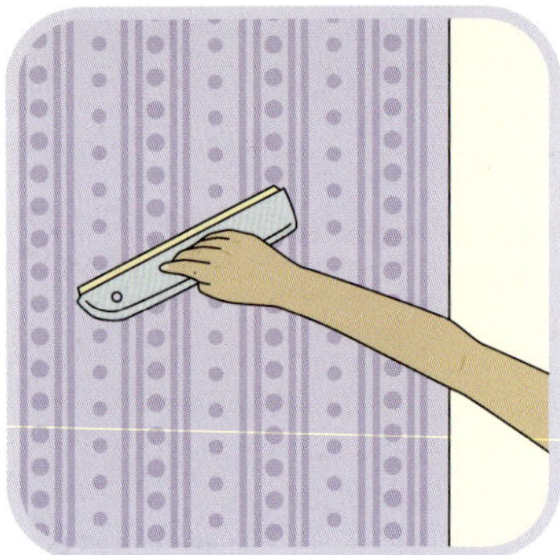

Strijk bobbels en plooien weg.

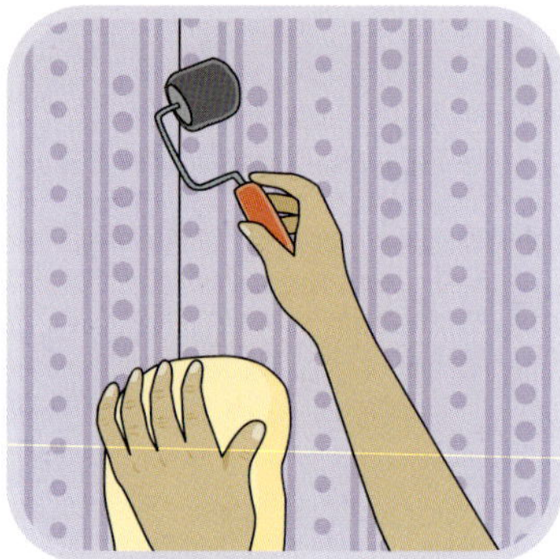

Plak de volgende strook ernaast.

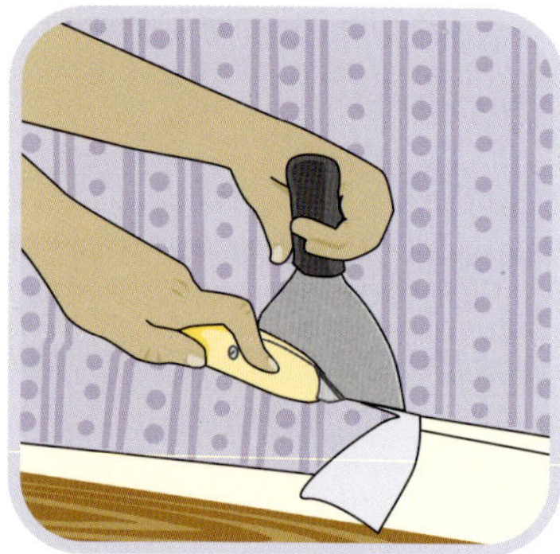

Snijd het behang weg langs plint en plafond.

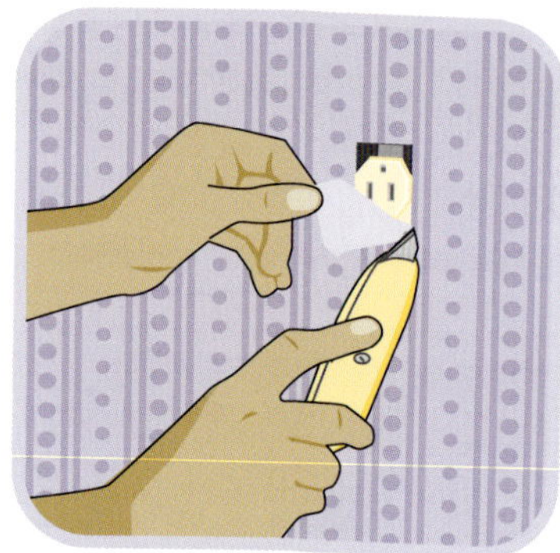

Snijd rond stopcontacten; bevestig de plaatjes.

222 Oud behang verwijderen

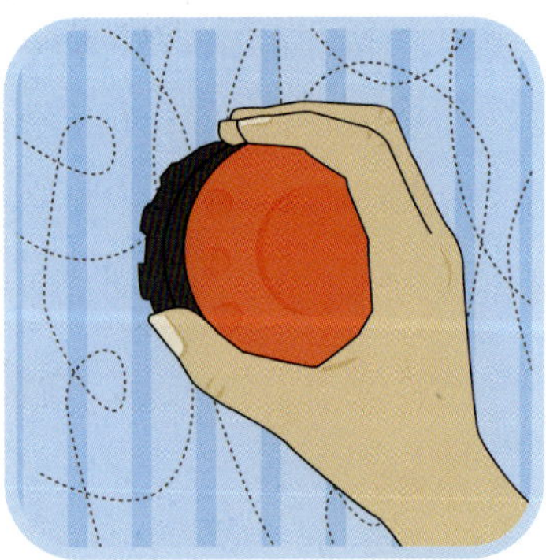

Maak krasjes in het behang.

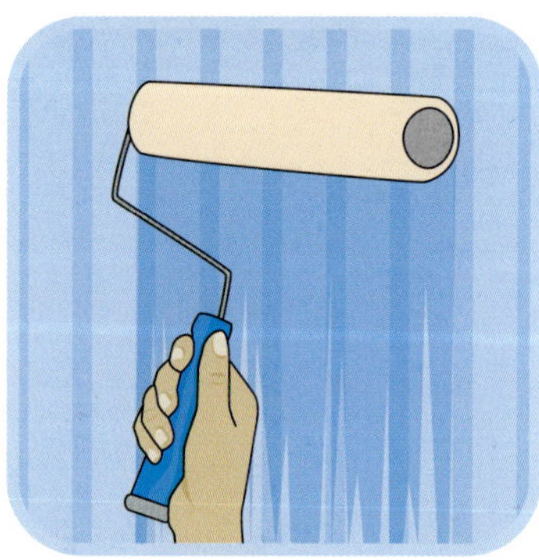

Maak het behang vochtig met water.

Houd het vochtig; steek kleine stukjes af.

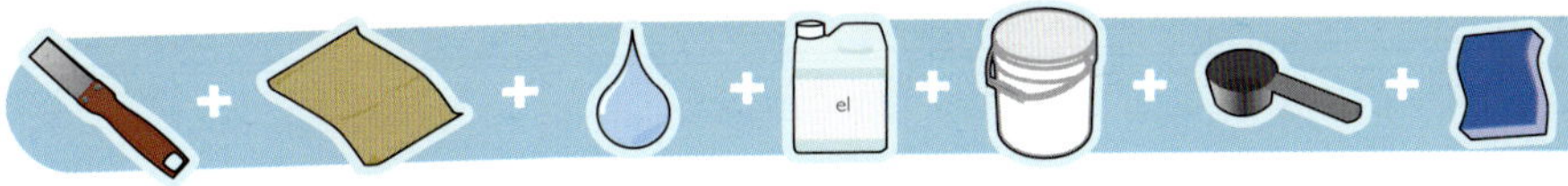

Afbladderende verf verwijderen 223

Krab de verfresten weg.

Schuur de plek.

Maak de plek schoon; laat drogen.

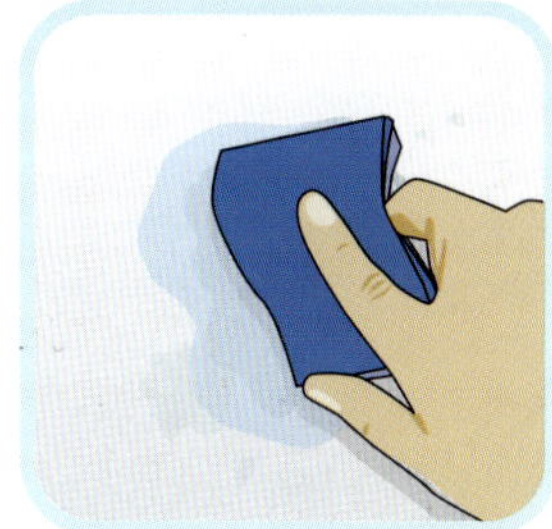

Spoel af met water. Schilder.

Een ingedeukte plint repareren 224

Prik de deuk in met een punaise.

Bevochtig met wat water.

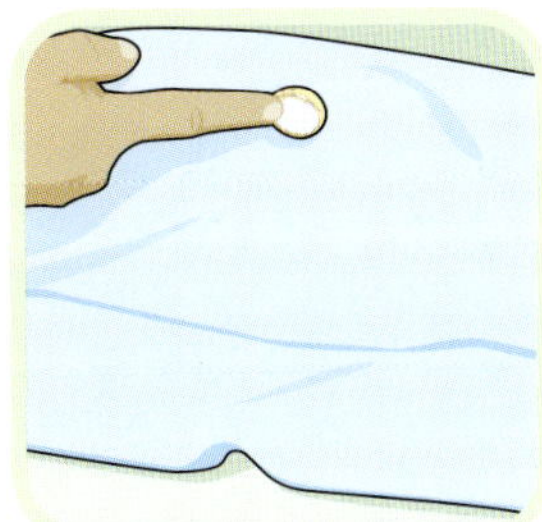

Dek af; druk een bierdop in het hout.

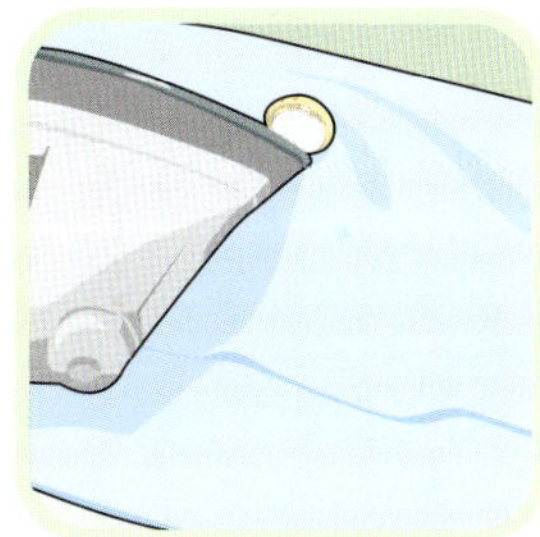

Strijk zodat het hout uitzet.

Schilder eventueel over.

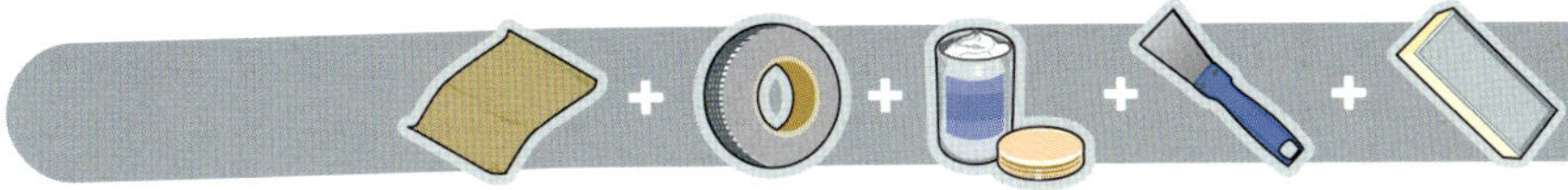

Een gat in een gipswand repareren 225

Schuur de randjes glad.

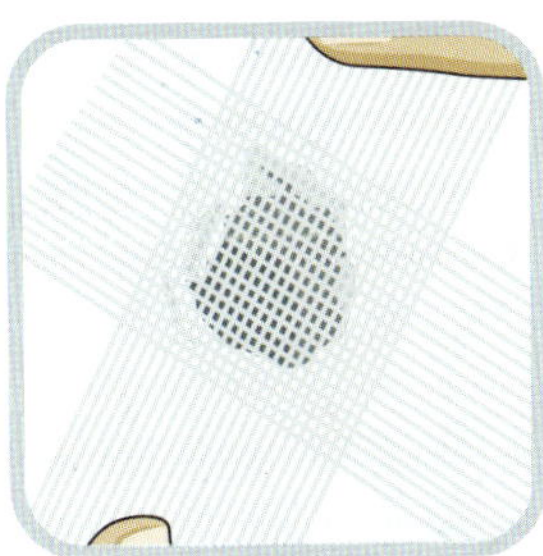

Plak gaas over het gat.

Breng plamuur aan en strijk glad.

Laat drogen en schuur.

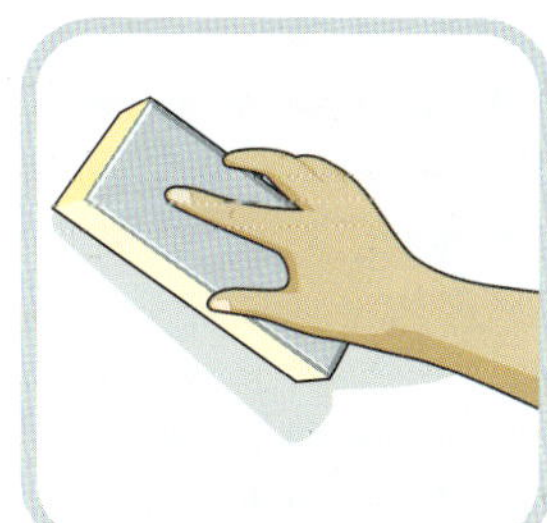

Veeg af met een vochtige spons.

226 Een kamer voorbewerken en verven

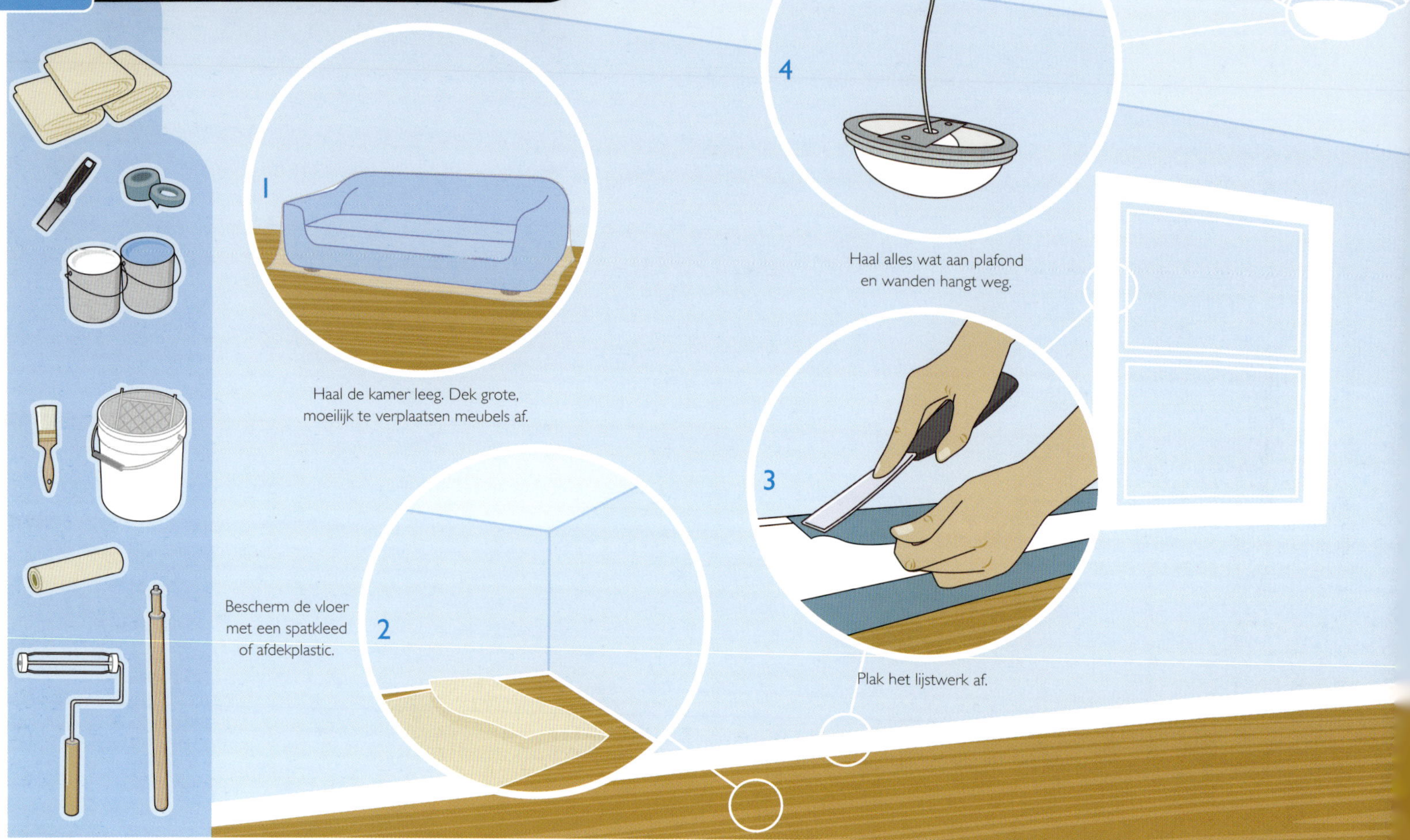

227 Strepen schilderen

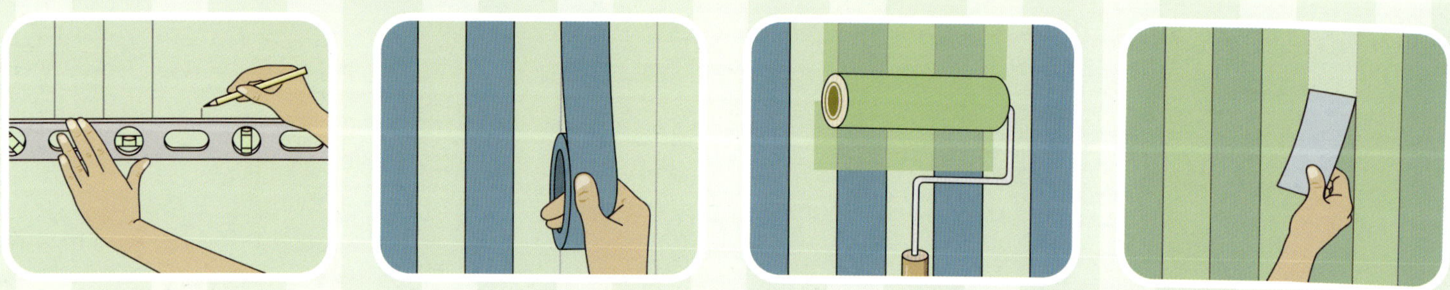

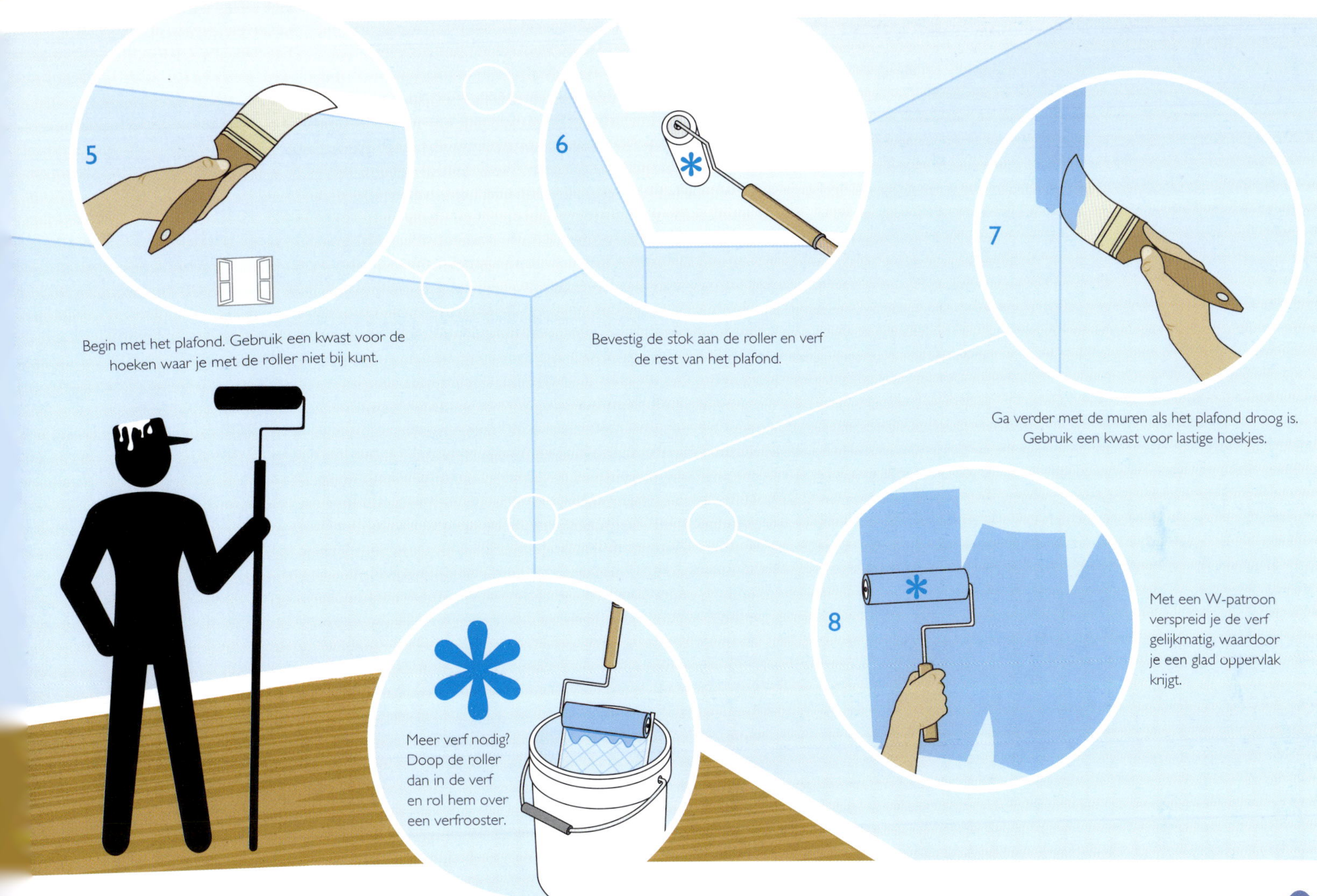

Begin met het plafond. Gebruik een kwast voor de hoeken waar je met de roller niet bij kunt.

Bevestig de stok aan de roller en verf de rest van het plafond.

Ga verder met de muren als het plafond droog is. Gebruik een kwast voor lastige hoekjes.

Met een W-patroon verspreid je de verf gelijkmatig, waardoor je een glad oppervlak krijgt.

Meer verf nodig? Doop de roller dan in de verf en rol hem over een verfrooster.

Een sponsstructuur aanbrengen

228

Meng 1 deel verf en 2 delen glazuur.

Verf de spons om druppen te voorkomen.

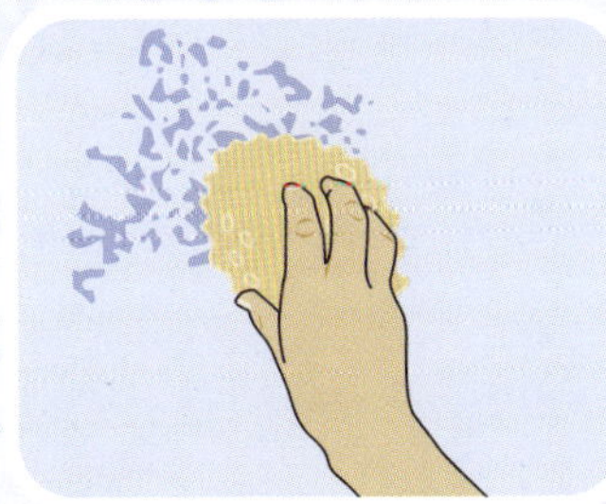

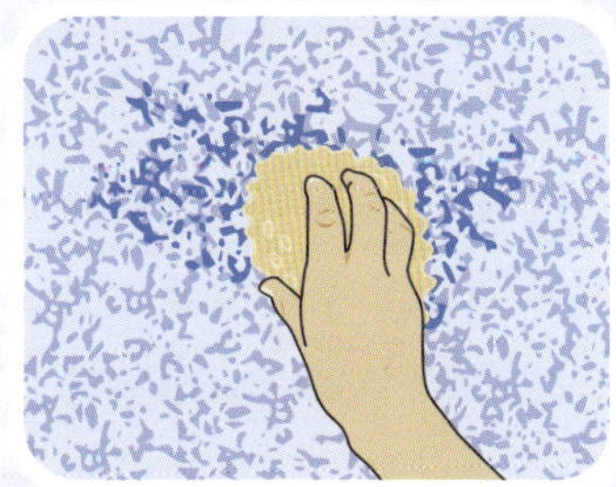

Breng meerdere lagen aan.

229 Een zwaluwstaartverbinding maken

Markeer de zijplank.

469 De zingende zaag bespelen

Zaag de puntjes weg.

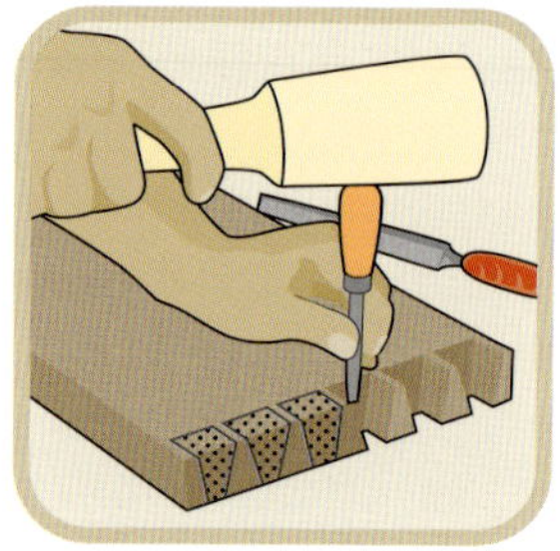

Beitel restjes weg; schuur.

Teken de vorm af op de voorplank.

Zaag de puntjes uit; schuif in elkaar.

* Als je werkt met zachtboard, maak dan schuine inkepingen van 1:6. Wil je twee stukken hardboard met elkaar verbinden, ga dan uit van schuine inkepingen van 1:8.

230 Een boekenplank ophangen

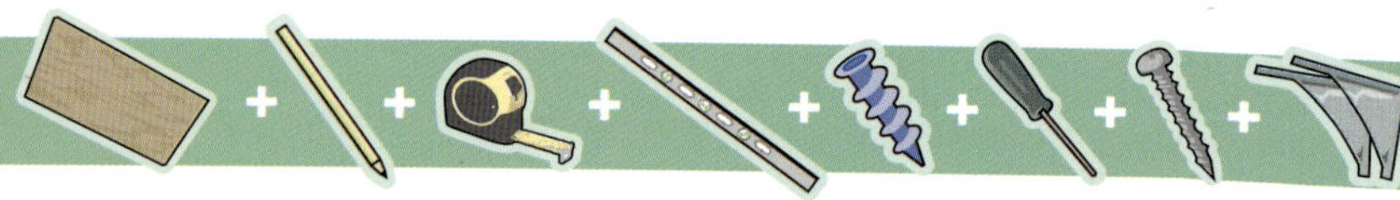

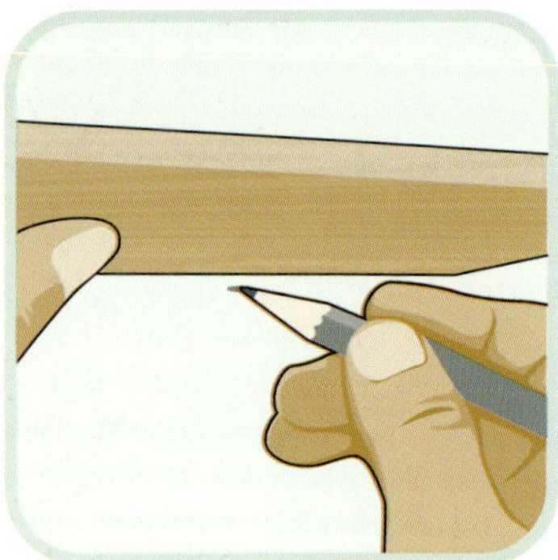

Markeer de gewenste hoogte.

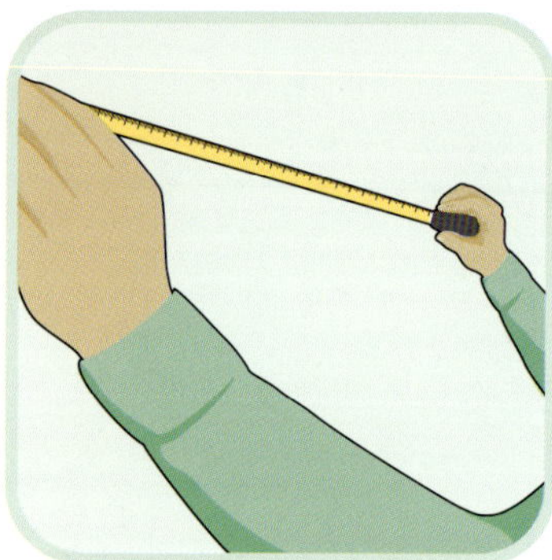

Meet de breedte van de plank op.

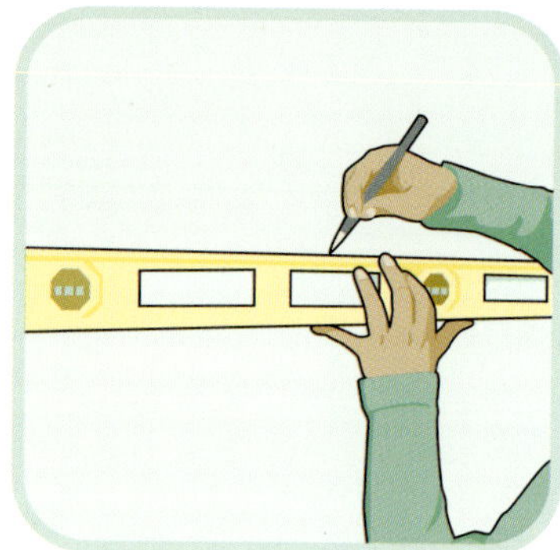

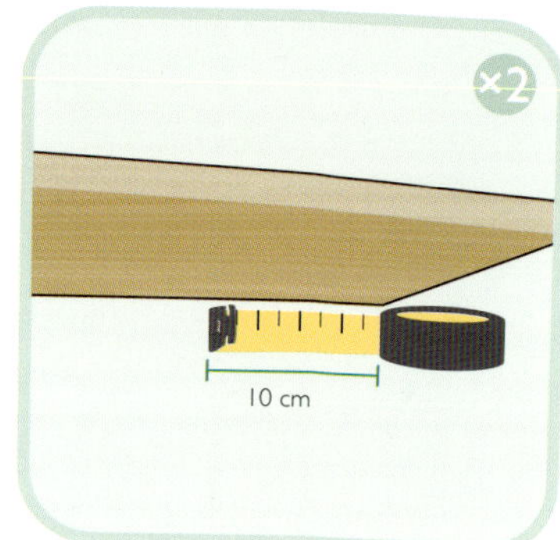

Teken de plek van de steunen af.

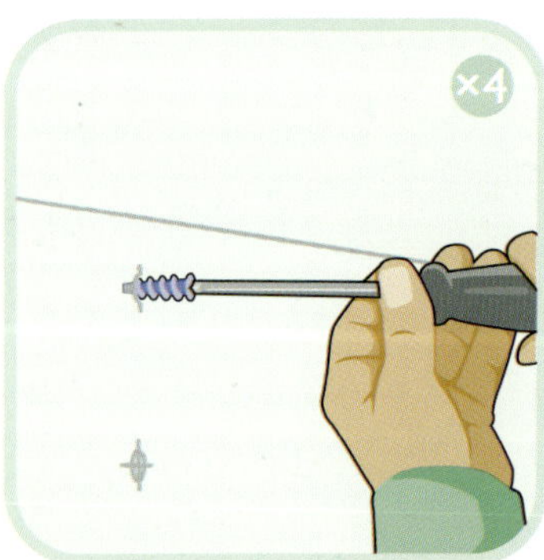

Schroef in gipsplaten speciale pluggen.

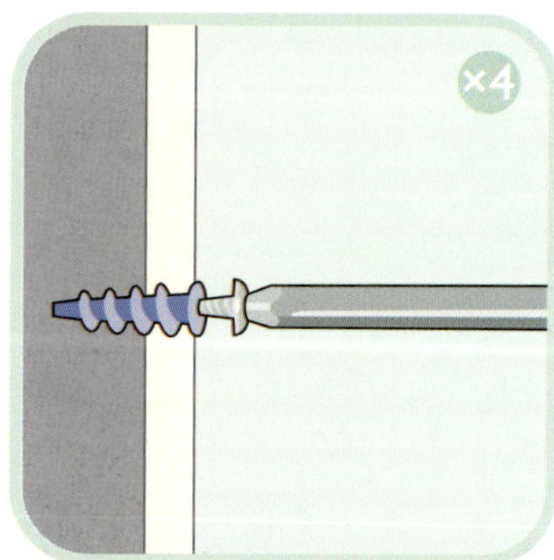

Draai de schroeven in de pluggen.

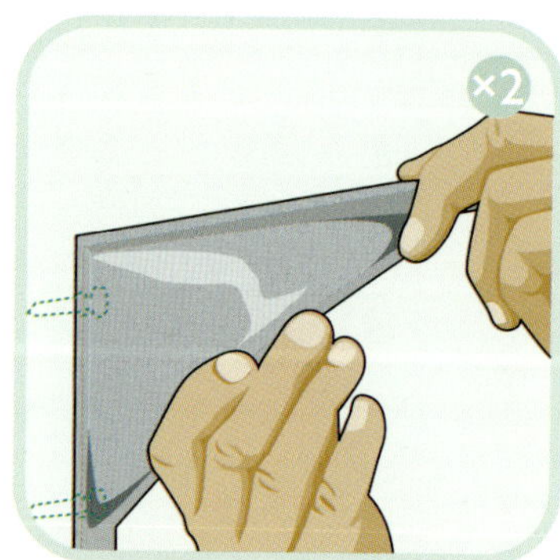

Hang de steunen op hun plek.

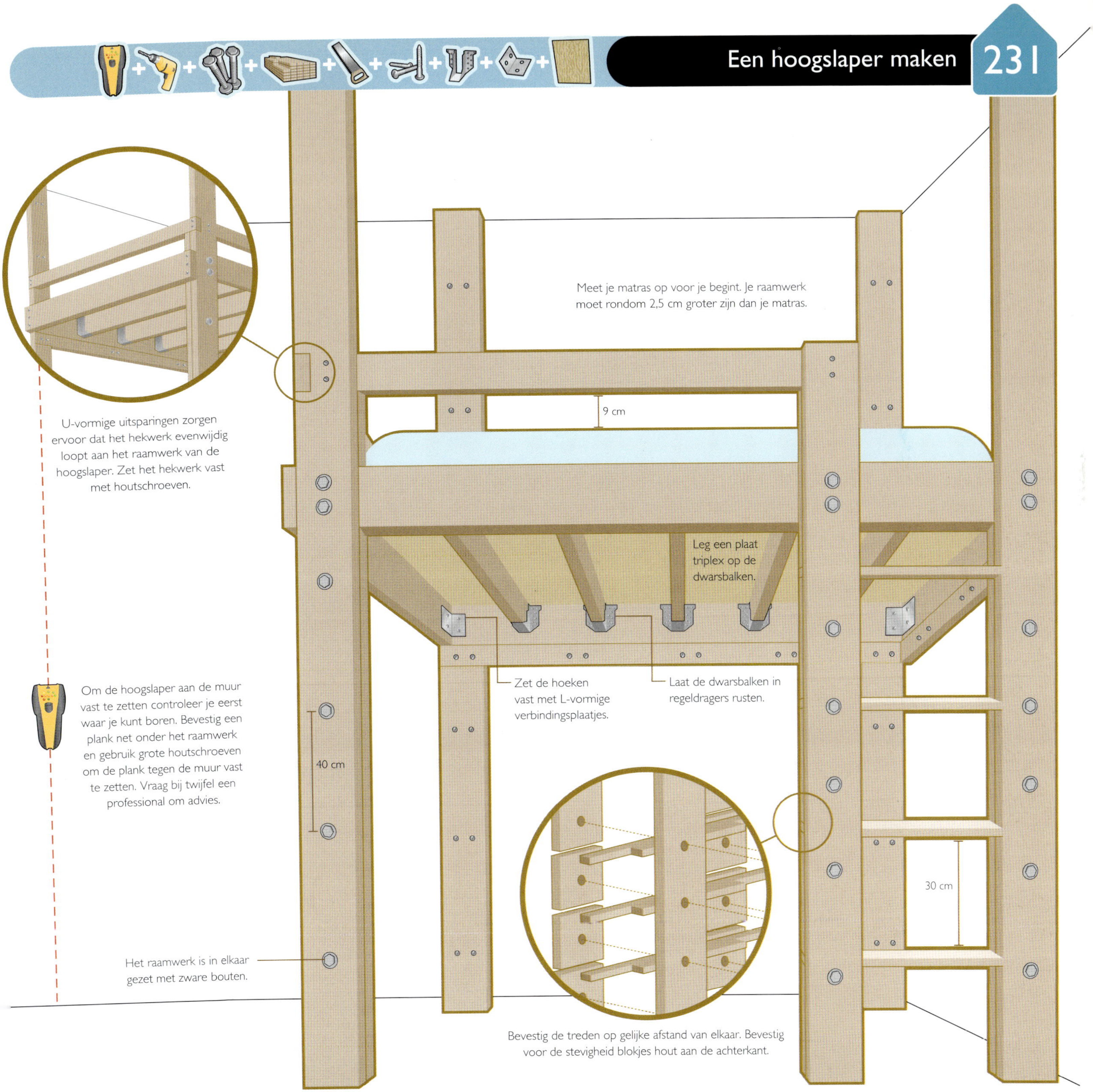
Meet je matras op voor je begint. Je raamwerk moet rondom 2,5 cm groter zijn dan je matras.
9 cm
U-vormige uitsparingen zorgen ervoor dat het hekwerk evenwijdig loopt aan het raamwerk van de hoogslaper. Zet het hekwerk vast met houtschroeven.
Leg een plaat triplex op de dwarsbalken.
Zet de hoeken vast met L-vormige verbindingsplaatjes.
Laat de dwarsbalken in regeldragers rusten.
Om de hoogslaper aan de muur vast te zetten controleer je eerst waar je kunt boren. Bevestig een plank net onder het raamwerk en gebruik grote houtschroeven om de plank tegen de muur vast te zetten. Vraag bij twijfel een professional om advies.
40 cm
30 cm
Het raamwerk is in elkaar gezet met zware bouten.
Bevestig de treden op gelijke afstand van elkaar. Bevestig voor de stevigheid blokjes hout aan de achterkant.

232 Een hoofdeinde bekleden

Snijd triplex op maat.

Plak schuimrubber voorop.

Niet de bovenkant vast.

Begin vanuit het midden met vastnieten.

Doe hetzelfde aan de onderzijde.

233 Je bed perfect opmaken

234 Keurige hoeken vouwen

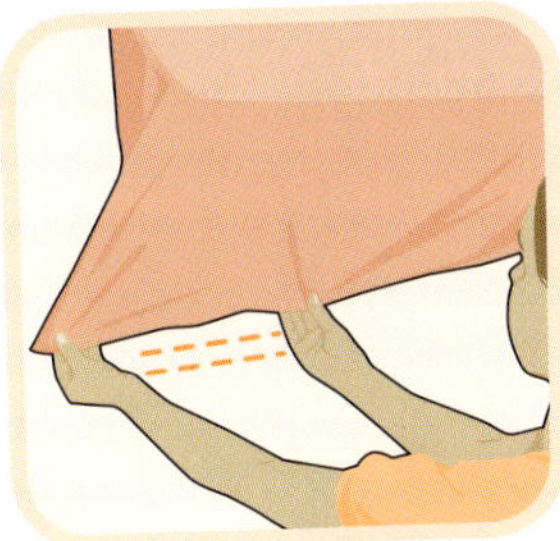

Trek het laken strak.

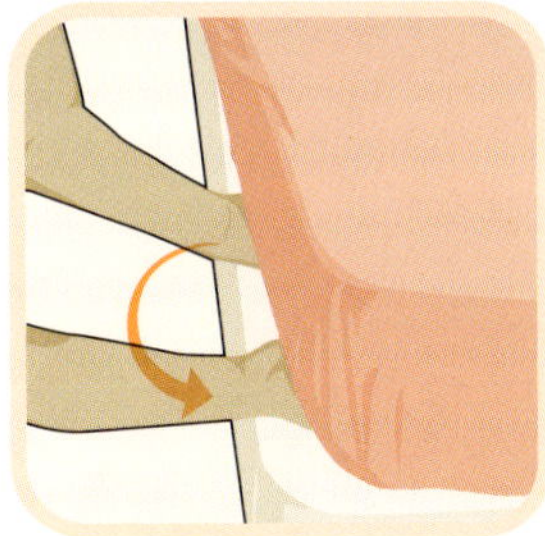

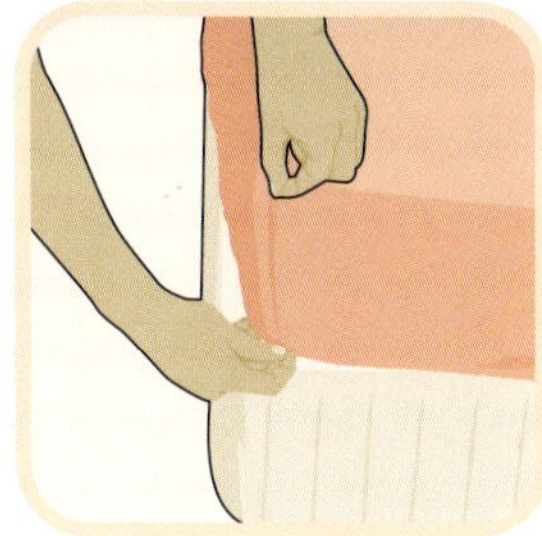

Trek de vouw recht.

Doe hetzelfde aan de andere kant.

235 Een hoeslaken opvouwen

Steek één hoek in de naastgelegen hoek.

Strijk de hoeken recht.

Vouw het laken in de lengte in drieën.

Vouw het in de breedte in tweeën.

236 Vissen houden in een oude apple

Verwijder alle metaal.

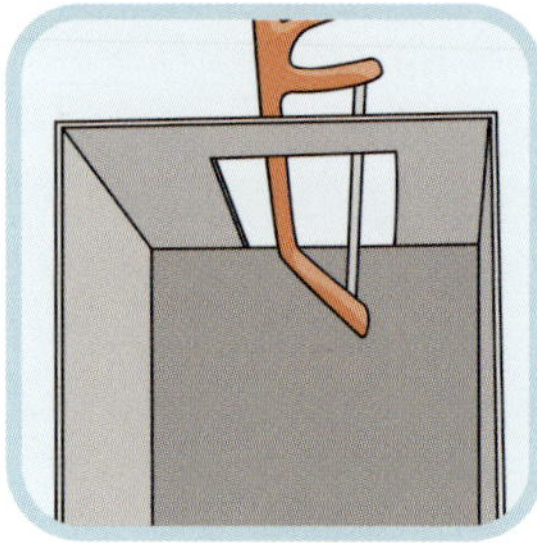

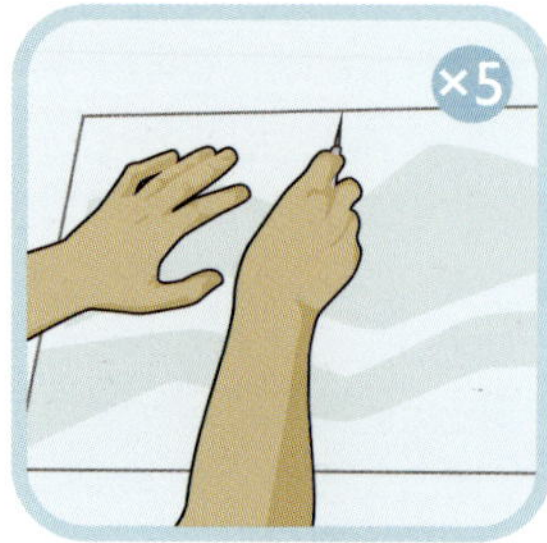

Snijd geschikt glas op maat.

Maak de bak waterdicht.

Controleer of hij waterdicht is.

Zet een verhoging in de monitor.

Voeg water en onderhoudsmiddel toe.

286 Een koivijver aanleggen

Zet de bak in de oude apple.

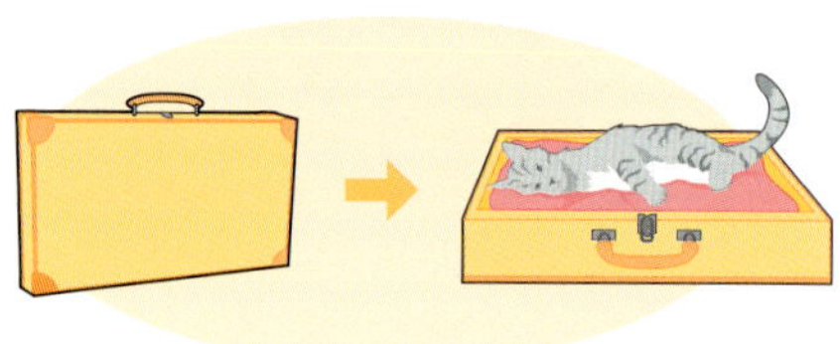

237 Een zitting van binnenbanden maken

494 Lopen op het wiel van je eenwieler

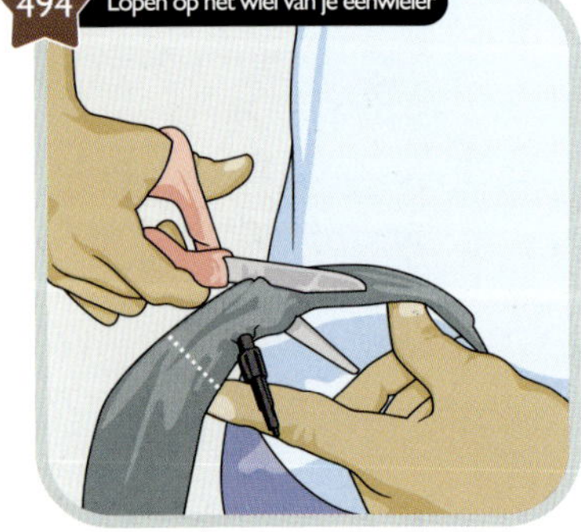

Knip het ventiel eruit.

Wikkel op het frame; knoop vast.

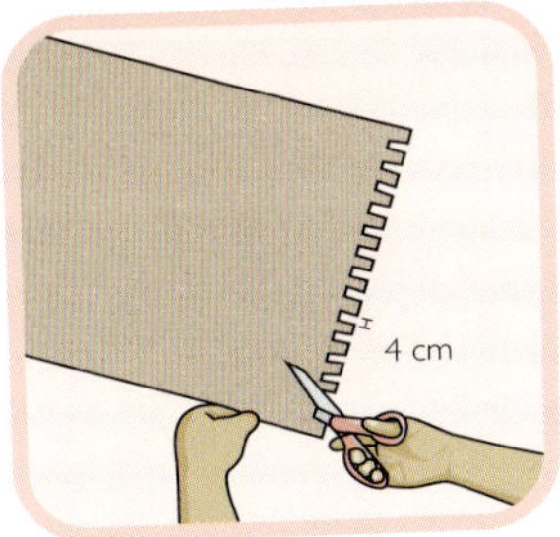

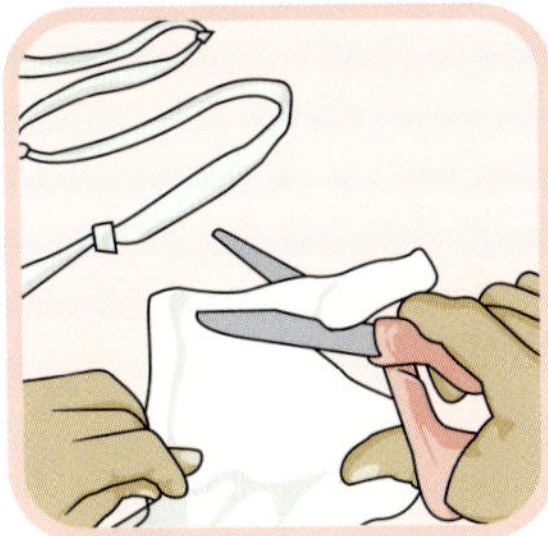

Knip in stroken; knoop ze aan elkaar.

Wind ze om het weefgetouw.

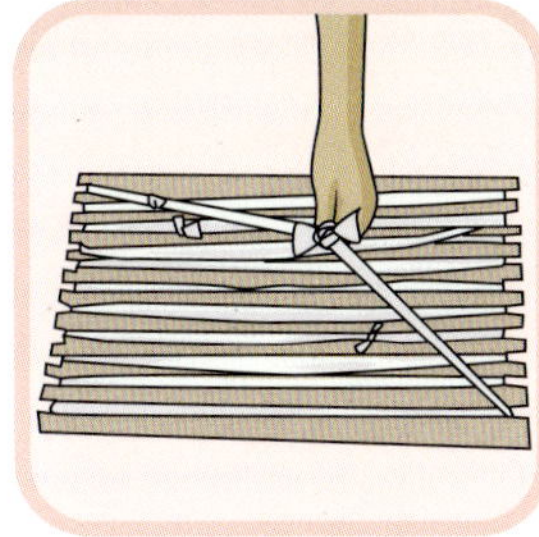

Knoop vast aan de achterkant.

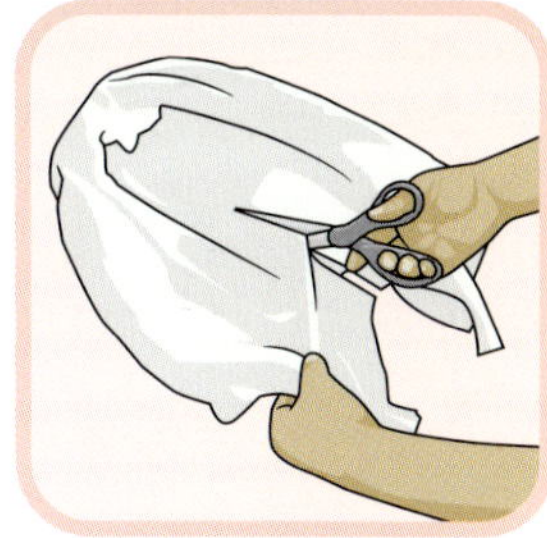

Knip de hengsels los.

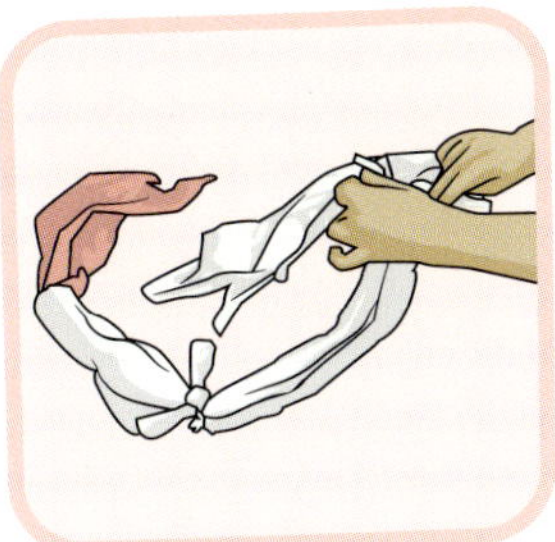

Knoop de hengsels aan elkaar.

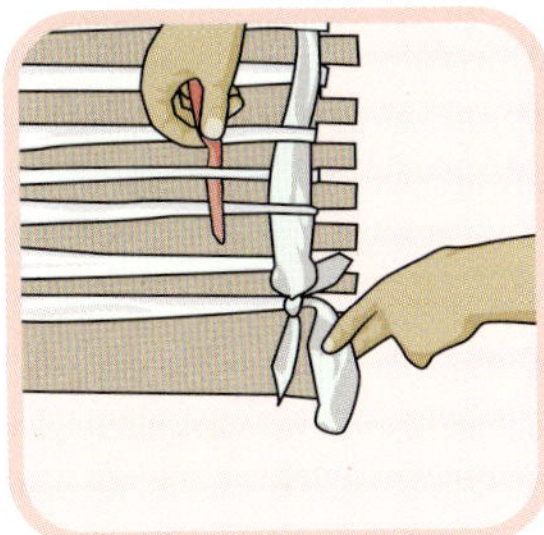

Knoop vooraan vast. Weef.

Werk af met een knoop.

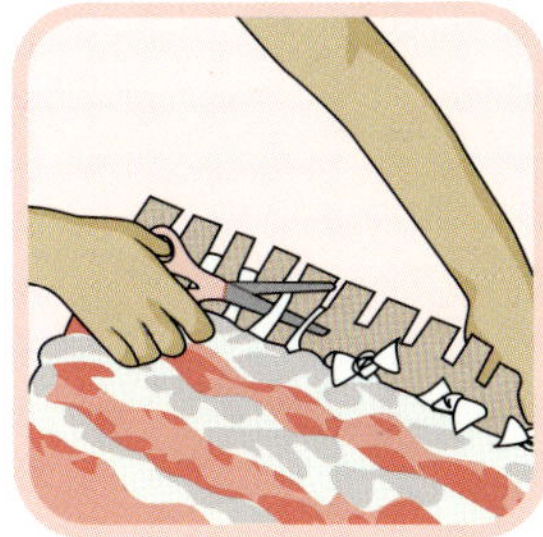

Knip steeds twee door. Knoop vast.

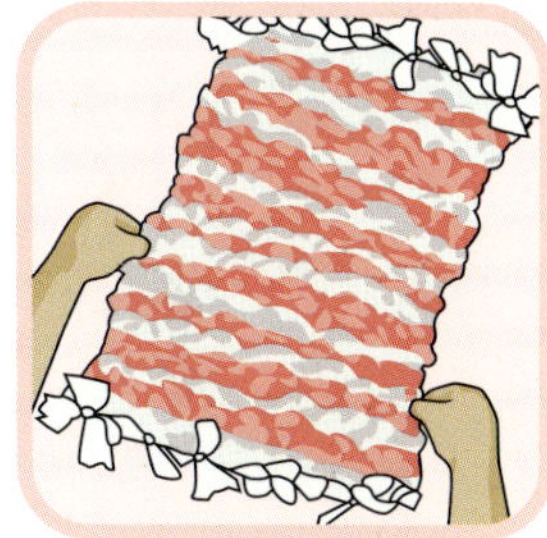

Knip de franje bij.

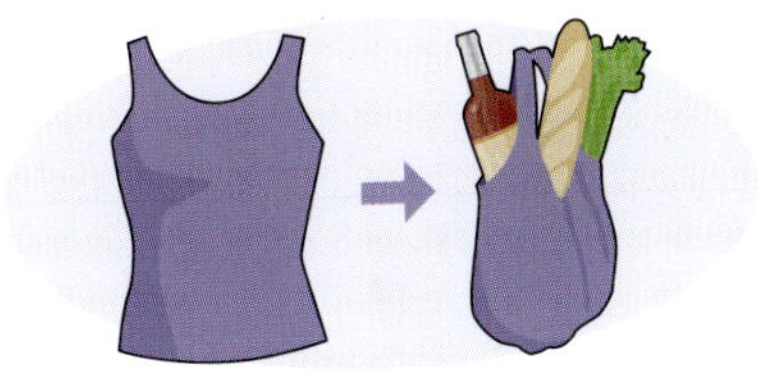

Ga door tot de zitting af is.

Weef er nu dwarse banden door.

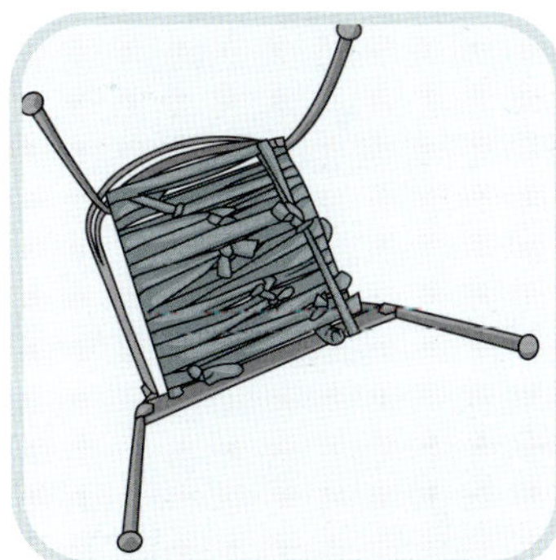

Leg knopen aan de onderkant.

239 Een dimmer installeren

Schakel eerst de stroom uit.

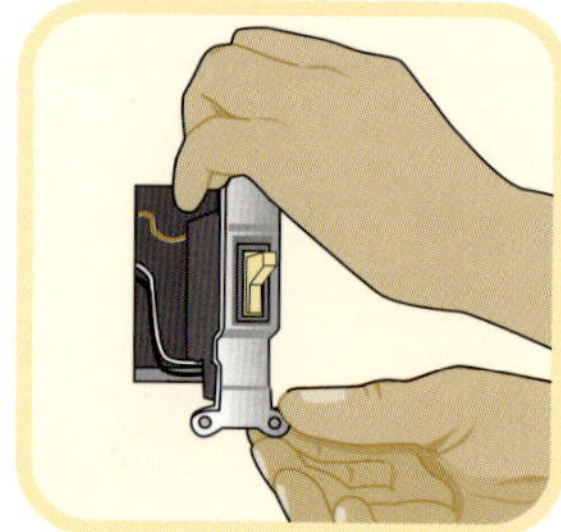

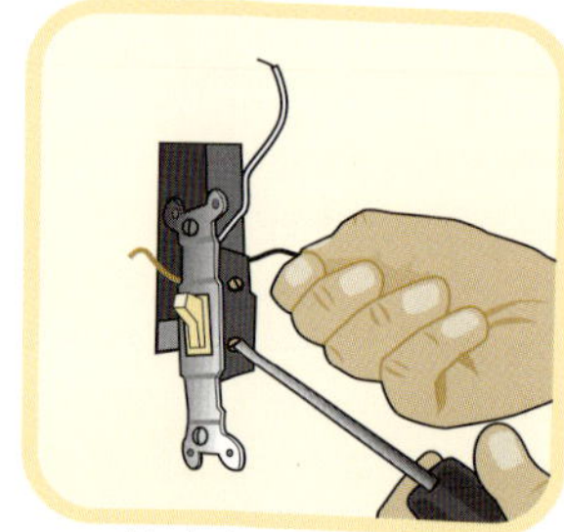

Maak de bedrading los.

Zoek de draden bij elkaar.

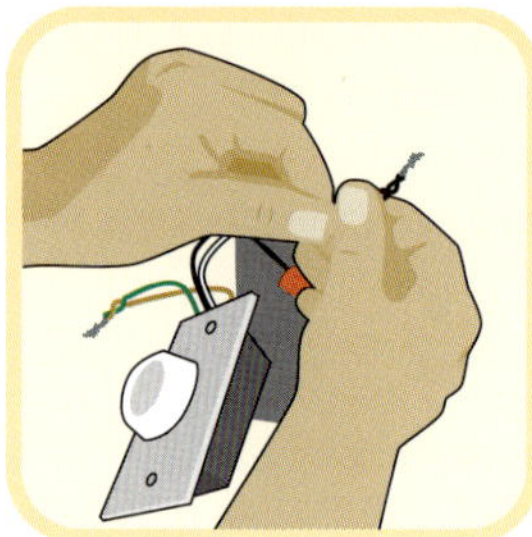

Draai bijbehorende draden in elkaar.

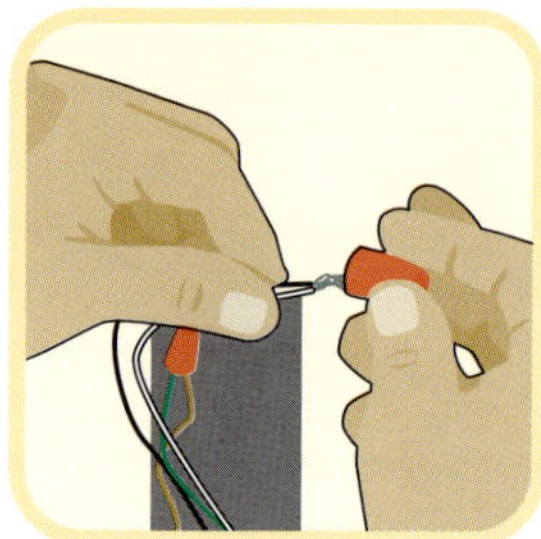

Verbind draden in schroef- of lasdop.

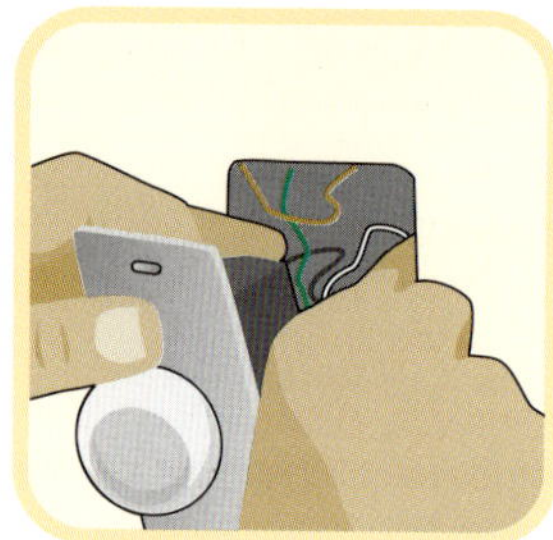

Stop de draden in de contactdoos.

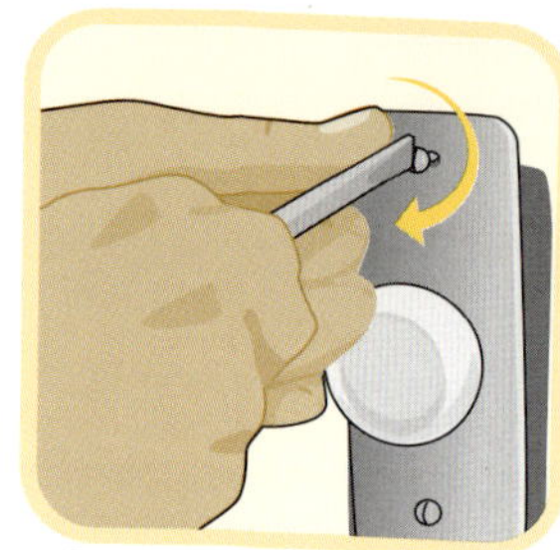

Bevestig het afdekplaatje weer.

* Al die draden! Geen paniek. Zorg gewoon dat je de juiste kleuren in elkaar draait: dus zwart met zwart, blauw met blauw, bruin met bruin. In Nederland hebben we met z'n allen het volgende afgesproken: de gele of groene draad is de aardedraad; de bruine draad is de aanvoer van de stroom; de blauwe draad zorgt voor de afvoer van de stroom en wordt ook wel de nuldraad genoemd; tot slot is er de zwarte draad en dat is de schakeldraad.

* In elke computerzaak kun je een Wi-Fi-adapter en een USB-kabeltje kopen. Dus als je de rimboe induikt en je kunt niet zonder internet, bereid je dan goed voor. Verbinding maken kan trouwens een probleempje zijn.

240 Je draadloze verbinding versterken

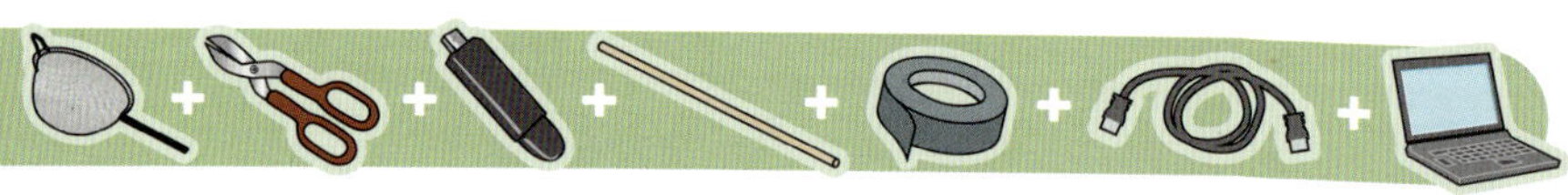

Knip een gat in de zeef.

Steek de adapter in het gat.

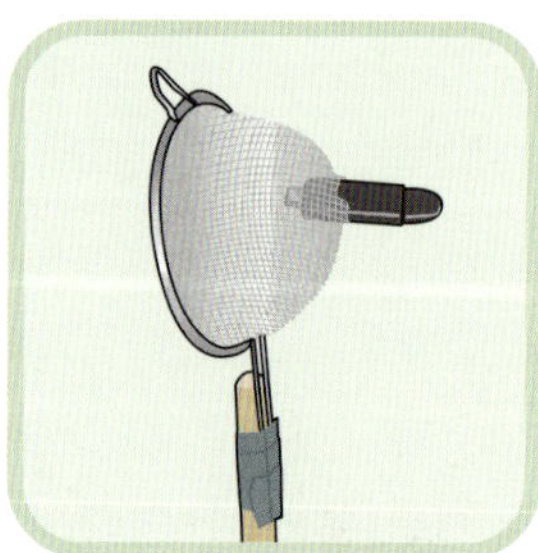

Tape de zeef aan een bezemsteel.

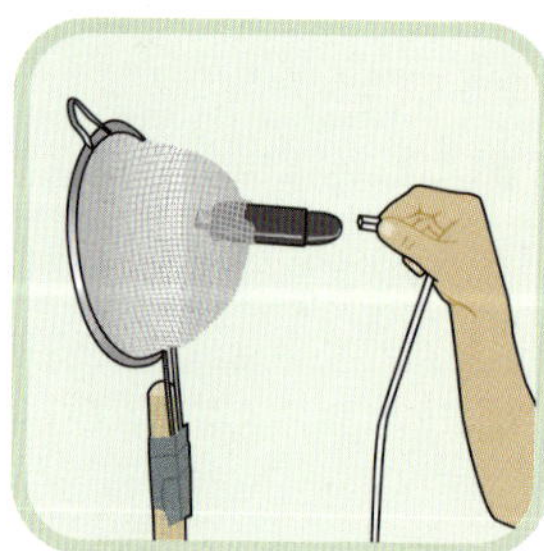

Verbind met een USB-kabeltje.

Zoek het sterkste signaal.

Een lamp maken van niets 241

Chardonnay serveren 104

242 Een toilet ontstoppen

Verwijder zoveel mogelijk water.

Gebruik de plopper.

Buig een kleerhanger recht; steek in de prut.

Verwijder hanger en gebruik toiletontstopper.

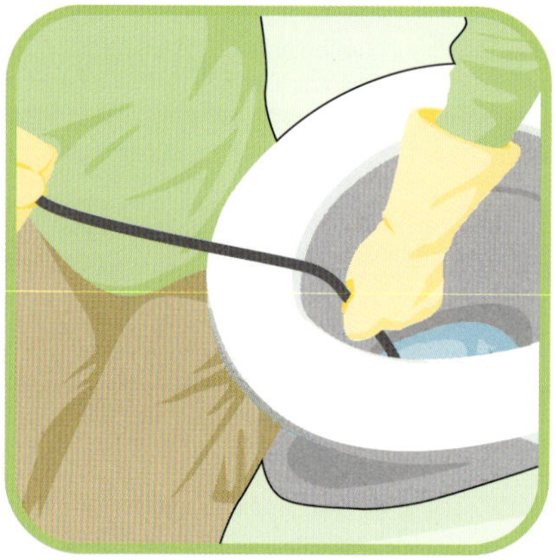

Draai en trek de prut los.

Trek door zodra het water wegloopt.

243 Je ring uit de afvoer halen

Draai de kraan dicht.

Draai de zwanenhals los.

210 Edelsteenslijpvormen identificeren

Verwijder de zwanenhals; zoek.

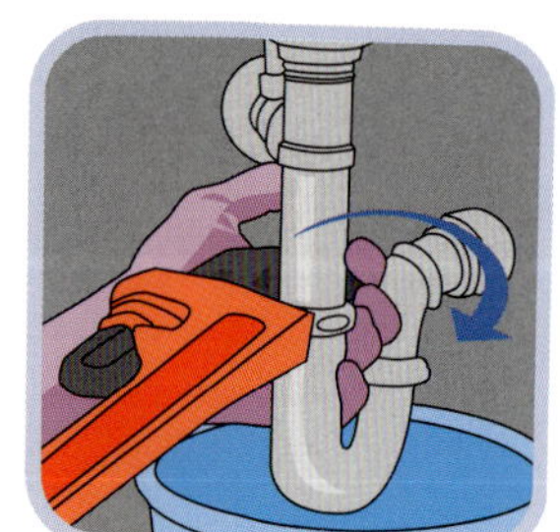

Draai de zwanenhals weer vast.

244 Een lekkende douchekop maken

Beplak de moersleutel met PVC-tape.

Draai de kop los.

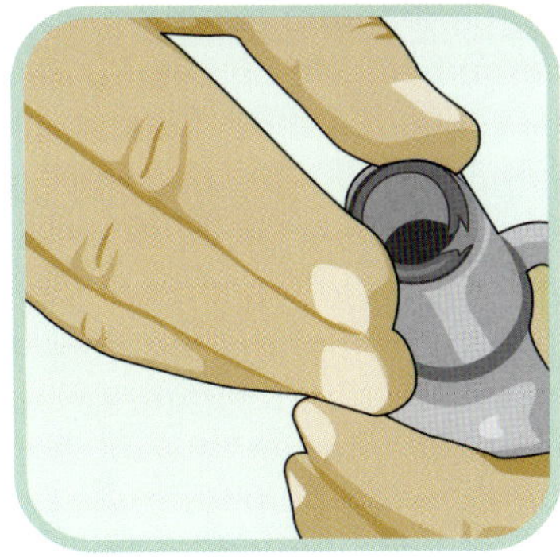
Verwijder de rubberen ring indien kapot.

Week de kop in azijn om te reinigen.

Wikkel PVC-tape rond het uiteinde.

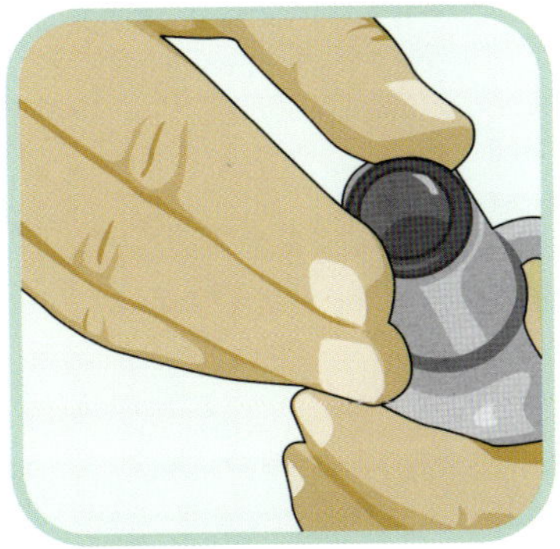
Neem een nieuwe rubberen ring.

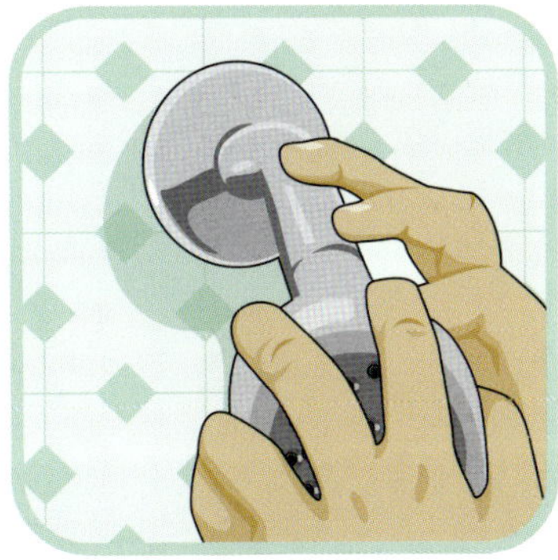
Bevestig de douchekop.

Draai voorzichtig vast.

245 Een lekkende stortbak maken

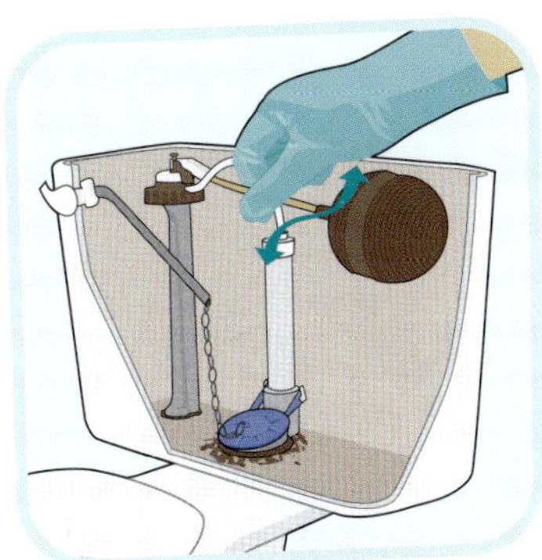
Beweeg de hendel naar het midden.

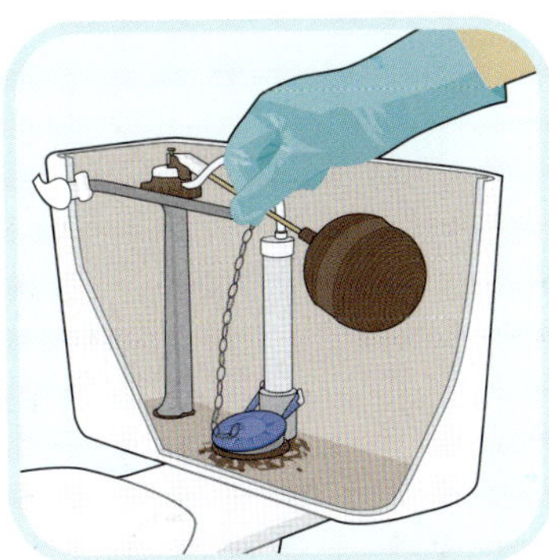
Stel bij tot de vlotter op zijn plek valt.

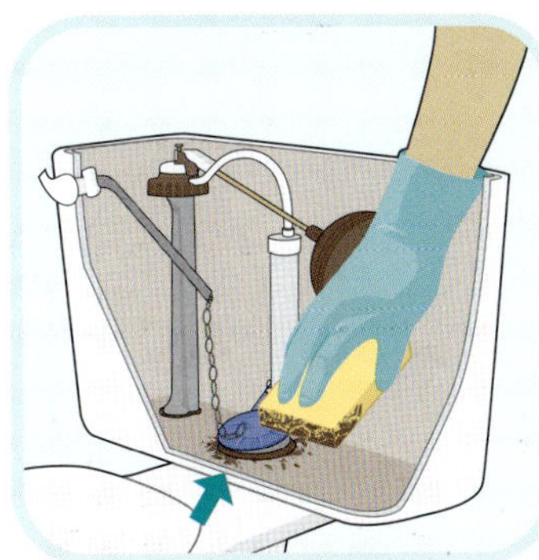
Maak het bodemventiel schoon.

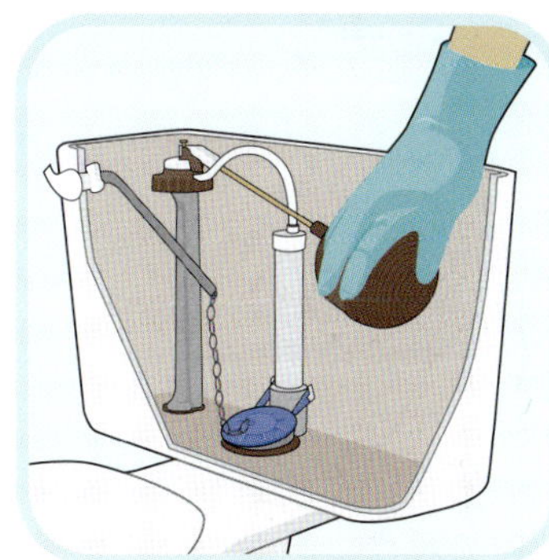
Check de vlotter op beschadigingen.

246 Elke dag schoonmaken

247 Elke week schoonmaken

276 Vriendelijke tuinbewoners lokken

248 Af en toe schoonmaken

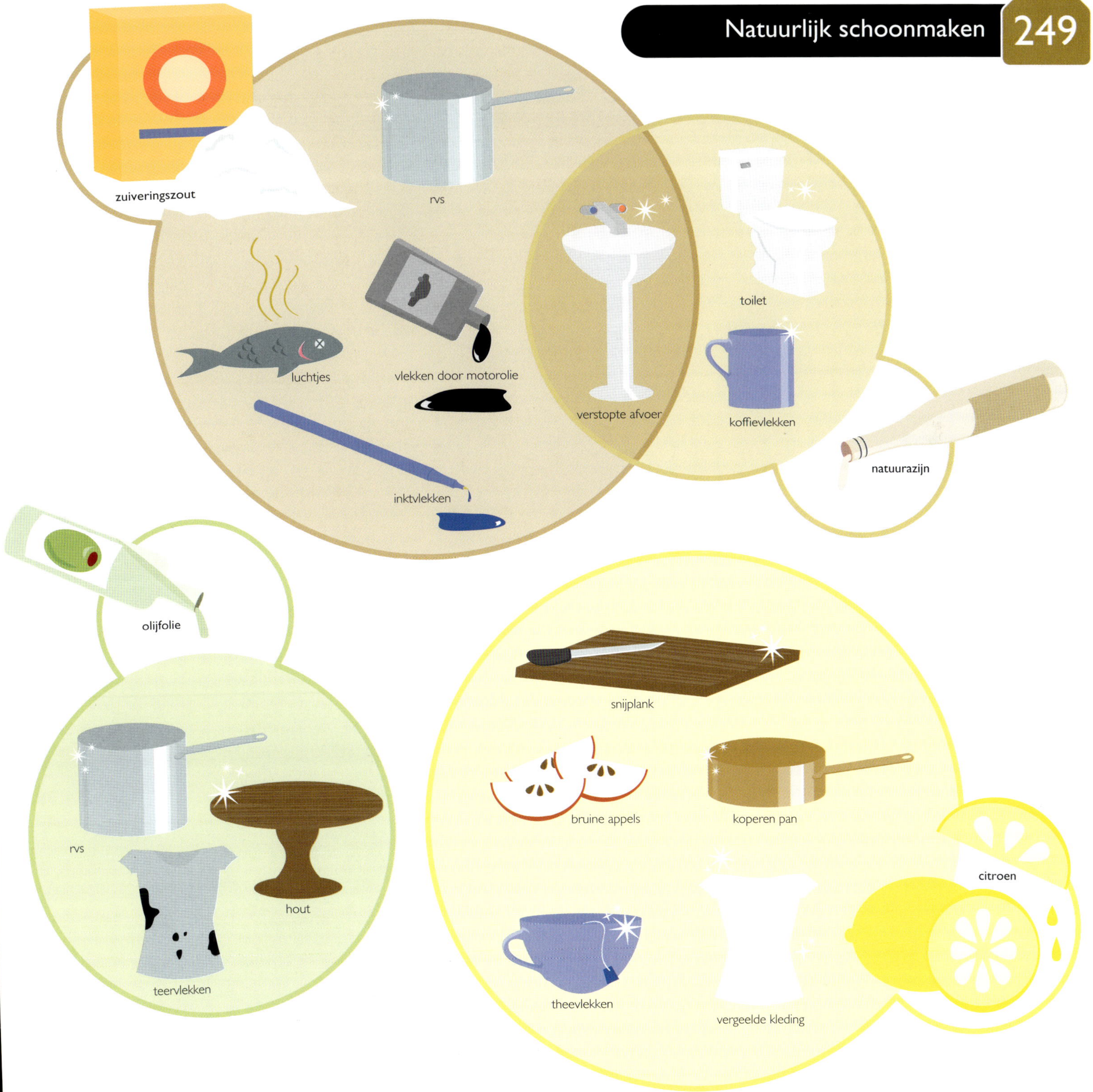
zuiveringszout
rvs
luchtjes
vlekken door motorolie
inktvlekken
verstopte afvoer
toilet
koffievlekken
natuurazijn
olijfolie
rvs
hout
teervlekken
snijplank
bruine appels
koperen pan
theevlekken
vergeelde kleding
citroen

250 Volgens feng shui inrichten

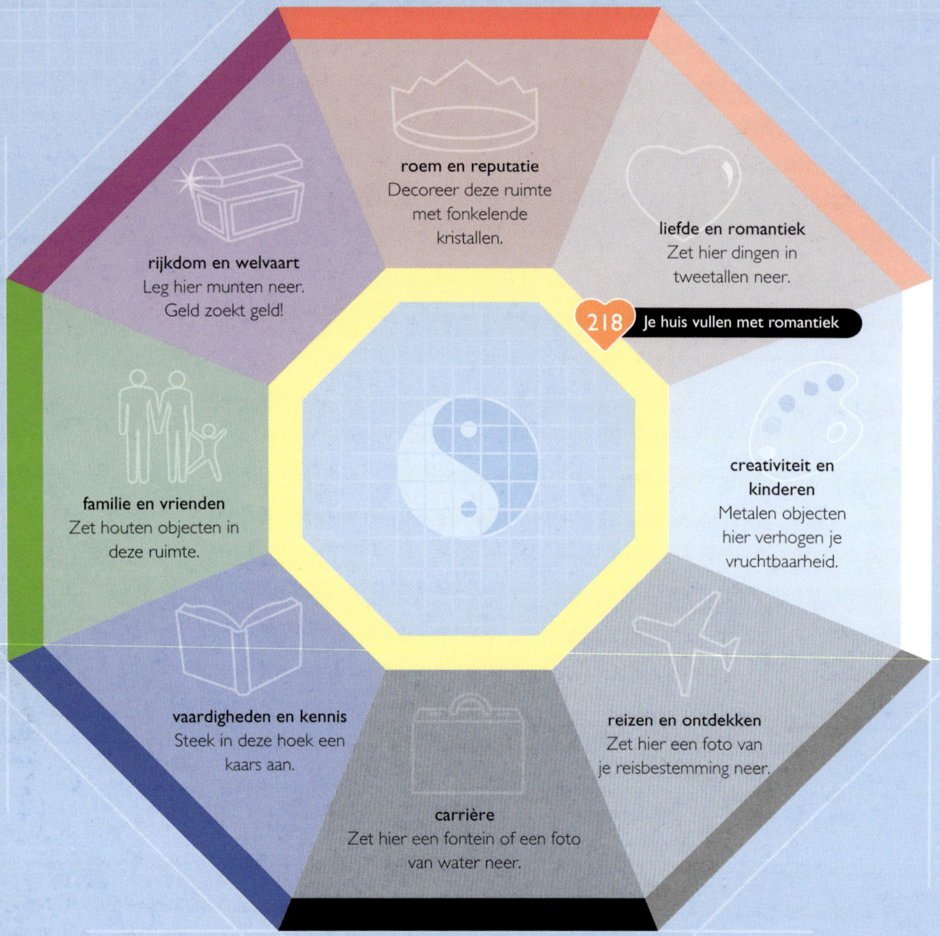

218 Je huis vullen met romantiek

Laat de onderkant van dit schema (een bagua) lijnen met je voordeur en leg het schema in gedachten over je hele huis. Bepaal wat je het belangrijkst vindt in je leven en zet vervolgens de diverse objecten op hun plaats op basis van de bagua.

geluk

Een slecht ingedeeld huis? Voeg zaken toe die schoon, vloeiend, natuurlijk en levend zijn om de ruimtes plezieriger te maken.

Spiegels weerkaatsen licht en energie van kamer naar kamer.

Open overdag de gordijnen om je huis met licht en positieve energie te vullen. Doe ze 's nachts dicht om die energie binnen te houden.

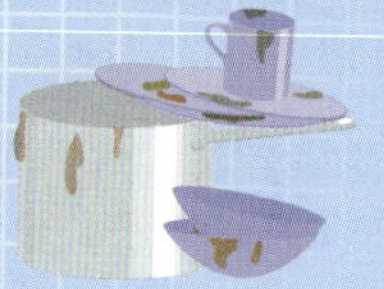

pech

Om positieve energie vrijelijk te laten stromen moet je spullen die dood, kapot, onnatuurlijk of vies zijn verwijderen. Haal ook objecten weg die goede krachten blokkeren.

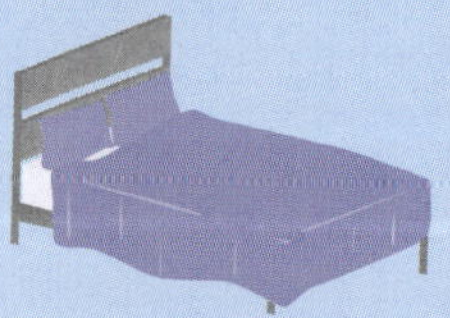

Een metalen bed geleidt elektriciteit, wat kan botsen met positieve chi.

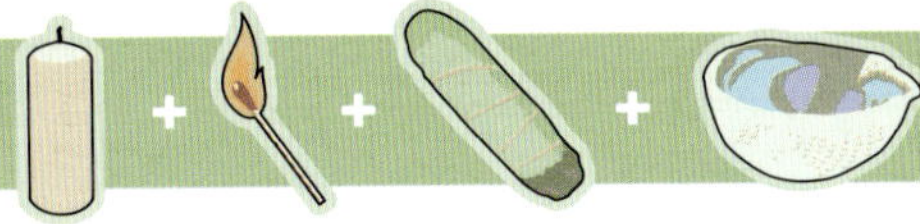

Reinigen met een rookfakkel 251

Open de deur om geesten uit te laten.

Steek de rookfakkel (salie) aan.

Leg hem in een zeeoorschelp.

Zwaai ermee terwijl je positief denkt.

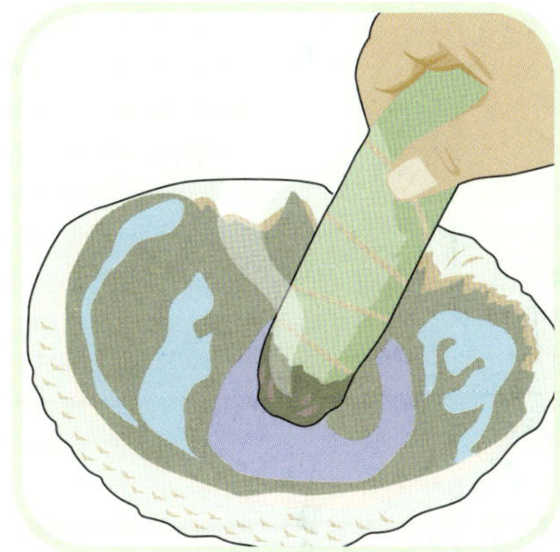

Druk hem uit.

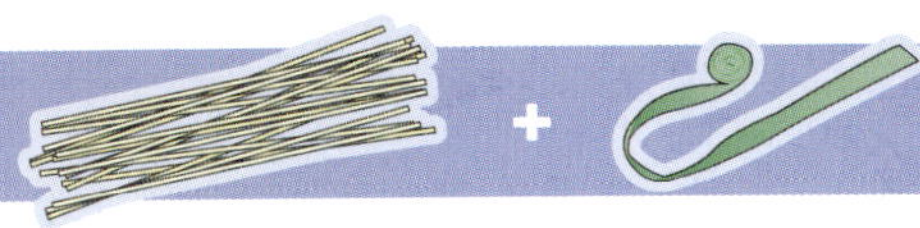

Je met Brigids kruis beschermen 252

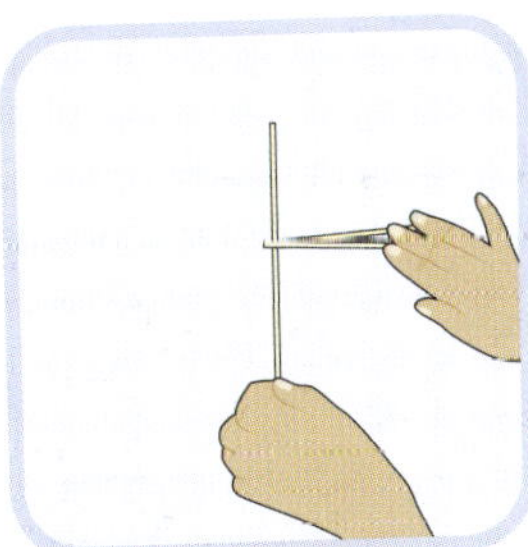

Vouw een strootje om een tweede.

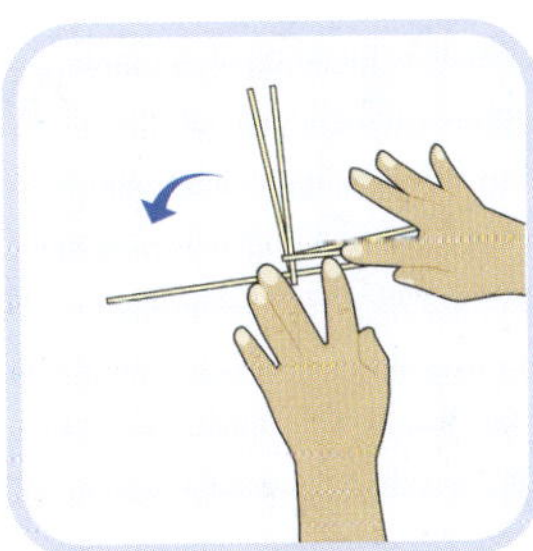

Draai en vouw er nog een omheen.

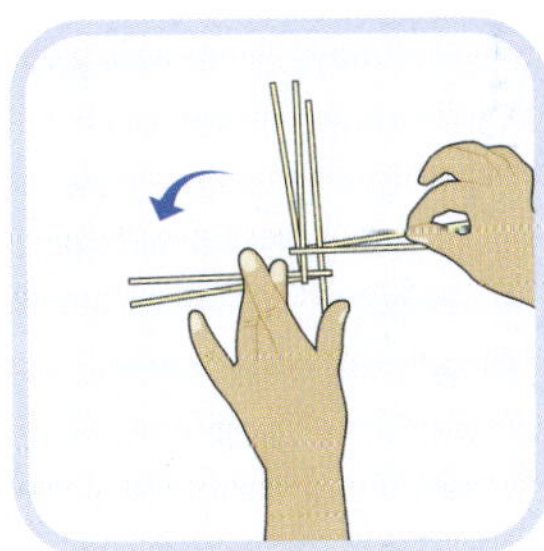

Kopieer.

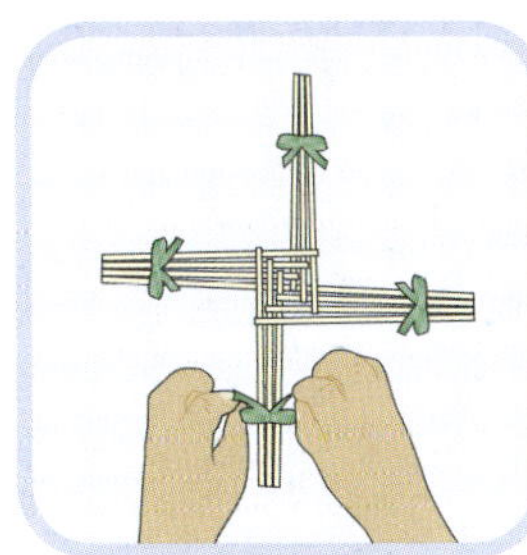

Bind de uiteinden bij elkaar.

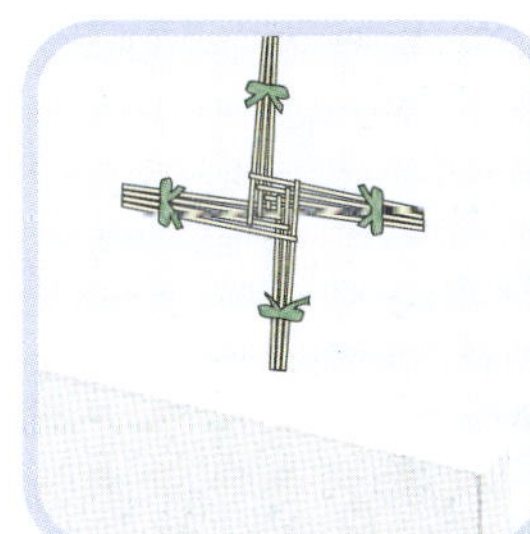

Hang het kruis boven een deur.

Alles over gordijnen leren

Heb je een kaal raam waar nodig iets aan moet gebeuren? Zo hang je gordijnen op, en met wat leuke extra's maak je er echt iets bijzonders van.

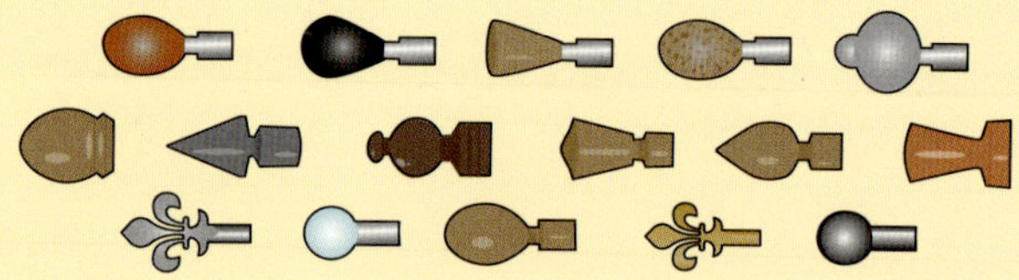

Zorg ervoor dat je gordijn op de stang blijft met een fraaie afsluitknop.

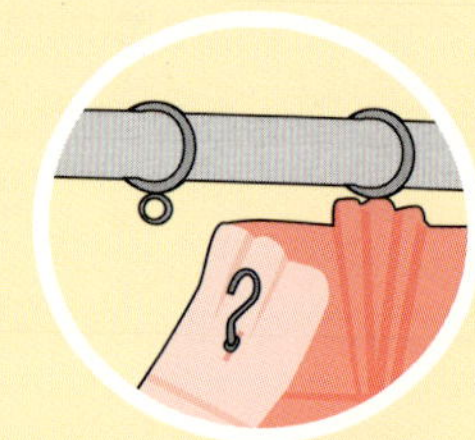

Gebruik gordijnhaakjes.

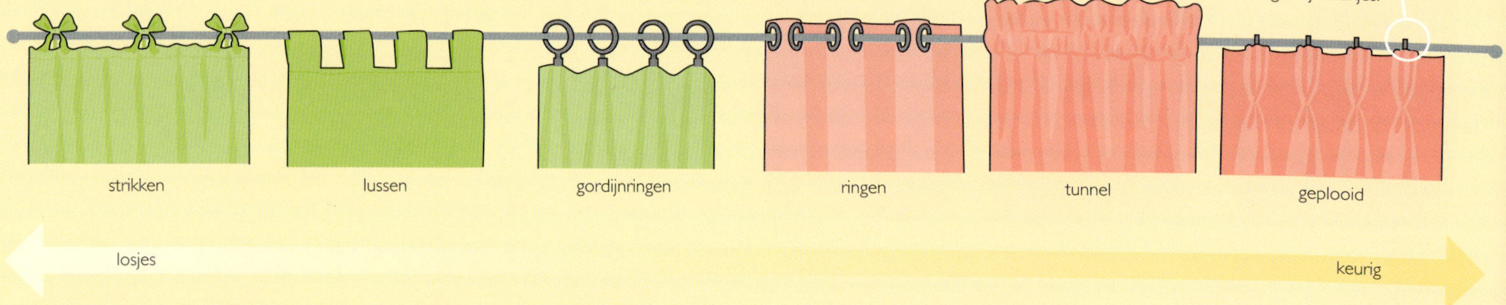

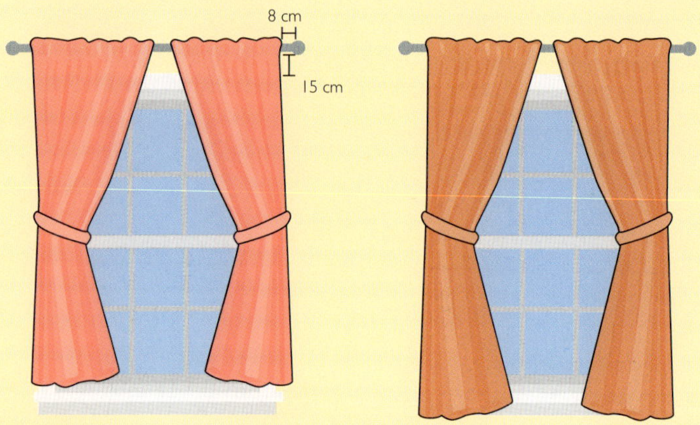

Voor een losse stijl laat je de gordijnen de vensterbank of de vloer raken.

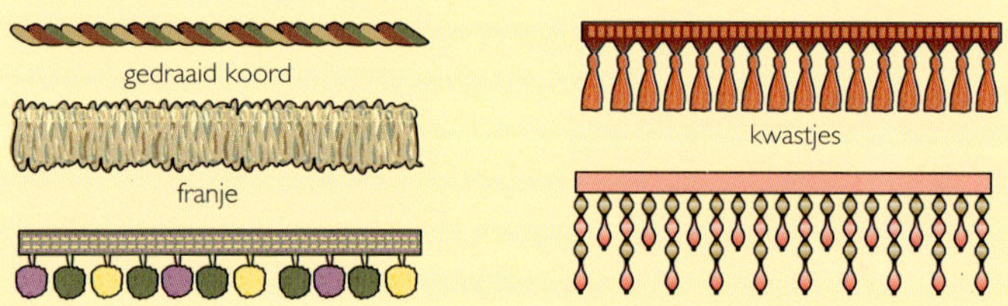

Verfraai je gordijnen met een decoratieve bies met franje of bolletjes. Naai hem onder aan de zoom.

Om stofwolken aan de zoom te voorkomen laat je de gordijnen 1 cm boven de vloer hangen.

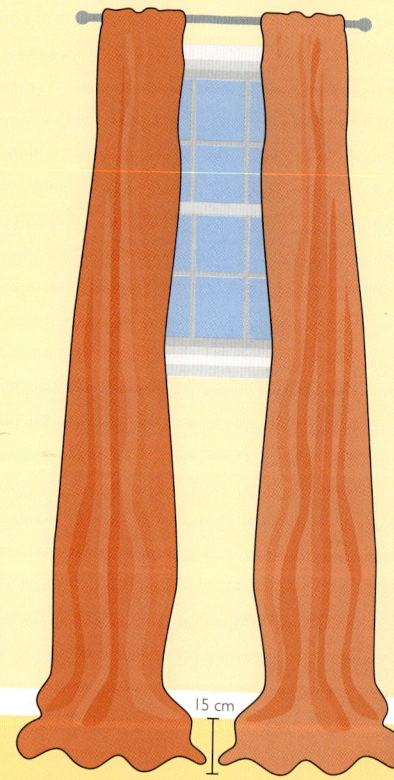

Voor een theatrale look laat je de stof elegant op de vloer vallen.

Diverse gordijnen bestuderen 254

Zodra je de basis onder de knie hebt, kun je gaan experimenteren met andere, klassieke stijlen. Wat denk je van een valletje in de keuken of een theatraal gordijn in de woonkamer.

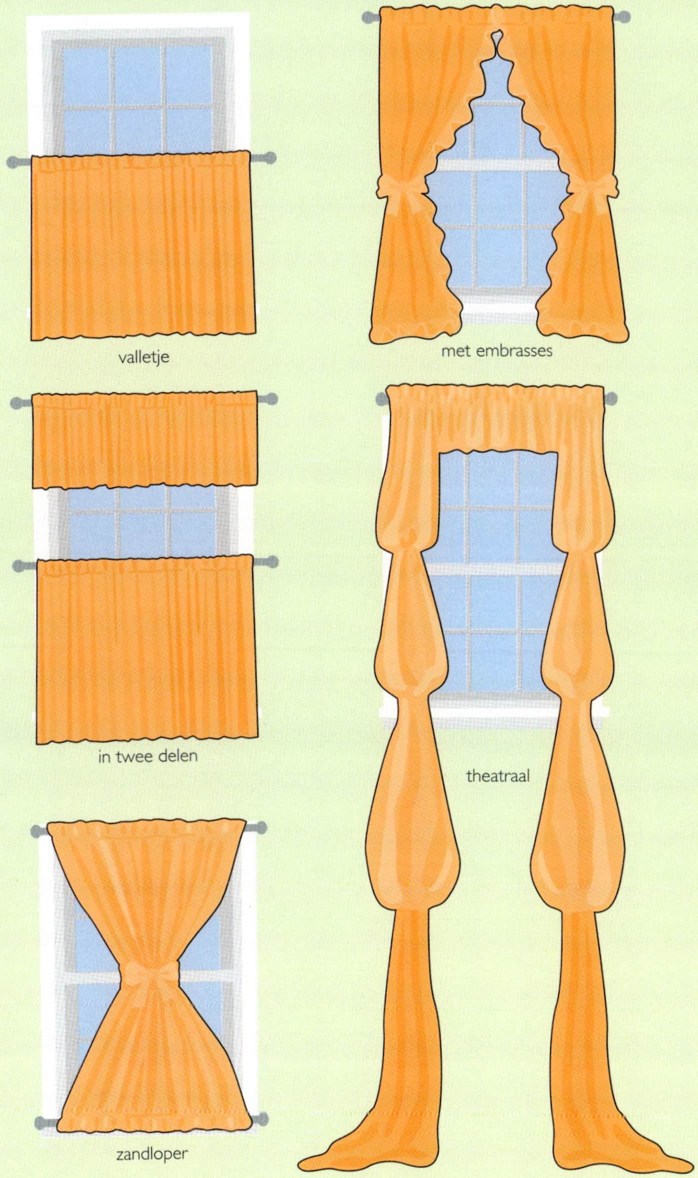

Eenvoudige gordijnen naaien 255

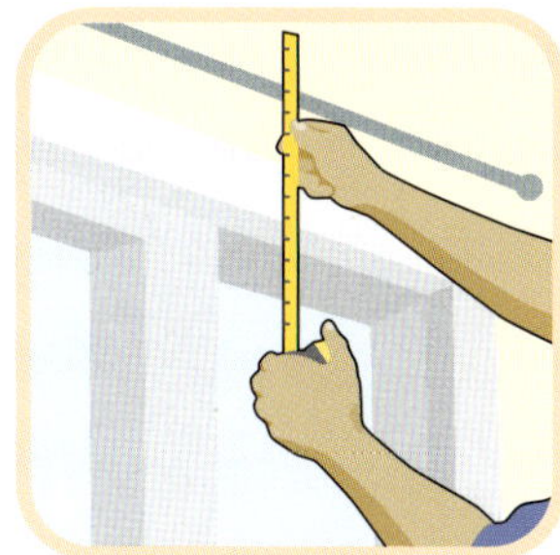

Meet; reken 2x de breedte.

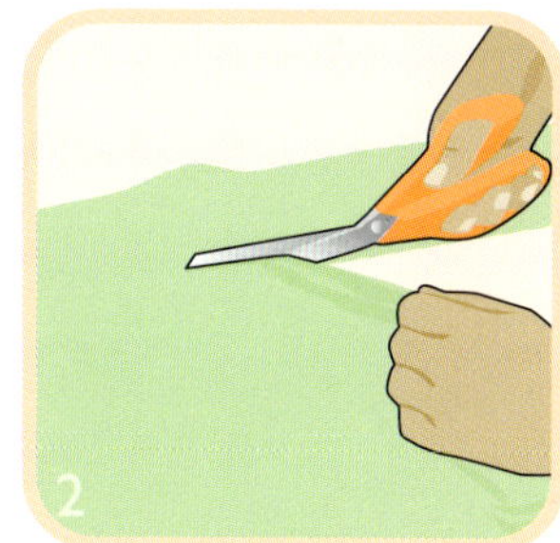

Knip de stof.

Vouw de zijkanten recht; strijk.

Vouw de zoom dubbel; strijk.

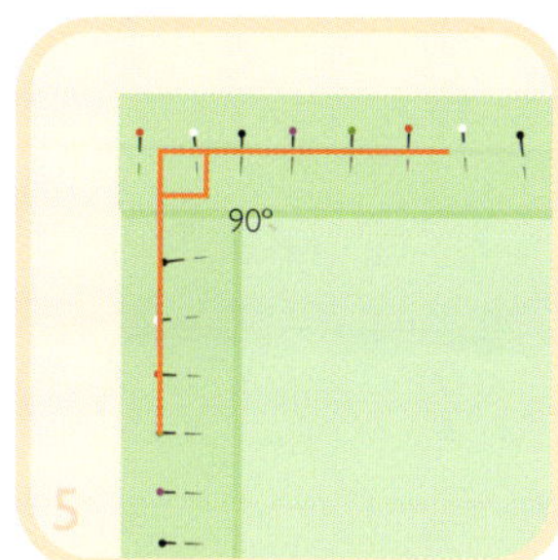

Zorg voor perfect rechte hoeken.

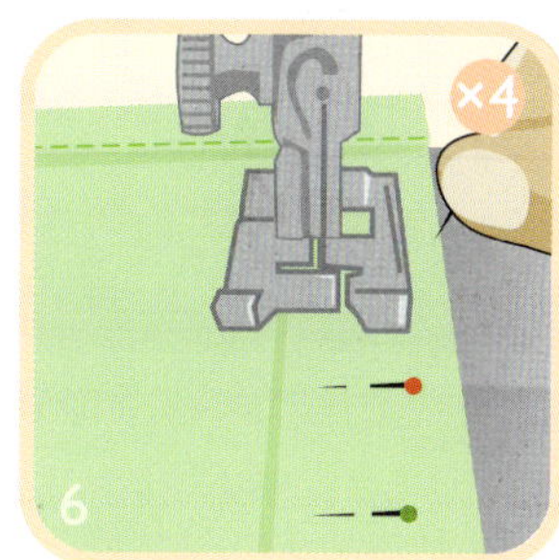

Zoom de randen om.

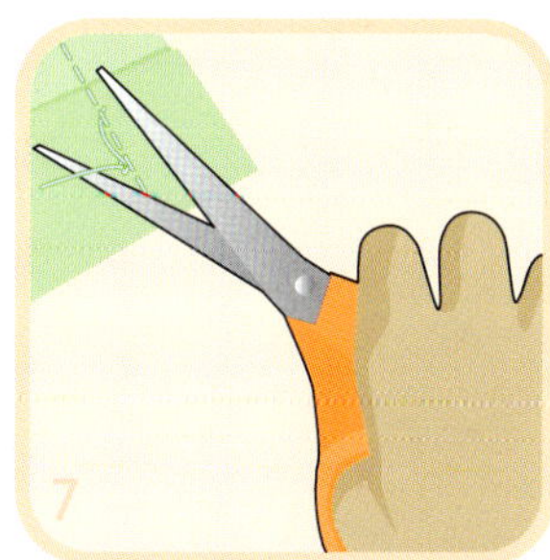

Werk de draad weg; knip af.

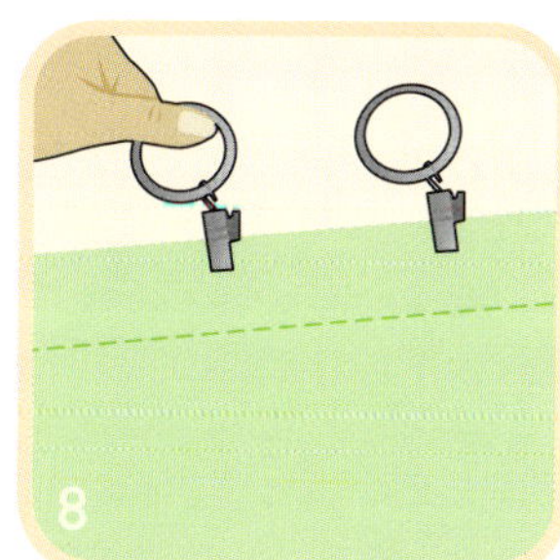

Klem de ringen eraan en je bent klaar.

256 Zelf adobestenen bakken

Meng zand en water, schud.

Laat hard worden en controleer.

Bereken de afmeting van de muur.

Richt een werkplek in.

Schep zand en klei bij de aarde.

Stamp aan tot alles gemengd is.

Schep de klei in mallen.

Leg de stenen plat neer.

Zet ze op hun kant.

Controleer of ze hard zijn.

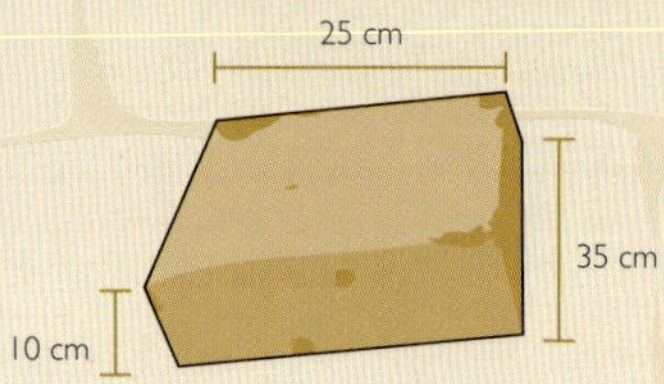

traditionele adobesteen

* Voor je zelf een adobemix maakt, controleer je de aarde om te kijken welke belangrijke stoffen er ontbreken. De beste adobe bevat 70 procent zand en 30 procent klei. Voeg water toe en een handje stro voor een dik maar kneedbaar mengsel. Schep het in een ladderachtige mal; die kun je zelf maken, maar een traditionele adobemal is het allerbest.

257 Een adobemuurtje bouwen

Begin met een stevige basis.

Meng specie van modder en stro.

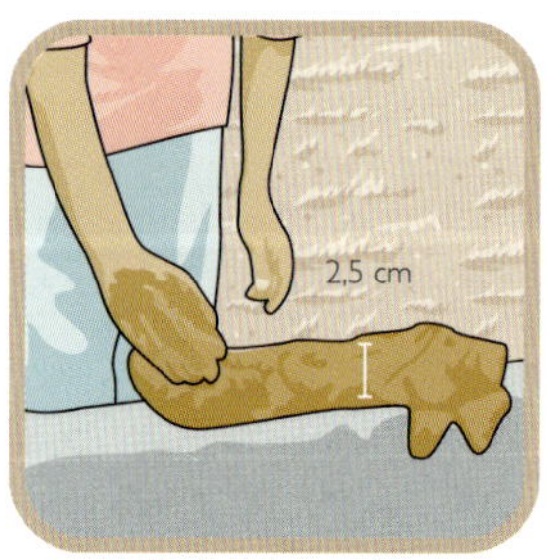

Verdeel de specie.

Leg de stenen.

Bestrijk met kalkpleister.

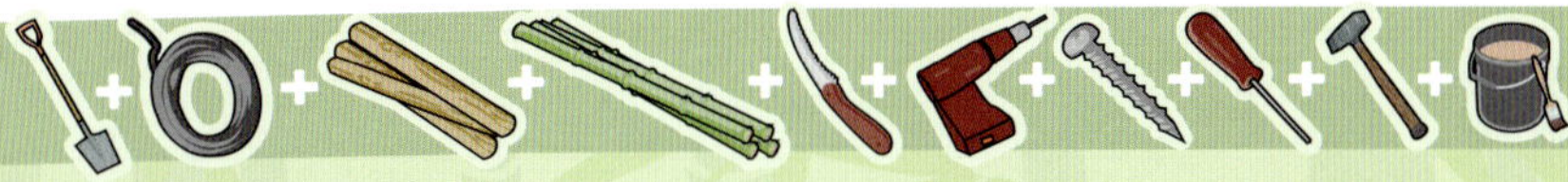

Een bamboehek maken 258

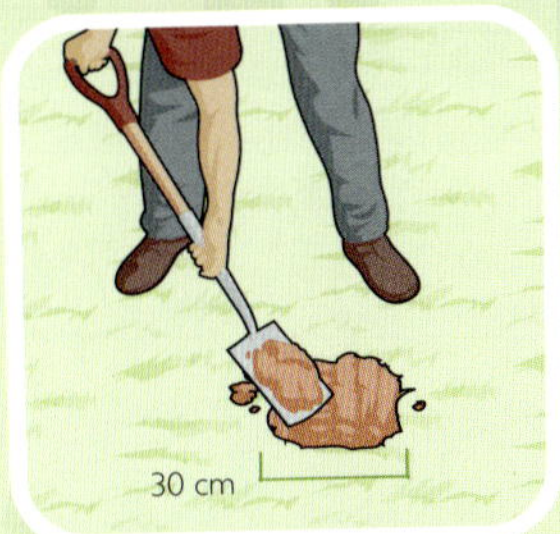

Graaf gaten voor de hekpalen.

Plaats de palen waterpas.

Vul de gaten; stamp aan.

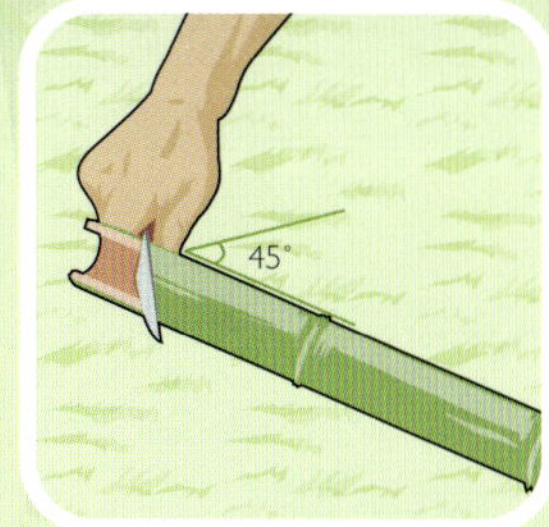

Zaag de dwarslatten.

Boor gaten in de uiteinden.

Schroef de lat aan de paal.

Zaag en plaats de palen.

Sla ze in de grond.

Knoop elk kruispunt.

Beits het hek.

Om de palen natuurlijk af te sluiten (zodat je hek langer meegaat) zaag je elke paal net boven een 'knoop'.

Een bamboehek knopen 259

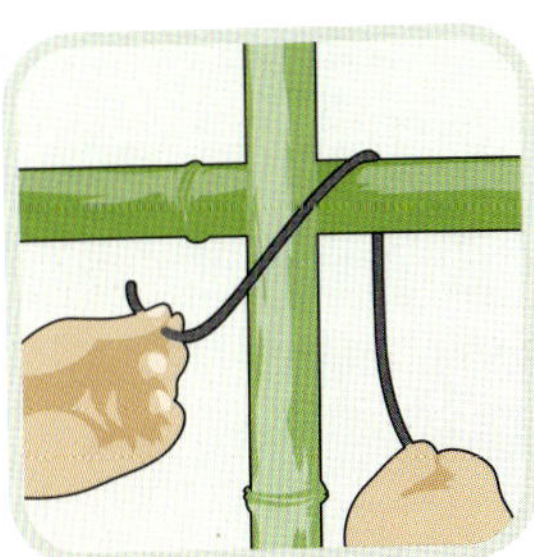

Wikkel rond de verbinding.

Draai de uiteinden om elkaar.

Breng de uiteinden naar voren.

Vouw het linkertouw schuin omlaag.

Knoop achter de verbinding; knip bij.

De ultieme boomhut bouwen

Gebruik bouten die 2,5 cm dik zijn en minstens 20 cm lang.

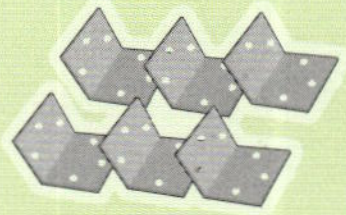

Zet het raamwerk vast met L-vormige hoekplaatjes.

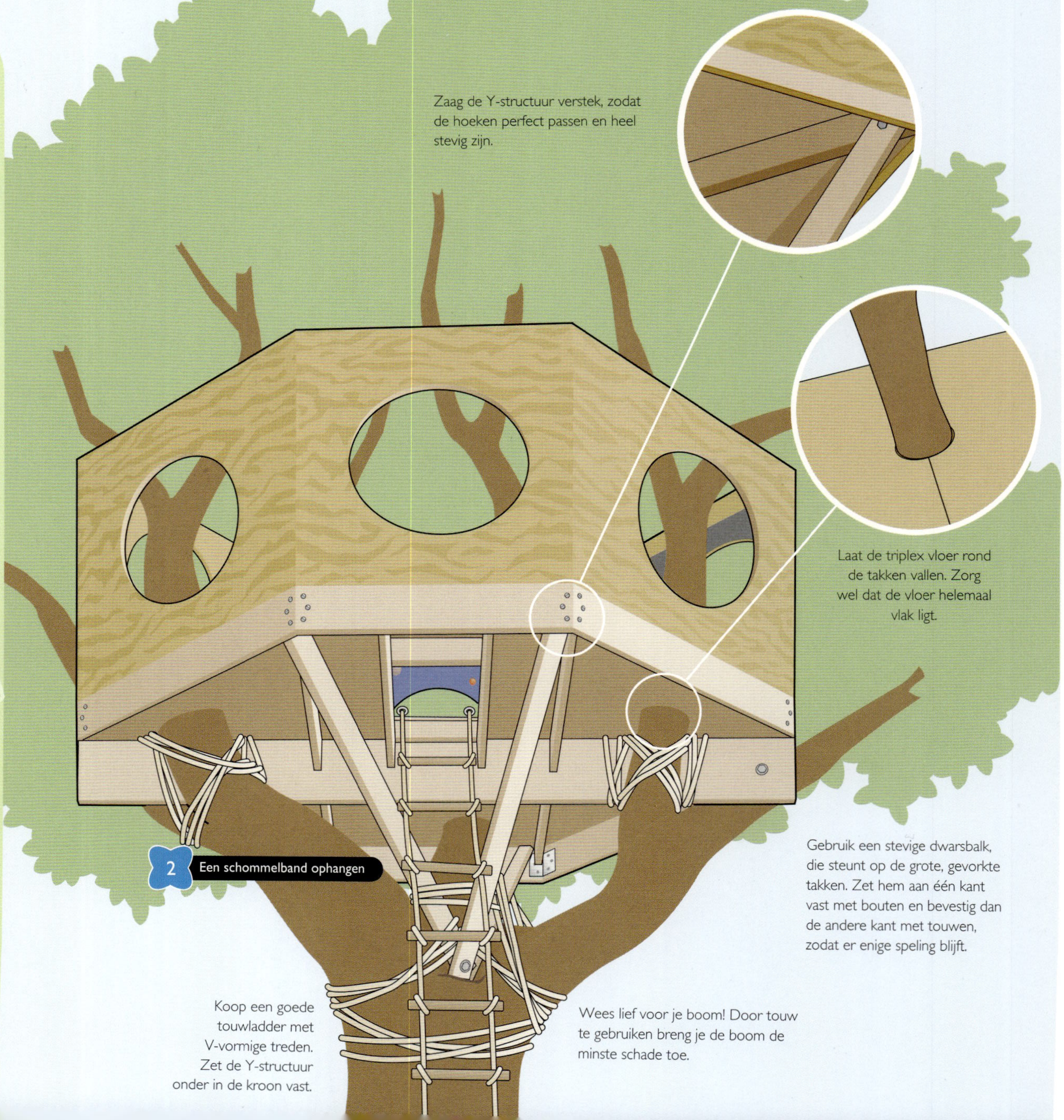

Zaag de Y-structuur verstek, zodat de hoeken perfect passen en heel stevig zijn.

Laat de triplex vloer rond de takken vallen. Zorg wel dat de vloer helemaal vlak ligt.

Gebruik een stevige dwarsbalk, die steunt op de grote, gevorkte takken. Zet hem aan één kant vast met bouten en bevestig dan de andere kant met touwen, zodat er enige speling blijft.

2 Een schommelband ophangen

Koop een goede touwladder met V-vormige treden. Zet de Y-structuur onder in de kroon vast.

Wees lief voor je boom! Door touw te gebruiken breng je de boom de minste schade toe.

261 Je boomhut supercool maken

459 Een propje schieten

verzorgen

262 Een avocadoboom kweken

65 Guacamole maken

263 Een kamerplant verpotten

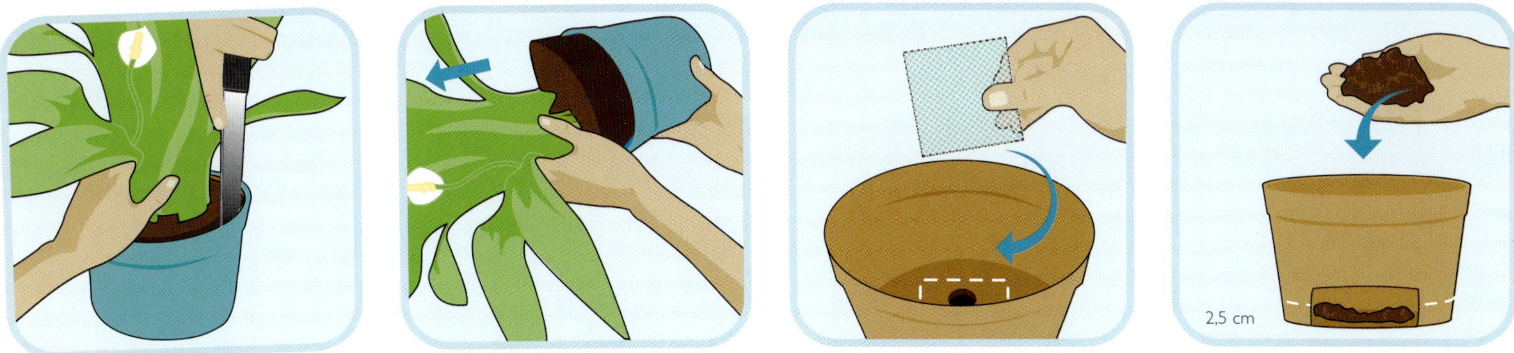

Snijd de plant los van de pot.

Leg een gaasfilter op het gat.

Duw de potgrond aan.

Water doet de wortels verankeren.

264 Verstikte wortels ontwarren

Trek de buitenste wortels los.

Haal de onderste wortels los.

Zet de plant in een grotere pot.

265 Een boom met kale wortels planten

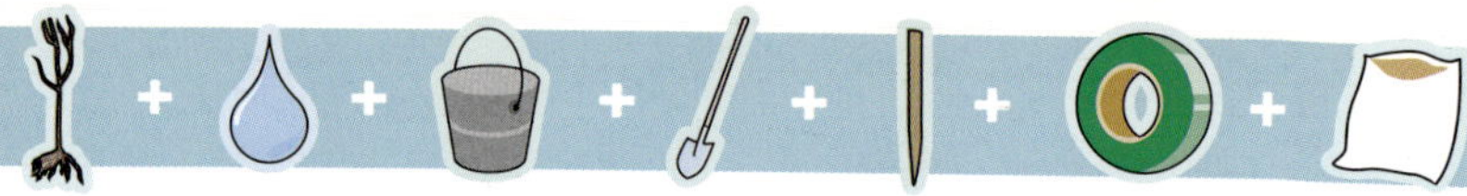

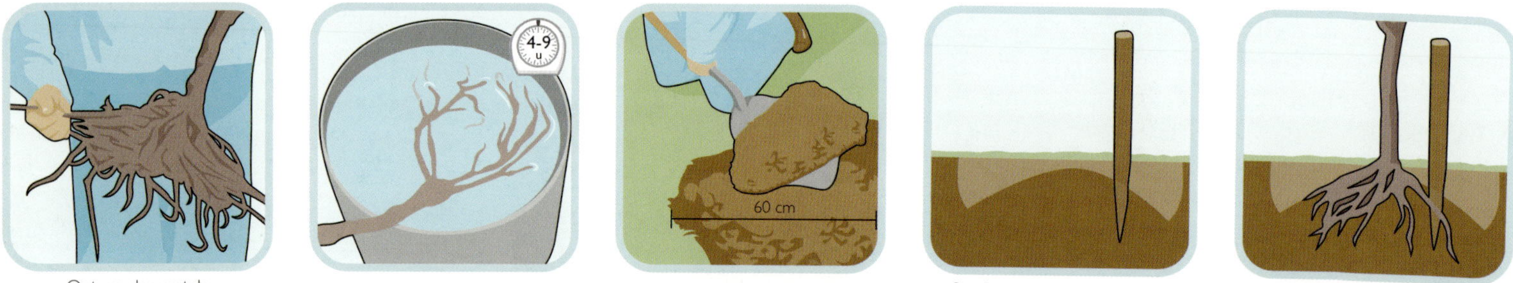

Ontwar de wortels.

Steek een steun in een hoop.

De boomspiegel moet recht lopen.

Breng een laag houtsnippers aan.

266 Een citrusboom enten

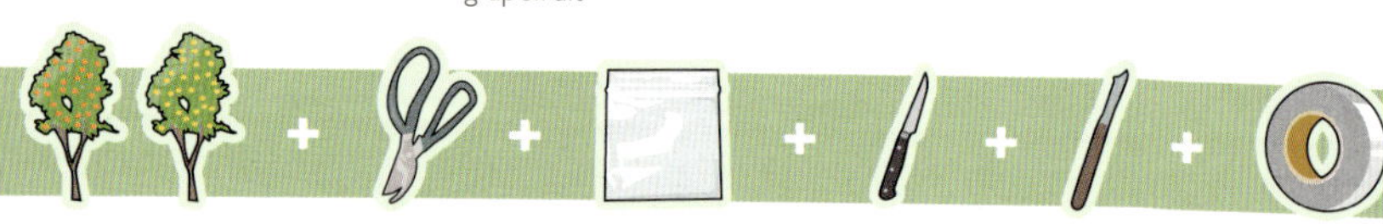

Knip een scheut af.

Stop hem in een plastic zakje.

Bewaar dat in de vriezer.

Knip de scheut bij.

Maak een inkeping.

Een rozenstruik snoeien 267

Verwijder dood en ziek hout.

Knip horizontale scheuten af.

Verwijder heel dunne stengels.

Knip de binnenste takken af.

Verwijder kruisende takken.

Trek alle uitlopers eruit.

Knip boven zijscheuten.

Snoei tot aan gezond weefsel.

Dicht snoeiwonden met lijm.

Creëer een vaasvorm.

Een corsage maken 215

centifoliaroos

damascenerroos

albaroos

gallicaroos

Bermudaroos

bourbonroos

theeroos

Chinese roos

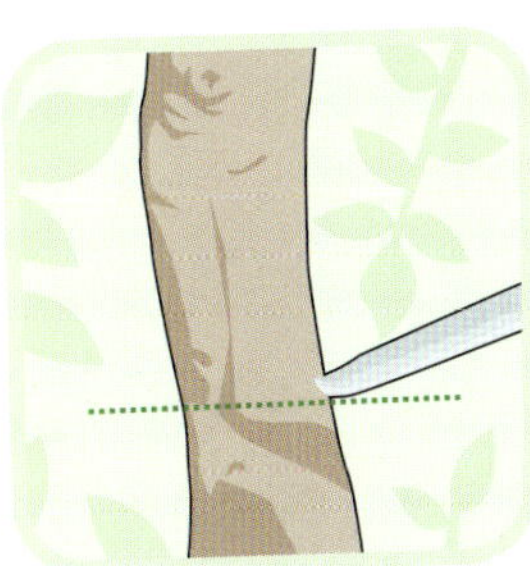

Snijd een T-patroon.

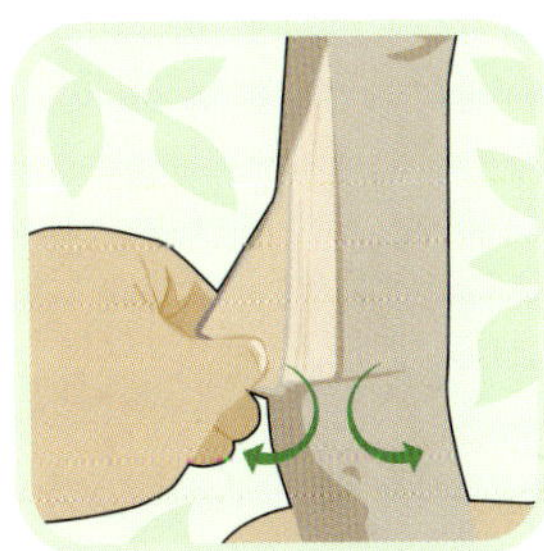

Trek de flapjes opzij.

Schuif de scheut in de bast.

Verwijder de tape.

268 Bollen planten op de juiste diepte

Zaailingen verspenen 269

Zoek een wortelkluitje. Zet in gefilterd zonlicht. Zet in meer direct zonlicht. Plant op een bewolkte dag. Schep de border om.

Plant op gelijkmatige afstand. Bedek met aarde. Geef eerst dagelijks water.

* Je kunt zaailingen in de grond zetten als zich een wortelkluitje heeft gevormd en de blaadjes een ster vormen. Om ze sterk genoeg te maken om buiten in de vollegrond te kunnen groeien, stel je ze geleidelijk bloot aan steeds meer zonlicht. Vervolgens plant je elke zaailing in een gat dat twee keer zo groot is als het wortelkluitje. Zorg ervoor dat de kans op vorst echt geweken is!

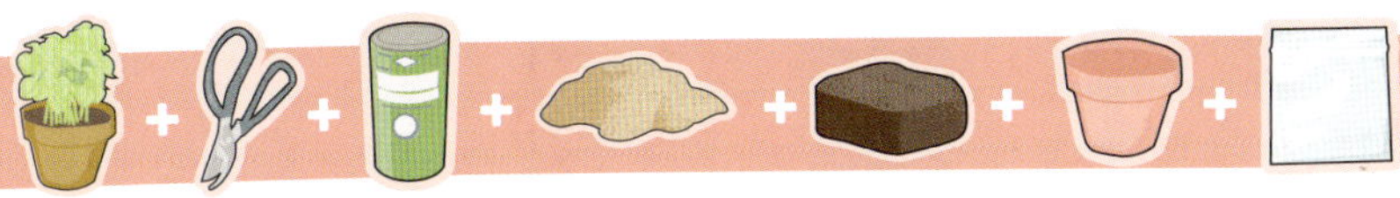

Planten vermeerderen uit stek 270

Knip onder de bladknop. Kerf in; buig door. Doop de stek in stekpoeder. Zet hem in scherp zand en turf. Bescherm de pot tegen vocht.

271 Een Japanse zentuin creëren

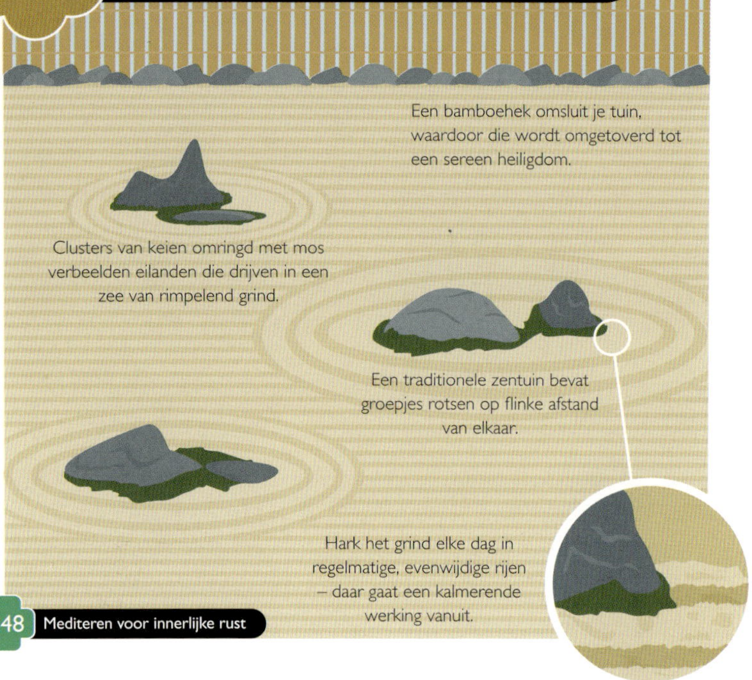

272 Een Franse parterretuin ontwerpen

273 Een eetbare siertuin inrichten

274 Een vetplantentuin aanleggen

Tuinplagen verdrijven 275

Een Spaanse peper snijden 66

Een goed pilsje schenken 134

Verjaag konijnen en eekhoorns met hete Spaanse pepers.

Insecten moeten niets hebben van kruiden als basilicum en rozemarijn.

Irriteer de gevoelige neus van schadelijke dieren met zeep, rozemarijn en andere geuren.

Het is niet zozeer dat slakken niet van bier houden. Sterker nog: ze zijn er dol op! En wel zo dol dat ze erin verdrinken.

Last van vervelende mierenhopen? Verhuis de mieren van de ene naar de ander hoop, dan gaan ze elkaar te lijf.

Vriendelijke tuinbewoners lokken 276

Een vetbol maken voor vogels 277

Vorm ballen; laat koud hard worden.

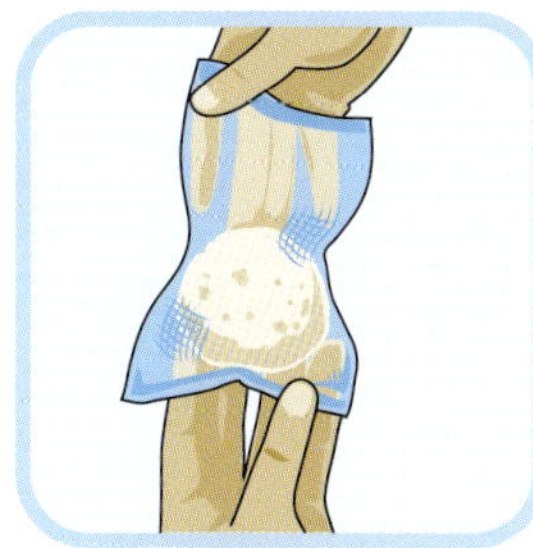

Stop ze in een netje.

Geniet van het bezoek!

278 Een bijenstal opzetten

Bijen gedijen het best in gefilterd zonlicht. Zet de kasten daarom onder bomen.

Hoge struiken of een hek houden de bijen in eigen tuin – wat je buren zeer op prijs zullen stellen!

Rook maakt bijen rustig. Daardoor kun je de honingreserves controleren.

333 Een bijensteek behandelen

279 Een mierenkwekerij beginnen

Stop een glazen potje in een even hoge maar grotere glazen pot. Prik gaatjes in het dekseltje van de grootste pot.

Ga op zoek naar een mierenhoop en haal daar de werksters, de koningin en wat eitjes uit.

Laat via een trechtertje de grond en werkers voorzichtig rond het binnenste potje glijden.

Doe de koningin en de eitjes erbij.

De morgenstond heeft goud in de mond! Bijen beginnen bij zonsopgang al met het verzamelen van nectar. Richt je bijenstal dus naar het oosten.

Bijen krijgen ook dorst. Als er geen waterbron in de buurt is, vul dan een emmer of schotel met water.

Doop een wattenbol in water en dompel wat broodkruimels in honing.

Stop ze in het potje.

Moedig het tunnel graven aan en omhul de pot met papier. De mieren denken daardoor dat ze ondergronds zitten.

Haal het papier regelmatig omhoog om te bekijken hoever de mieren gevorderd zijn.

280 Een geit melken

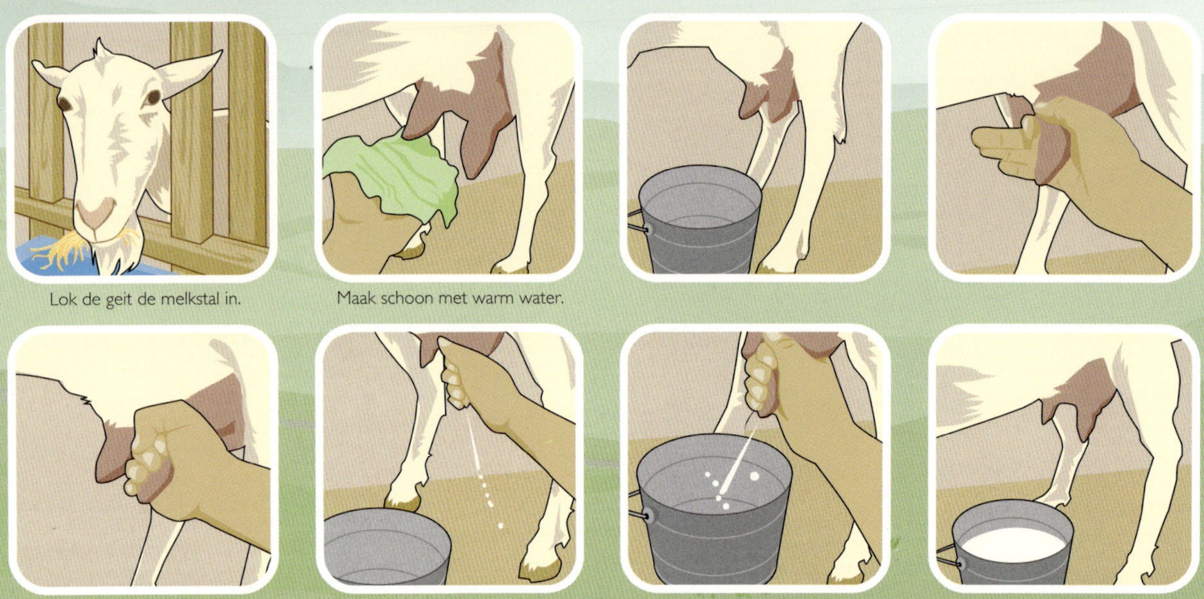

Lok de geit de melkstal in.

Maak schoon met warm water.

Trek in één beweging strak.

Spuit de eerste melk weg.

Stop als de spenen krimpen.

281 Een lammetje de fles geven

Stel het diertje gerust.

Wrijf over de keel.

Overvoer het dier niet.

Een paard poetsen

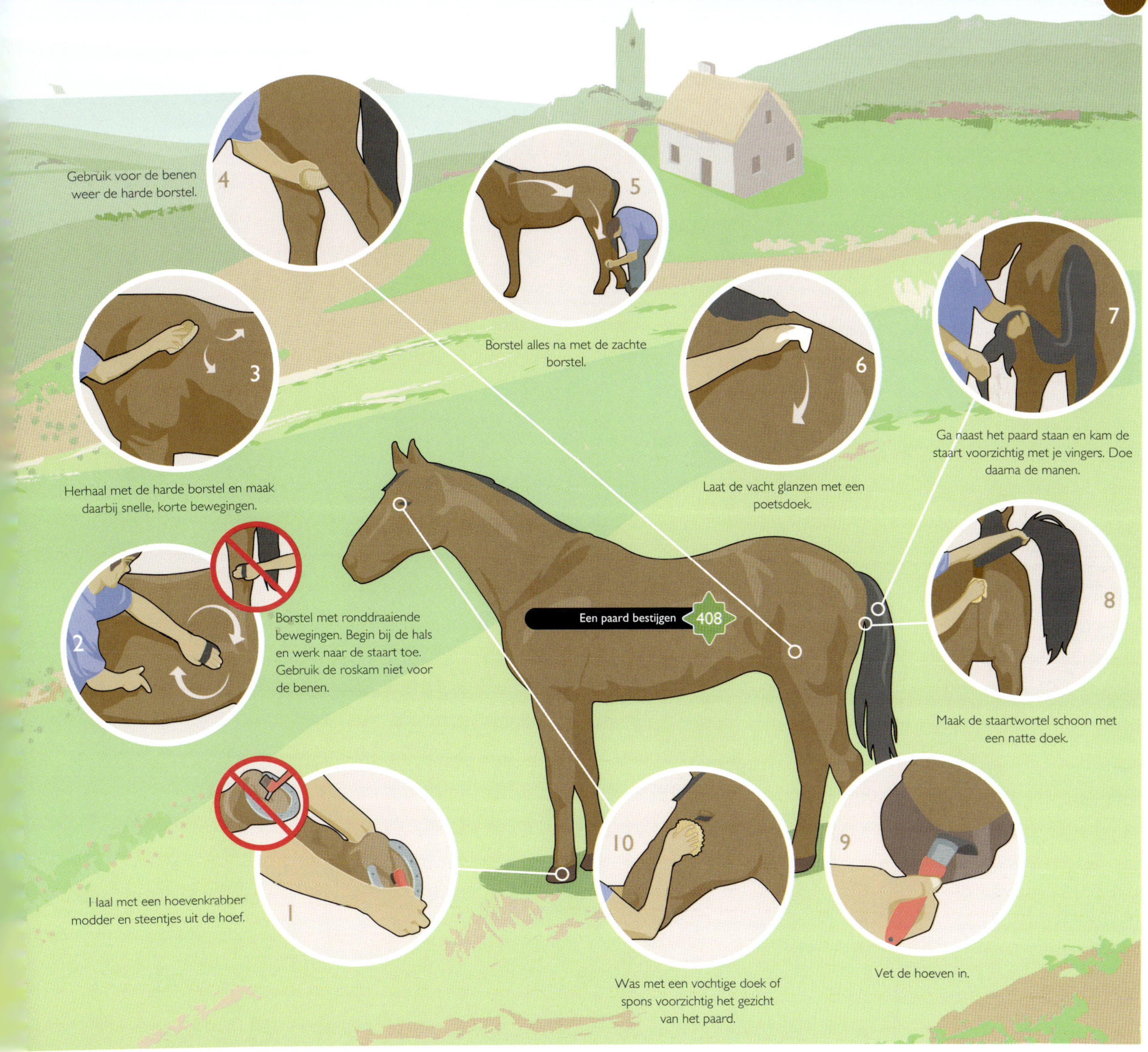

283 Een Chileense vogelspin voeren

Voer de krekels larven.

Kijk waar de spin zit.

Geef één krekel tegelijk.

Haal de overgebleven krekels eruit.

* Als je vogelspin op z'n rug ligt en een web gesponnen heeft, is hij aan het vervellen. Zolang hij daar nog mee bezig is, mag je hem niet aanraken of voeren. Anders kan hij zichzelf verwonden aan zijn pantser. Hij mag er dan wel woest uitzien, het is een ongelooflijk teer beestje.

284 Geslacht van een schildpad bepalen

Een papegaai sproeien 285

Kies een warm, licht tijdstip.

Spray water boven de vogel.

Als hij klapwiekt, geniet hij.

Hij strijkt zelf zijn veren glad.

Een koivijver aanleggen 286

Markeer de gewenste vorm.

Graaf een gat met terrassen.

Bekleed met zand en papier.

Voeg jutekleed toe; vul met water.

Omrand met keien. Vul met vis!

Een egel oppakken 287

Schep hem van achteren op.

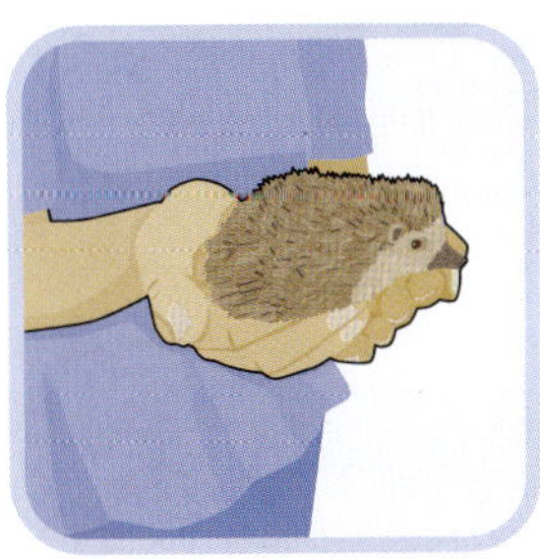

Houd hem in je handen.

Een konijn oppakken 288

Een haas vangen 429

Ondersteun zijn achterpoten.

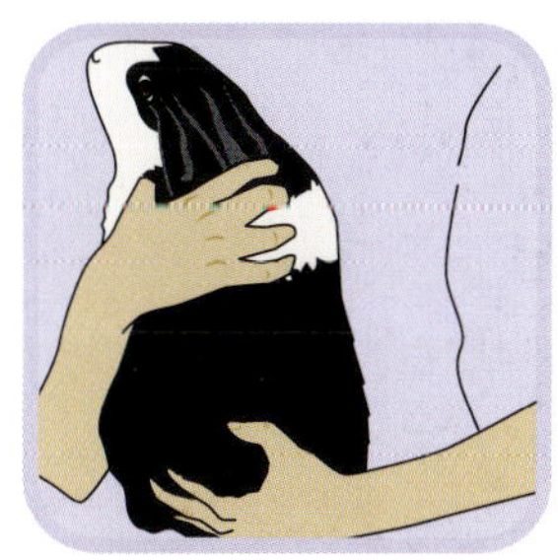

Houd hem dicht tegen je aan.

289 De tanden van je pup poetsen

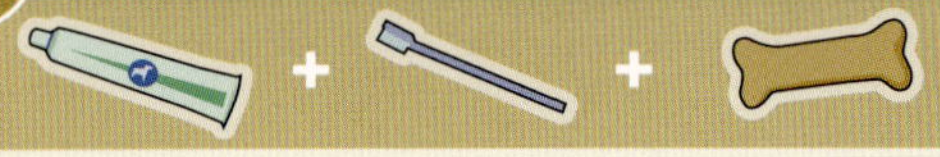

Benader hem als hij rustig is.

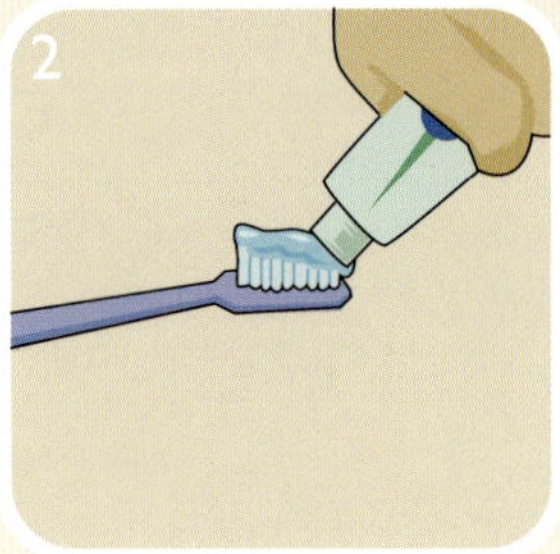

Gebruik hondentandpasta.

Laat je pup eerst proeven.

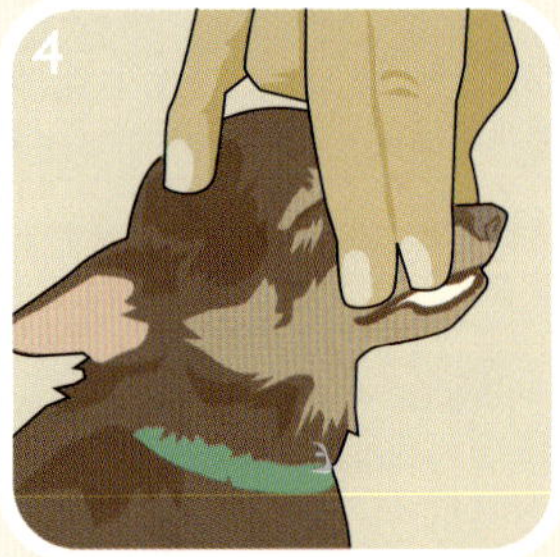

Open zijn bek.

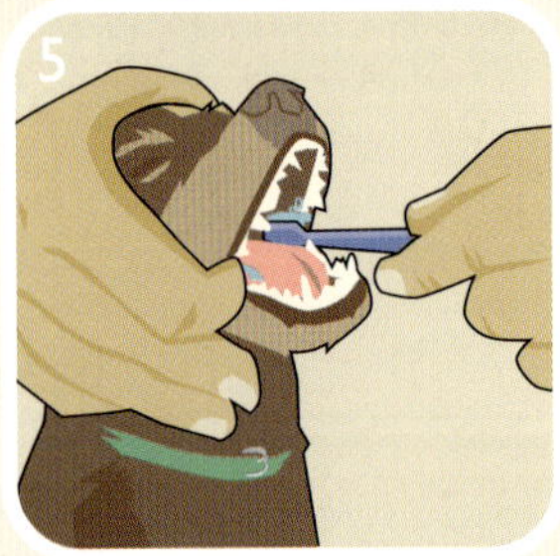

Poets eerst de kiezen boven.

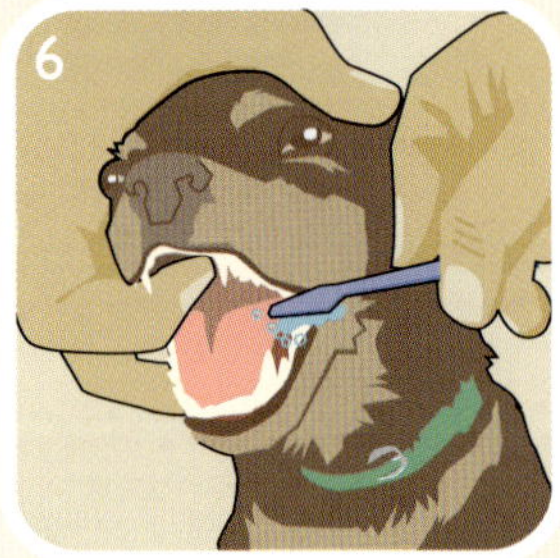

Dan de kiezen onder.

Controleer op ontstekingen.

Beloon en geef iets lekkers.

290 Je honds lichaamstaal lezen

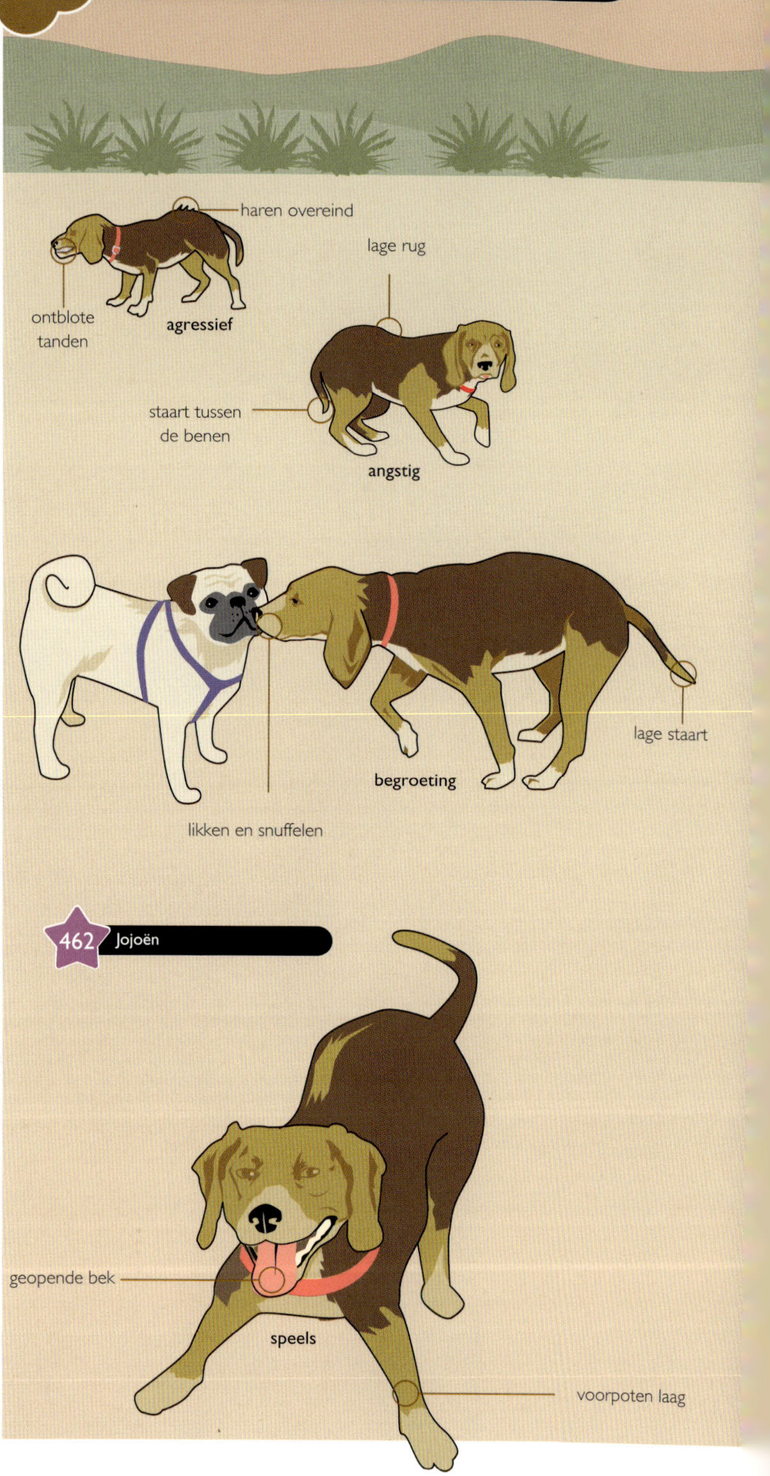

462 Jojoën

Een vreemde hond begroeten 291

Benader hem rustig van voren.

Laat hem aan je vuist snuffelen.

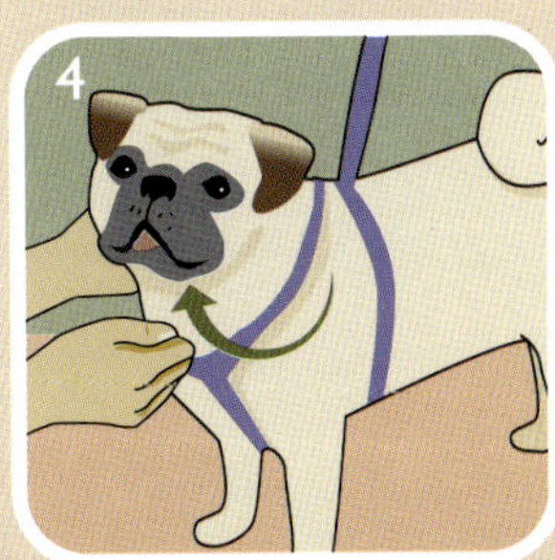

Krabbel hem eerst onder z'n kin.

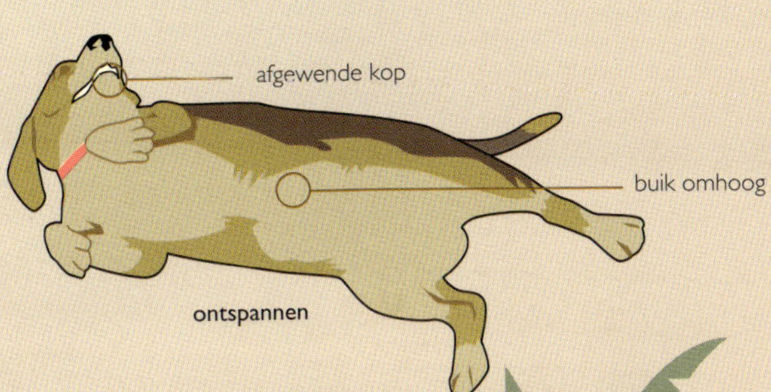

Je viervoeter een pil voeren 292

Zorg voor een blije hond.

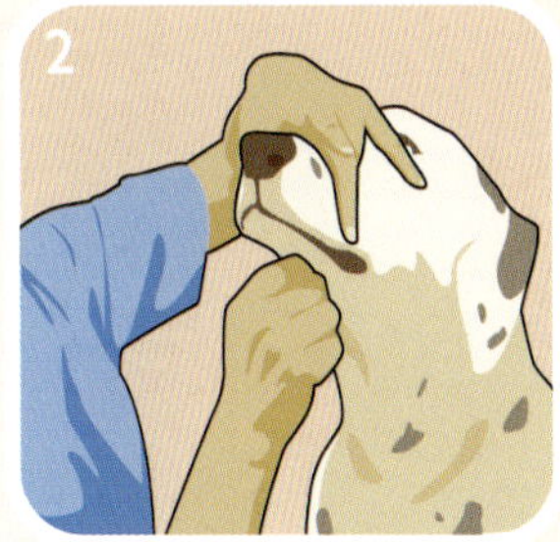

Pak zijn snuit vast.

Probeer zijn bek te openen.

Duw de kaak dicht; wrijf.

Vergeet de beloning niet!

De juiste halsband kiezen 293

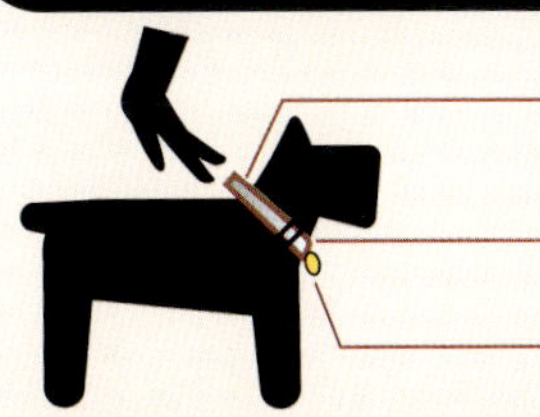

Er moeten twee vingers passen tussen halsband en huid.

Kies een sluiting die openspringt als de hond blijft haken.

Zet de naam van je hond en je telefoonnummer op een reflecterend plaatje.

294 Je kats lichaamstaal ontcijferen

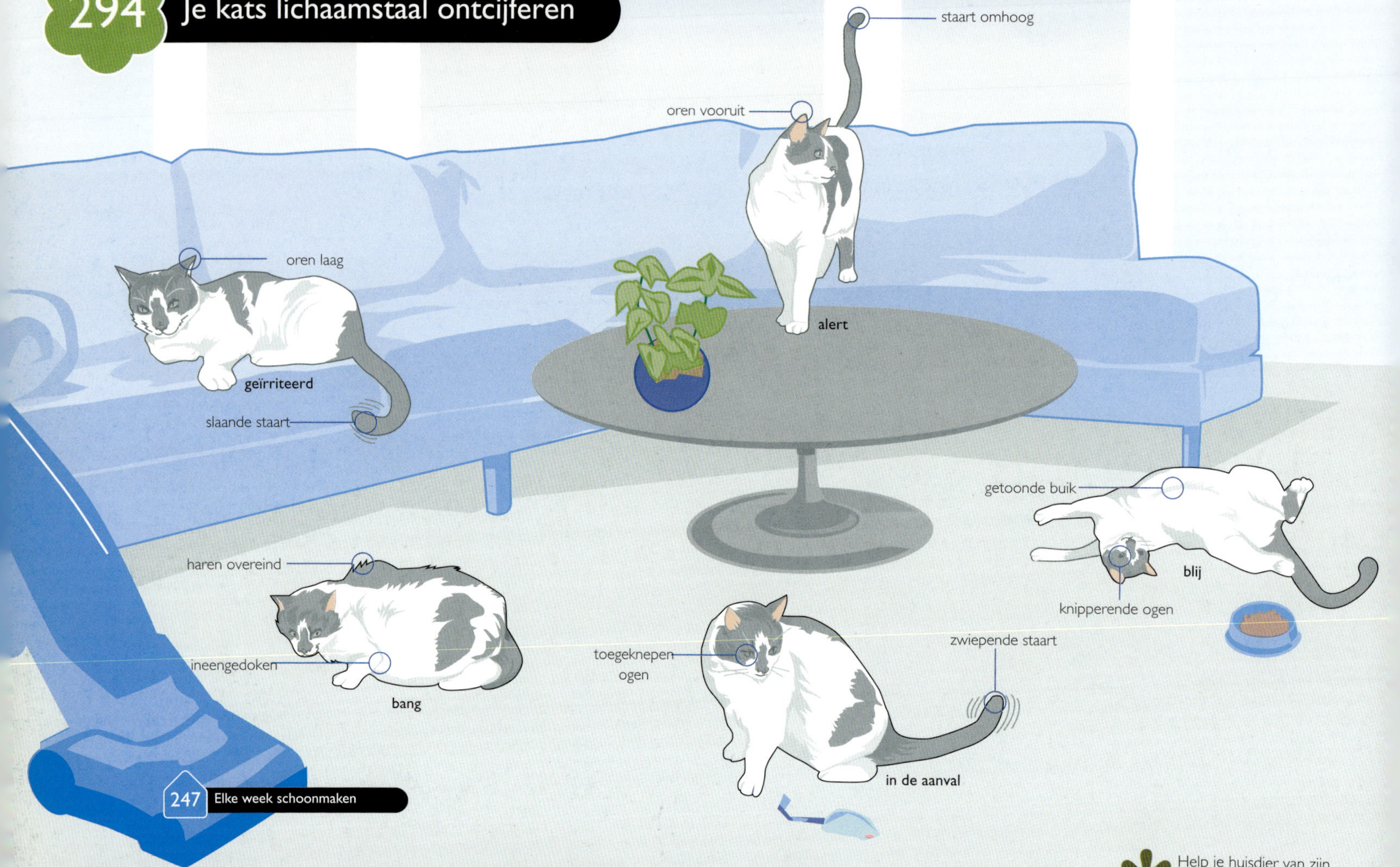

247 Elke week schoonmaken

295 Ontvlooien met kruiden

✱ Help je huisdier van zijn kriebelende gasten af met een kruidenmiddel van gelijke delen rozemarijn, eucalyptus, venkel, wijnruit en lavendel of wormkruid

Hang de kruiden te drogen.

Maal de kruiden fijn.

Wrijf de vacht ermee in.

Je over een bange kat ontfermen 296

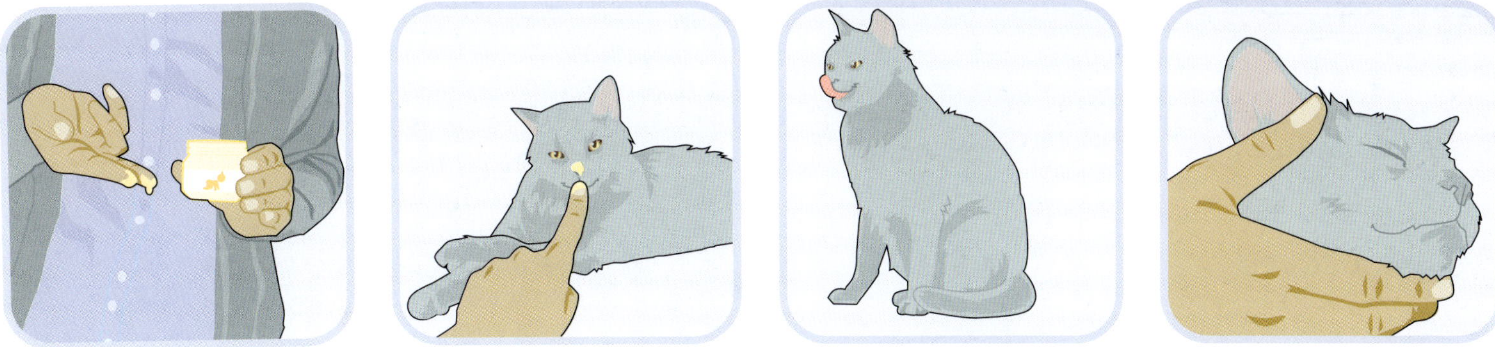

Doop je vinger in babyvoeding.

Laat hem even lekker smullen.

Aai als je hem voor je hebt gewonnen.

Je kat een pil voeren 297

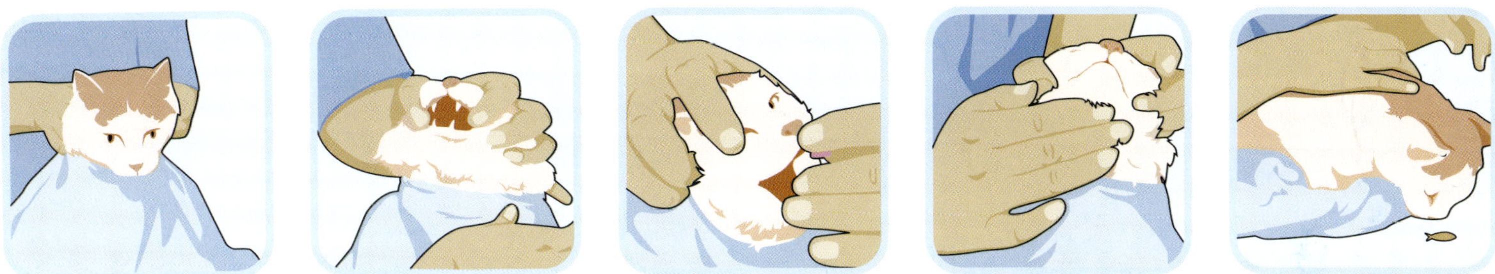

Een handdoek tegen schrammen.

Duw het bekje open; stop pil erin.

Wrijf totdat hij doorslikt.

Vergeet niet te belonen!

De nagels van je kat knippen 298

Een gemene wond verbinden 338

Zorg dat hij ontspannen is.

Leg de nagels goed bloot.

Houd de tang verticaal.

Knip van het leven weg.

Beloon je geduldige vriend.

299 Een baby in bad doen

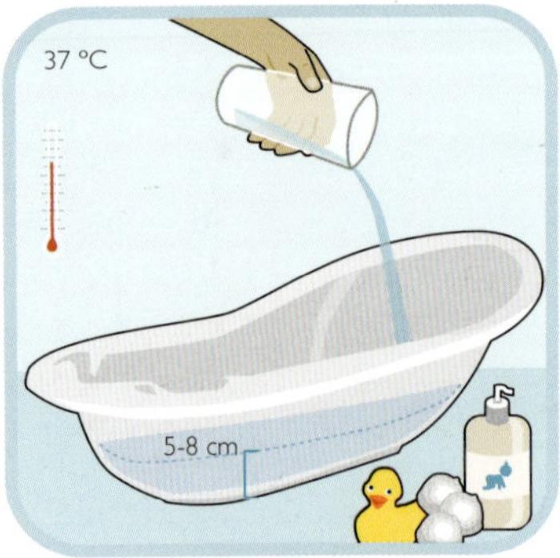

Ondersteun het hoofdje goed.

Giet er af en toe warm water bij.

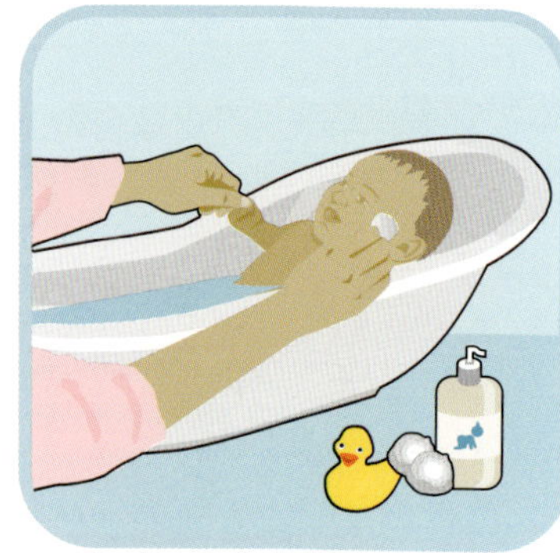

Was het gezichtje met een watje.

Was de baby van boven tot onder.

Ook van achteren.

Was voorzichtig het hoofdje.

Dep droog; wikkel in een handdoek.

* Zorg ervoor dat je steeds met één hand je kindje vasthoudt terwijl hij aan het badderen is. Zo voorkom je dat hij onder water glipt en het geeft hem een veilig gevoel. Laat hem bovendien nooit alleen terwijl hij in bad zit. Houd alles wat je nodig hebt binnen handbereik.

300 Een lekker fruithapje bereiden

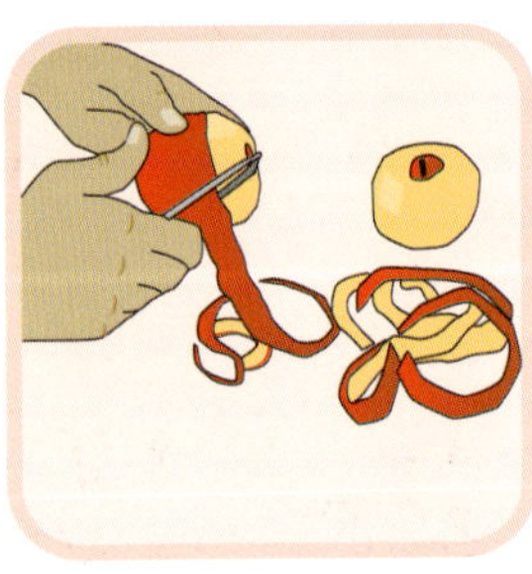

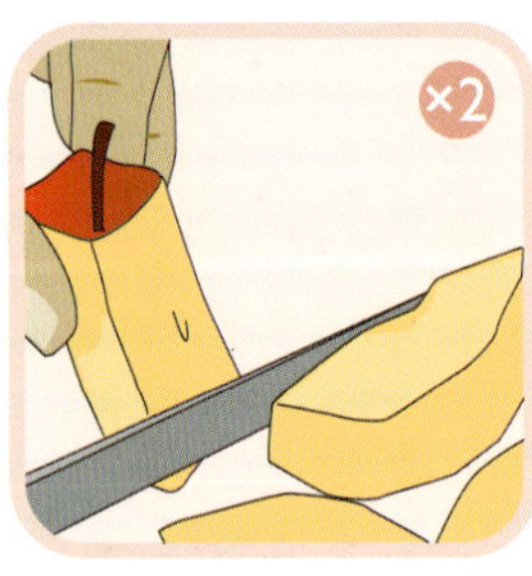

Kook de appels zachtjes in water.

Prak ze tot moes; laat afkoelen.

Een kleurige mobile ophangen 301

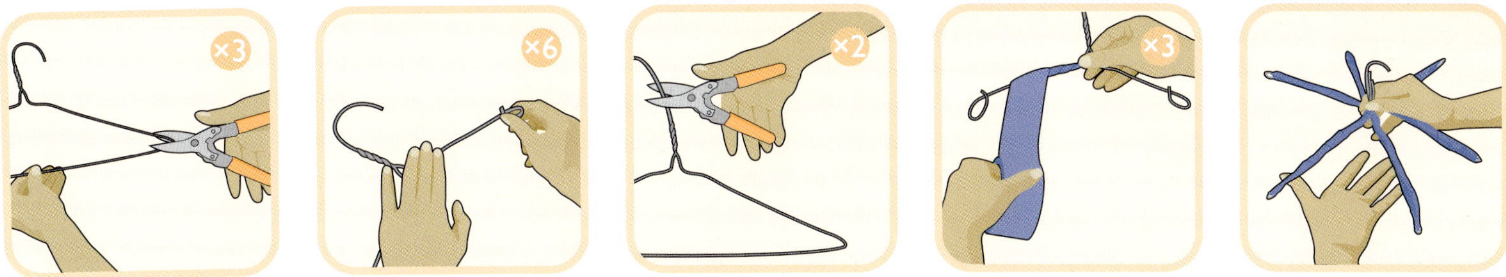

Knip het horizontale deel af. — Verwijder de haak. — Schik de drie hangers.

Tape ze aan elkaar vast. — Lijm op karton en bevestig. — Hang de mobile op. — Wissel de vormpjes af.

Mobiles zijn enorm fascinerend – baby's moeten er wel naar grijpen! Om te voorkomen dat je baby een onderdeel te pakken krijgt waardoor hij kan stikken, gebruik je stevig draad van hooguit 45 cm lang om de vormpjes aan te hangen en zorg je ervoor dat je baby er niet bij kan. Met het ouder worden gaan baby's verschillen in kleur ontdekken en kun je zwart-witte vormpjes beter vervangen door gekleurde, grappige gevormde voorwerpen. Haal de mobile weg zodra de baby op handen of knieën omhoog kan komen.

Een goed gevulde luiertas pakken 302

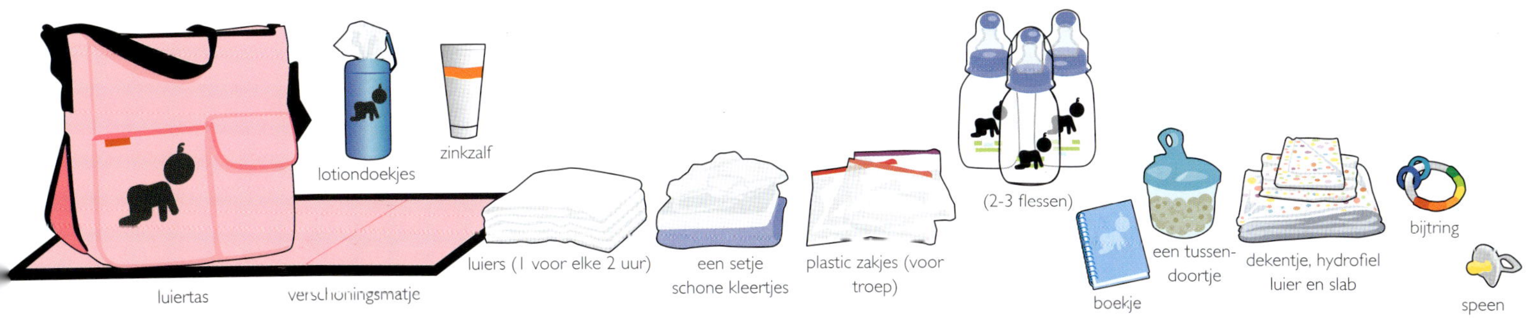

303 Een baby inbakeren

304 Een baby laten boeren

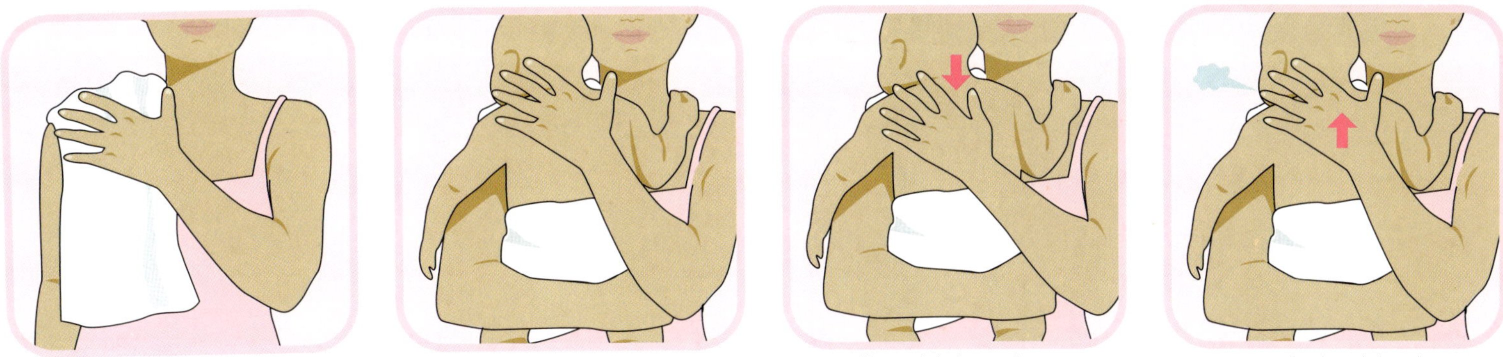

Klop op baby's ruggetje…

…tot het boertje komt!

305 Een baby met krampjes masseren

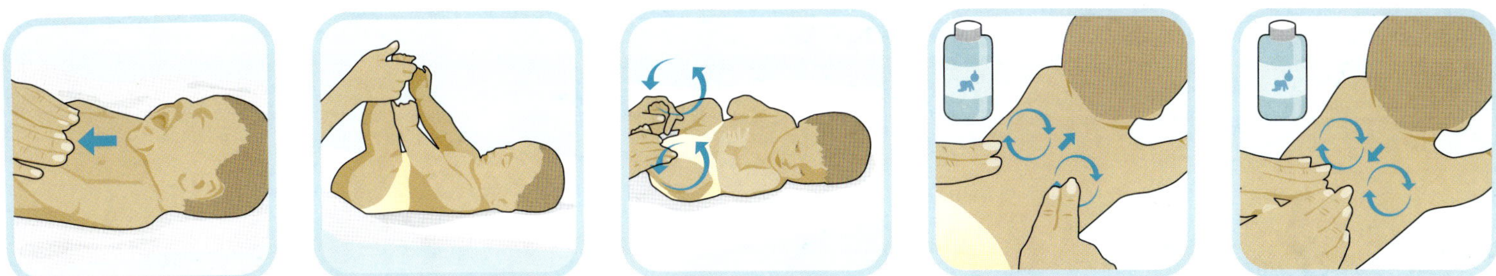

Wrijf over het buikje.

Beweeg heen en weer.

Fietsen met die beentjes!

306 Een katoenen luier omdoen

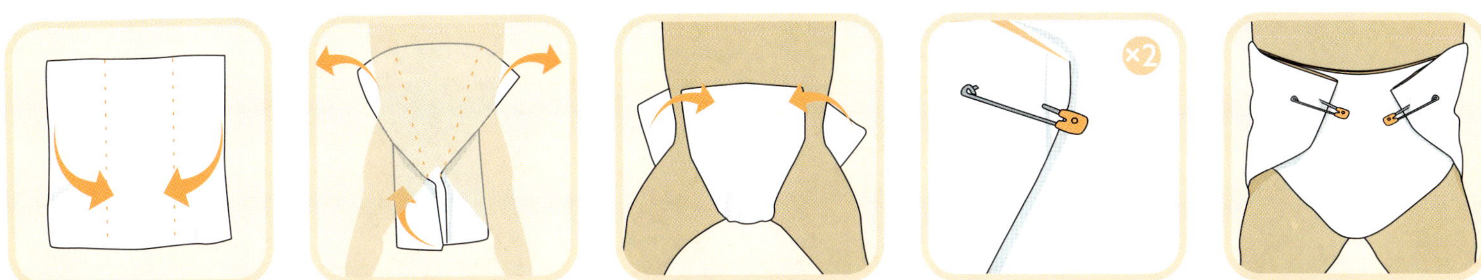

Leg de baby erop; vouw.

307 Een kind leren fietsen

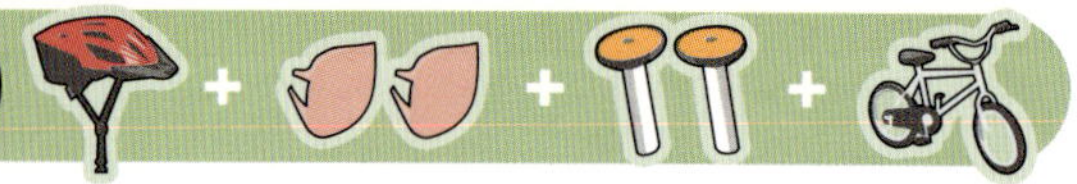

Zorg voor helm en kniebeschermers.

Zet de zijwieltjes elke week hoger.

Haal ze weg als ze er klaar voor is.

384 Een lekke band plakken

Haar voeten moeten de grond raken.

Zoek een open, aflopend grasveld.

Loop en balanceer op het zadel.

Ondersteun haar rug en schouders.

308 Denkbeeldige monsters verjagen

Hoor haar angsten aan.

Stop haar lekker in.

Spray 'monsterverdelger'.

Zet een val.

Doe een nachtlampje aan.

309 Kauwgum uit je kinds haar halen

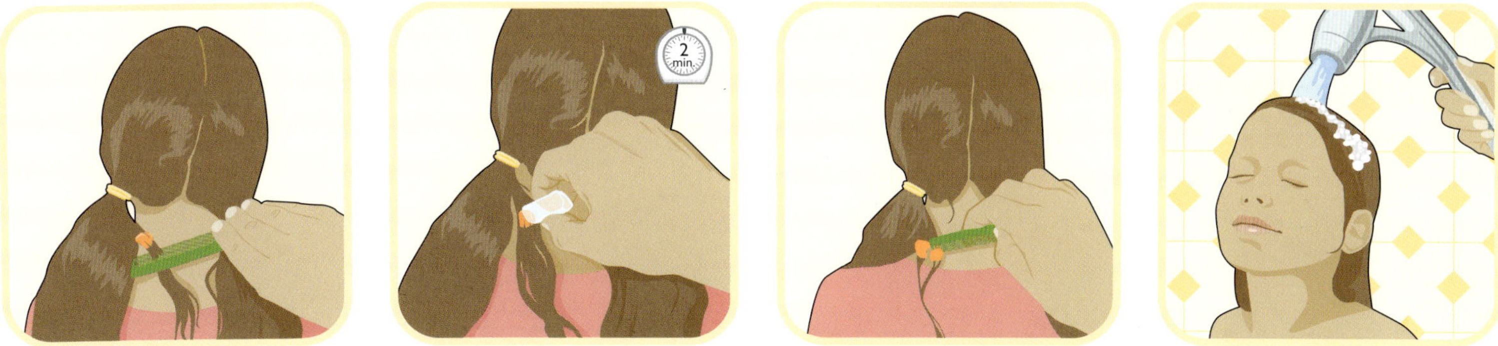

Kam het stuk met kauwgum opzij.

Doe er ijs op tot de kauwgum breekt.

Kam de stukjes kauwgum eruit.

310 Een kind groente laten eten

Een eetbare siertuin aanleggen 273

Kies de groente samen uit.

Bereid ze met elkaar.

Serveer de groente eerst.

Doe voor hoe jij ze eet.

Maak een grappig figuur.

311 Een bananenoctopus maken

Knip acht 'tentakels'.

Maak inkepingen voor de ogen.

Stop rozijntjes in de ooggaten.

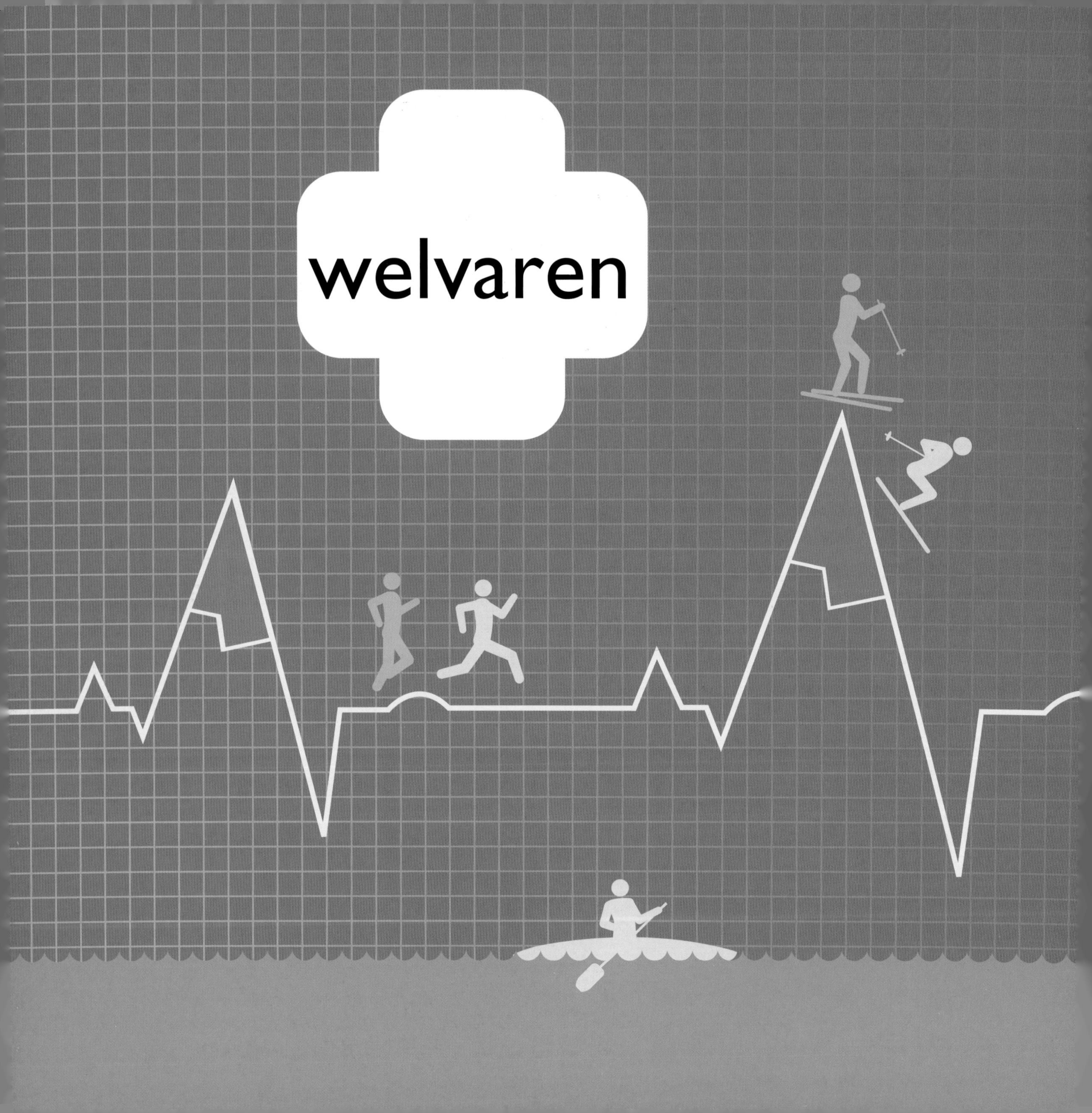
welvaren

312 De juiste golfclub kiezen

type	gemiddelde afstand (vrouw)	gemiddelde afstand (man)
driver	140-180 m	180-240 m
houten 3	115-165 m	165-215 m
houten 5	95-155 m	155-190 m
ijzer 2	95-155 m	155-190 m
ijzer 3	90-145 m	145-180 m
ijzer 4	80-135 m	135-170 m
ijzer 5	75-130 m	130-155 m
ijzer 6	65-120 m	120-145 m
ijzer 7	65-110 m	110-135 m
ijzer 8	55-100 m	100-130 m
ijzer 9	50-85 m	85-120 m
picthing wedge	45-75 m	75-110 m
sand wedge	35-55 m	55-90 m

313 Je swing perfectioneren

Je voeten staan parallel aan de ballijn.

Buig voorover; ga door je knieën.

Plaats je voeten op schouderbreedte.

Trek je linkerschouder op.

314 De golfbaan over gaan

Speel de bal uit de bunker door je club een paar centimeter vóór de bal door het zand te slaan, zodat de bal via een vliegend kussentje van zand omhoogschiet.

De meeste golfballen hebben een nummer, maar om te voorkomen dat je ze kwijtraakt, kun je je ballen het beste markeren – voor je het weet zit je opgescheept met de slechte ligging van andermans bal!

Loskomen uit drijfzand 446

Rijden in je handicart mag overal, behalve op de green.

De gouden regel? Speel de bal zoals die ligt. Een stilliggende bal verplaatsen is vals spelen.

Je zwiept maar één ding de lucht in en dat is de bal. Houd je op de driving range gedeisd.

Bij putten breng je je club recht naar achteren en slaat dan terug. Sla langzaam en beheerst.

Sla een paar keer over de bal heen.

Sla vanuit de heupen; focus op de bal.

Zet kracht. Draai heupen en voet.

Kijk de bal na tot aan het doel.

315 Een harde bal werpen

Leg wijs- en middelvinger op de naad.

Verberg je pitchgreep.

Steun op rechts; draai je linkervoet.

Gooi de bal bovenhands aan.

316 Een vrije worp scoren

Ga achter de vrijeworplijn staan.

Concentreer je op het bord.

Strek uit; klap je polsen.

460 Een basketbal op je vinger draaien

Zoef!

317 Een snoeiharde service slaan

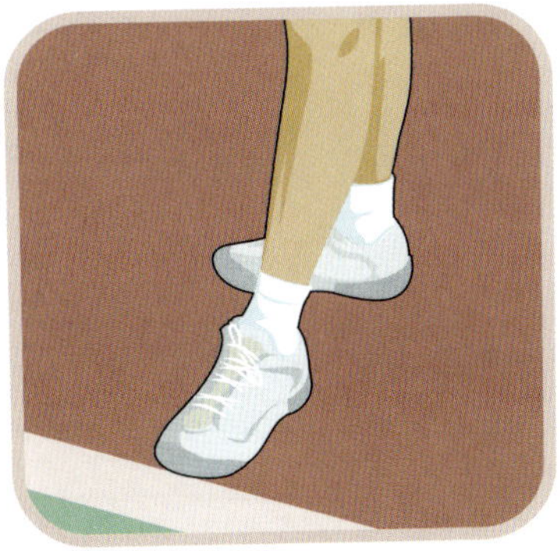

Ga achter de baselijn staan.

De greep: geef je racket een hand.

Richt je racket naar voren.

Leun achterwaarts; laat de bal los.

Breng je racket naar achteren.

Sla de bal op zijn hoogste punt.

318 Bij pétanque de bal werpen

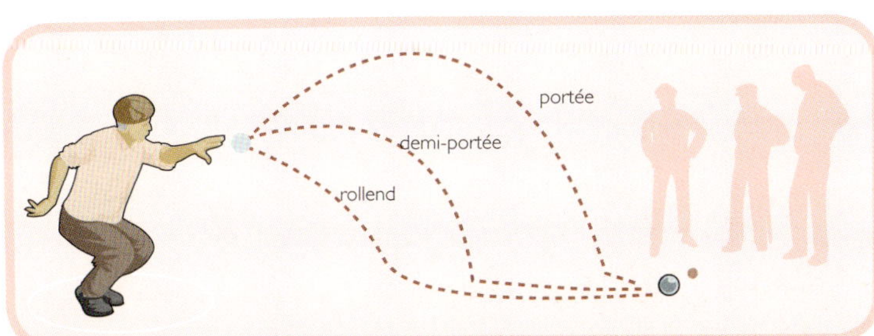

Kies een plaatstechniek. Probeer de bal vanuit de cirkel zo dicht mogelijk bij de but te gooien.

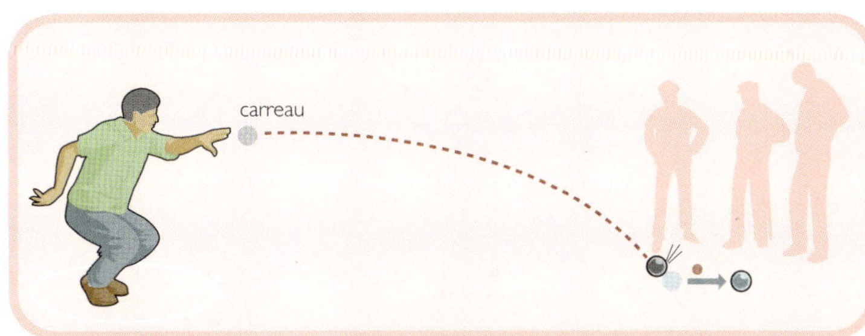

Schiet een carreau en laat je bal de plaats van die van de tegenstander innemen.

319 4-4-2 spelen

Begin de wedstrijd in de gebruikelijke 4-4-2-opstelling. Daarmee zijn het doel en het middenveld verdedigd en staan er twee spitsen klaar om te scoren.

320 Scoren met een 4-3-3-systeem

Moeten er nodig doelpunten worden gemaakt? In deze evenwichtige opstelling zet je de aanval in, maar houd je ook de achterhoede sterk.

321 Het midden veroveren met 3-5-2

Een wedstrijd wordt tegenwoordig beslist op het middenveld. Wil je het spel domineren, dan moet je dus flink investeren in de spelers die daar staan.

322 Defensief spelen met 4-5-1

Met een 4-5-1-opstelling kun je als team je voorsprong óf het gelijkspel behouden. De spits moet snel zijn om te kunnen scoren zodra de kans zich voordoet.

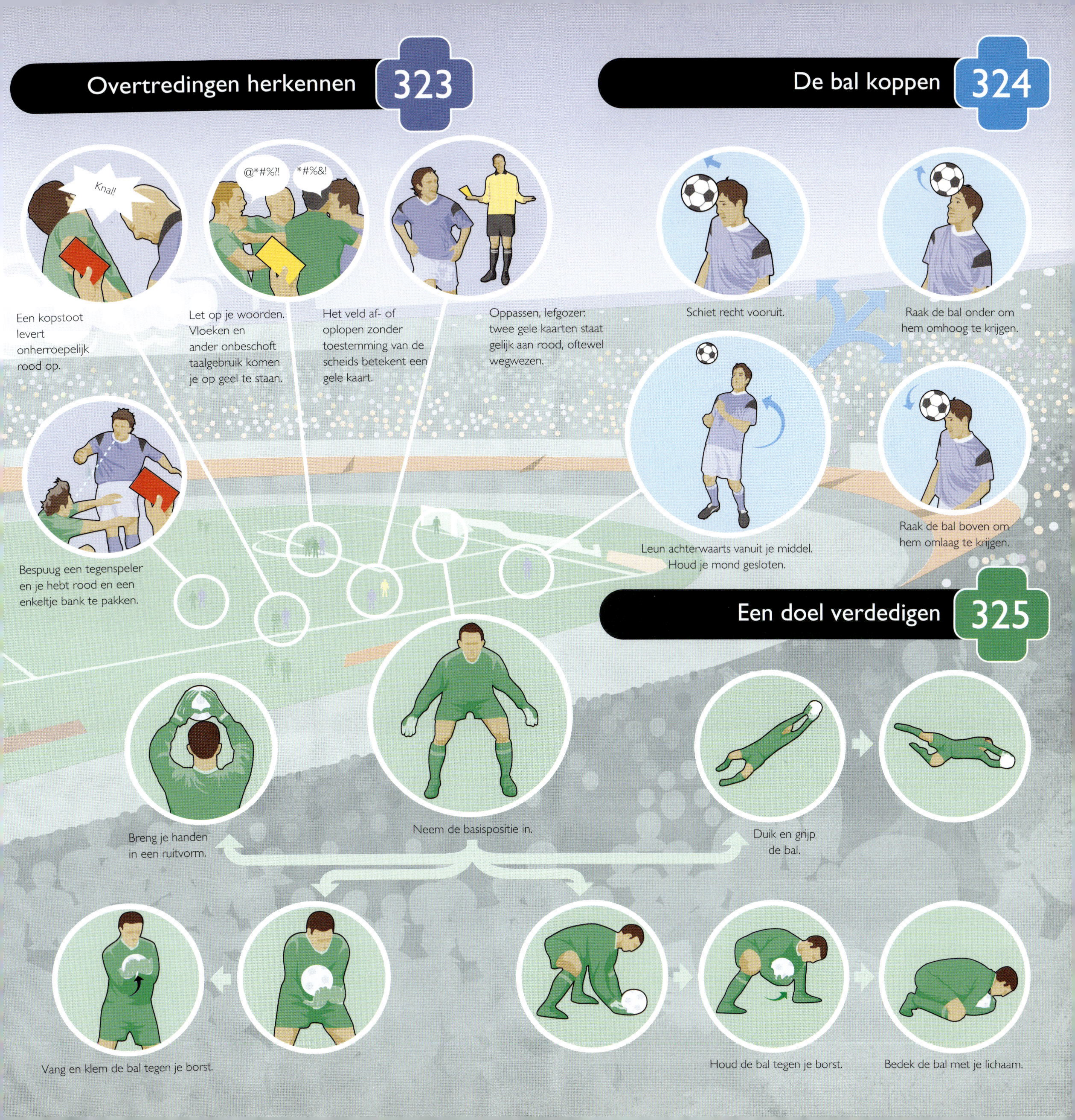

Overtredingen herkennen 323

Een kopstoot levert onherroepelijk rood op.

Let op je woorden. Vloeken en ander onbeschoft taalgebruik komen je op geel te staan.

Het veld af- of oplopen zonder toestemming van de scheids betekent een gele kaart.

Oppassen, lefgozer: twee gele kaarten staat gelijk aan rood, oftewel wegwezen.

Bespuug een tegenspeler en je hebt rood en een enkeltje bank te pakken.

De bal koppen 324

Schiet recht vooruit.

Raak de bal onder om hem omhoog te krijgen.

Leun achterwaarts vanuit je middel. Houd je mond gesloten.

Raak de bal boven om hem omlaag te krijgen.

Een doel verdedigen 325

Neem de basispositie in.

Breng je handen in een ruitvorm.

Duik en grijp de bal.

Vang en klem de bal tegen je borst.

Houd de bal tegen je borst.

Bedek de bal met je lichaam.

326 Weten wat vitaminen doen

Onthoud wat je moeder altijd zei: vergeet je vitaminen niet! Aan de hand van dit overzicht kun je het vitaminerijke voedsel dat je lichaam nodig heeft selecteren en weet je hoeveel van elke vitamine jij en je familieleden per dag nodig hebben.

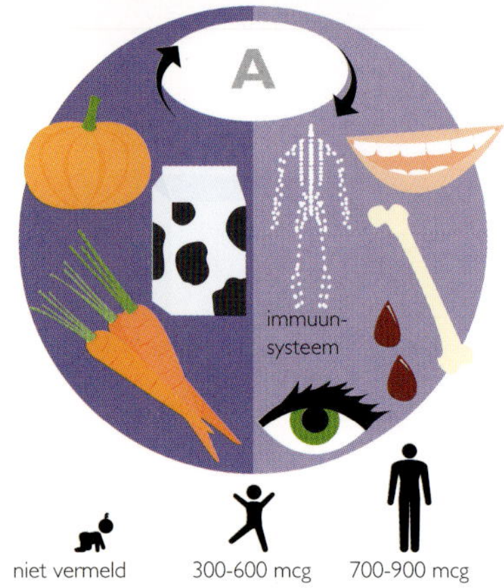

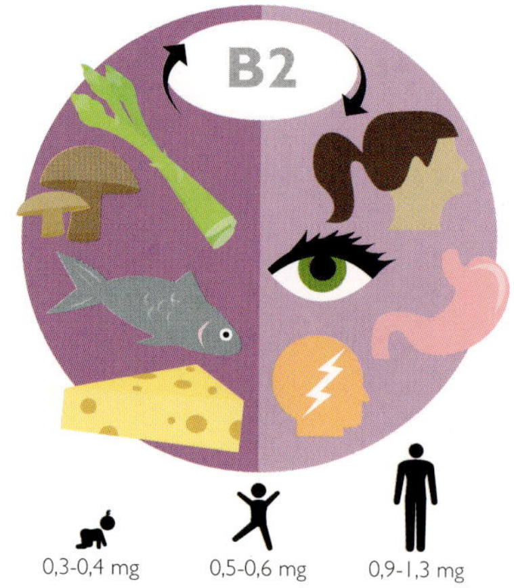

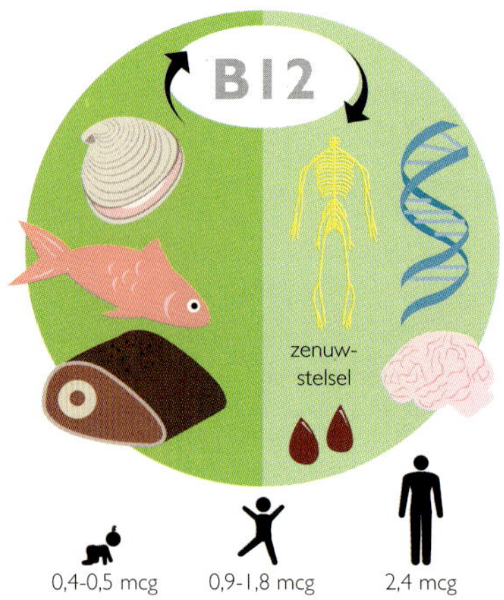

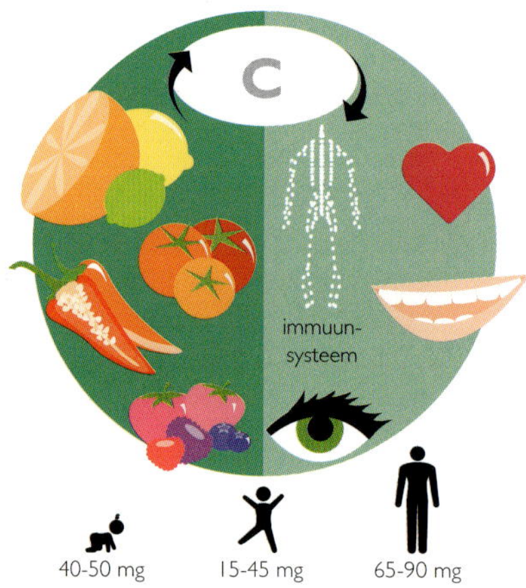

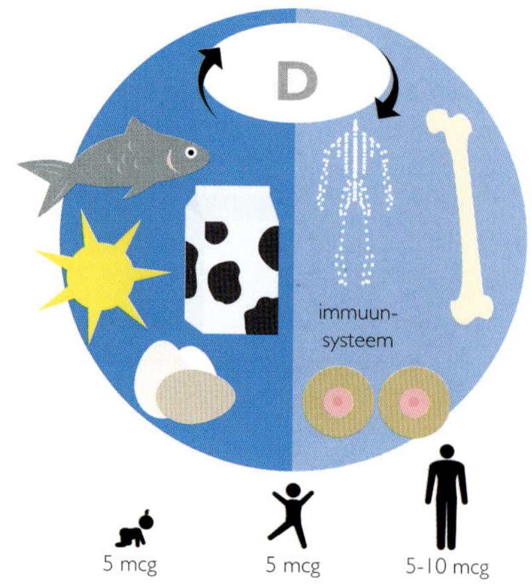

327 Calorieën verbranden

Wist je dat je altijd calorieën aan het verbranden bent, zelfs in je slaap? Ontdek hoeveel de gemiddelde persoon (80 kg) kwijtraakt als hij één uur lang een van onderstaande activiteiten uitoefent.

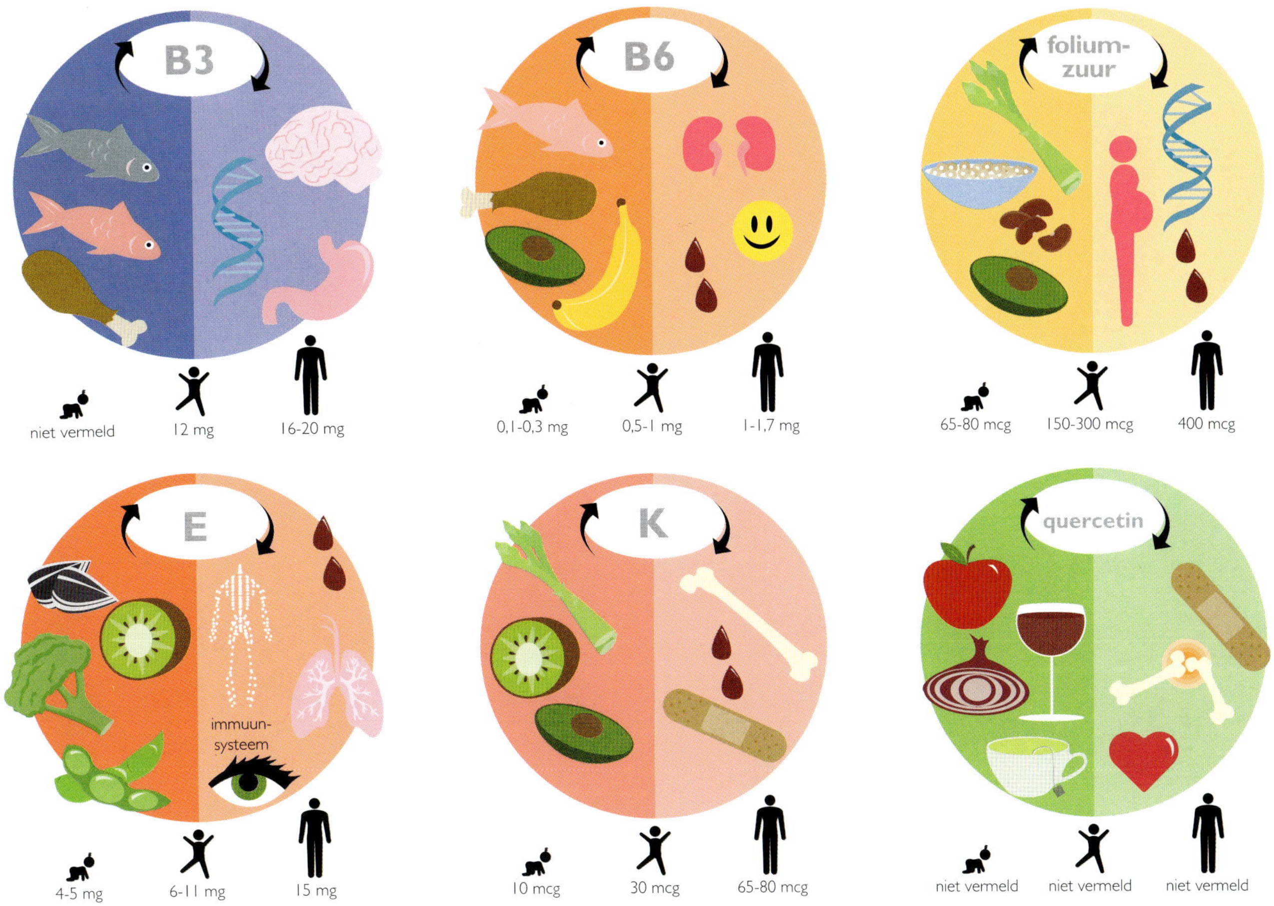

Portiegroottes visualiseren 328

Hoe ziet een portiegrootte er precies uit? Probeer je een lap vlees voor te stellen als een spel kaarten, of een aardappel als een computermuis – dát is een portiegrootte! Gebruik deze handige visualisaties en houd je aan de aanbevolen dagelijkse hoeveelheden voor een uitgebalanceerd eetpatroon.

329 Acupressuurpunten vinden

Ga alledaagse kwaaltjes te lijf met deze traditionele Chinese behandelmethode. Probeer eerst het punt te lokaliseren dat in verbinding staat met je klacht en oefen daar met je duim of elleboog druk op uit. Door de druk activeer je je organen en komt de energiestroom in je lichaam op gang, wat resulteert in een gevoel van opluchting.

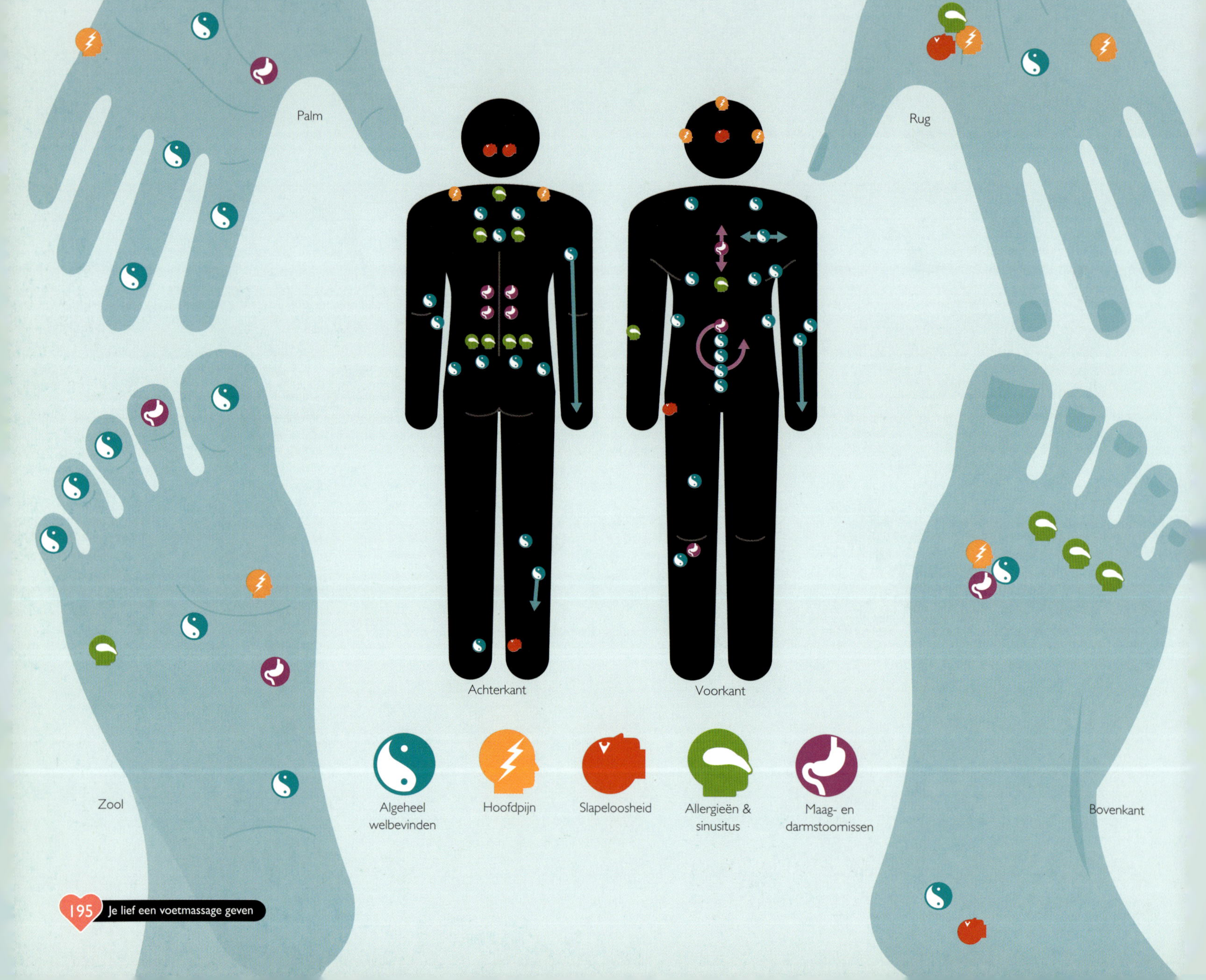

195 Je lief een voetmassage geven

Je werkplek ergonomisch inrichten 330

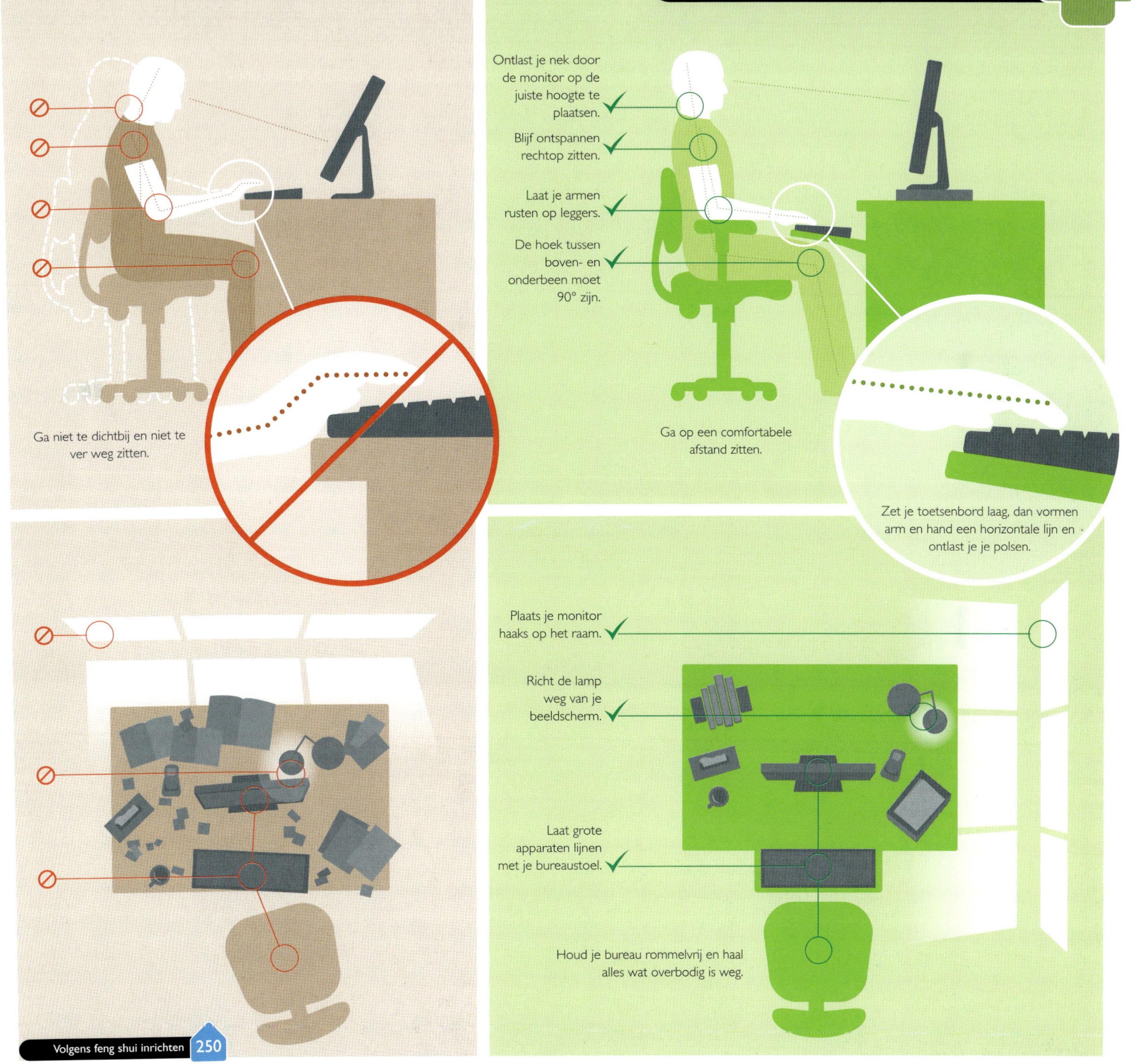

Volgens feng shui inrichten 250

331 Eerstegraads brandwond behandelen

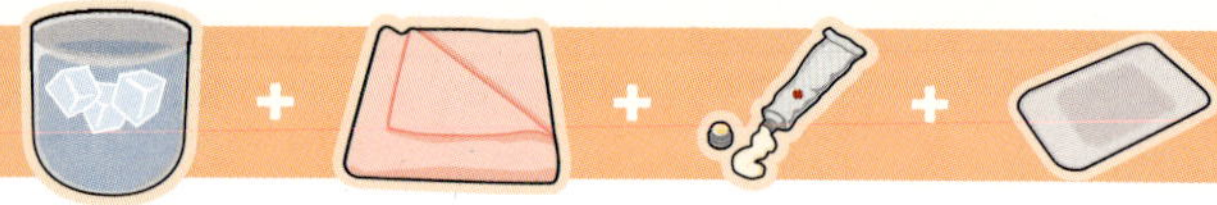

Ga weg van de vuurbron.

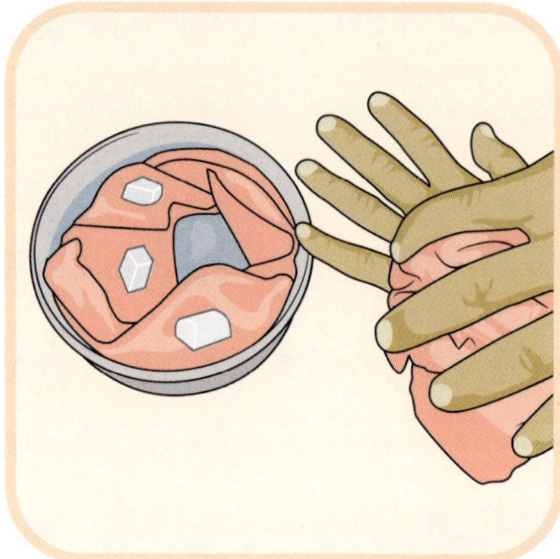

Dompel doeken in ijswater; leg ze erop.

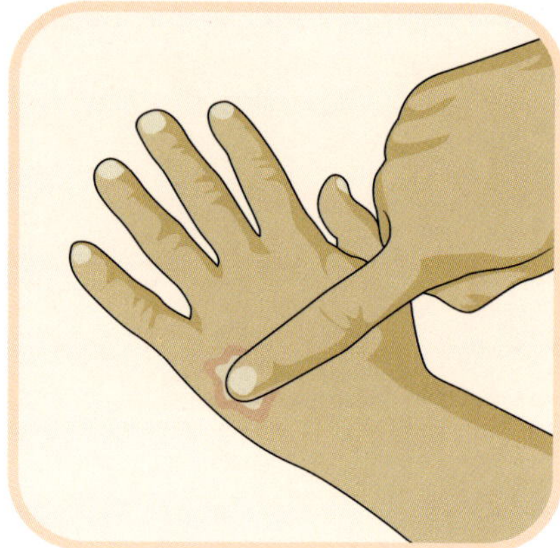

Eerstegraads verbrandingen kleuren wit.

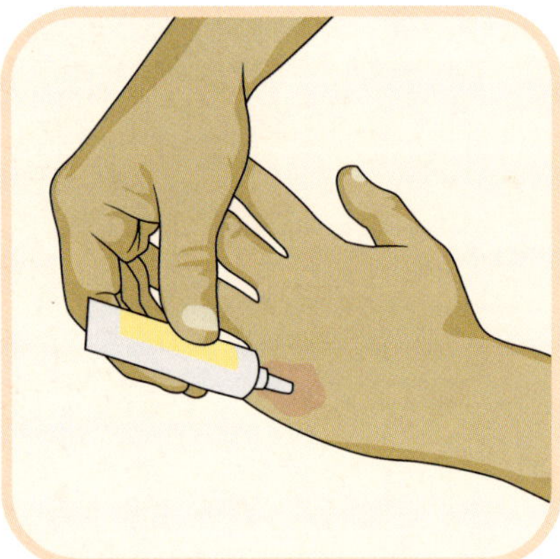

Breng een antibioticazalf aan.

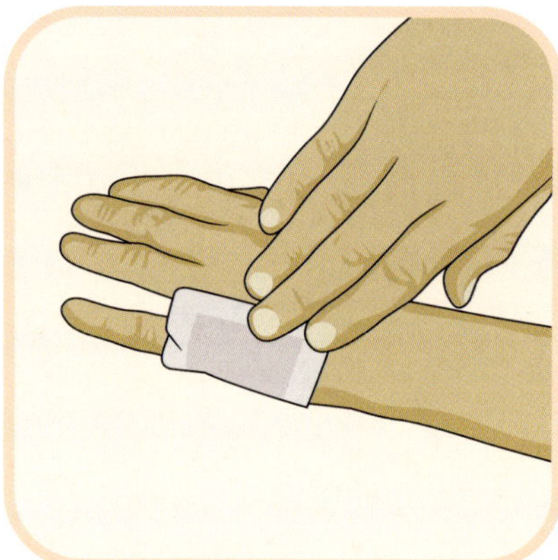

Dek de wond af.

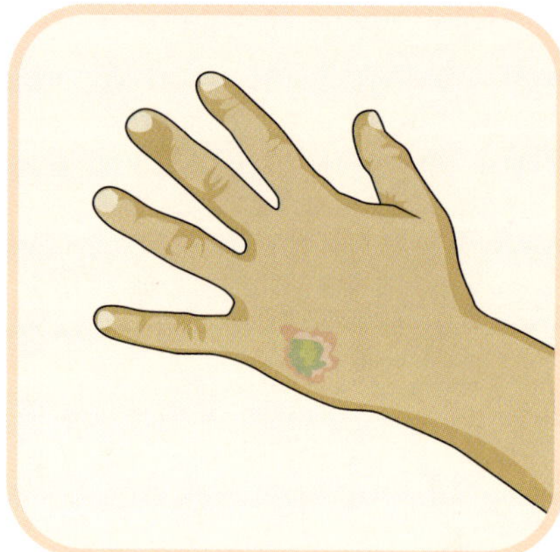

Let op verkleuring van de huid.

332 Een bloedneus stoppen

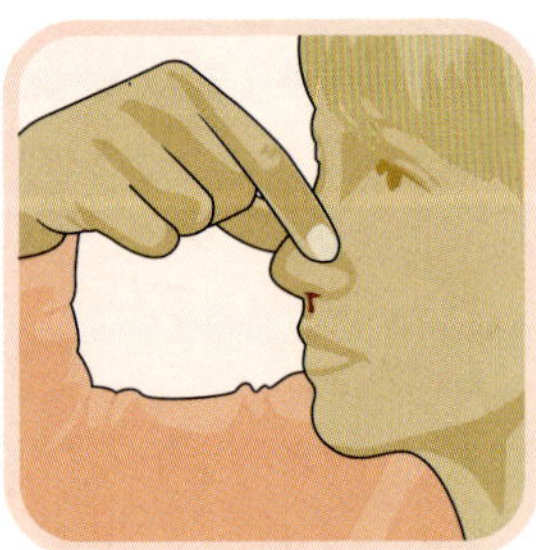

Druk de neus stevig dicht.

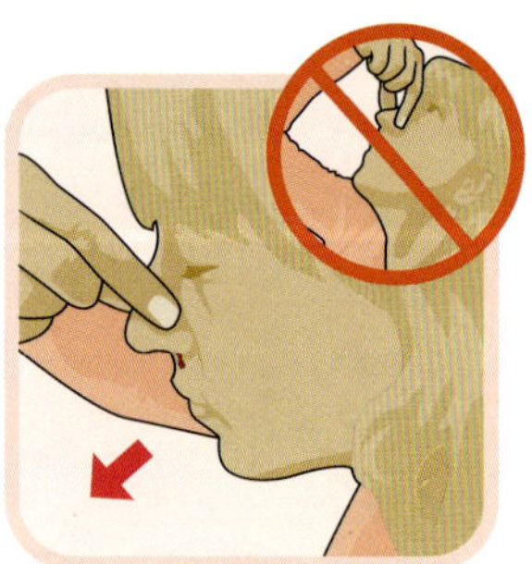

Buig iets voorover.

Houd er een doek onder.

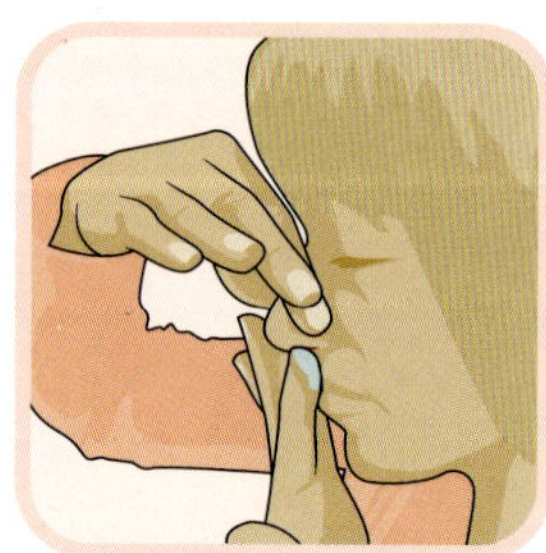

Bevochtig het neusgat.

Zoek hulp als de bloeding aanhoudt.

333 Een bijensteek behandelen

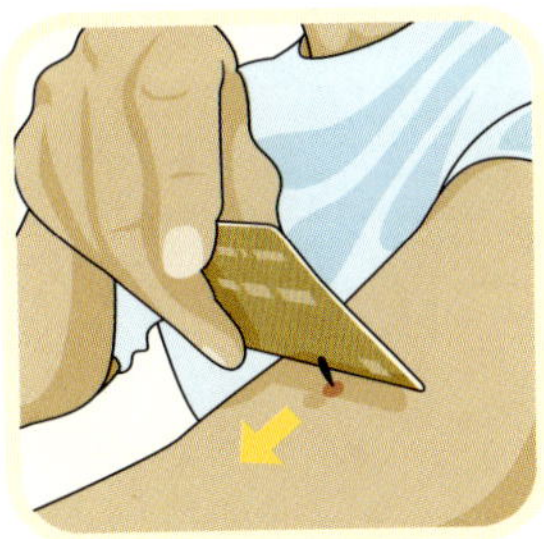

Verwijder snel de angel.

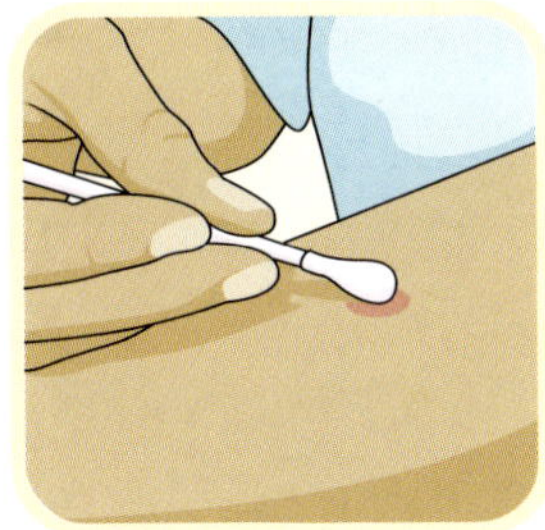

Ontsmet met alcohol.

Zuiveringszout en water erop.

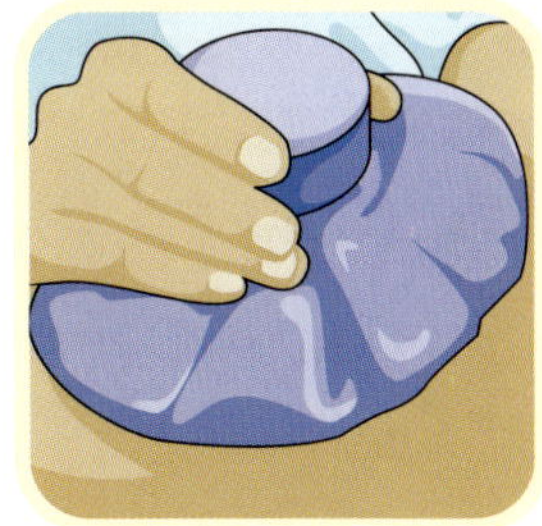

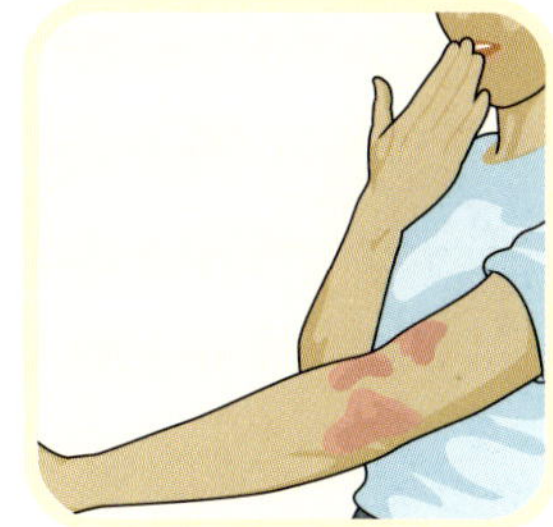

Check op allergische reacties.

334 Een splinter verwijderen

Was de plek voorzichtig.

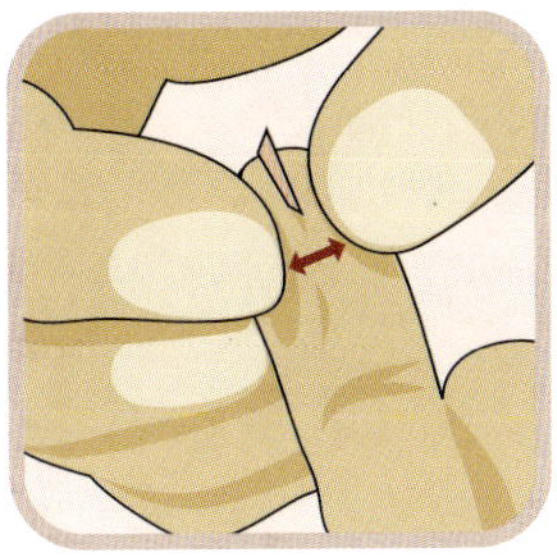

Knijp rond de splinter.

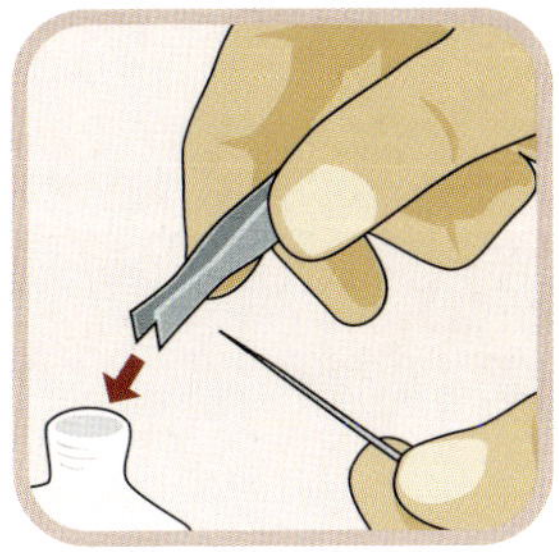

Ontsmet met alcohol.

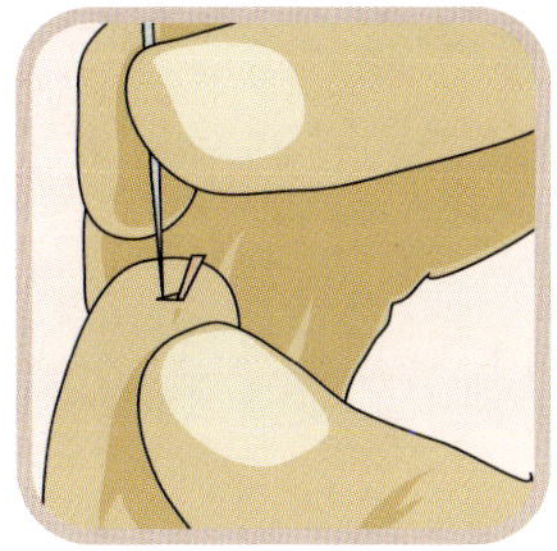

Maak het gat groter.

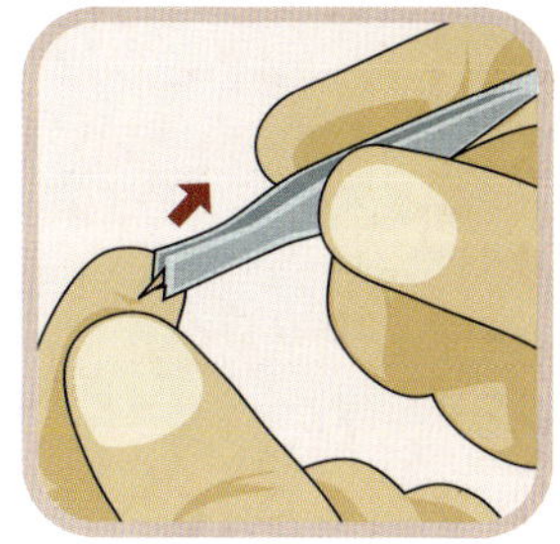

335 Iets uit je oog verwijderen

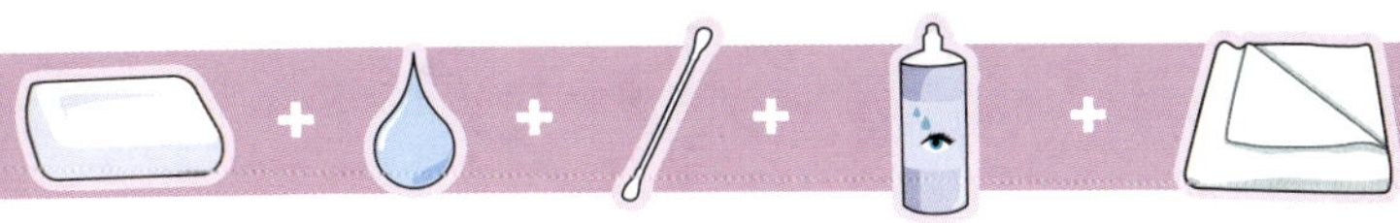

Was eerst je handen.

Verwijder het vuiltje.

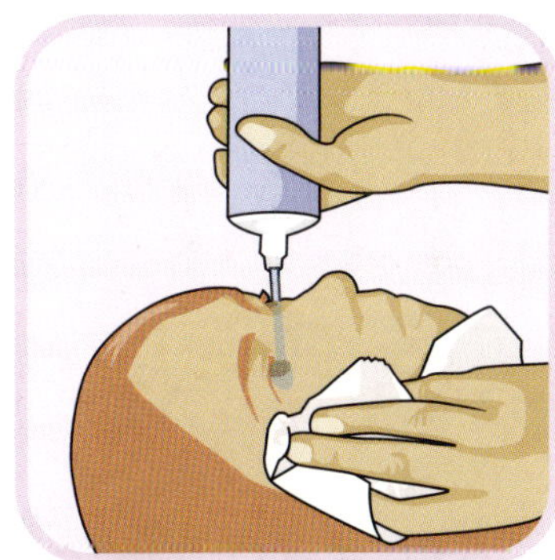

Druppel er een zoutoplossing in.

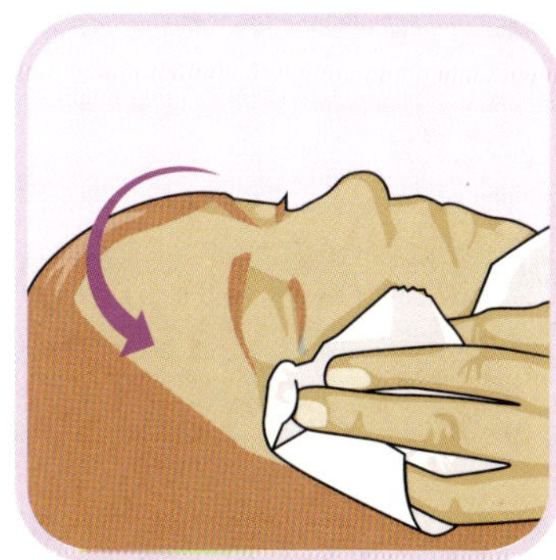

Draai je hoofd; veeg het teveel weg.

Een EHBO-koffer samenstellen

Een bloeding stelpen 337

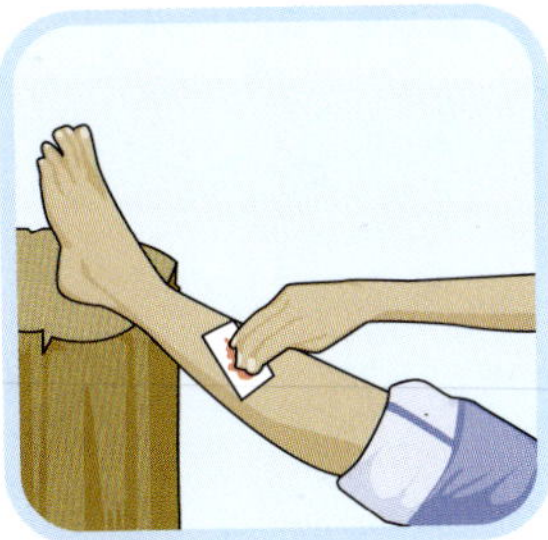

Oefen druk uit op de wond.

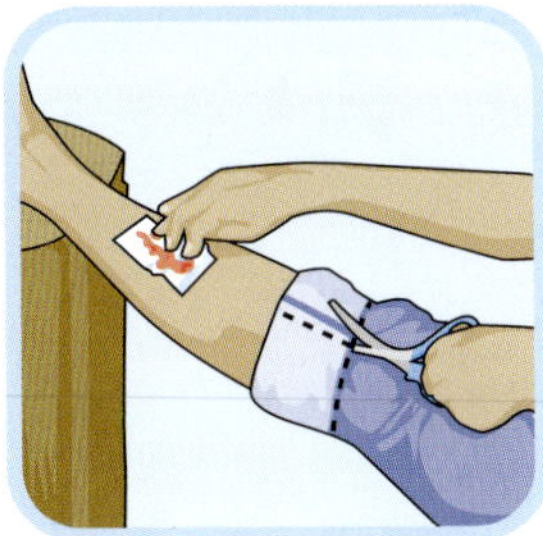

Maak knellende kleding los.

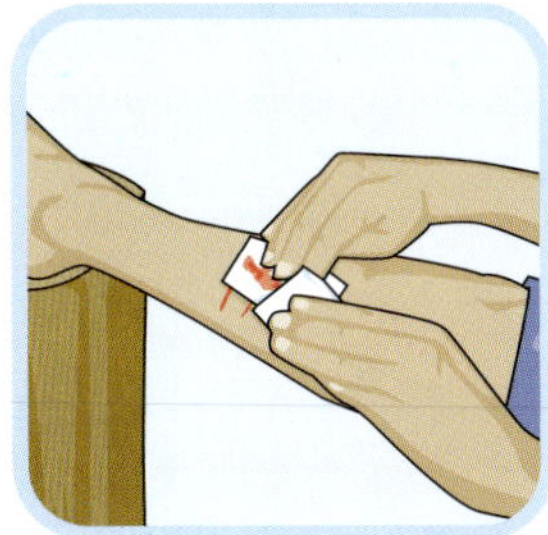

Leg er een extra gaasje op.

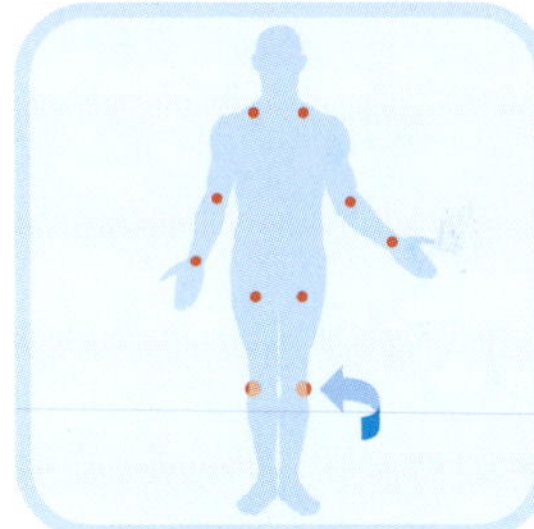

Zoek een drukpunt.

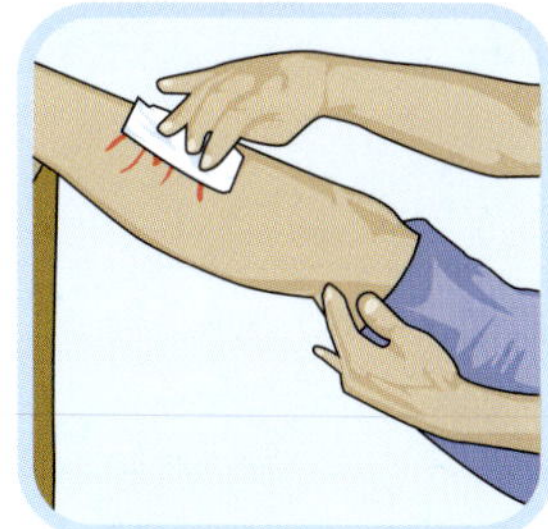

Druk vertraagt het bloeden.

Een gemene wond verbinden 338

* Als de wond zo diep is dat je geelachtig weefsel ziet, of als de randen ver uit elkaar liggen, zal er moeten worden gehecht.

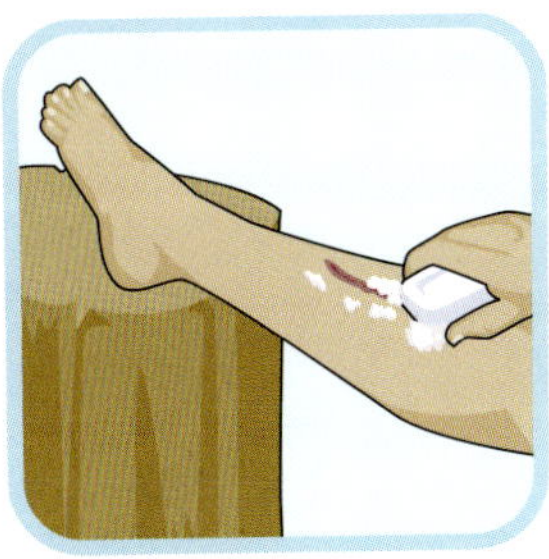

Maak de wond schoon.

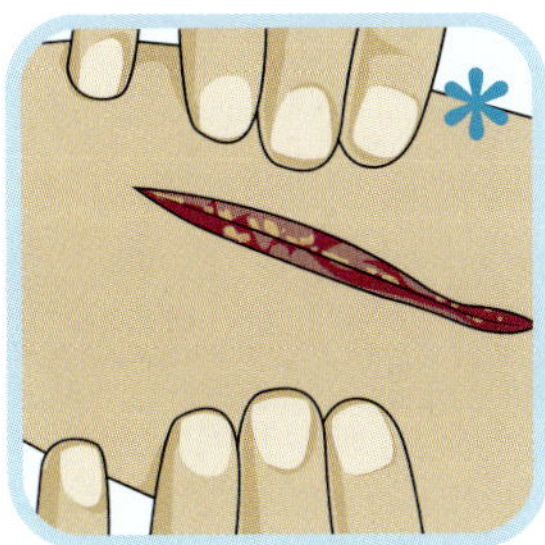

Kijk of hij gehecht moet worden.

Breng antibioticazalf aan.

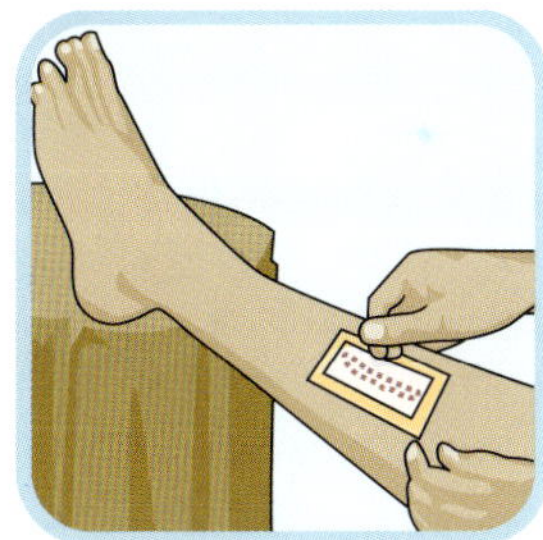

Plak er een pleister op.

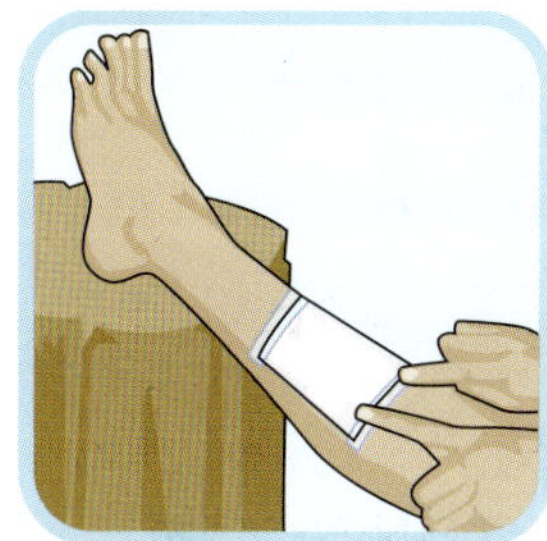

En een waterafstotend laagje.

Een tourniquet aanbrengen 339

* Gebruik een tourniquet alleen bij ernstige bloedingen. Als de wond net boven een gewricht zit, knoop je daarboven of er vlakbij.

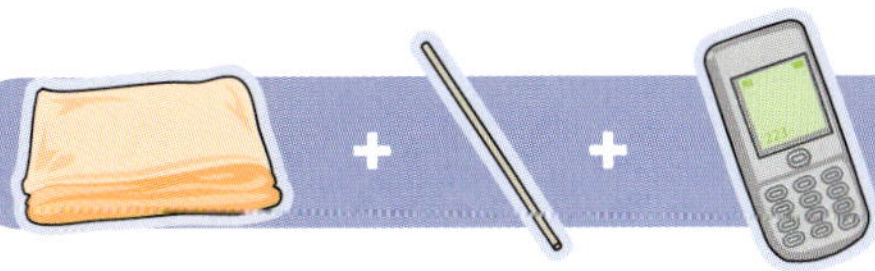

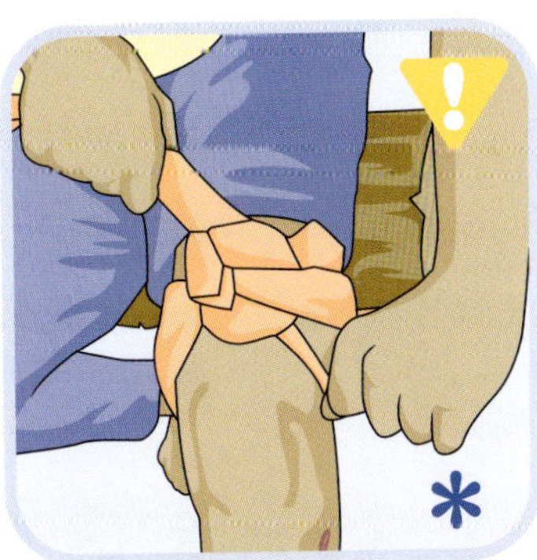

Leg een knoop boven de wond.

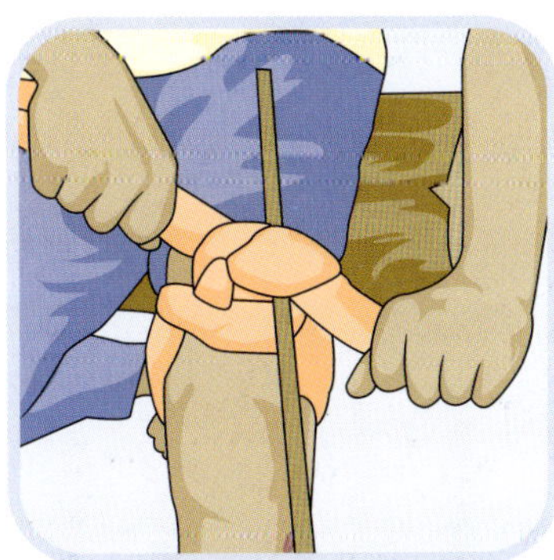

Steek er een stok in.

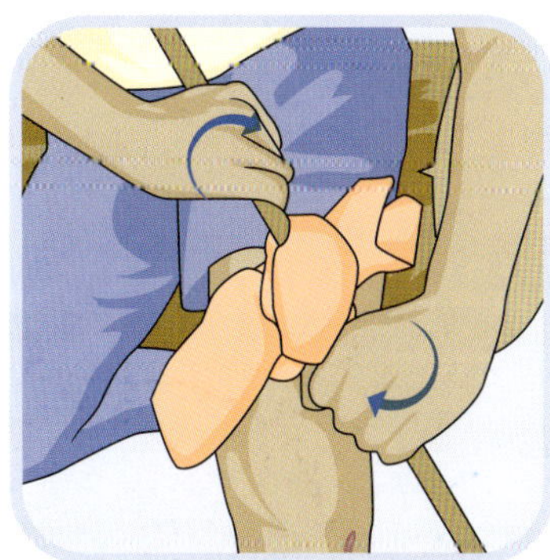

Draai; trek aan tot het bloeden stopt.

340 Iemand reanimeren

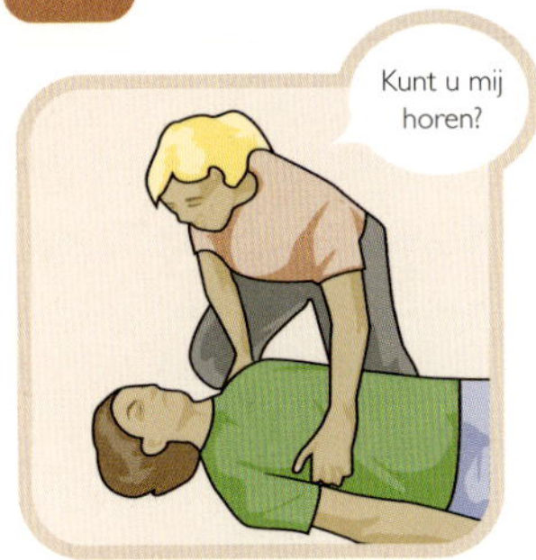

Controleer de ademhaling.

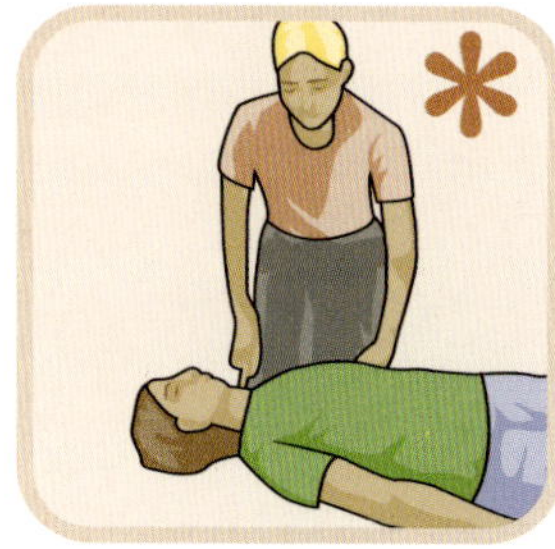

Controleer kort de hartslag.

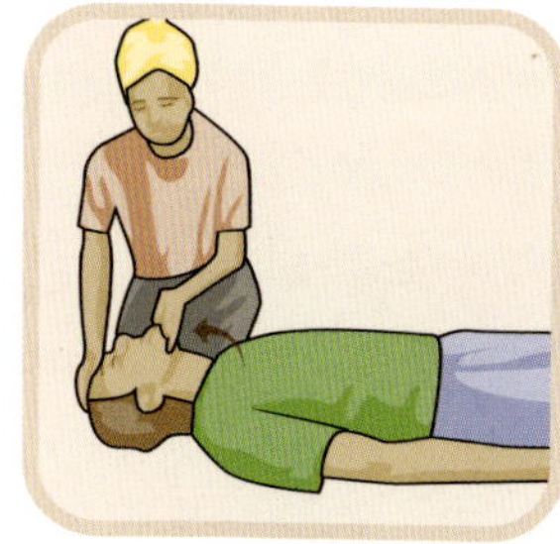

Kantel het hoofd naar achteren.

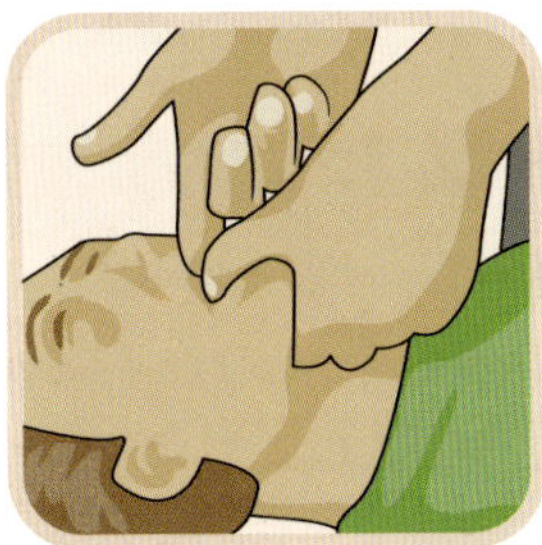

Haal voorwerpen uit de mond.

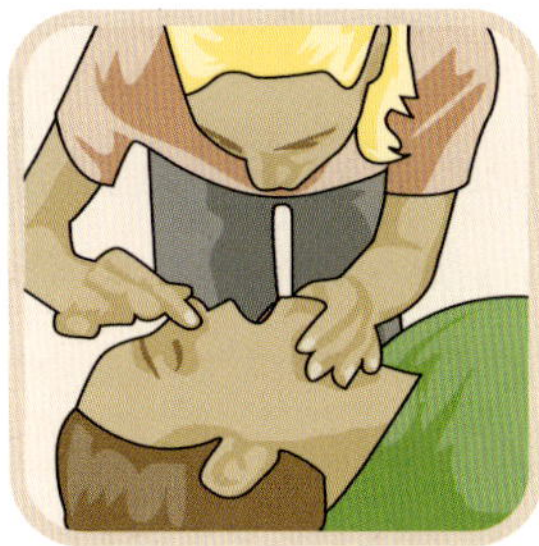

Druk de neus dicht.

Beadem het slachtoffer.

Duw op het borstbeen.

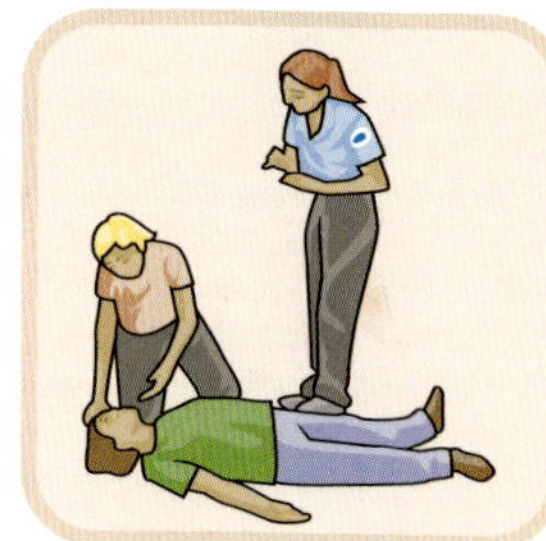

Ga door totdat hulp arriveert.

* Ga voortvarend te werk! Zoek niet te lang naar een hartslag. En hoewel beademing levens kan redden, zijn sommige deskundigen van mening dat de borstcompressies het cruciaalst zijn bij reanimatie. Dus als het slachtoffer een hartstilstand heeft, of als je geen mond-op-mondbeademing kunt toepassen, begin dan met het geven van hartmassages.

341 Iemand helpen die zich verslikt

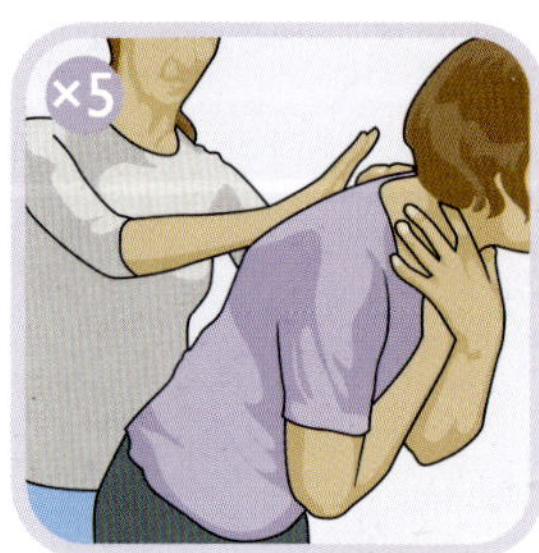

Sla tussen de schouderbladen.

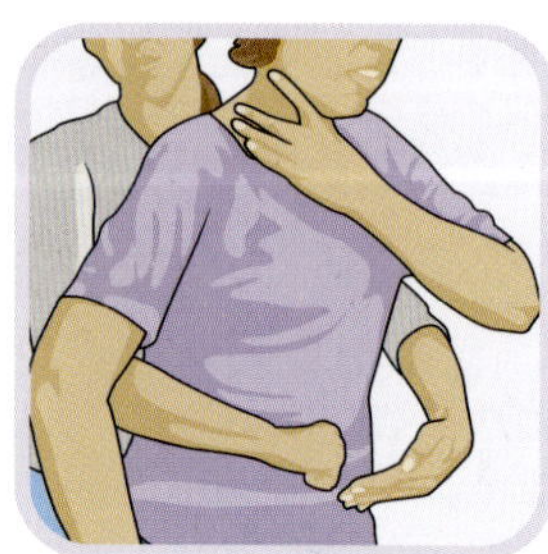

Plaats je vuist onder de ribben.

Pas de Heimlichgreep toe.

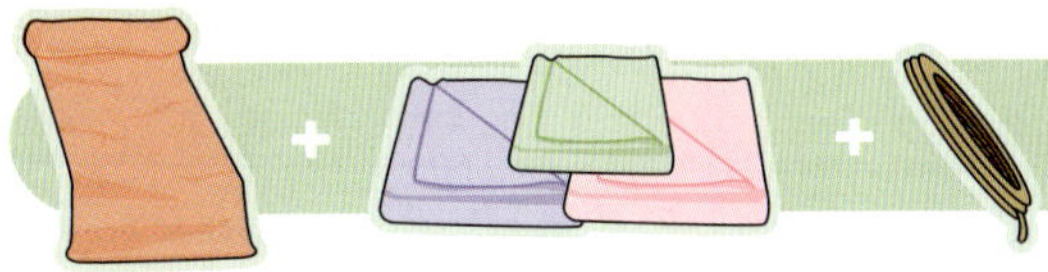

Een onderbeen spalken 342

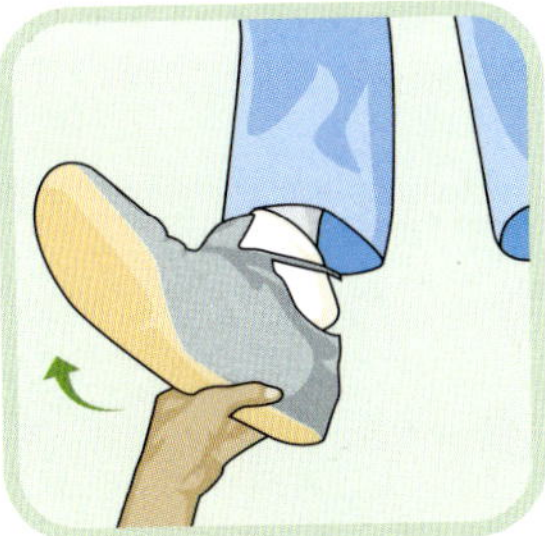

Trek de schoen en sok uit.

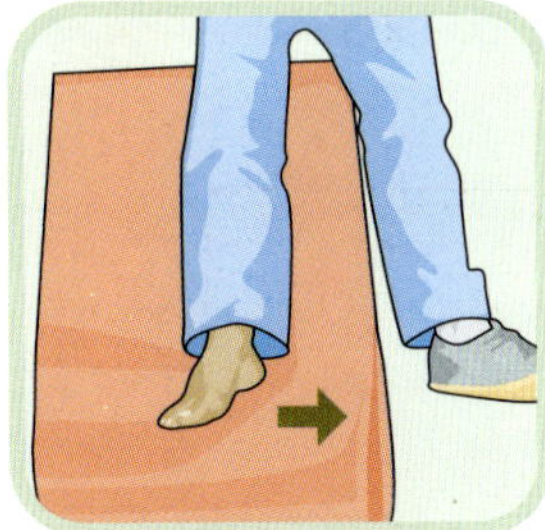

Leg een mat onder het been.

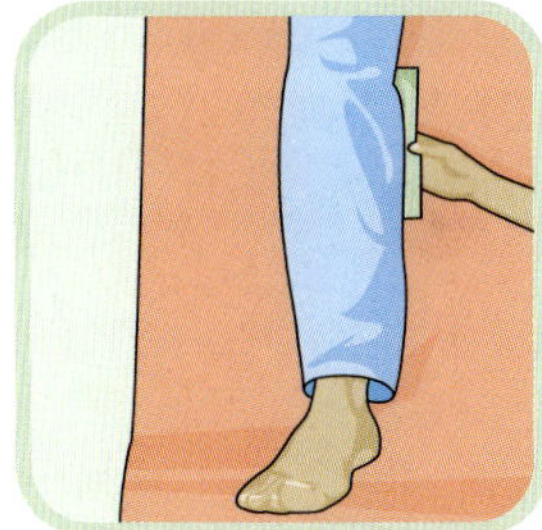

Leg iets in de knieholte.

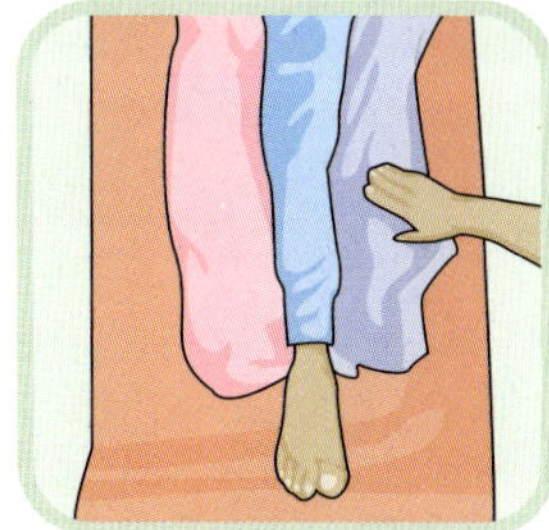

Stut het been met doeken.

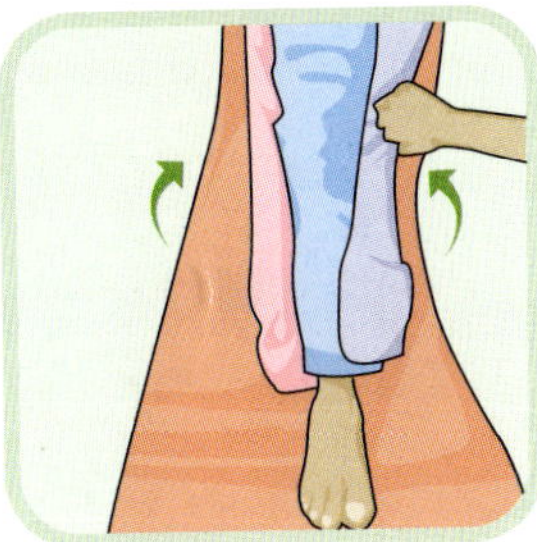

Wikkel om het been.

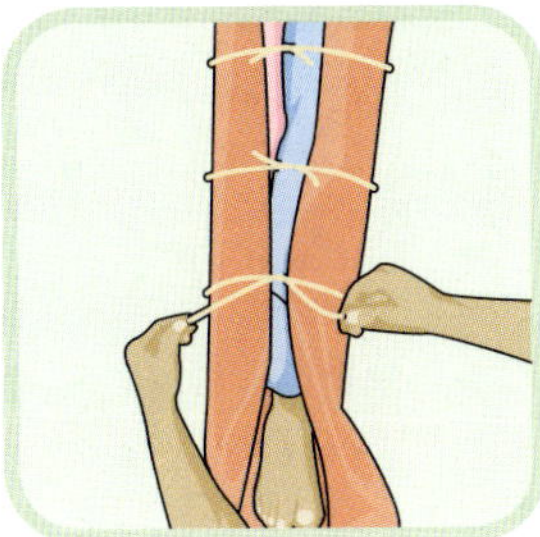

Knoop dicht.

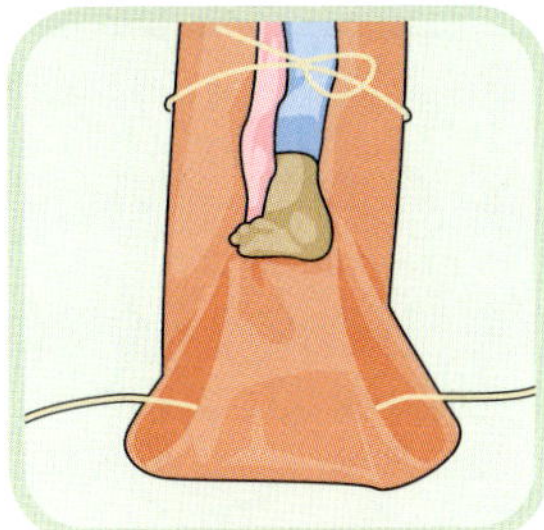

Trek touw door de vouw.

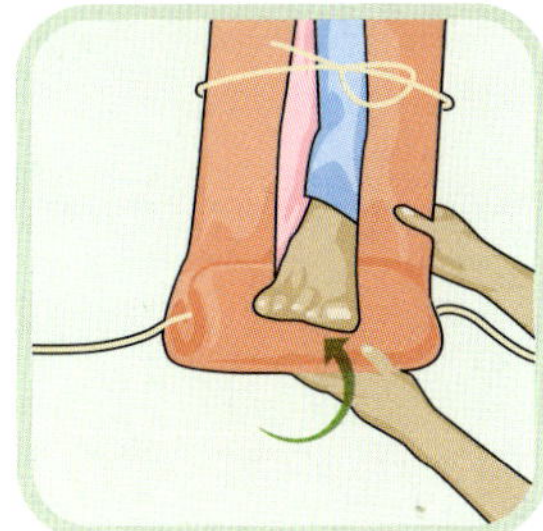

Rol het uitstekende deel op.

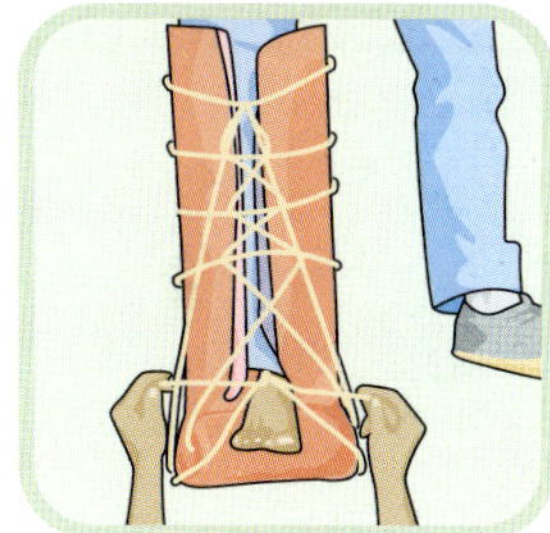

Knoop kruislings vast.

* Als je in je eentje bent en het lukt je niet om hem vast te krijgen, leg de doek dan voor je neer en leg er een knoop in. Schuif de mitella over je hoofd en plaats je arm voorzichtig terug.

Een mitella vouwen 343

Leg een gevouwen lap onder je arm.

Trek de stof om je nek.

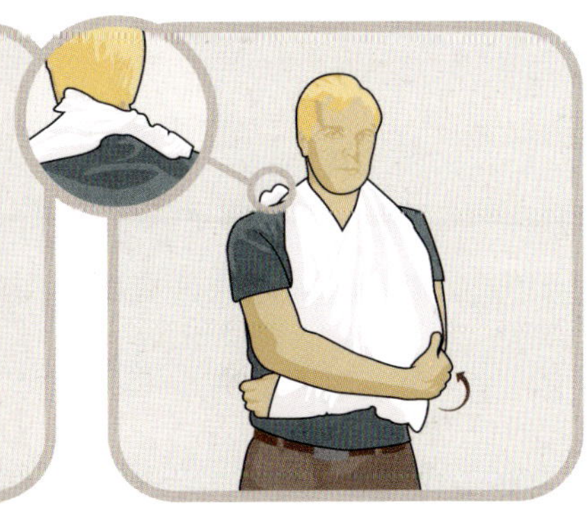

Knoop vast; werk uitsteeksels weg.

Breng extra versteviging aan.

344 In een taxi bevallen

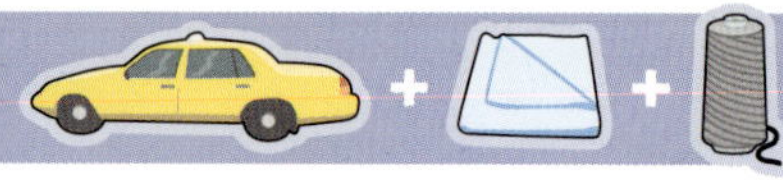

Houd die taxi aan!

191 In een rokje de auto uitstappen

Ga op je hurken zitten.

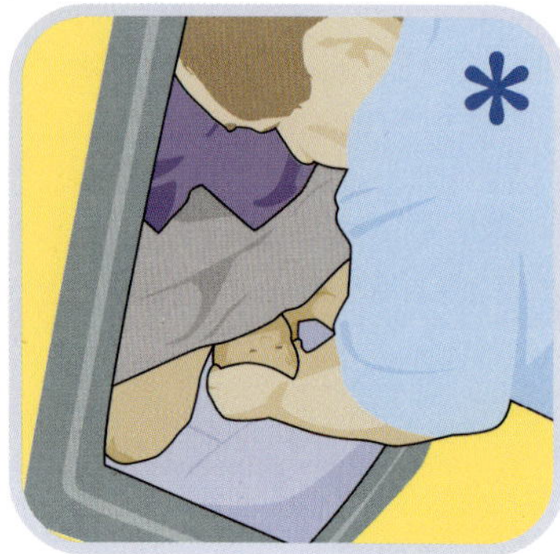

Pak voorzichtig de baby aan.

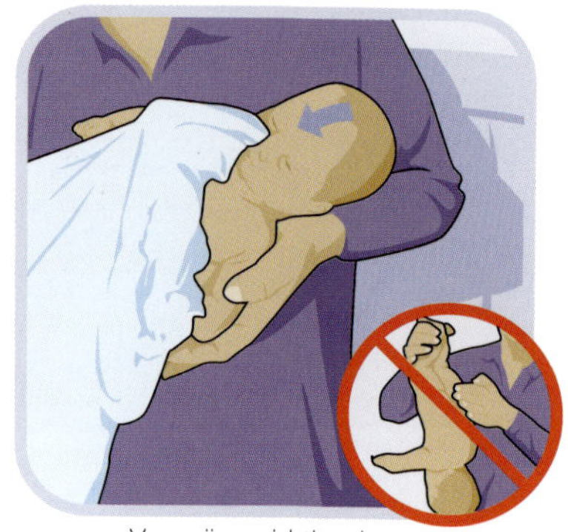

Veeg zijn gezichtje schoon.

* Als het hoofdje van de baby naar buiten komt, controleer dan of de navelstreng niet om het nekje zit. Zo ja, schuif dan je wijsvinger tussen nekje en navelstreng en trek de streng over het hoofdje. Mocht de placenta loskomen, wikkel die dan in een doek en neem hem mee naar het ziekenhuis.

345 Je borsten onderzoeken

* Het beste tijdstip voor een borstonderzoek is een paar dagen na je menstruatie. Veel vrouwen doen het vaak direct na het douchen of badderen. Waar je precies naar zoekt? Naar wat dan ook eigenlijk. Als je ook maar de lichtste verandering opmerkt in hoe je borsten eruitzien of aanvoelen, ga dan naar de huisarts. Want je weet: voorkomen is beter dan genezen.

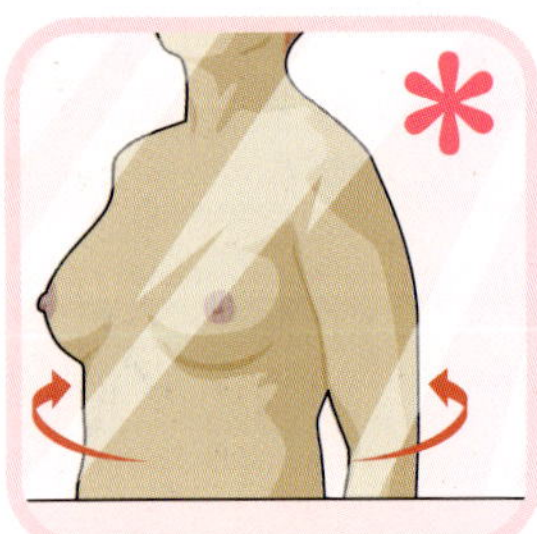

Draai; controleer op veranderingen.

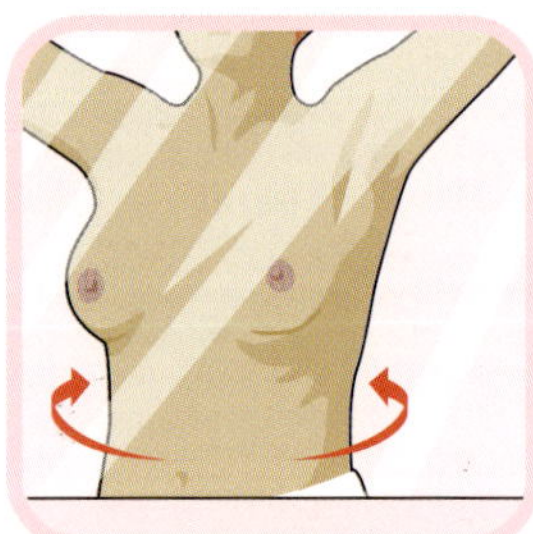

Herhaal met je armen omhoog.

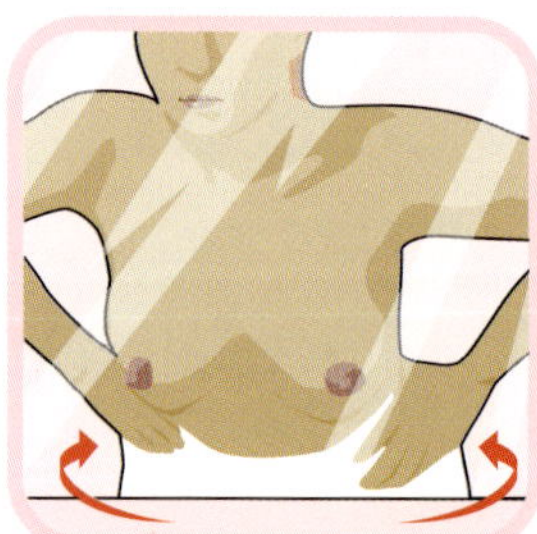

Buig voorover en herhaal.

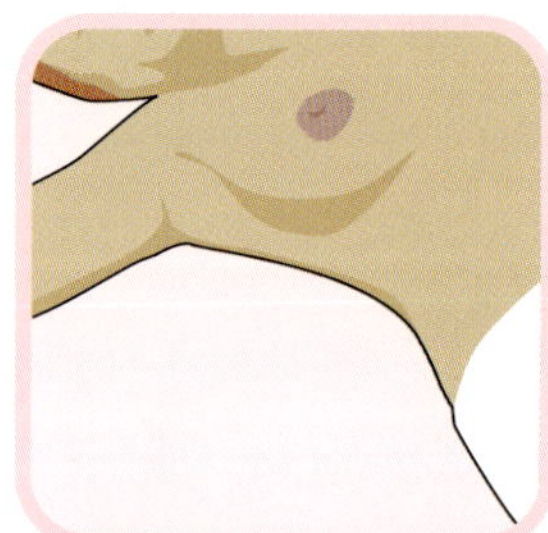

Breng liggend je arm omhoog.

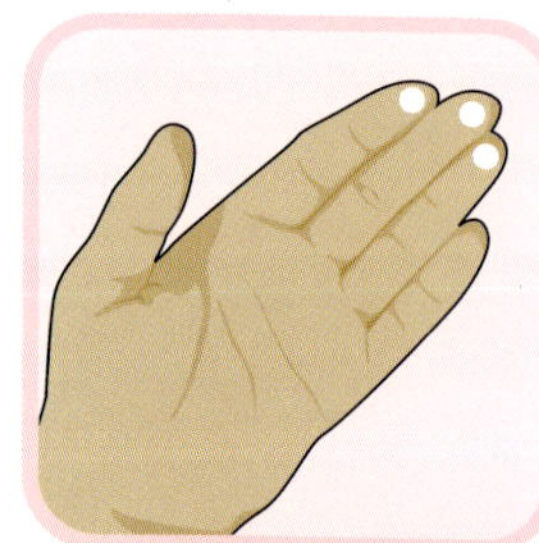

Voel met drie vingertoppen.

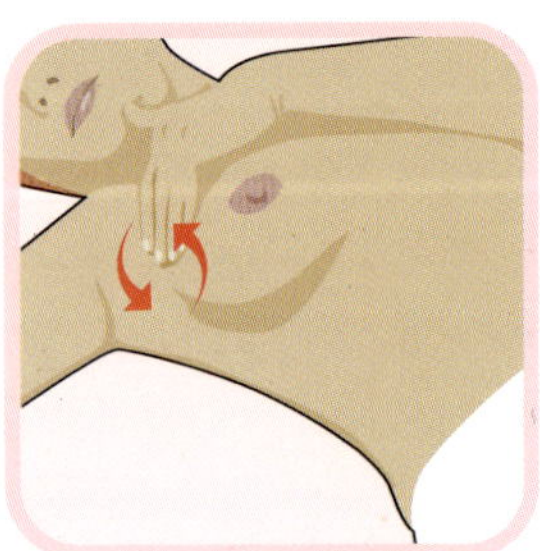

Maak draaiende bewegingen.

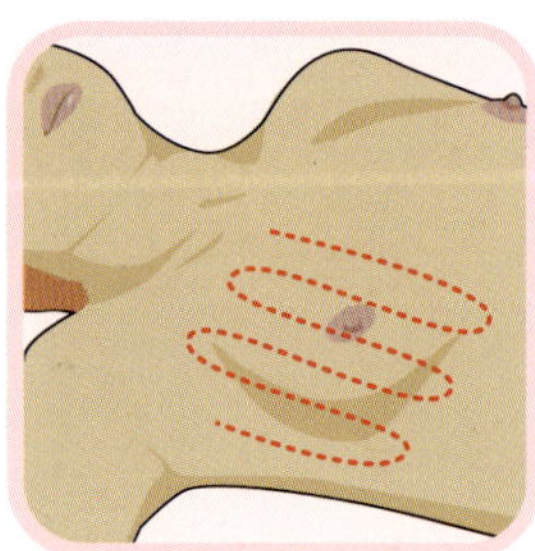

Tast de hele borst af.

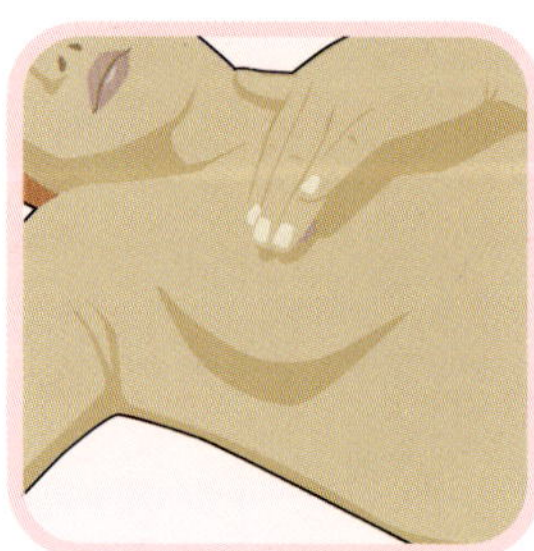

Controleer de tepel.

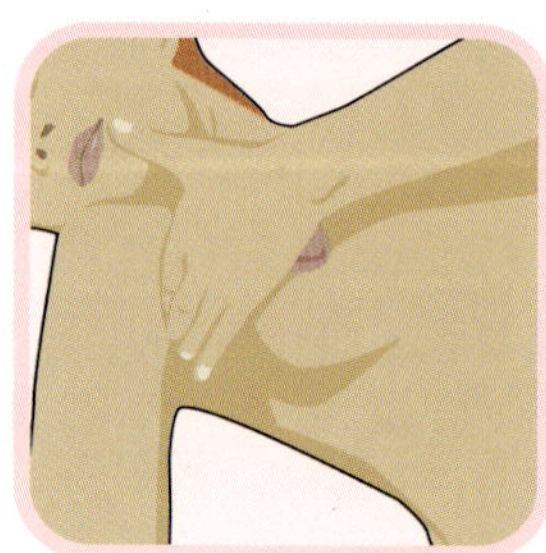

Bevoel de lymfeklieren.

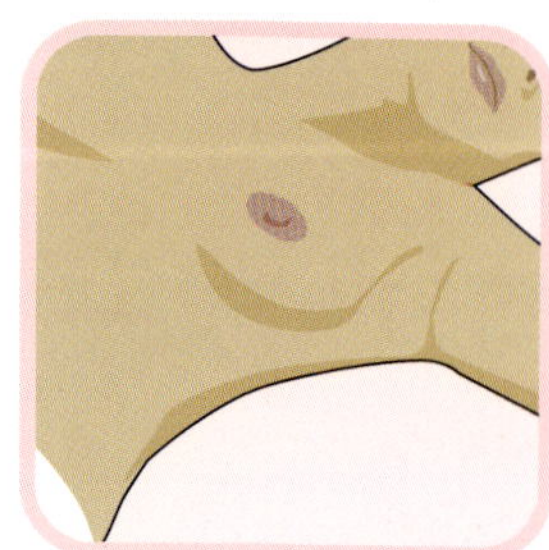

Herhaal aan de andere kant.

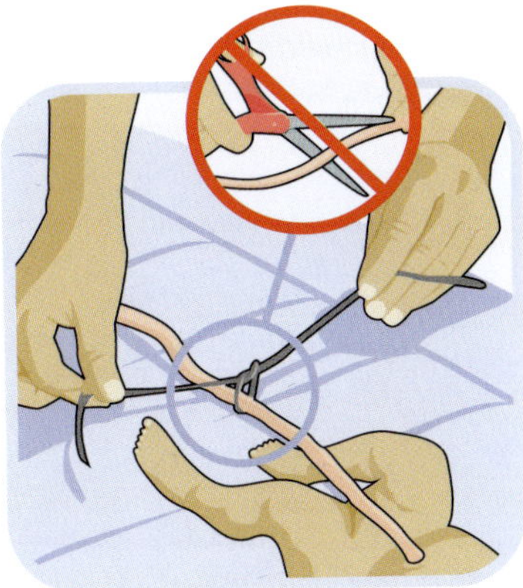

Bind de navelstreng af.

Houd de baby dicht tegen je aan.

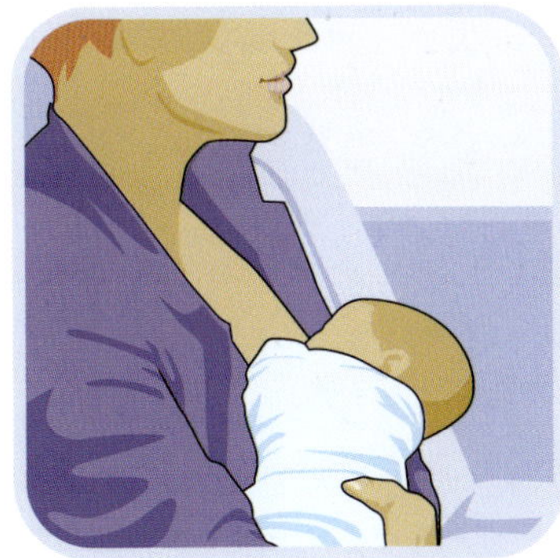

Probeer de baby te voeden.

Haast je naar het ziekenhuis.

Je baby aanleggen 346

Een lammetje de fles geven 281

Draag je baby buik tegen buik.

Omklem je borst in een c-vorm.

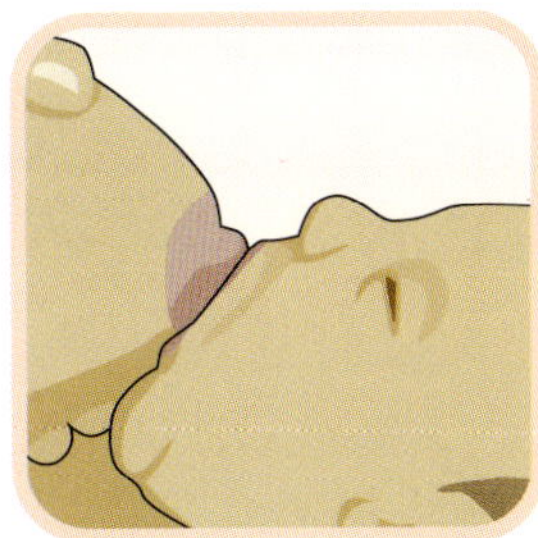

Strijk je tepel over baby's lipjes.

Duw het onderkaakje iets omlaag.

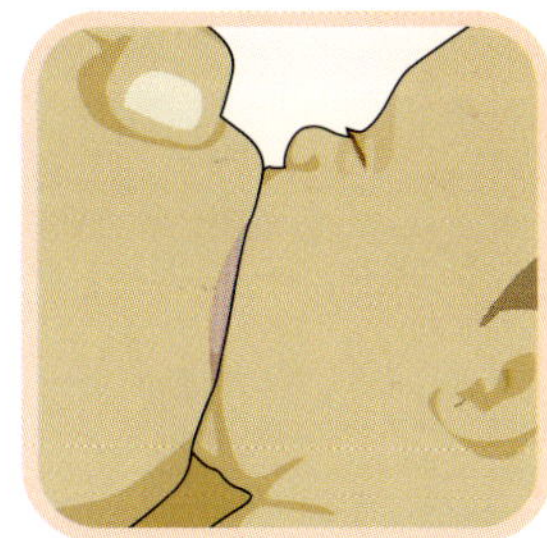

Breng het hoofdje naar je borst.

Een stikkende baby redden 347

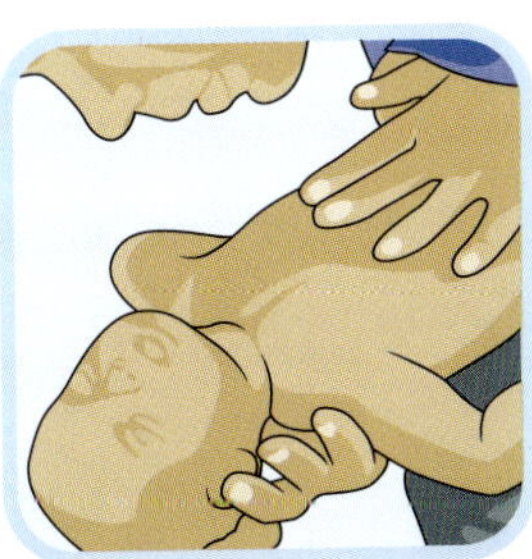

Controleer de ademhaling

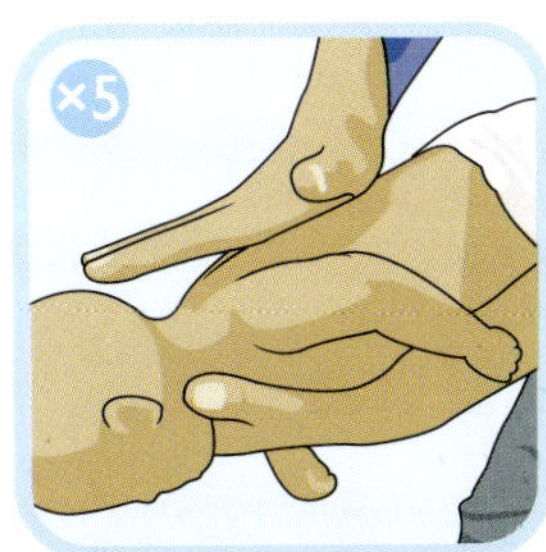

Sla op het ruggetje.

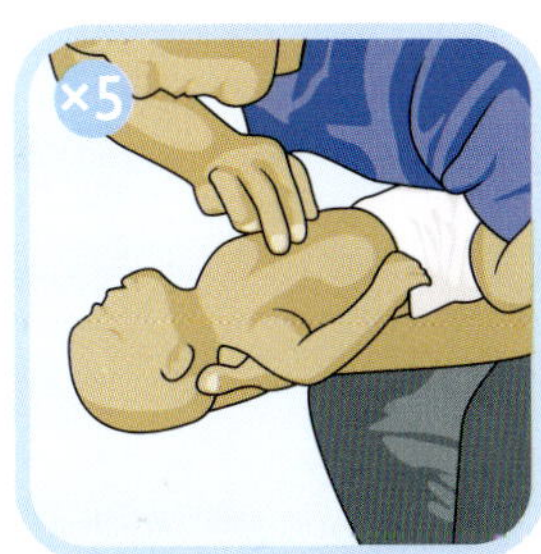

Druk het borstbeen in.

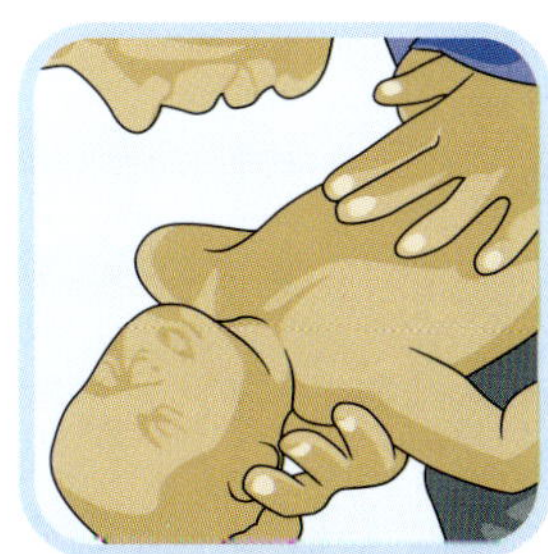

Controleer de ademhaling; herhaal.

klankschaal en stok

foto van een mooi zeezicht

mandala

plant

348 Mediteren voor innerlijke rust

Omring jezelf met kalmerende, spirituele voorwerpen en ga in een comfortabele houding zitten. Ontspan en laat de lucht tijdens het in- en uitademen door je heen rollen. Komen er gedachten boven dwarrelen, benoem ze dan, maar richt je aandacht daarna meteen weer op je ademhaling.

Als je wordt afgeleid door een geluid, denk dan 'lawaai' en concentreer je weer op je ademhaling.

Als je je zorgen maakt, gefrustreerd bent of een andere emotie voelt (zelfs een positieve), denk dan 'emotie' en richt je op je ademhaling.

Als je jezelf erop betrapt je agenda te doorlopen of te piekeren over iets, denk dan 'gedachte' en concentreer je weer op je ademhaling.

Als je iets voelt kriebelen, tintelen of je hebt ergens kramp, denk dan 'fysieke sensatie' en concentreer je weer op je ademhaling.

bloem

Na verloop van tijd kun je de duur van je meditaties langzaamaan wat rekken.

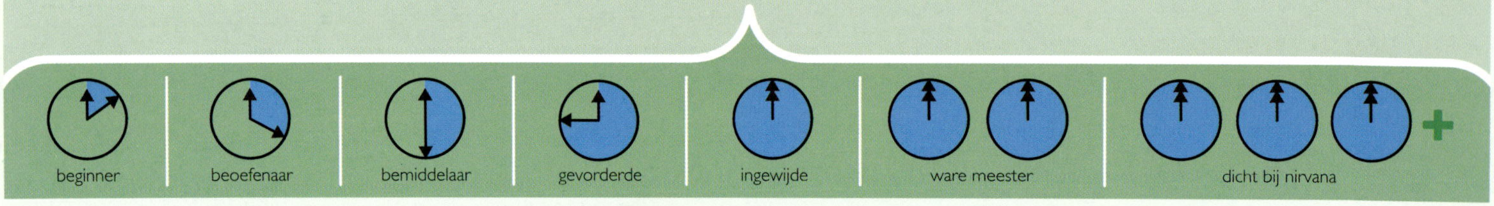

kaars

foto van een dierbare

blad

rozenkrans

kristal

muziek

bloem

wierook

Relaxen in een Finse sauna 349

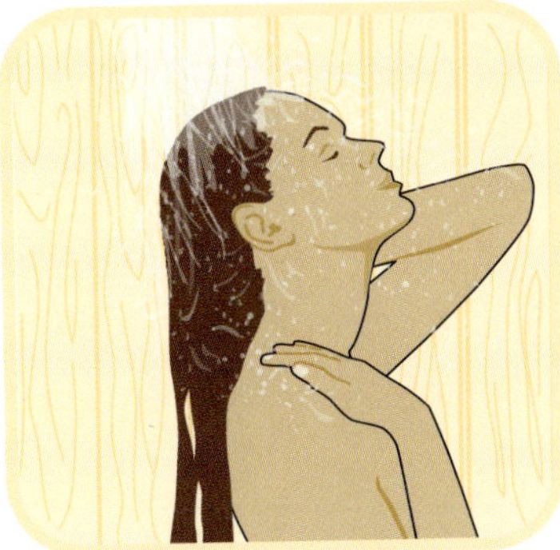

Neem eerst een douche.

Schep water op de hete kolen.

Geniet van de warmte.

Bewerk je huid met de vihta.

Een onderkoeld slachtoffer redden 441

Neem een verfrissende duik.

Blijf goed drinken!

Herhaal het ritueel zolang je wilt.

Douche na afloop.

* De Finnen gaan naakt de sauna in, voor een optimaal reinigingsritueel van top tot teen dat alle poriën opent. Als je niet graag in je blootje tussen andere mensen rondloopt, wikkel je gewoon een handdoek om. Doe die wel af als je je huid gaat bekloppen met de vochtige bundel berkentwijgen. De bladeren van deze vihta verkwikken je huid. De frisse geur van de takjes heeft een revitaliserende werking.

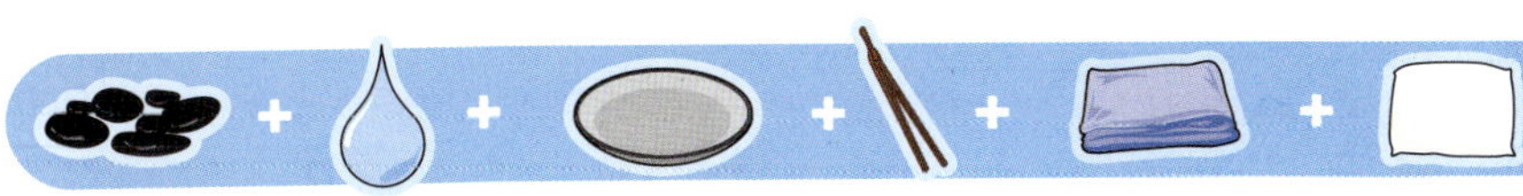

Genieten van een hotstonemassage 350

Een steen over water keilen 461

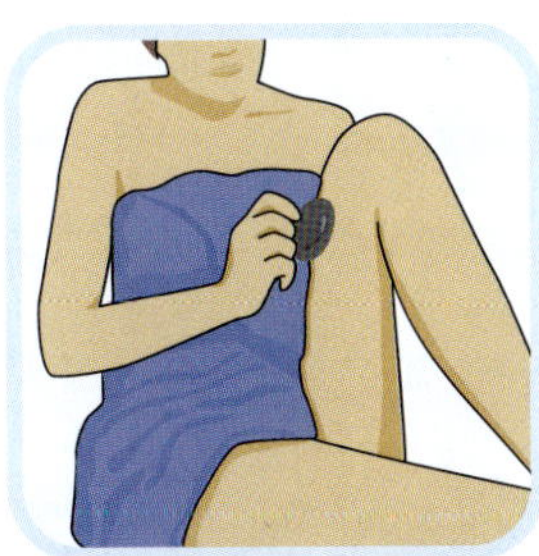

Masseer je ledematen met de steen.

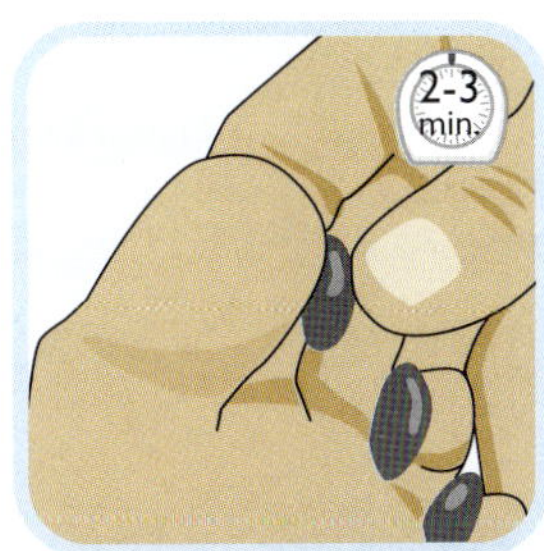

Leg in elke hand een steen.

351 Reiki toepassen

Schakel je bewuste ik even uit.

Richt je op het universum.

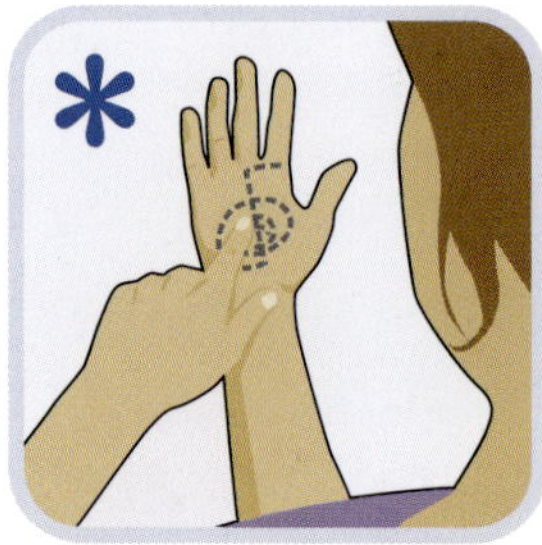

Teken het juiste symbool.

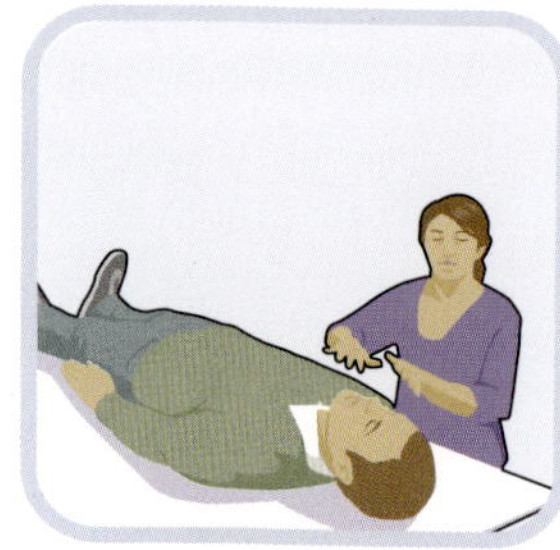

Neem jullie plaatsen in.

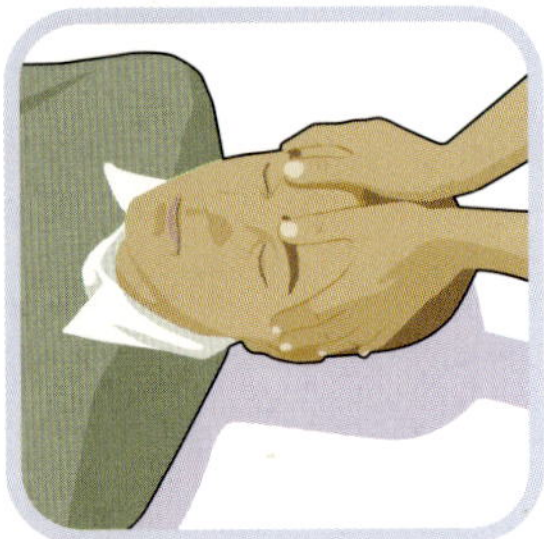

Scan het chakra op behoeften.

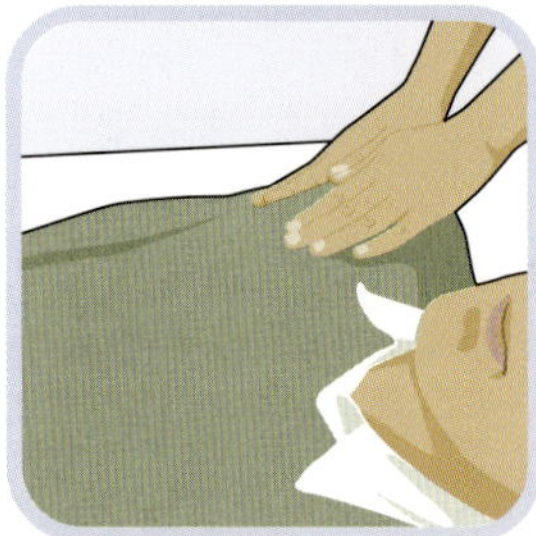

Richt je op een bepaald gebied.

Behandelde plekken tintelen.

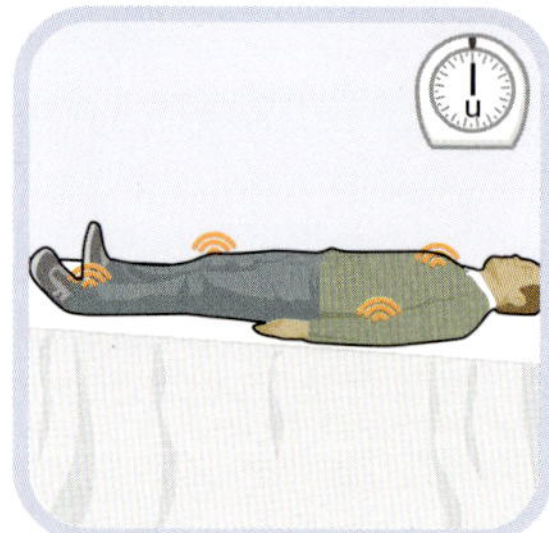

Behandel alle kwetsbare plekken.

Ontspan en bespreek het resultaat.

Met deze Japanse techniek, waarbij helende energie door de ene persoon aan de andere wordt doorgegeven, verdwijnt de pijn. Voorafgaand aan een sessie tekent de reikimeester symbolen in zijn handpalm of op de patiënt.

cho ku rei
Dit symbool vermeerdert en concentreert energie.

sei hei ki
Dit symbool zet je in bij emotionele disbalans.

hon sha ze sho nen
Dit symbool stuurt energie naar mensen die ver weg zijn.

352 Een tai-chibeweging maken

Boots de sierlijke, vloeiende bewegingen van de wolken na met deze meditatieve tai-chibeweging, die 'handen wuiven als wolken' wordt genoemd. Probeer je tijdens het uitbeelden voor te stellen dat je je handen rond een bal van energie draait. Herhaal de stappen 3-5 driemaal om de oefening te voltooien.

Beweeg je arm naar rechts.

Verplaats, open je rechterhand.

Draai je handen rond; kijk rechts.

Ga zo door; draai naar links.

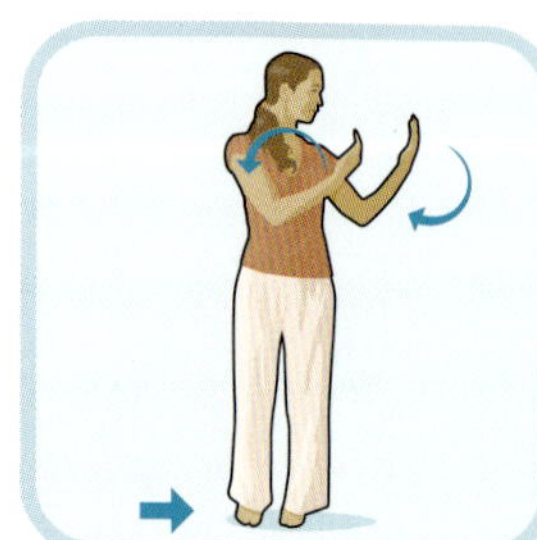

Breng je benen bij elkaar.

voor beginners

voor beginners en zwangere vrouwen

voor beginners en kinderen

voor semi-gevorderden

sukasana (gemakkelijk)

upavistha konasana (spreidzit)

ardha matsyendrasana (halve spiraal)

svanasana (tafel)

marjariasana (kat)

bitilasana (koe)

chakravakasana (balancerende kat)

garbhasana (kind)

phalahakasana (plank)

astang pranam (vlinder)

bhujangasana (aangepaste cobra)

adho mukha svanasana (omlaagkijkende hond)

ardha adho mukha shvanasana (halve omlaagkijkende hond)

uttanasana (vooroverbuiging)

utthita ashwa sanchalanasana (hardloper)

ardha virabhadrasana (krijger I)

virabhadrasana III (krijger III)

virabhadrasana II (krijger II)

parsvakonasana (aangepaste zijwaartse hoek)

trikonasana (driehoek)

vrksasana (boom)

purvottanasana (omgekeerde plank)

dhanurasana (buig)

ustrasana (kameel)

ardha sarvangasana (halve schouderstand)

halasana (ploeg)

shavasana (aangepast lijk)

354 Voor een langeafstandsloop trainen

loop ren

Trek die hardloopschoenen aan! Om je uithoudingsvermogen een boost te geven wissel je een paar minuten rennen en lopen af, waarbij je elke week iets langer gaat rennen. Las na elke training een paar dagen rust in.

	dag 1	dag 2	dag 3
week 1	ren 1 min., loop 1½ min. ×8 Totaal = 20 min.	ren 1 min., loop 1½ min. ×8 Totaal = 20 min.	ren 1min, loop 1½min. ×8 Totaal = 20 min.
week 2	ren 1½, loop 2 ×6 Totaal = 21 min.	ren 1½, loop 2 ×6 Totaal = 21 min.	ren 1½, loop 2 ×6 Totaal = 21 min.
week 3	ren 1½, loop 1½, ren 3, loop 3 ×2 Totaal = 18 min.	ren 1½, loop 1½, ren 3, loop 3 ×2 Totaal = 18 min.	ren 1½, loop 1½, ren 3, loop 3 ×2 Totaal = 18 min.
week 4	ren 3, loop 1½, ren 5, loop 2½, ren 3, loop 1½, ren 5 Totaal = 21½ min.	ren 3, loop 1½, ren 5, loop 2½, ren 3, loop 1½, ren 5 Totaal = 21½ min.	ren 3, loop 1½, ren 5, loop 2½, ren 3, loop 1½, ren 5 Totaal = 21½ min.
week 5	ren 5, loop 3, ren 5, loop 3, ren 5 Totaal = 21 min.	ren 8, loop 5, ren 8 Totaal = 21 min.	ren 21 Totaal = 21 min.
week 6	ren 5, loop 3, ren 8, loop 3, ren 5 Totaal = 24 min.	ren 10, loop 3, ren 10 Totaal = 23 min.	ren 25 Totaal = 25 min.
week 7	ren 25 Totaal = 25 min.	ren 25 Totaal = 25 min.	ren 28 Totaal = 28 min.
week 8	ren 28 Totaal = 28 min.	ren 28 Totaal = 28 min.	ren 30 Totaal = 30 min.
week 9	ren 30 Totaal = 30 min.	ren 30 Totaal = 30 min.	ren 30 Totaal = 30 min.

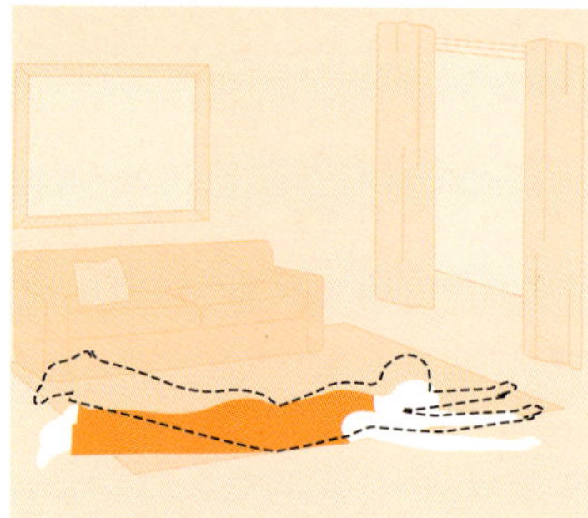

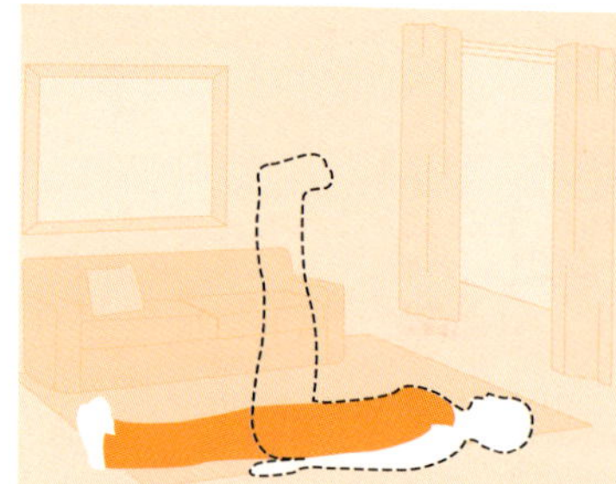

Houd je rug tegen de grond gedrukt.

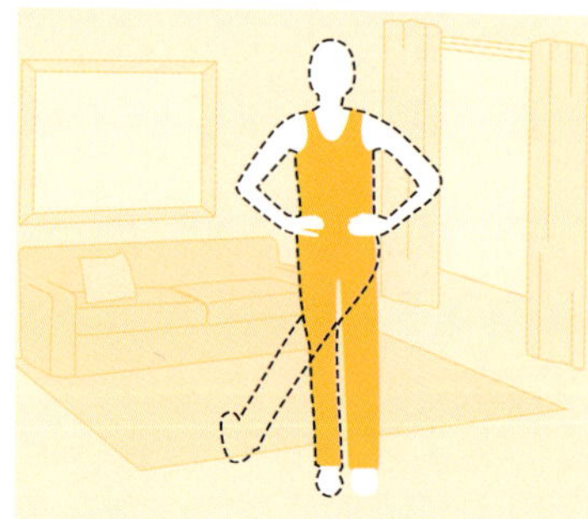

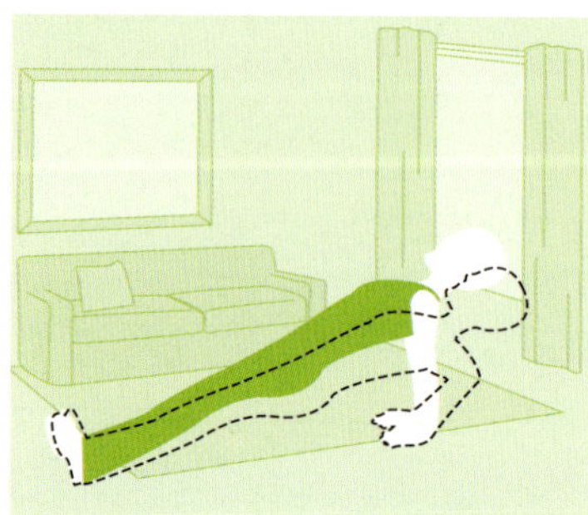

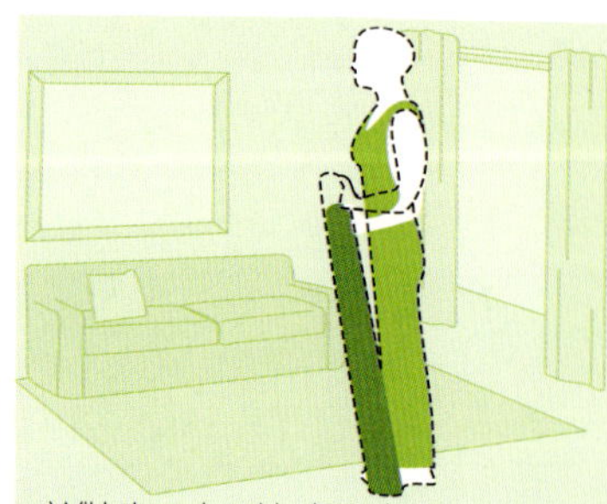

Wikkel een handdoek om je voet en trek.

355 Stretchen voordat je gaat sporten

356 Je torsospieren trainen

357 Je onderlichaam sterker maken

Span je bilspieren en duw je heupen omhoog.

358 Je bovenlichaam trainen

359 Borstcrawl zwemmen

Als je je arm omhoogbrengt, draai je je hoofd opzij en ademt in.

360 Rugslag zwemmen

361 Schoolslag zwemmen

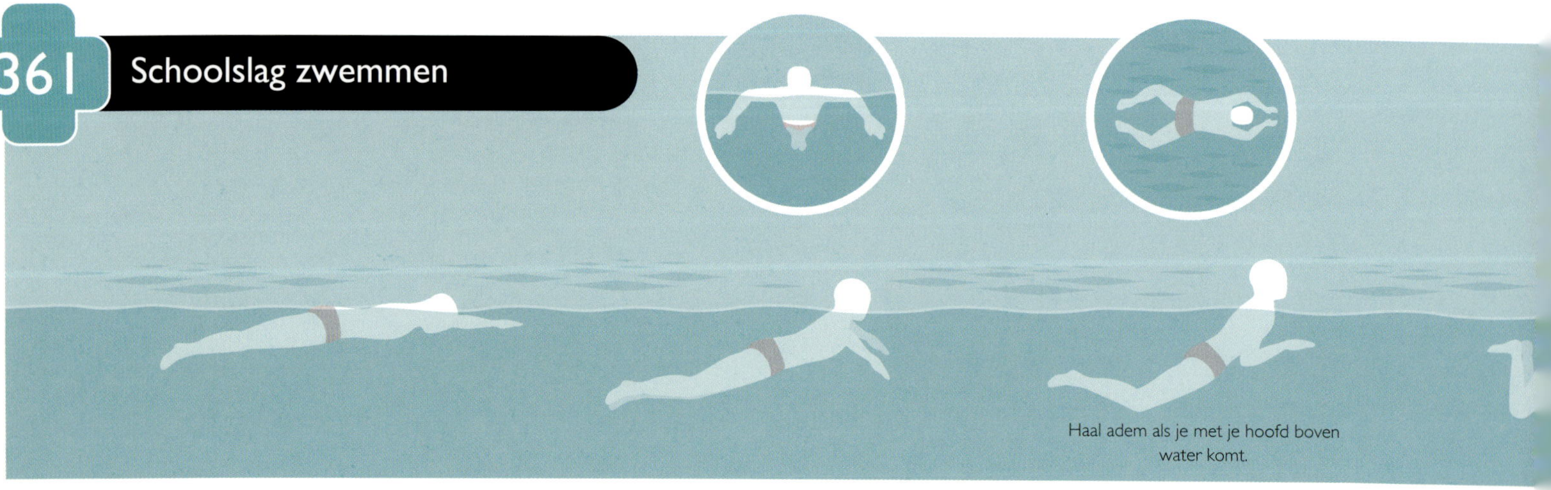

Haal adem als je met je hoofd boven water komt.

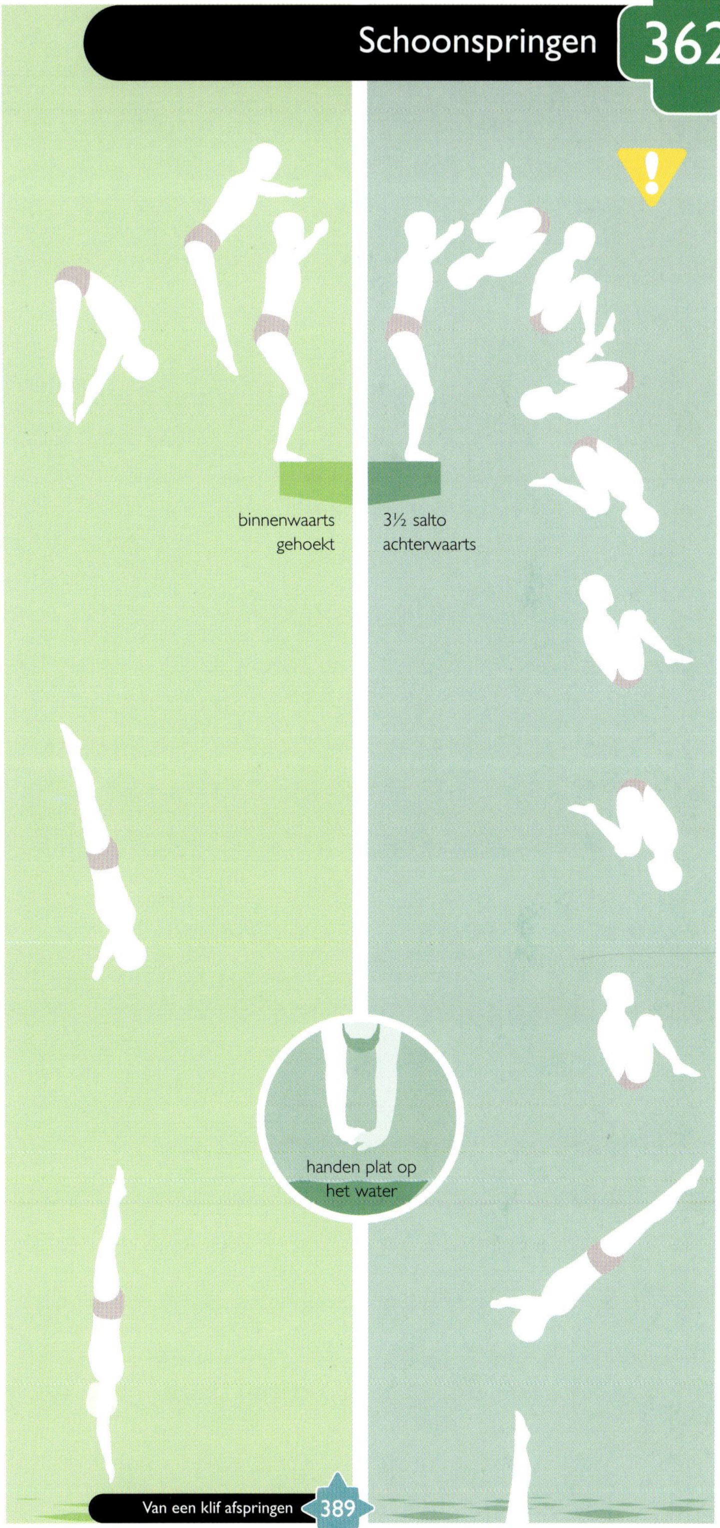

Van een klif afspringen 389

363 Opstaan na een val bij het skiën

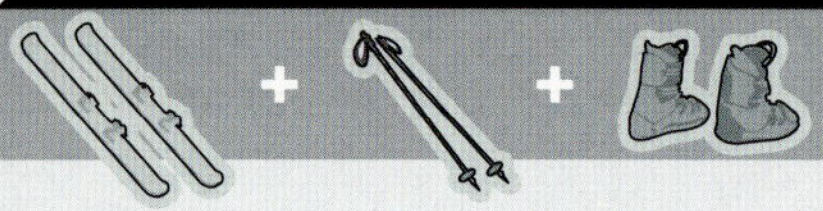

Bepaal je positie.

Leg je skistokken opzij.

Trek je achterste knie op.

Neem je bovenste been mee.

Houd je benen parallel.

Pak je stokken.

Duw je ermee omhoog.

Ski verder!

364 Een piste afskiën

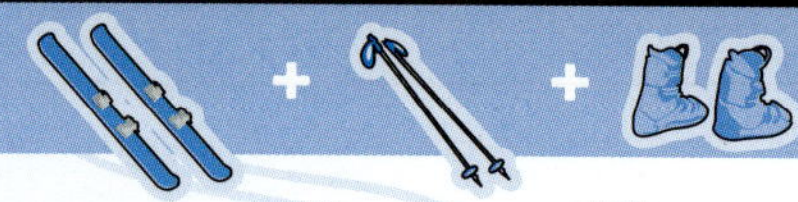

vallend blad

Om met glijden te beginnen, druk je met de tenen van je voorste voet. Wil je stoppen, trek dan de dezelfde voet omhoog. Net als bij een gaspedaal!

driften

1 Verplaats je gewicht naar voren en stuur je ski's de piste af.

2 Draai je ski's opwaarts om je bocht te maken.

traverseren

Heb je een gezellig chaletje gespot aan de andere kant van de piste? Traverseer dan door je ski's schuin te houden, zodat je je op de randen verplaatst. Breng je gewicht naar je onderste ski.

de sneeuwploeg

Dit is een techniek voor beginners om te stoppen. Je duwt de achterkanten van je ski's ver uit elkaar, waarbij je licht je knieën buigt, en brengt de punten naar elkaar toe.

Afdalen met een snowboard 365

zijwaarts glijden
Verminder vaart door achterover te hellen in de sneeuw. Om te versnellen verplaats je je gewicht naar de neus van je board.

2 Als je van richting wilt veranderen, druk je met de tenen van je achterste voet.

Vallen hoort erbij! Ga mee in de beweging en bescherm je polsen.

J-bocht
1 Om vaart te minderen breng je je gewicht naar achteren.

2 Draai geleidelijk de neus van je board.

3 Stuur je board opwaarts om volledig tot stilstand te komen.

Lange boards zijn voor gevorderden en professionele snowboarders.

Boards van gemiddelde lengte zijn geschikt voor allerlei terreinen.

Beginners kunnen beter manoeuvreren met korte boards. En: je kunt er allerlei coole sprongen mee maken!

Op een surfplank gaan staan 396

Je ski's dragen 366

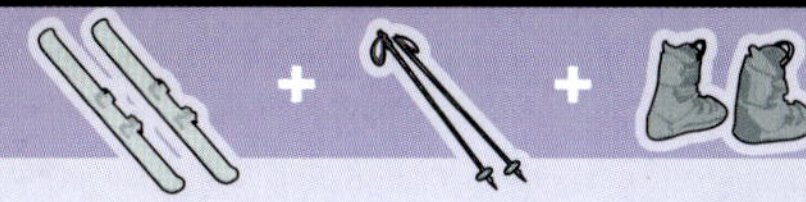

1 Knoop je schoenen aan elkaar.

2 Zwaai ze over je schouder.

3 Pak je ski's en stokken. Sta op.

4 Draag je ski's op je schouder.

Met ski's de piste opklimmen 367

visgraatpas

zijwaarts stappen

lopen

gaan

368 Je ideale bestemming kiezen

369 Altijd bij de tijd zijn

Sint-Petersburg, Rusland
Trans-Siberië Express, Rusland
Istanbul, Turkije
Matsumoto, Japan
Chinese Muur, China
Kosrae, Micronesië
Cairo, Egypte
Dubai, Verenigde Arabische Emiraten
Angkor Wat, Cambodja
Sun Island, Maldiven
Great Barrier Reef, Australië
Kilimanjaro, Tanzania
Masoala, Madagaskar
Tabanan, Bali
Queenstown, Nieuw-Zeeland
Internationale datumgrens
Helsinki, Finland
Nairobi, Kenia
Dubai, Verenigde Arabische Emiraten
Tashkent, Oezbekistan
Alma-ata, Kazachstan
Bangkok, Thailand
Hongkong, China
Tokio, Japan
Sydney, Australië
Magadan, Rusland
Queenstown, Nieuw-Zeeland
Petropavlovsk, Rusland
+1
+2
+3
+4
+5
+6
+7
+8
+9
+10
+11
+12

370 Dameskleding voor op reis vouwen

173 Jurk- en roklijnen benoemen

372 De beste stoel aan boord kiezen

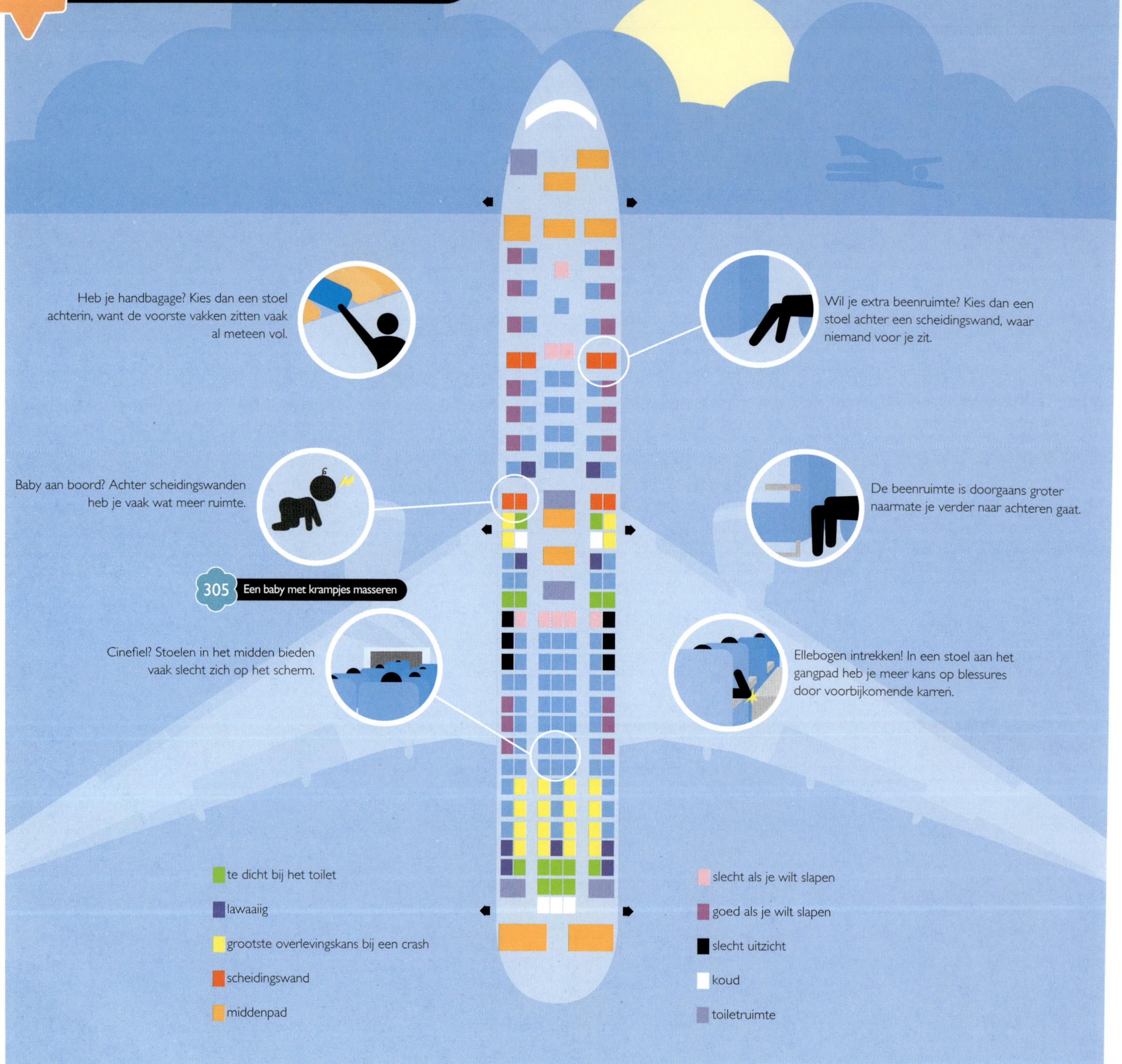

305 Een baby met krampjes masseren

Soepel blijven aan boord 373

Draai je bovenlijf.

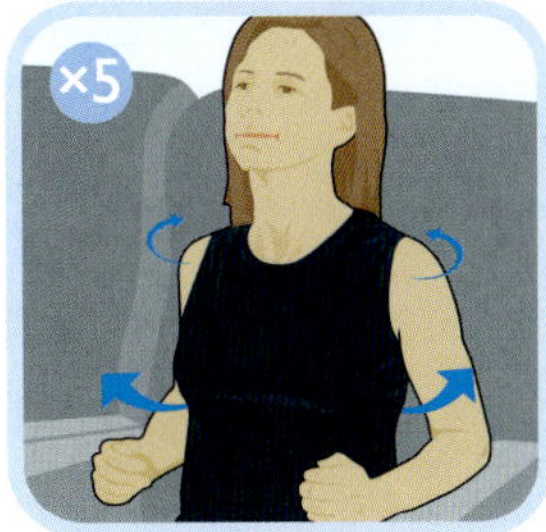

Maak je rug hol.

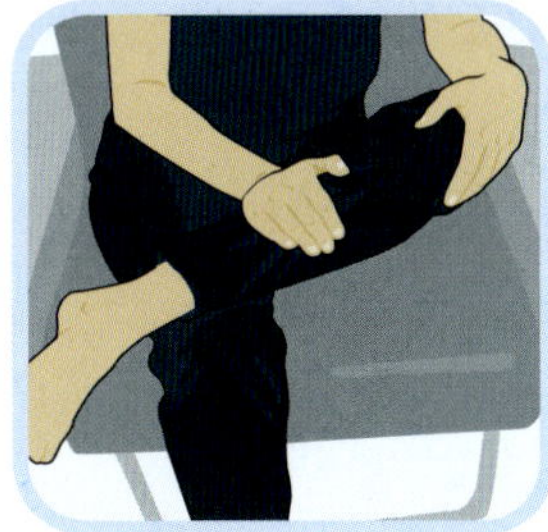
Masseer je benen.

Yogahoudingen oefenen 353

Teken het alfabet.

Rol met je vuist over je dij.

Een jetlag te lijf gaan 374

Zet je horloge op de tijd van je bestemming.

Blijf water drinken.

Rek uit om de bloedsomloop te bevorderen.

Slaap als je een nachtvlucht hebt.

Blijf op je bestemming in het daglicht.

Eet wanneer het etenstijd is.

Ga naar bed wanneer het bedtijd is.

Neem eventueel een slaaptabletje.

375 Overal het toilet herkennen

376 Overal het damestoilet vinden

Overal het herentoilet vinden 377

Een hurktoilet gebruiken 378

1. Gooi wat water in het toilet.
2.
3. Gooi water over je linkerhand en veeg je billen schoon.
4. Vergeet beslist niet je handen te wassen!

Een bidet gebruiken 379

1. Trek je broek en onderbroek uit, zodat ze droog blijven.
2. Stel de temperatuur en de kracht van de straal in.
3. Ga in spreidzit met je gezicht naar de knoppen zitten.
4. Spoel de pot schoon met een zachte waterstraal.

380 Een Koreaans spelletje doen

Gooi de steentjes op de grond. | Pak er 1 op; gooi hem omhoog. | Pak een tweede steentje. | Vang het eerste steentje. | Gooi ze op en vang ze allemaal.

* Pak de gonggi-steentjes een voor een op tot je ze allemaal hebt verzameld. Herhaal: pak eerst twee per keer op, dan drie en dan vier. Gooi tot slot de steentjes in de lucht en vang ze op de achterkant van je hand. Hoeveel je er opvangt, bepaalt je score.

381 Van een hookah-ritueel genieten

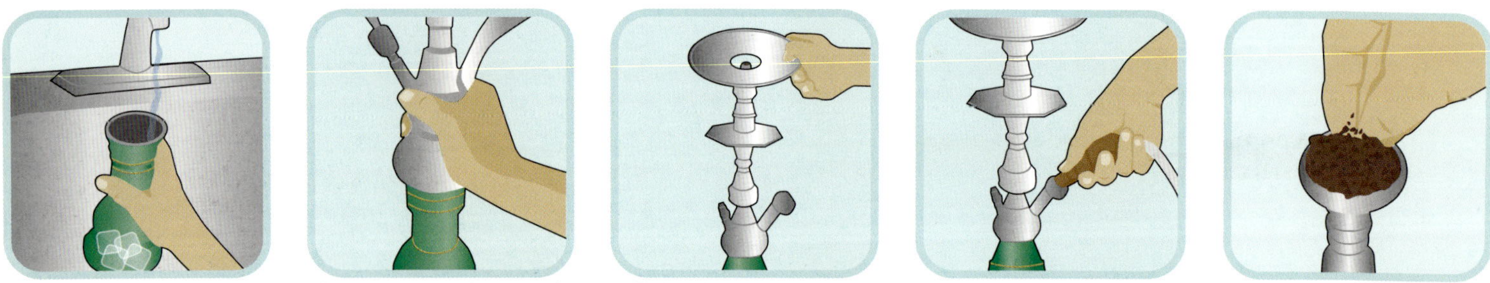

Vul het reservoir met ijswater. | Draai de schacht op het reservoir. | Zet het tabakskommetje erop. | Bevestig de slang. | Vul het kommetje.

Bedek het met folie; prik gaatjes. | Verhit een kooltje. | Leg het op de folie. | Veeg de as steeds weg.

382 Relaxen in een hangmat

Trek de stof recht.

Ga schuin liggen als je wilt slapen.

383 Echte Yerba Maté delen

Kook het water.

Vul de pot voor driekwart.

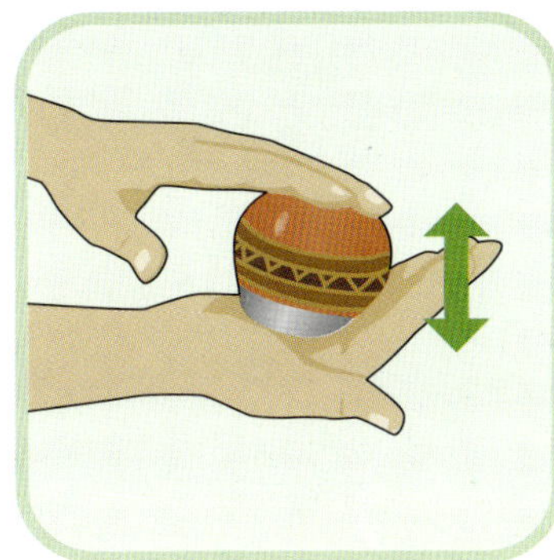

Bedek met je hand en schud goed.

Houd de pot met de blaadjes schuin.

Schenk wat water aan de lage kant.

Steek de bombilla erin.

Vul tot de rand met kokend water.

Thaise ijsthee maken 125

Drink om beurten door de bombilla.

384 Een lekke band plakken

Verwijder de spijker.

Laat wat lucht uit de band lopen.

Verwijder de band met bandenlichters.

Trek de binnenband eruit.

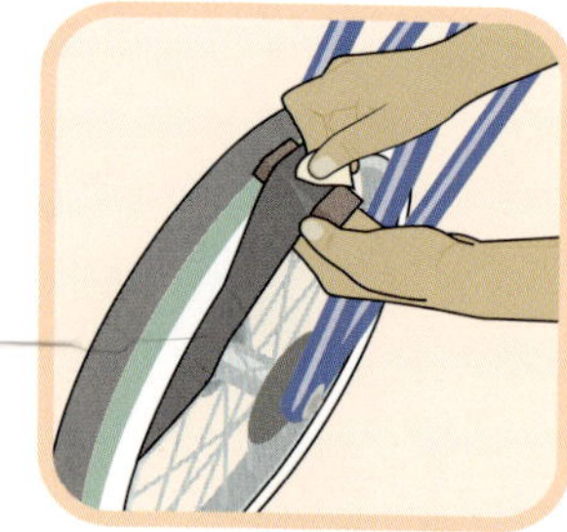
Schuur de plek.

Doe er solutie op.

Druk de plakker erop.

Stop de binnenband in de buitenband.

Verwijder de bandenlichters.

Pomp de band weer op.

385 Een gat dichten met papiergeld

Zoek het gat; trek de band van de velg.

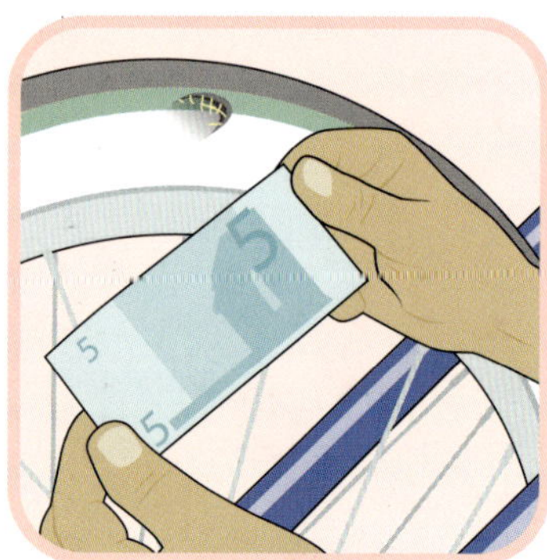
Strijk een briefje glad.

237 Een zitting van binnenbanden maken

Leg het tussen het gat en de velg.

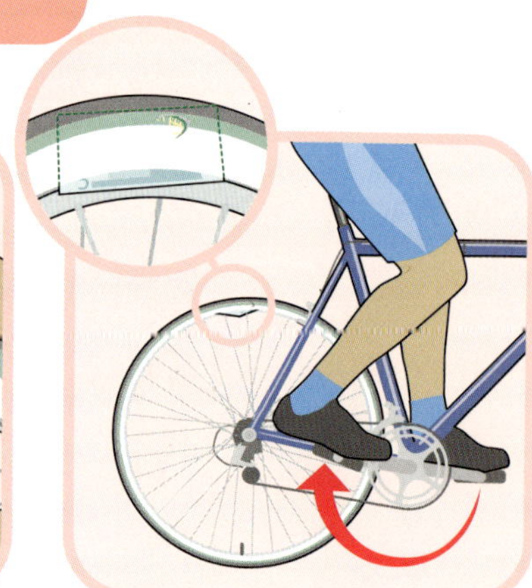
Rijd snel naar huis en plak de band.

Tekens gebruiken op de fiets 386

387 Naar boven schuiven

1. Breng magnesiumpoeder aan.

2. Klim in de schoorsteen.

3. Zet je voet neer; zet je schrap.

4. Zoek naar handvatten.

5. Buig je linkerbeen onder je lijf.

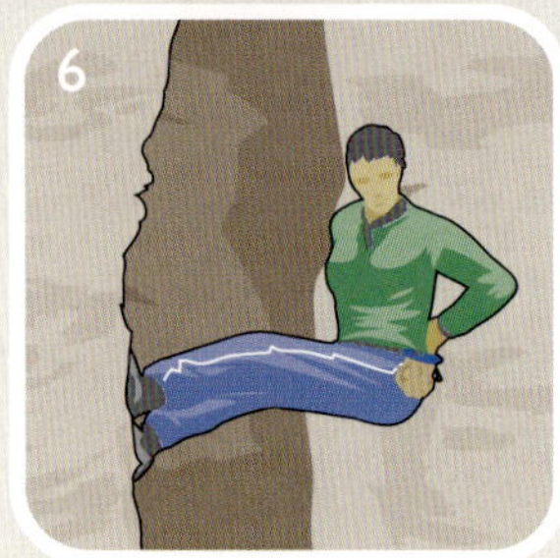

6. Zet je linkerbeen boven rechts.

7. Buig je rechterbeen onder je lichaam.

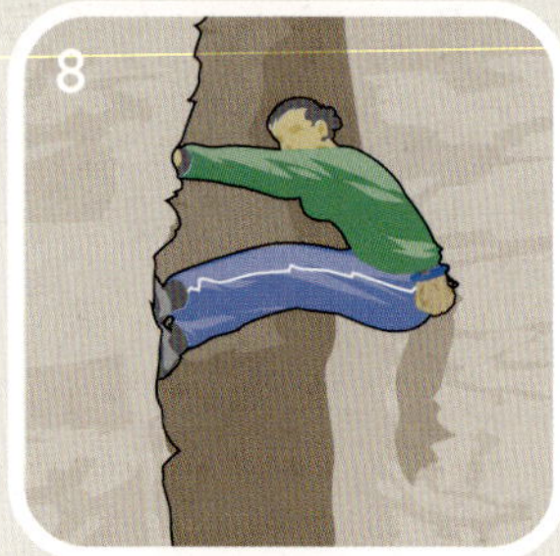

8. Ga zo door. Gebruik je handen.

388 Langs een steile wand afdalen

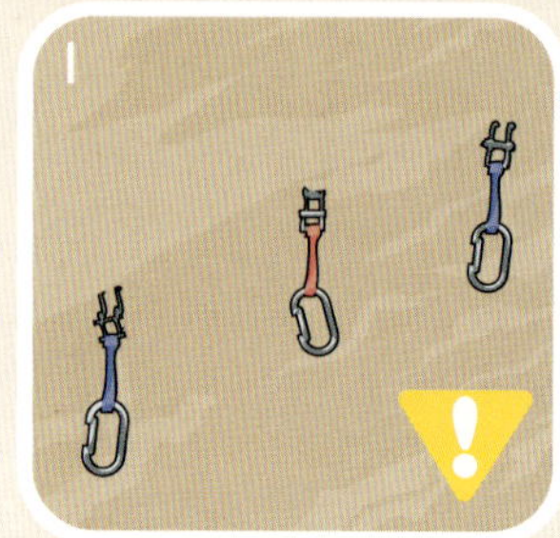

1. Ankers verdelen het gewicht.

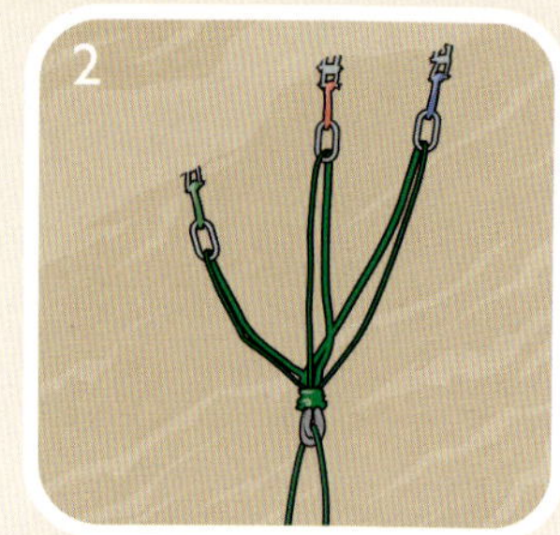

2. Bevestig touw aan de ankers.

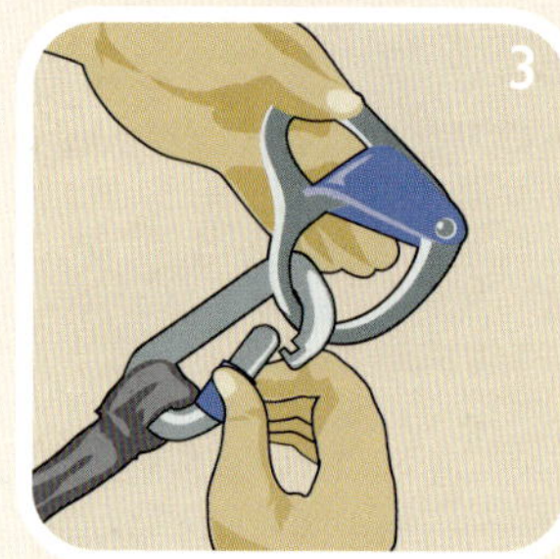

3. Haak de reverso aan de katrol.

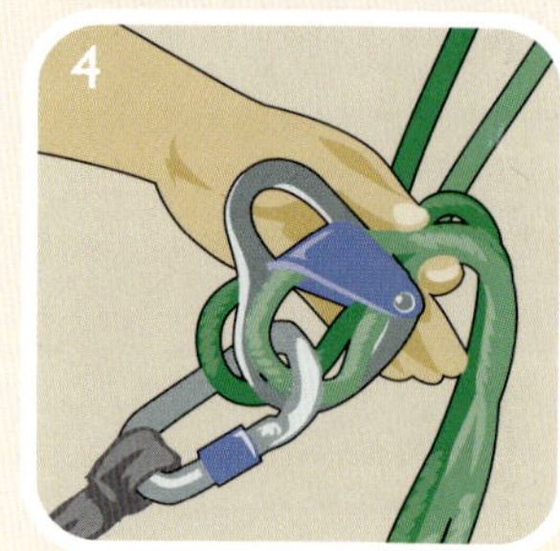

4. Haal de touwen door de reverso; sluit.

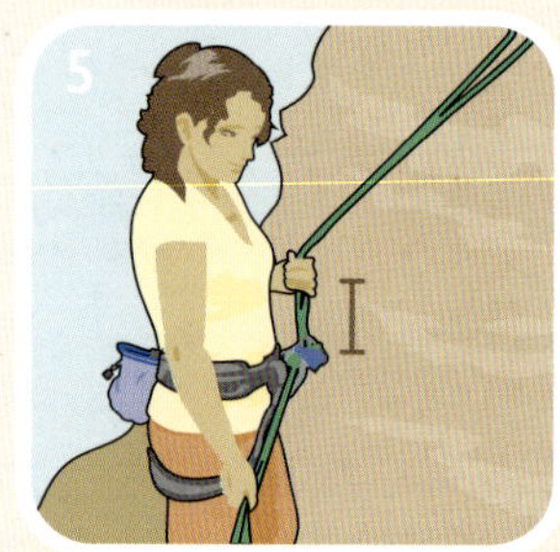

5. Pak het touw stevig vast.

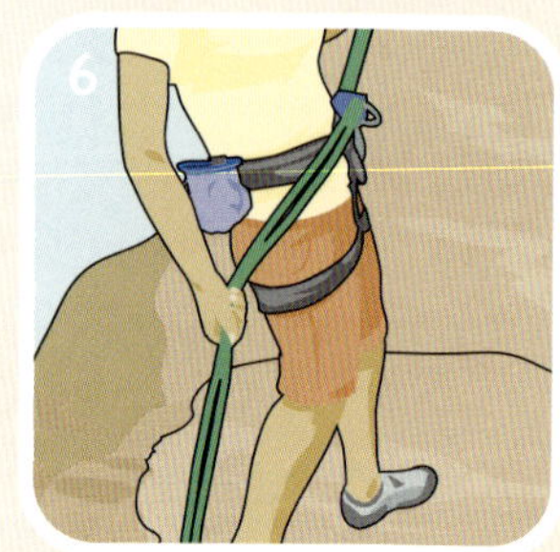

6. Pak het resttouw.

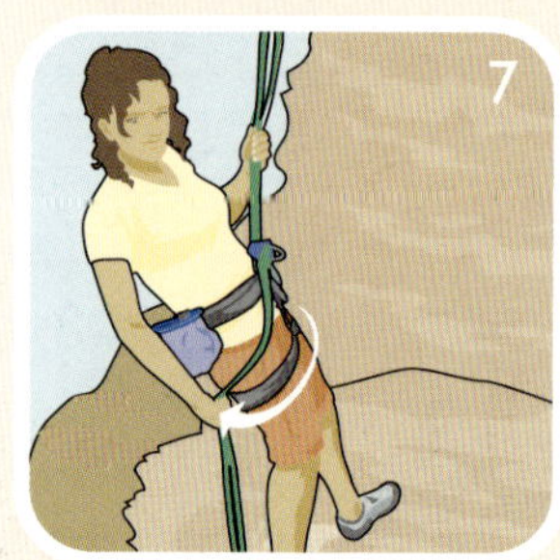

7. Wikkel het losjes om je middel.

8. Wandel langs de wand omlaag.

Van een klif afspringen 389

Zoek een veilige plek.

Ga na of er geen rotsen zijn.

Controleer op obstakels.

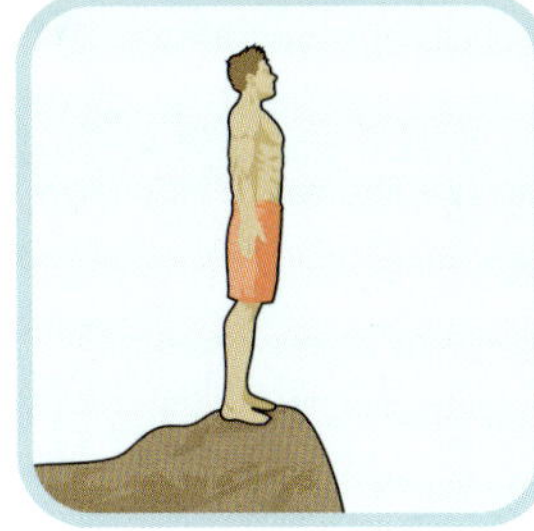
Ga kaarsrecht staan.

Een omgeslagen kajak keren 390

Buig je lichaam voorover.

Steek je peddel omhoog.

Beweeg van voor naar achter.

Draai je bovenlijf vanaf de heup.

Rol door en kom overeind.

Water uit je duikmasker laten 391

Let op water in het masker.

Druk licht; verbreek het vacuüm.

Kantel je hoofd achterover.

Adem kalm uit door je neus.

Zet je masker weer goed.

a (alfa)
heb een duiker beneden;
houd goed vrij van mij

b (bravo)
gevaarlijke vracht

c (charlie)
ja

392 Onderdelen van een boot kennen

393 Seinvlaggen begrijpen

Moet je communiceren met een ander schip, maar kun je de radio niet gebruiken? Gebruik dan seinvlaggen. Geef één enkele boodschap af of maak je eigen tekst.

d (delta)
houd vrij van mij

k (kilo)
ik wil contact

l (lima)
breng je schip nu tot stilstand

o (oscar)
man overboord

q (quebec)
schip is gezond; ik verzoek praktika (in sommige landen: wil worden ingeklaard)

w (whiskey)
heb medische hulp nodig

x (xray)
stop het ten uitvoer brengen van je voornemens en let op seinen van mij

z (zulu)
ik heb een sleepboot nodig

ik wijzig koers naar stuurbord

ik ben ontredderd

ik wil een loods

ik heb een loods aan boord

ik wijzig koers naar bakboord

j (juliet)
ik sta in brand

m (mike)
schip is gestopt

n (november)
nee

p (papa)
we vertrekken

r (romeo)
heb je laatste sein ontvangen

s (sierra)
ik sla achteruit

t (tango)
houd vrij van mij

u (uniform)
je stuurt een gevaarlijke koers

v (victor)
ik heb hulp nodig

y (yankee)
sleep met anker over de grond

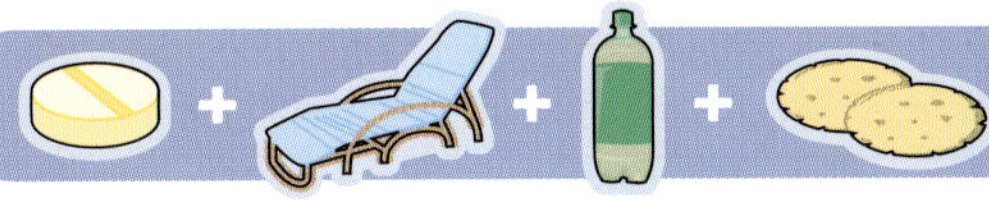

Zeeziekte overwinnen 394

Neem een pilletje tegen zeeziekte.

Haal een frisse neus.

451 Een schipbreuk overleven

Kijk naar de boeg.

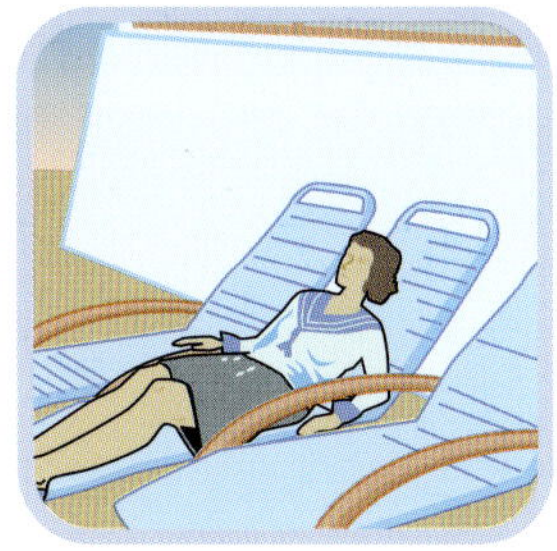

Kalmeer je maag.

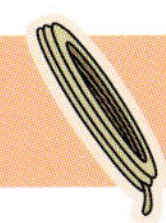

Eenvoudige knopen leggen 395

achtknoop: maak je aan het eind van een lijn

dubbele halve steek: om de boot vast te leggen

paalsteek: vormt een lus die niet los kan schieten

keesje of apenvuist: als een gewicht aan een sjorlijn

een kikker beleggen: om een lijn aan een kikker te bevestigen

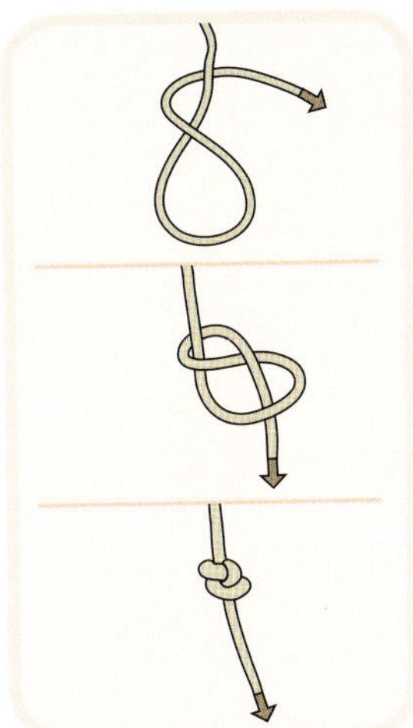

achtknoop

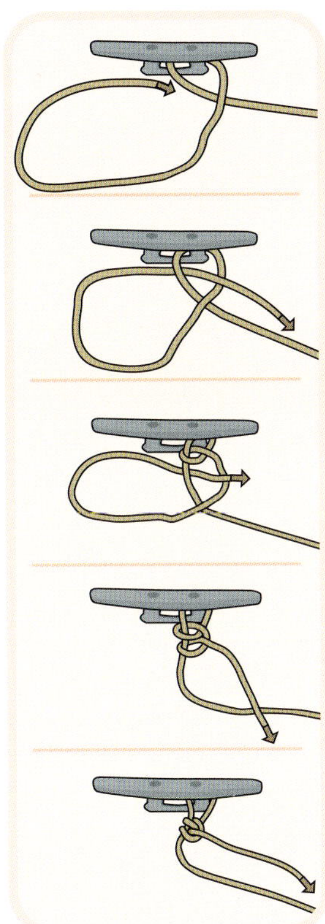

dubbele halve steek

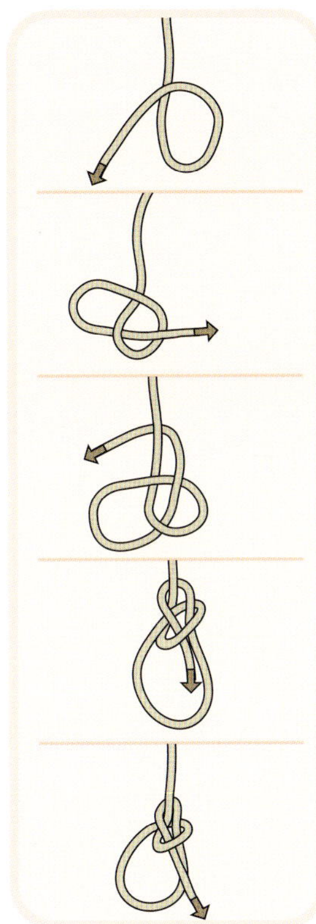

paalsteek

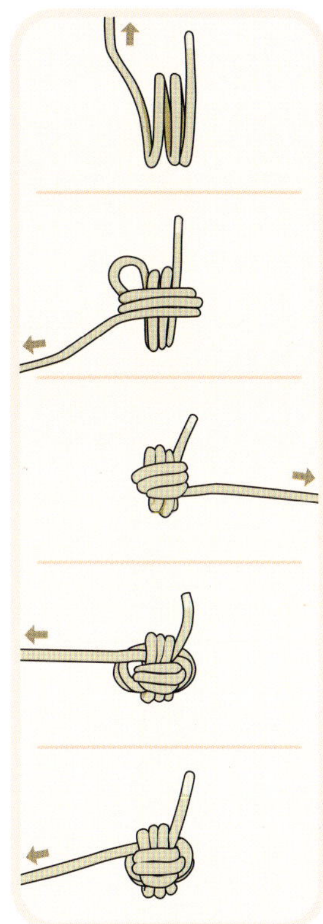

keesje of apenvuist

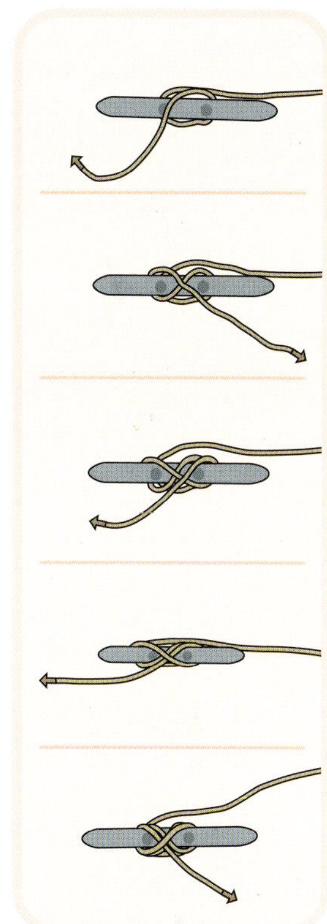

een kikker beleggen

396 Op een surfplank gaan staan

397 Een vette duckdive maken

Pak vast; duw de neus omlaag.

Leun voorover; duw je knie omlaag.

Duik onder de golf.

Trek de plank omhoog.

7 Ga met gebogen knieën staan. Zet je voorste voet op het middelpunt van de plank en je achterste voet, iets naar buiten gebogen, meer naar achteren.

8 Surf van de voorkant van de golf af – beweeg van links naar rechts. Houd je zwaartepunt laag.

9 Laat de punt van je plank wijzen in de richting waar de golf gaat breken. Kun je er niet genoeg van krijgen? Laat je lichaam op de plank zakken en peddel naar de volgende golf.

Coole kunsten uitvoeren 398

399 Met startkabels je auto starten

Zet bij beide auto's de motor af.

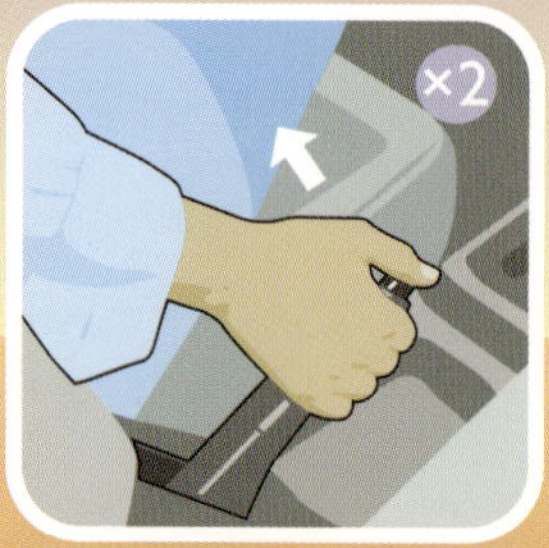

Zet beide auto's op de handrem.

Zet de rode kabel (+) op de volle accu.

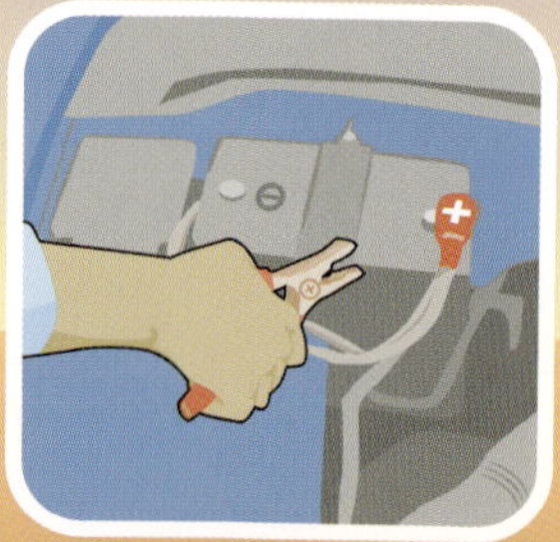

Zet de rode kabel op de lege accu.

400 Een autoband verwisselen

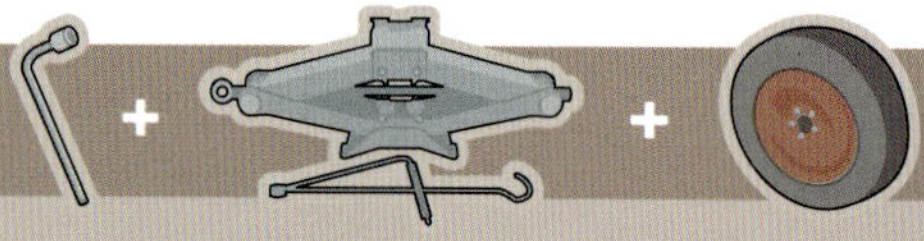

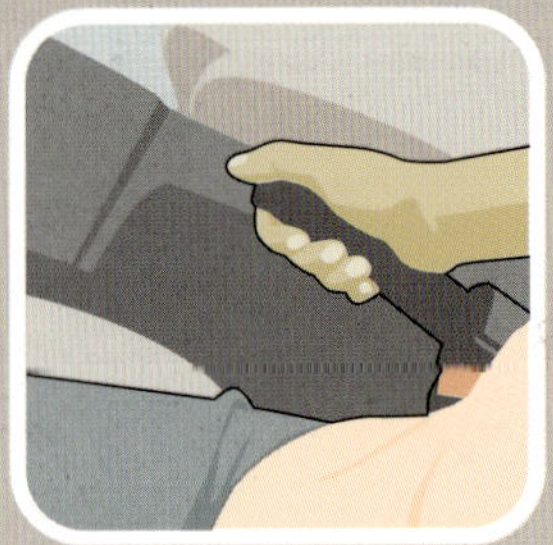

Trek de handrem aan.

Verwijder de wieldop.

Draai alle wielbouten één slag los.

Krik de auto van de grond.

Verwijder bouten en band.

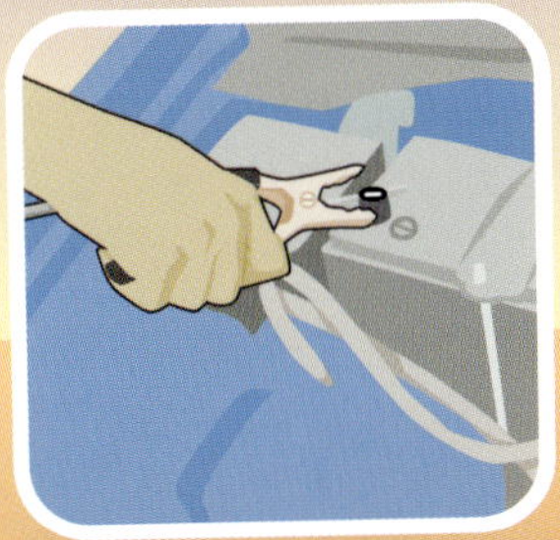

Klem de zwarte kabel (-) op de accu's.

Aard via het motorblok.

Start de auto met de volle accu.

Start de auto met de lege accu.

Verwijder kabels in omgekeerde volgorde.

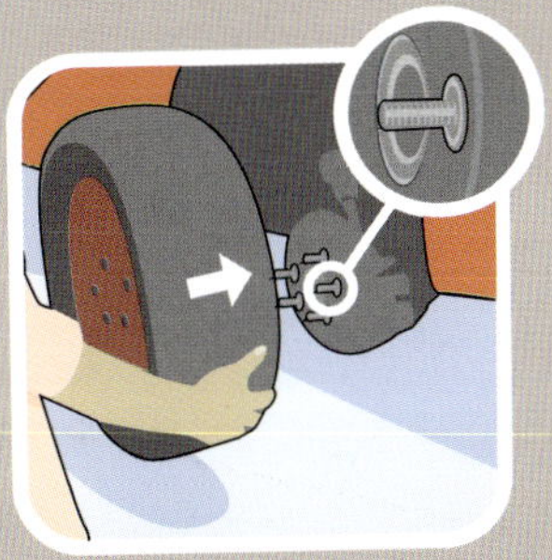

Plaats de reserveband.

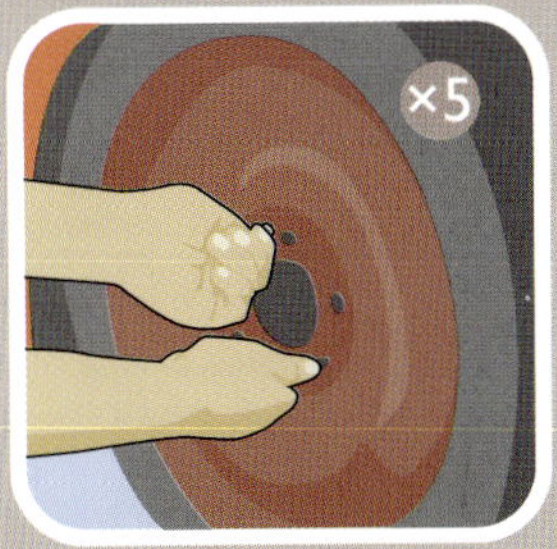

Draai de bouten aan.

Krik omlaag; verwijder de krik.

Draai de bouten goed aan.

Rijd naar huis of een garage.

401 Aas aan je haak doen en werpen

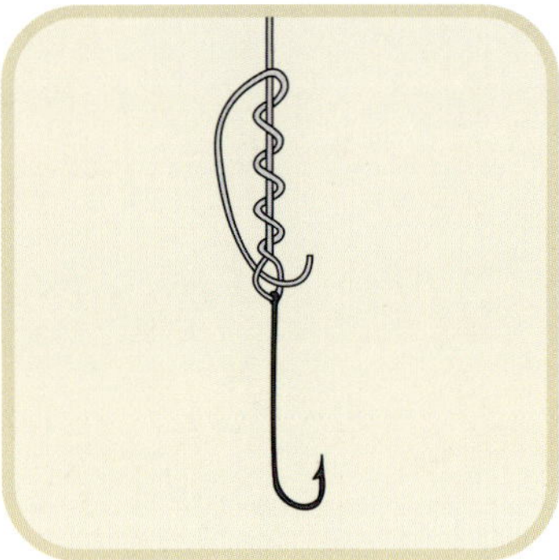
Wikkel het uiteinde om de lus.

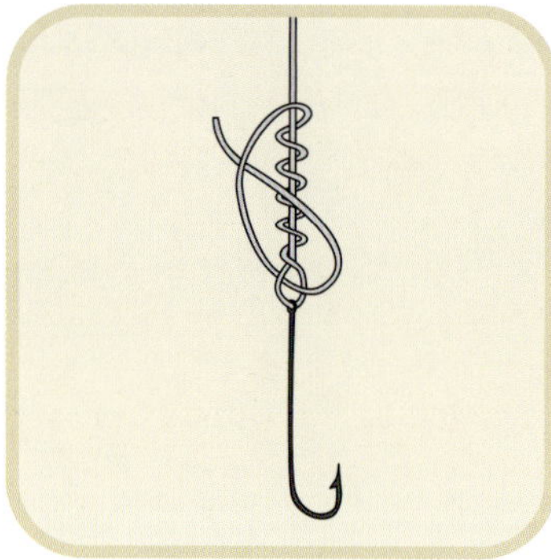
Haal de lijn door de lus.

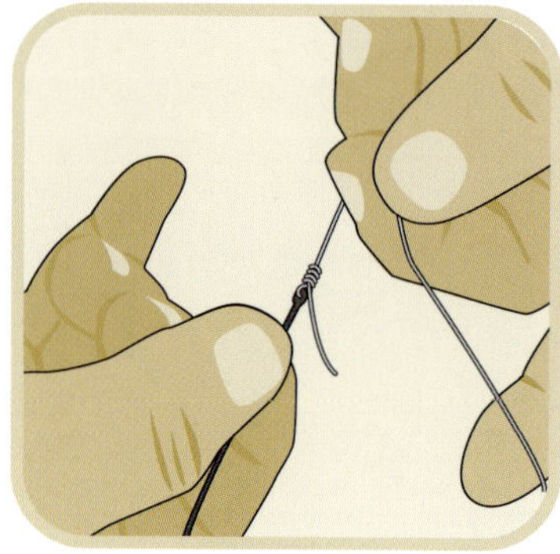
Trek stevig aan.

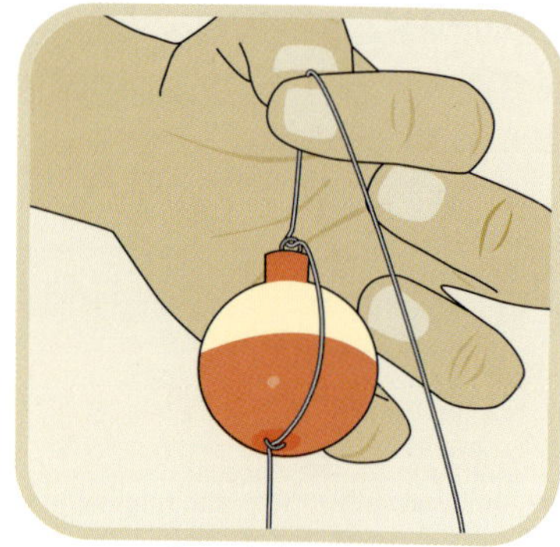
Bevestig de dobber.

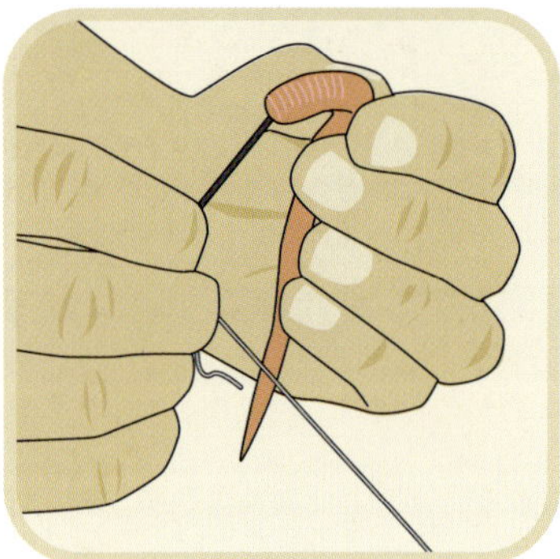
Doe het aas aan het haakje.

Werp uit en wacht even.

Trek omhoog en houd vast.

427 Vissen met een plastic fles

Haal in.

402 Met succes een kampvuur maken

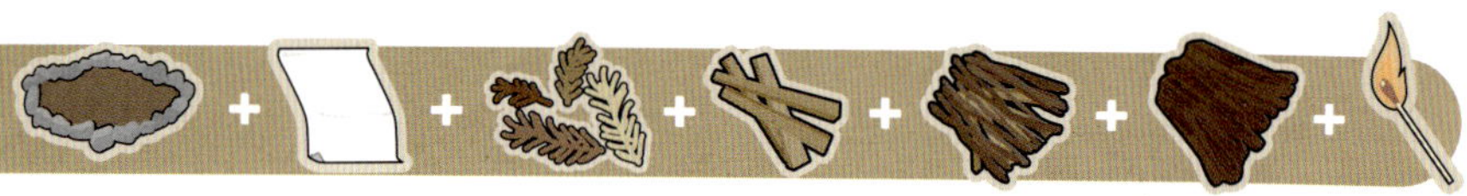

Verzamel houtjes; voeg papier toe.

Zet er takjes omheen.

Zet er grotere takken tegenaan.

Leg er stammetjes omheen.

Steek het brandhout binnenin aan.

403 Een broodje kaas roosteren

Snijd de bast van de stok. Maak een sandwich. Houd hem boven het vuur. Haal de stok uit het vuur. Keer het broodje en rooster.

404 Jezelf trakteren op een s'more

Prik een marshmallow aan een stok. Rooster. Doe chocolade op een cracker. Leg de marshmallow erop. Leg er nog een cracker op.

405 Zonder kurkentrekker wijn openen

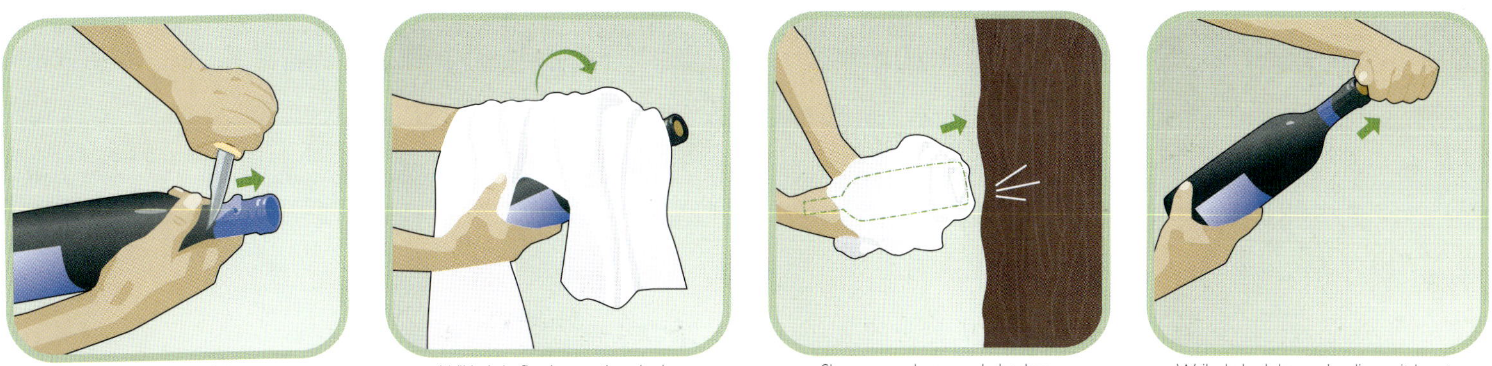

Verwijder de folie. Wikkel de fles in een theedoek. Sla een paar keer op de bodem. Wrik de kurk los zodra die eruit komt.

406 Op een olifant klimmen

Tik op zijn oor, zodat hij de slurf omlaag doet.

407 Een kameel bestijgen

Kom voorzichtig dichterbij. Hij kan korzelig zijn.

408 Een paard bestijgen

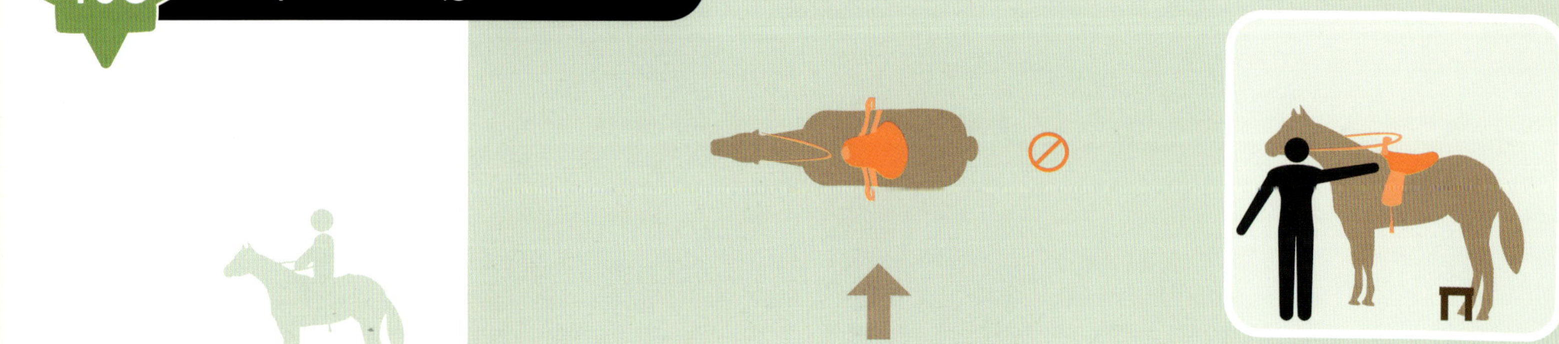

Stel hem gerust door rustig te praten.

bpai!

hat, hat!

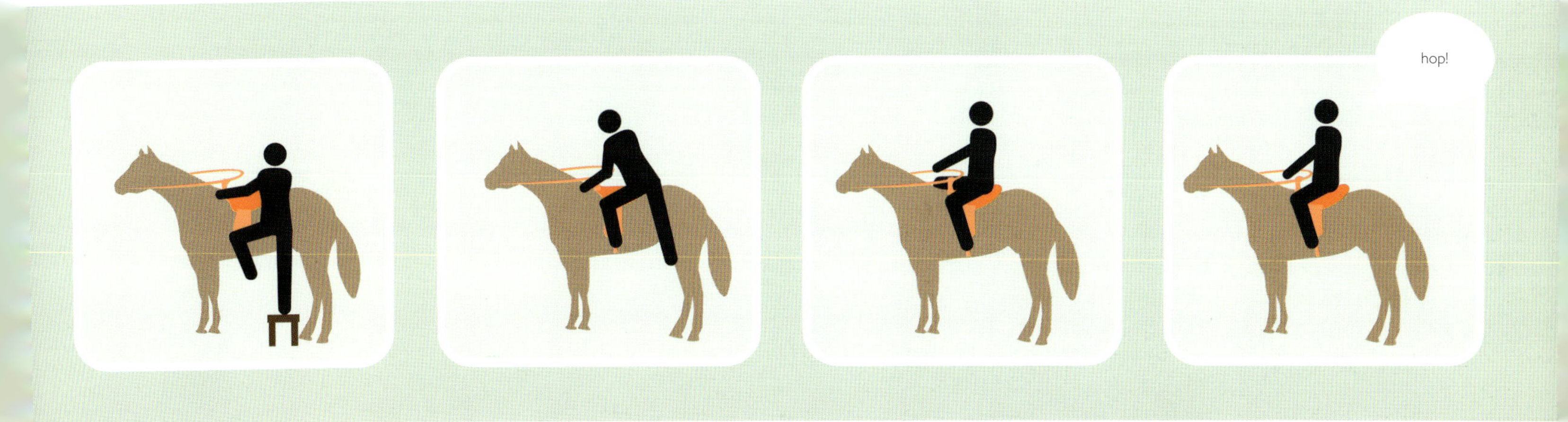
hop!

409 Een geweldige foto maken

Voor de beste belichting ga je met je rug naar de zon staan. Draai dan iets schuin.

Bepaal de belangrijkste aspecten die de sfeer het best weergeven.

Het oog wordt naar lichte delen getrokken; let op sterke contrasten tussen licht en donker.

Zoek naar lijnen die je oog naar je onderwerp leiden.

Let op interessante herhalingen van kleur, vorm of materiaal.

410 Een onbewogen foto maken

Houd met twee handen vast.

Houd tegen je gezicht.

Trek je ellebogen in.

Leun eventueel ergens op.

Klik terwijl je uitademt.

Denk in derden. Leg de horizon op een horizontale lijn en je onderwerp op een verticale lijn.

Verticale of horizontale compositie? Laat je onderwerp de vorm bepalen.

Fotografeer je onderwerp op ooghoogte. (Ga respectvol en veilig te werk!)

Op de beste foto's gaan mensen en omgeving een band met elkaar aan. Ze poseren niet zomaar wat.

Controleer de omgeving op afleidende zaken. Een tak die uit iemands oor lijkt te groeien, is niet lollig.

Om een beweging te laten bevriezen zet je de sluiertijd op 1/500.

Voor snelle actiefoto's zet je de sluitertijd op 1/15.

Kies voor een wazige achtergrond een groter diafragma: 2,8.

Voor meer diepte in een landschap kies je diafragma 11.

Om de kleuren van een zonsondergang vast te leggen gebruik je een statief en flits je de voorgrond iets in.

412 Carnaval vieren in Rio

Eind januari of begin februari vieren ze in Rio de Janeiro, in Brazilië, carnaval met een ongelooflijke optocht. Blijf niet langs de kant staan!

Kies een sambaschool en bestel je kostuum.

Oefen het lied van de school.

Kalm aan met de cachaça!

Kom op tijd en verkleed je. Doe samen de warming-up en dansen maar!

Vier feest! De jury let op enthousiasme.

413 Jezelf in de Holi-kleuren hullen

In India vieren hindoes eind februari of begin maart het Holi-feest. Op de tweede dag, Dhulhendi, barst er een kleurexplosie los.

Koop gekleurd poeder.

Drink thandai.

Gooi met het poeder.

Meng de kleuren met water en smijt met emmers vol.

Bewapen jezelf! Spuit het gekleurde water met waterpistolen, zogenaamde pichkari's.

414 Voor de stieren uit rennen

Elk jaar komen mensen in juli voor een adrenalinekick naar Pamplona. Ze doen mee aan *el encierro*. De Fiesta de San Fermin wordt gehouden ter ere van de beschermheilige van de stad.

Trek goede kleren aan.

Compleet gek? Begin op de Plaza Santo Domingo en proost met een glas pacharan.

Iets minder gek? Begin voorbij de 'dodemanshoek' en proost later – als je minder gevaar loopt!

Neem bochten krap. (De stieren nemen ze ruim.)

Als je valt, blijf dan liggen en bescherm je hoofd.

De arena is het eindpunt.

Een herdenkingsaltaar maken

Op 1 en 2 november gedenken de Mexicanen de doden – op El Día de Los Muertos. Op die dag komen de geesten van overledenen terug om door nabestaanden vereerd te worden – en om plezier te maken!

Een vetplantentuin aanleggen 274

overleven

416 Je met de Poolster oriënteren

De Poolster vinden is een eitje. Zoek eerst de overbekende Grote Beer, ook wel bekend als de steelpan, in het sterrenbeeld Ursa Major. Verbind in gedachten de buitenste sterren van de steelpan. Verleng die lijn vijf keer naar boven en je hebt de Poolster gevonden. Het is de felste ster van de Kleine Beer of Ursa Minor.

417 Een zonnekompas maken

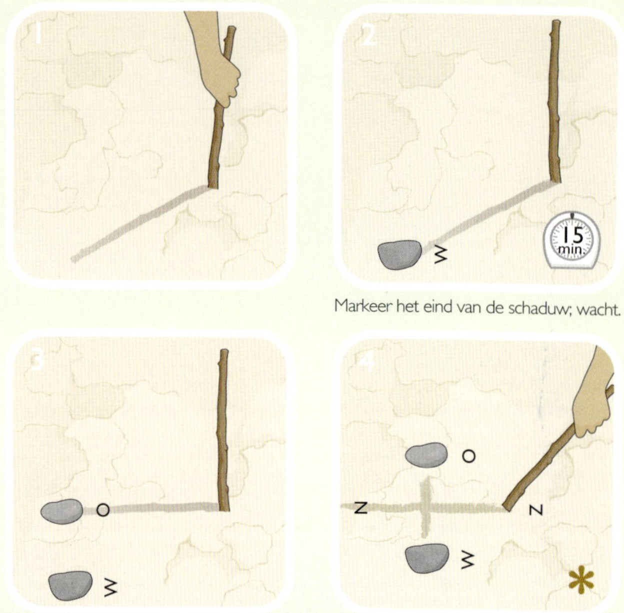

Markeer het eind van de schaduw; wacht.

Markeer weer het eindpunt.

* Een tip: deze methode is preciezer naarmate je dichter bij de evenaar bent en rond de dag- en nachtevening.

418 Met je horloge navigeren

Om het zuiden te vinden trek je een denkbeeldige lijn precies in het midden van de kleine wijzer en 12 uur.

op het noordelijk halfrond

Een magnetisch kompas maken 419

Maak een windstille plas.

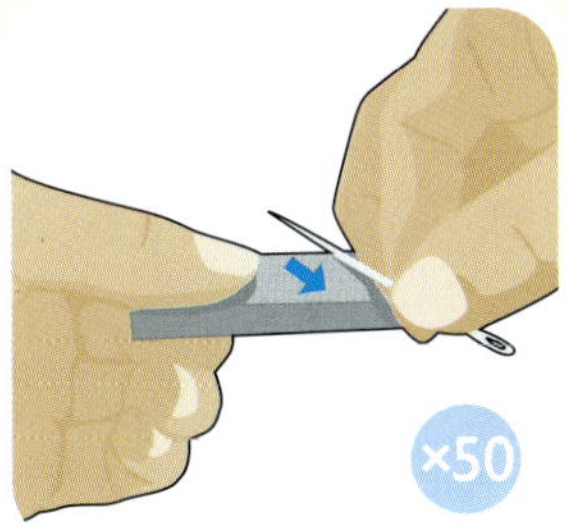

Maak je naald magnetisch.

Leg de naald op een blad in de plas.

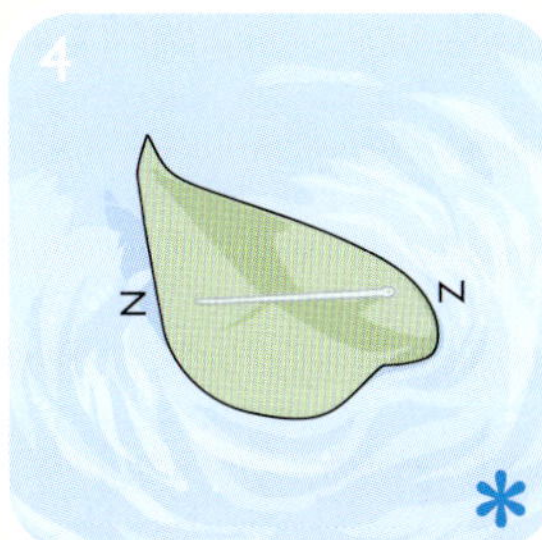

Het blad draait en zoekt.

* De naald draait altijd in de richting noord-zuid. Bepaal aan de hand van de stand van de zon het oosten en het westen – en vervolgens het noorden.

Om het noorden te vinden trek je een denkbeeldige lijn precies in het midden van de kleine wijzer en 12 uur.

op het zuidelijk halfrond

Je met het Zuiderkruis oriënteren 420

Zoek je de zuidpool? Zoek eerst de lange as van het Zuiderkruis en trek die lijn 4,5 keer door. Zoek meteen ook de felle sterren Rigil Kent en Hadar links van het Zuiderkruis. Trek vanuit het midden van die twee sterren een loodrechte lijn naar beneden. Op het punt waar de twee lange lijnen elkaar raken is de zuidpool. Bereken het midden ervan.

421 De lengte van de dag bepalen

Moet je stoppen en een slaapplaats zoeken of kun je nog een tijd doorlopen? Gebruik deze simpele truc om te bepalen hoe lang het nog licht blijft. Gun jezelf overigens altijd twee uur de tijd om je tent op te zetten voor de zon ondergaat.

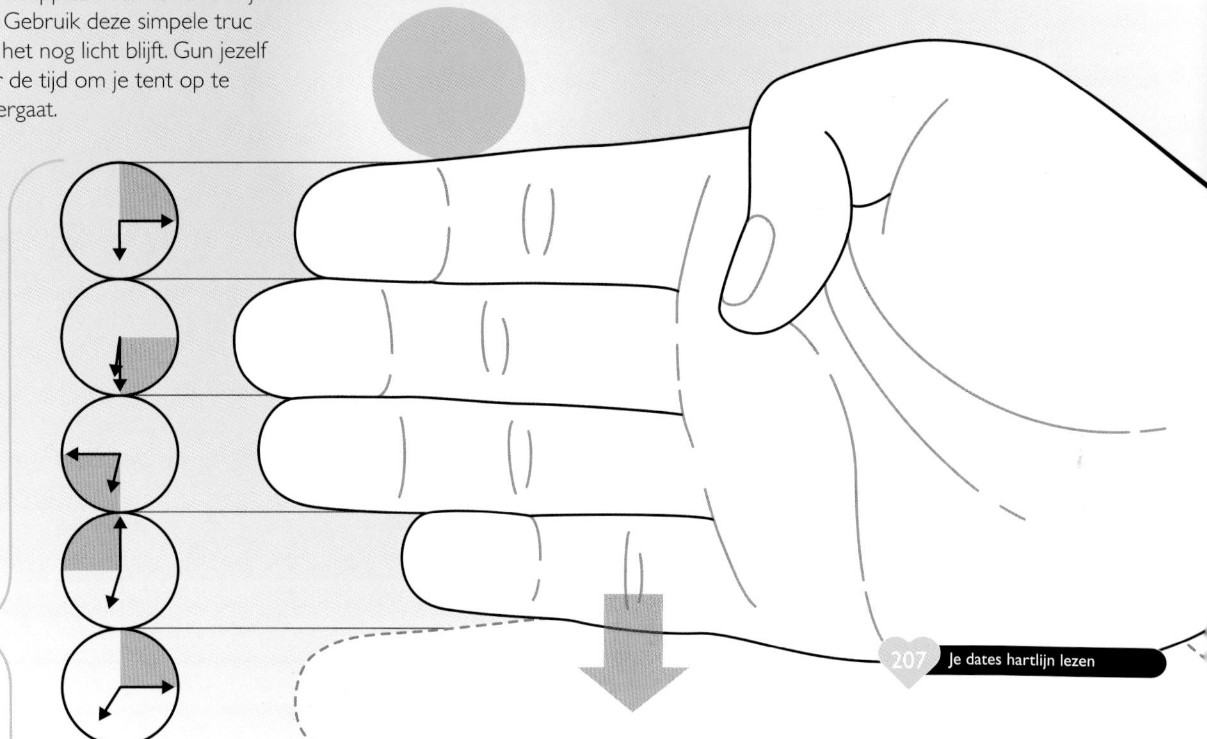

Tel de vingerbreedtes tussen de zon en de horizon. Elke vinger staat voor een kwartier. Als er tussen de zon en de horizon nog maar twee handen passen, is het tijd om je kamp op te slaan. (Eén waarschuwing: als je dichter bij de polen bent, blijft de zon langer boven de horizon hangen, waardoor je tijdmeting dus minder exact is.)

207 Je dates hartlijn lezen

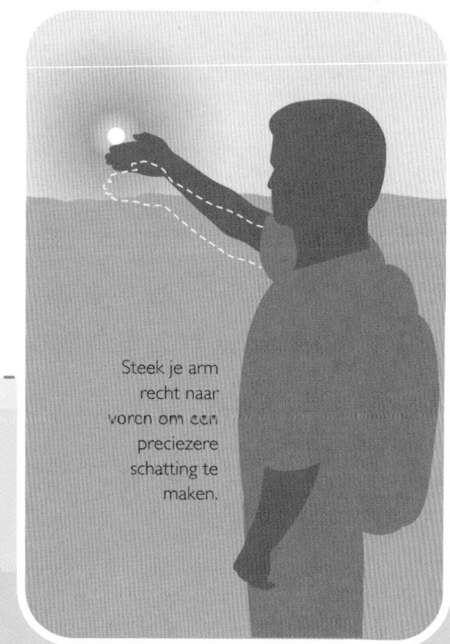

Steek je arm recht naar voren om een preciezere schatting te maken.

Een hut van takken maken 422

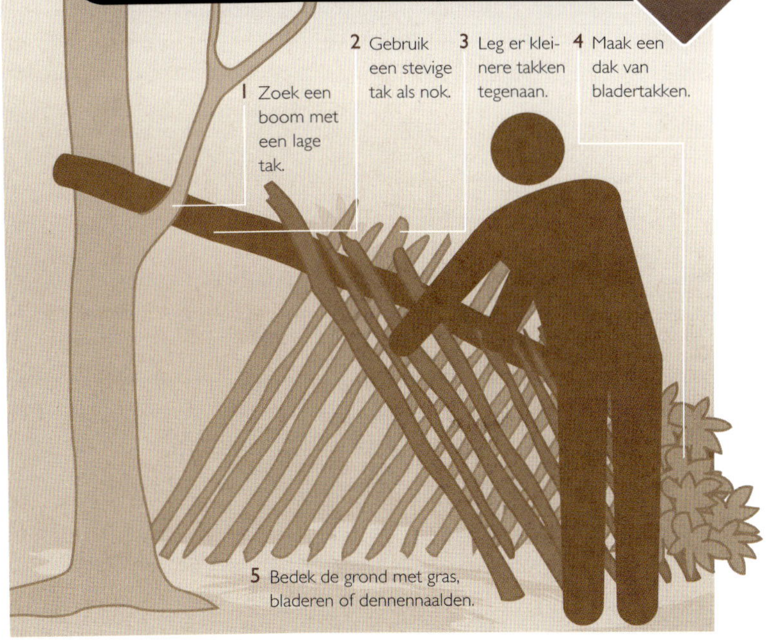

Een schaduwplek creëren 423

Een moerasbed bouwen 424

Een sneeuwgrot graven 425

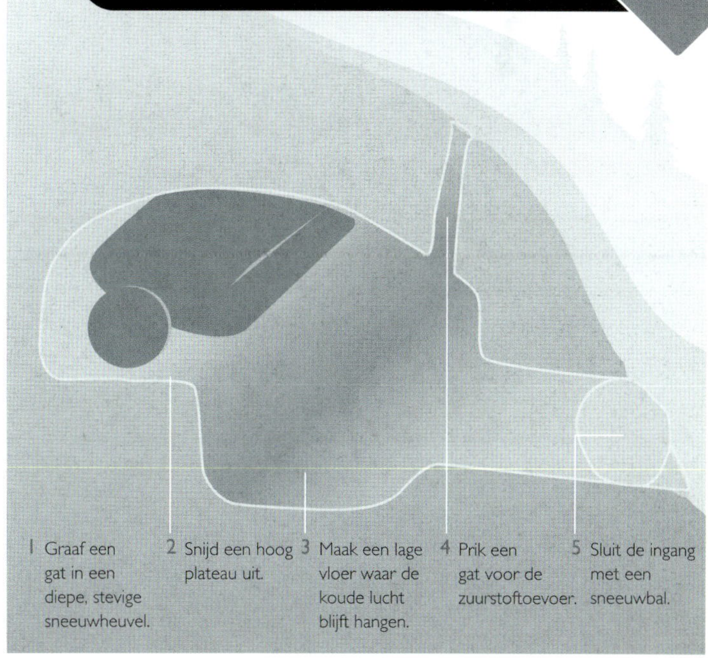

426 Met blote handen een vis vangen

Leg je arm in het water.

Wriemel met je vingers.

Gooi de vis op het droge.

427 Vissen met een plastic fles

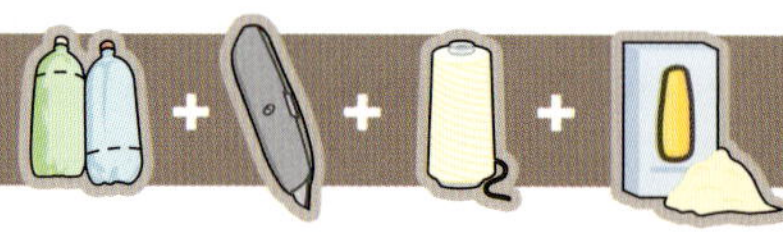

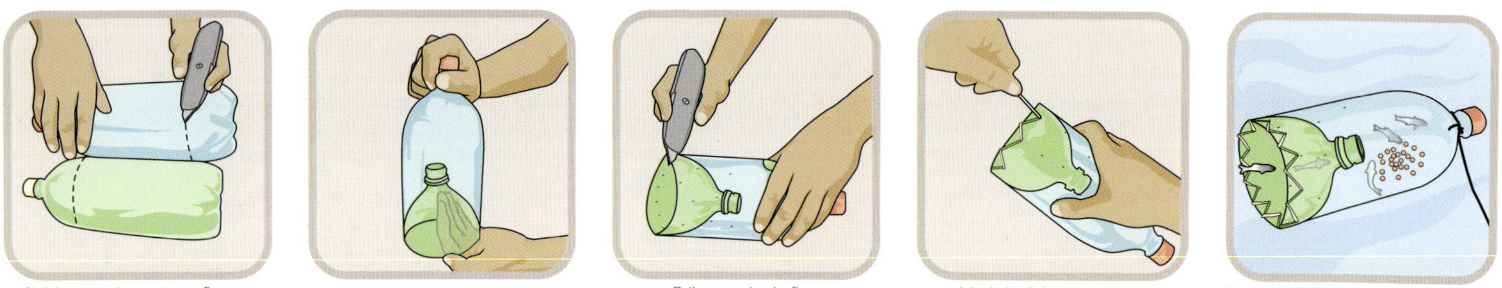

Snijd een stuk van twee flessen.

Prik gaten in de fles.

Naai de delen aan elkaar.

Stop er aas in; dompel de fles onder.

428 Een vogelspin roosteren

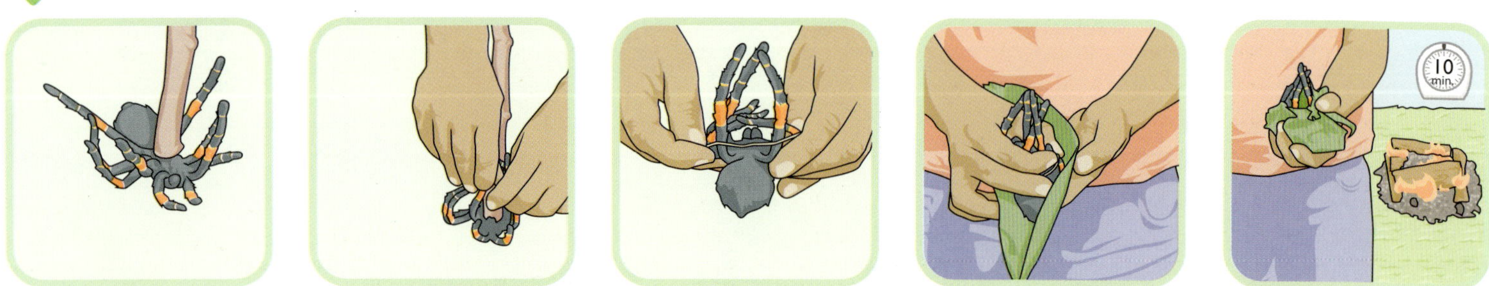

Draai de spin om; druk hem op de grond.

Pak de poten bij elkaar.

Bind ze vast.

Wikkel hem in een blad.

Leg hem tussen de hete kolen.

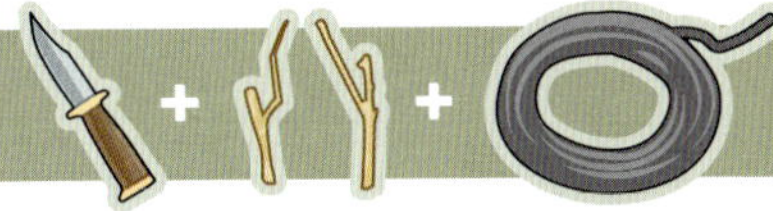

Een haas vangen 429

Zoek een hazenpad.

Een mes slijpen en polijsten 75

Snijd 2 stokjes even lang; maak puntig.

Zet ze aan weerszijden van het pad.

Bind je touw aan een stevige tak.

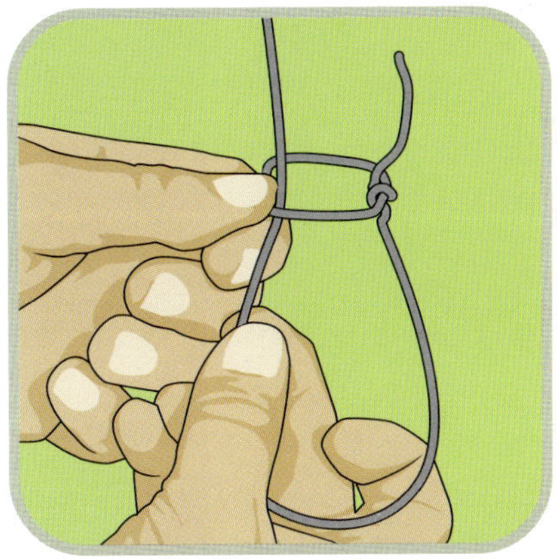

Maak een lus aan het uiteinde.

Leg de lus om de gevorkte takjes.

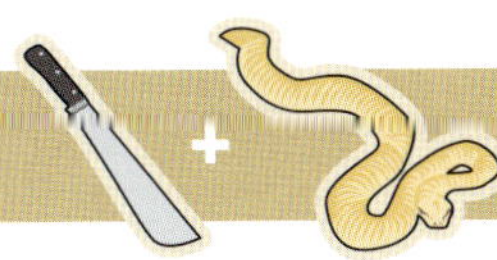

Een slangenmaaltje bereiden 430

Snijd de kop eraf.

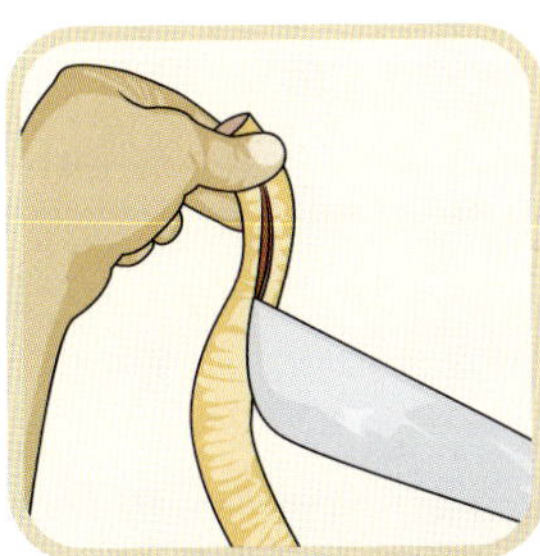

Snijd hem in de lengte open.

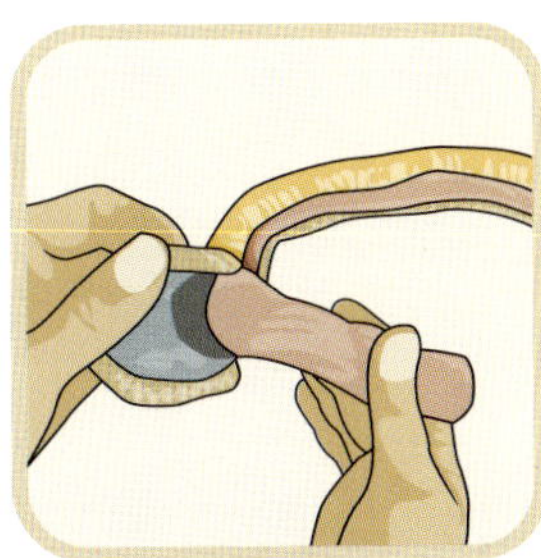

Verwijder de huid.

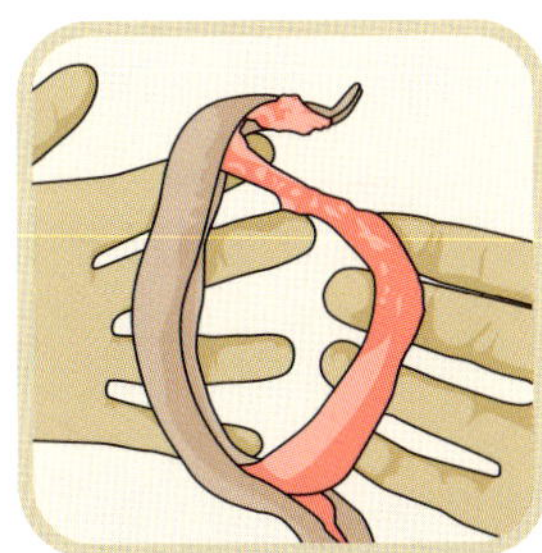

Verwijder de ingewanden.

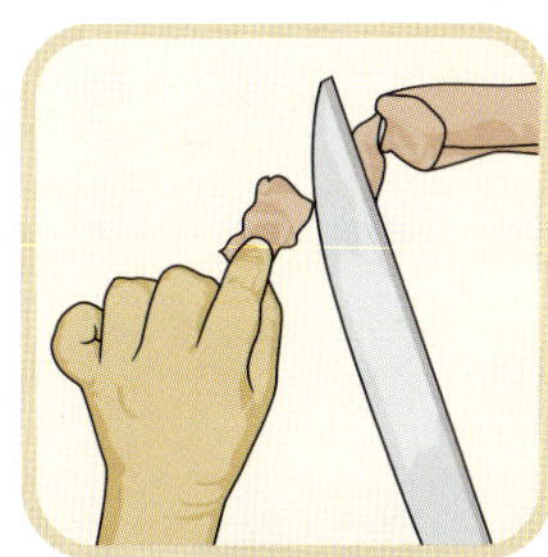

Snijd het vlees in stukjes.

431 Een slangenbeet behandelen

285 Een papegaai sproeien

Verwijder klemmende zaken.

Was de plek met ontsmettende zeep en water.

Hé, zuig het gif er nooit uit! Andere domme maatregelen zijn snijden en ijs op de beet leggen.

Houd de beet lager dan je hart. Klem af

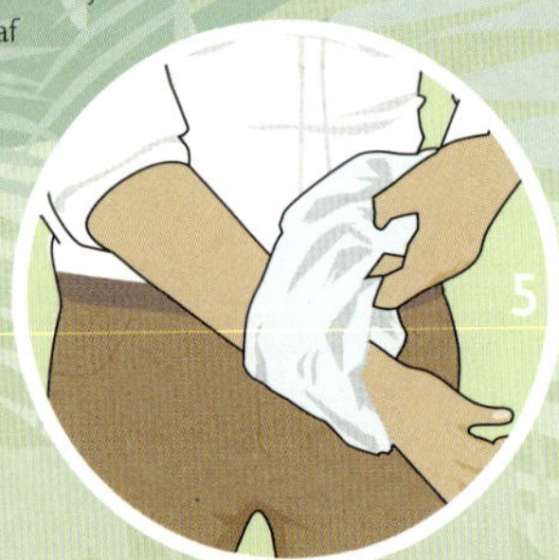

Wikkel er losjes een verband om.

* Het is heel erg belangrijk dat je weet door wat voor slang je bent gebeten. Vang het dier en dood hem of neem een foto.

432 Muskieten op afstand houden

Lichtgekleurde kleding stoot muskieten af.

Bedek je lichaam! Rol je mouwen niet op...

...en stop je shirt in je broek.

Gebruik wat sap van de kamferboom – dat jaagt muskieten weg.

Door de jungle navigeren 433

Een panteraanval voorkomen 434

435 Veilig over straat lopen

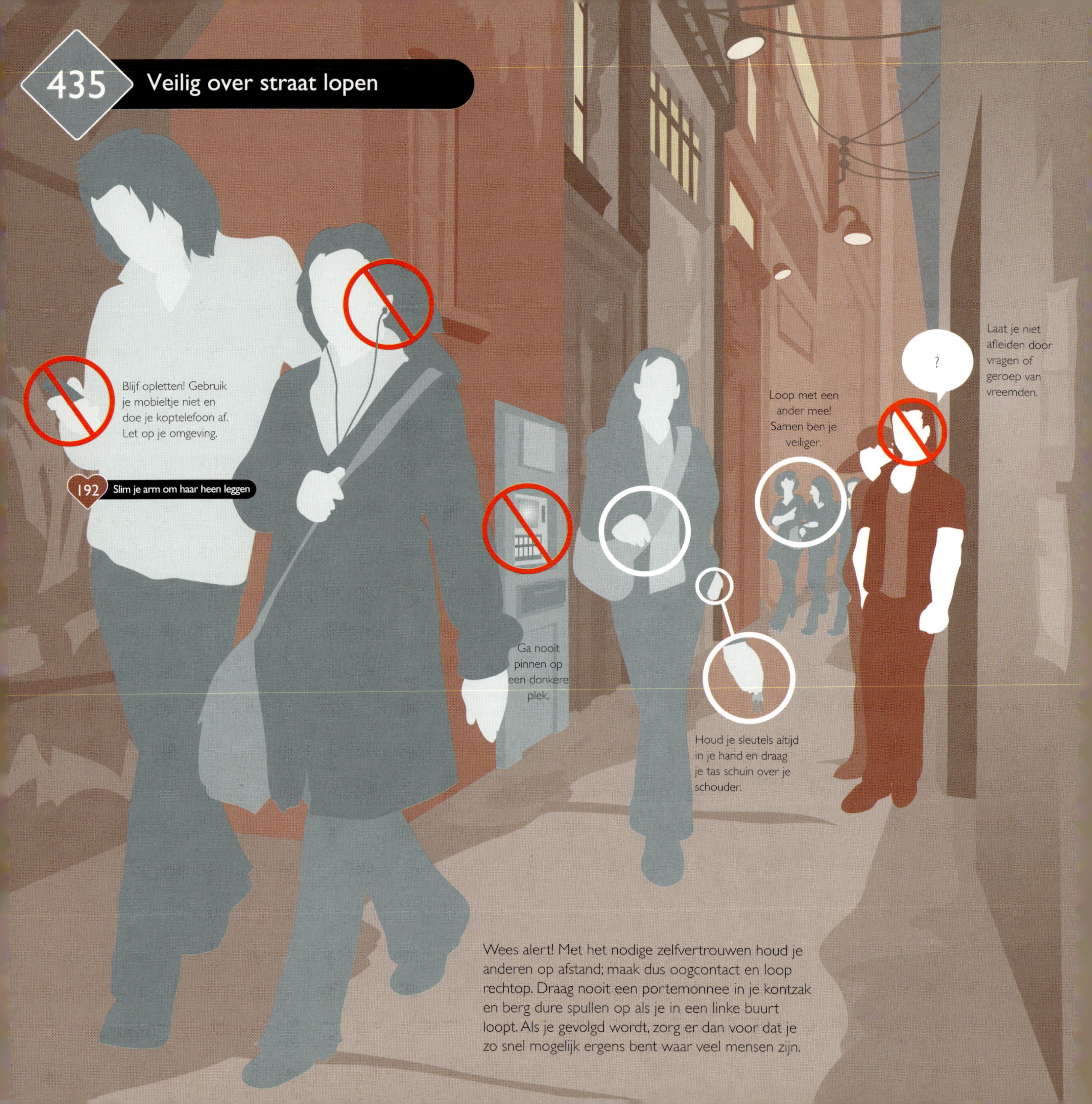

192 Slim je arm om haar heen leggen

Wees alert! Met het nodige zelfvertrouwen houd je anderen op afstand; maak dus oogcontact en loop rechtop. Draag nooit een portemonnee in je kontzak en berg dure spullen op als je in een linke buurt loopt. Als je gevolgd wordt, zorg er dan voor dat je zo snel mogelijk ergens bent waar veel mensen zijn.

Een goede dreun uitdelen 436

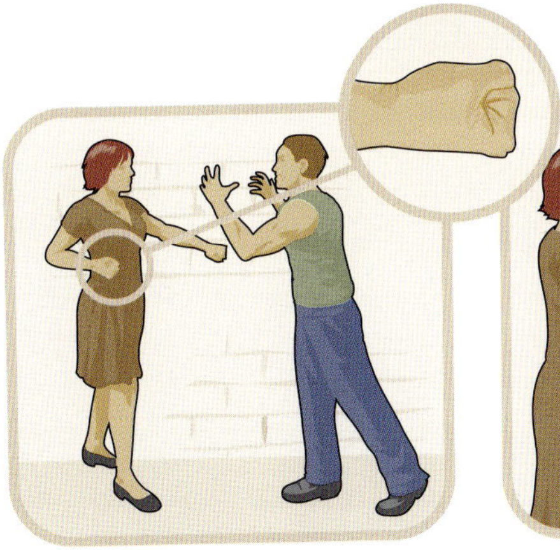
Bal je vuist; houd je duim aan de buitenkant.

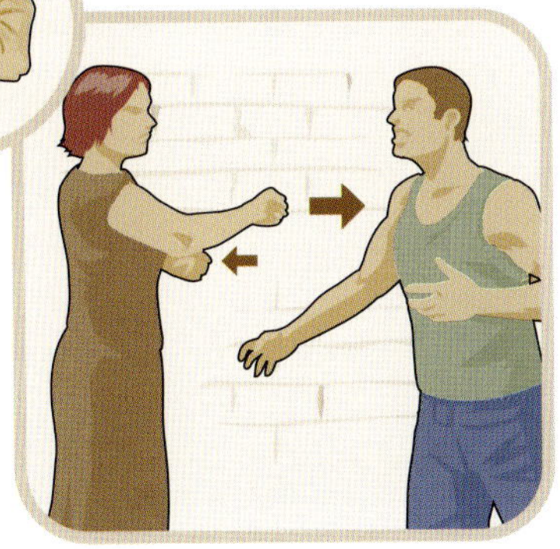
Stoot; trek je andere arm in.

Maak contact met je eerste twee knokkels.

Trek je arm terug en verdedig jezelf.

Uit een wurggreep ontsnappen 437

Steek je arm omhoog.

Draai; buig je elleboog.

Een mitella vouwen 343

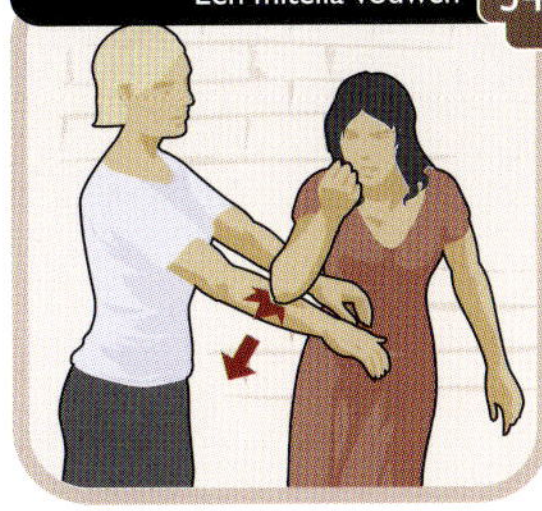
Verbreek de greep.

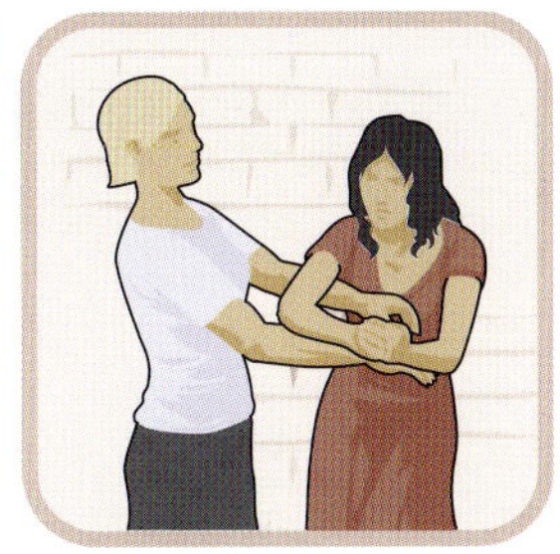
Breng je handen samen.

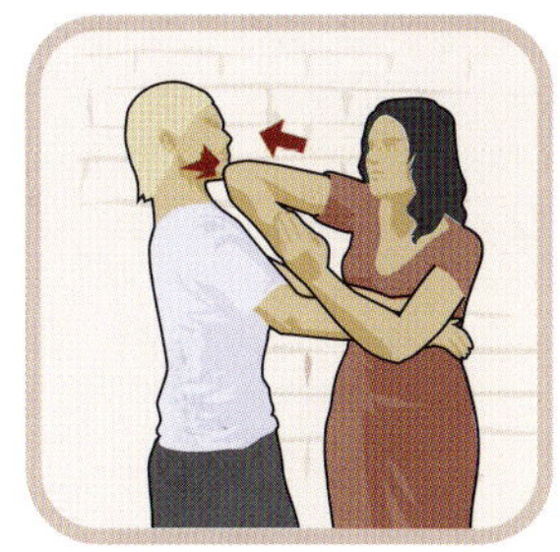
Stoot met je elleboog.

Uit een houdgreep ontsnappen 438

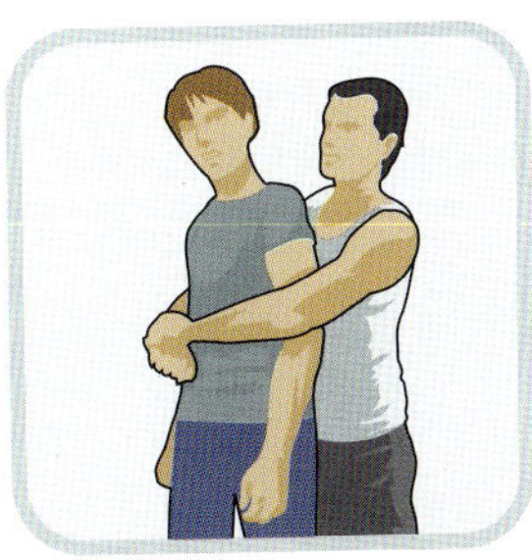
Blijf cool.

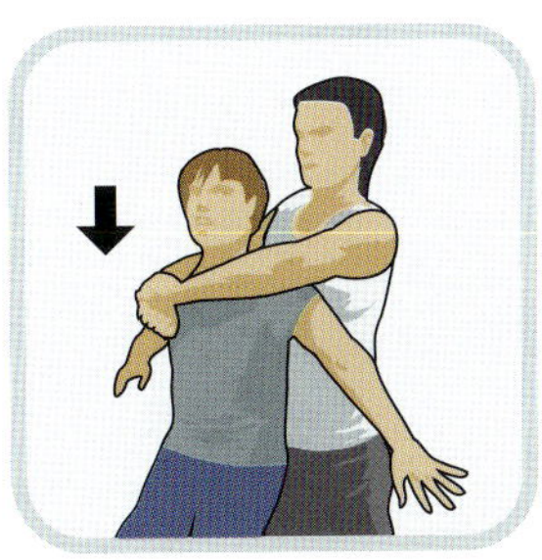
Buig je knieën

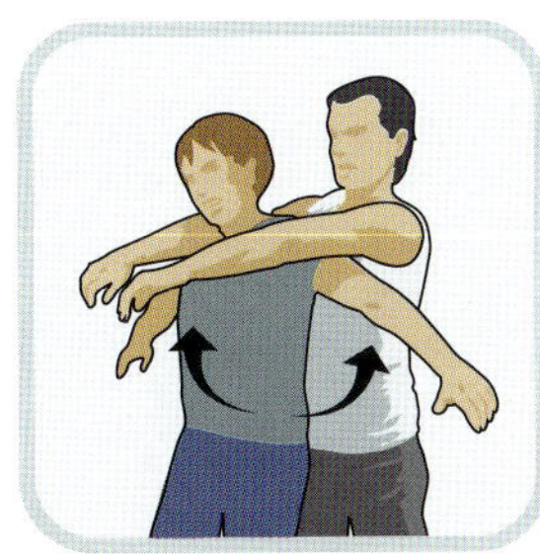
Doe je armen omhoog.

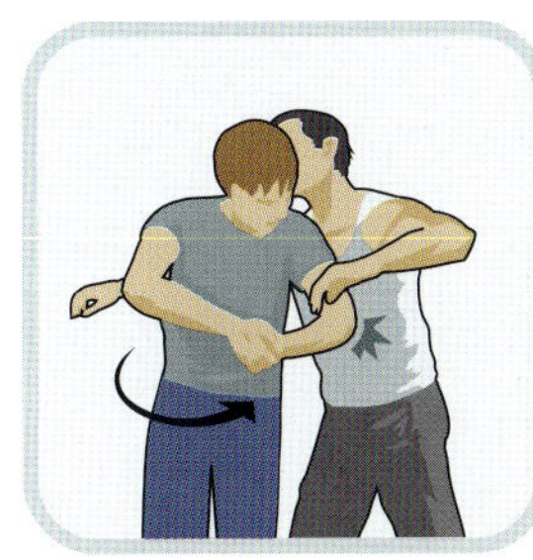
Draai; sla de aanvaller.

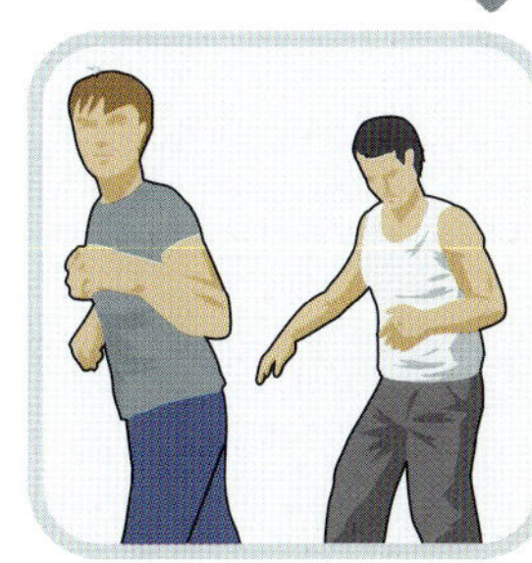
Ren weg.

439 Uit een wak klauteren

Blijf kalm en geconcentreerd.

Doe zware spullen af en uit.

Ga naar het sterke ijs.

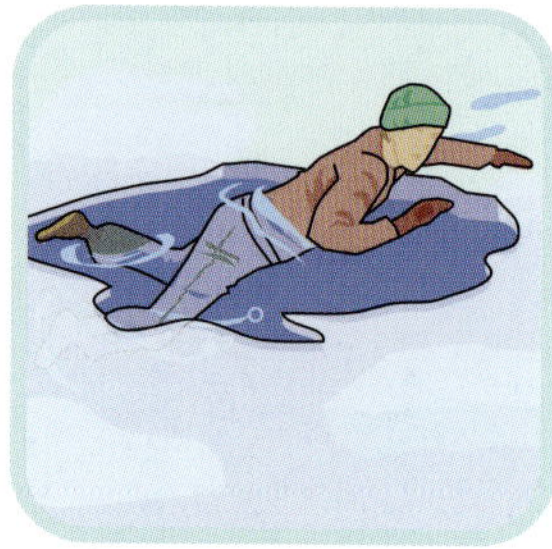

Schop tot je horizontaal ligt.

Druk jezelf op je ellebogen op.

Trappel om uit het wak te klimmen.

Rol weg van het wak.

Kruip naar het vasteland.

Word warm en droog.

Doorgaans is het ijs dikker bij de oever, waar het water ondieper en dus sneller bevroren is. Stel dat je in een wak in een meer bent gevallen, ga er dan vanuit dat het ijs achter je sterker is. Kruip er dus via die kant uit.

440 Vissen in een dichtgevroren meer

Hak een gat in dik ijs.

401 Aas aan je haak doen en werpen

Bind de lijn aan een tak.

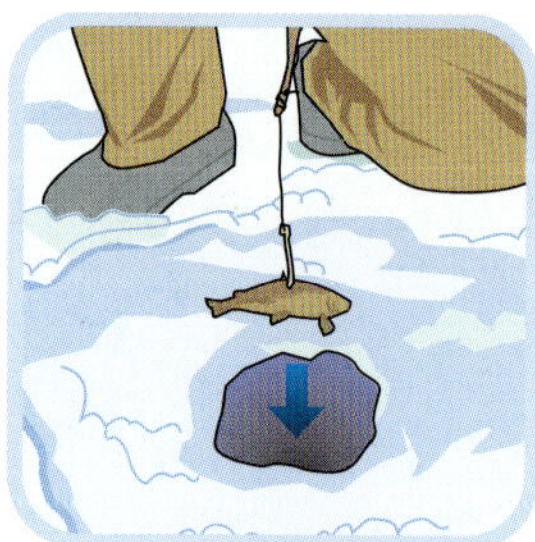

Doe aas aan de lijn.

Een tak houdt de lijn vast.

Bedek om dichtvriezen te voorkomen.

441 Een onderkoeld slachtoffer redden

Controleer lichaamstemperatuur.

Let op hevig rillen.

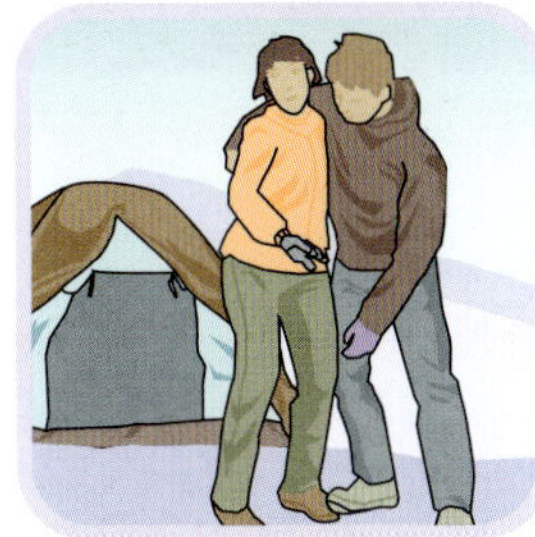

Zoek beschutting.

Ga voorzichtig te werk.

Trek natte kleding uit.

Pak hem warm in.

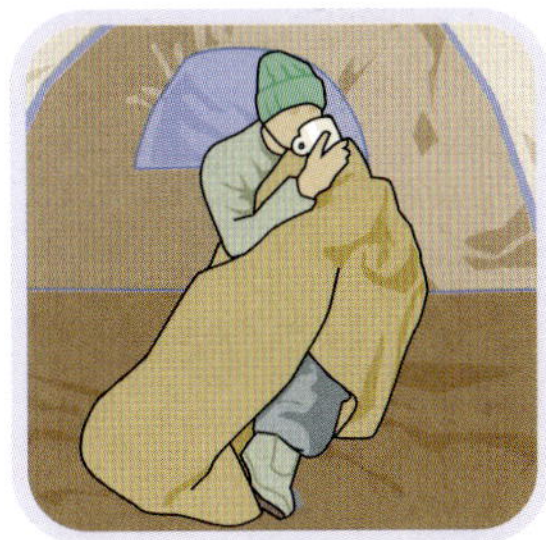

Geef hem een warme drank.

Ga af en toe bij hem liggen.

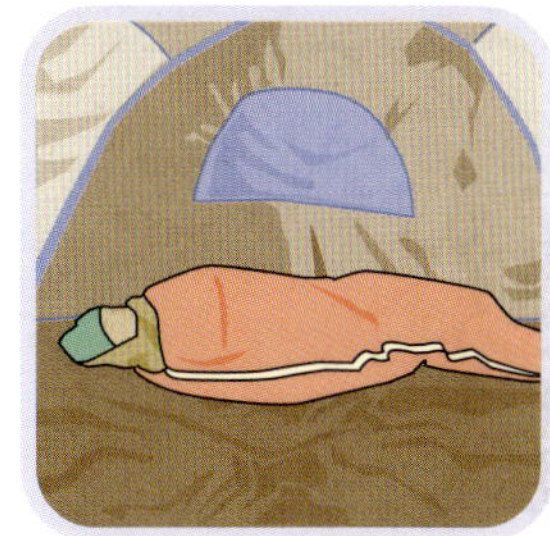

Laat hem liggen tot er hulp is.

* Let ook op andere tekenen van onderkoeling, zoals sufheid, desoriëntatie en slaperigheid. Als iemand plotseling stopt met hevig rillen, is de situatie heel ernstig en moet je zo snel mogelijk hulp zien te krijgen.

442 Omgaan met bevriezing

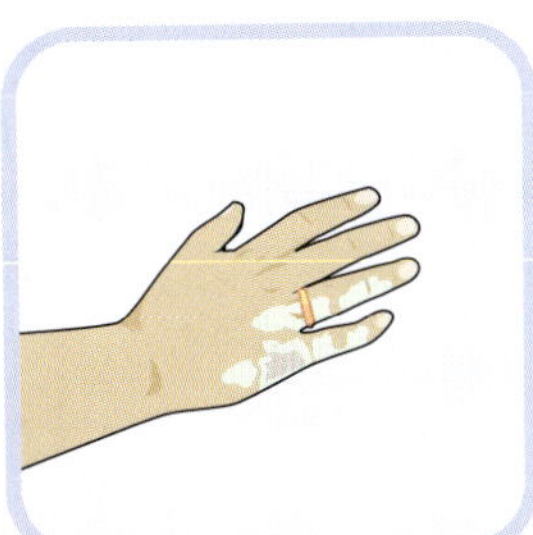

Let op wasachtige of witte huid.

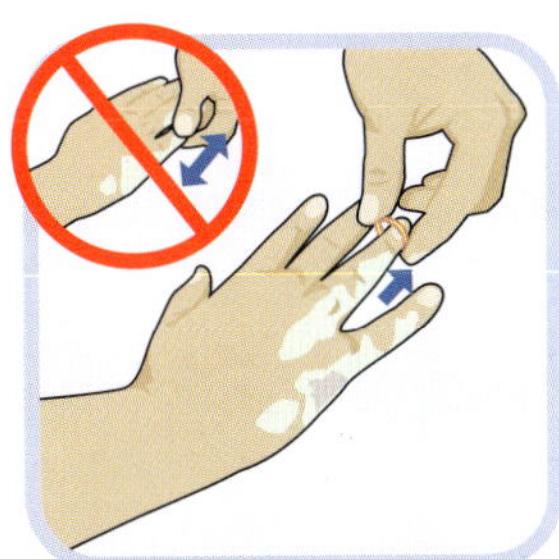

Verwijder ringen en dergelijke.

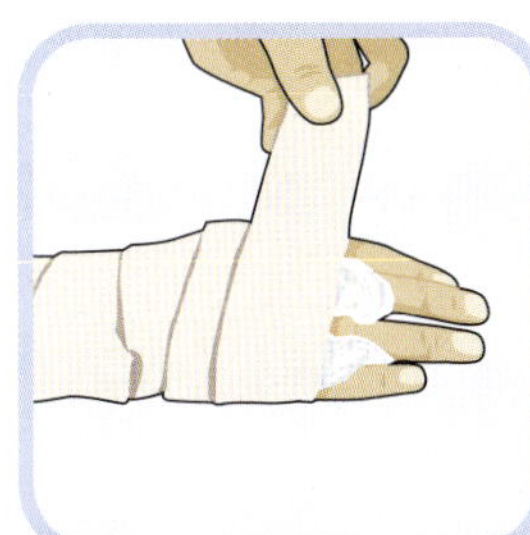

Scheid de vingers; verbind.

443 Eetbare planten herkennen

Verdeel en test alle delen.

Ruik. Stinkt de plant?

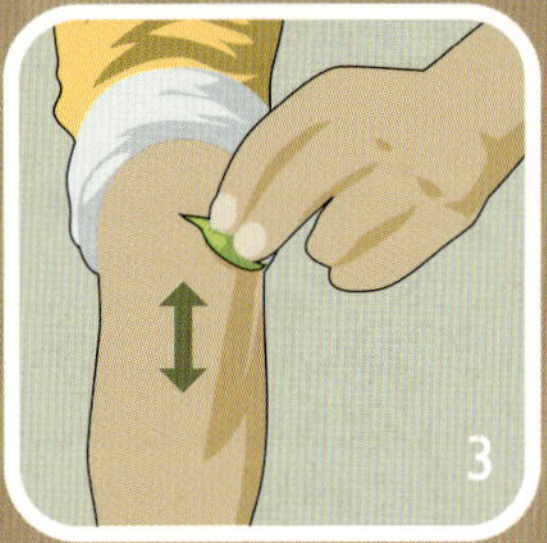

Wrijf en houd de huid in de gaten.

Wrijf tegen je lippen.

Raak aan met je tong.

Kauw en houd in je mond.

Slik door en wacht op reactie.

Je kunt nu een handvol opeten.

444 Veilig door een moeras lopen

445 Vuur maken met een blikje

Wrijf in met chocolade.

Weerkaats de zon met het blikje om de houtjes aan te steken.

402 Met succes een kampvuur maken

446 Loskomen uit drijfzand

447 Worstelen met een krokodil

Ren al zigzaggend.

Kun je niet vluchten?
Druk op z'n nek.

Bedek z'n ogen

Ram hem op z'n bek als hij bijt.

448 Van je broek een boei maken

Trek je broek uit.

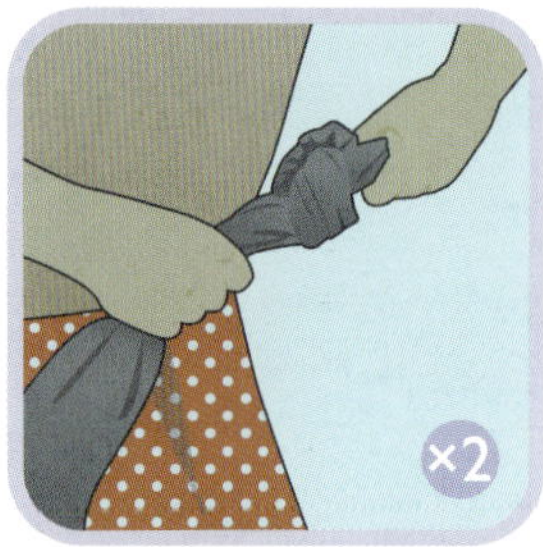

Knoop de pijpen onderaan dicht.

Zorg dat hij vol lucht zit.

Omklem de band.

Houd vast en wacht op redding.

449 Overleven met watertrappelen

Man overboord? Neem dan deze houding aan. Zo verbruik je minder energie en kun je af en toe rustig ademhalen tot je gered wordt.

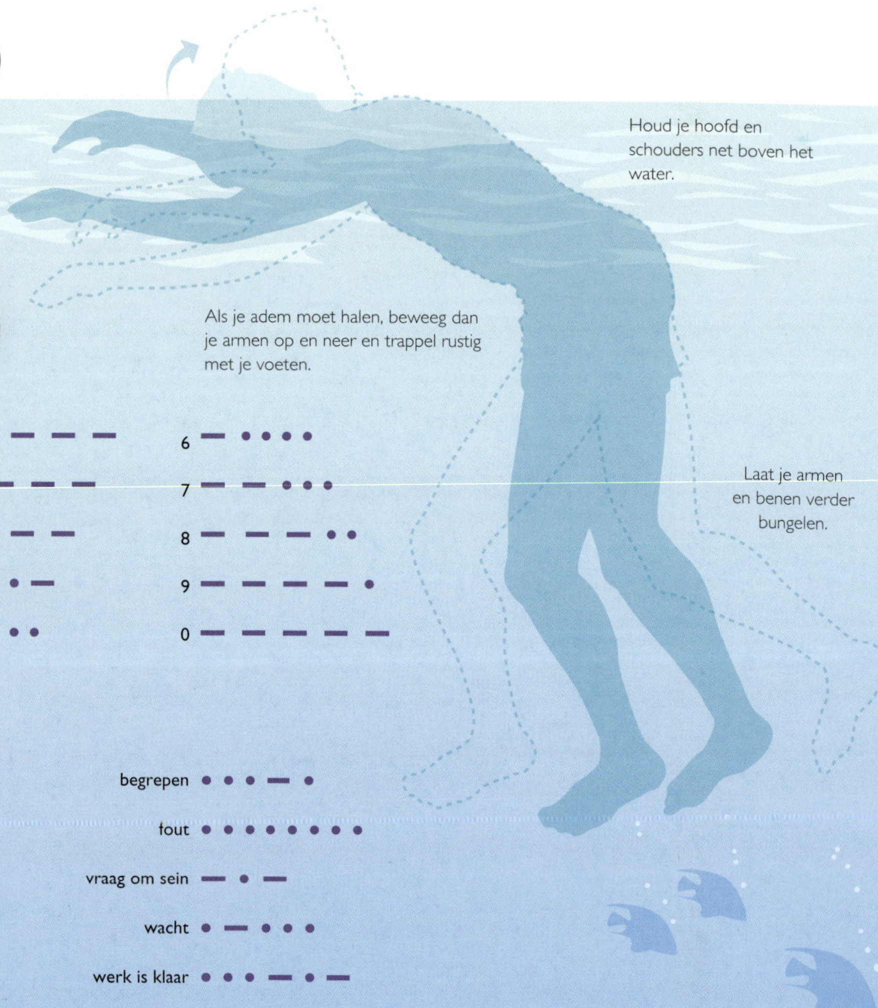

450 Morse begrijpen

a	• —	n	— •	1	• — — — —	6	— • • • •
b	— • • •	o	— — —	2	• • — — —	7	— — • • •
c	— • — •	p	• — — •	3	• • • — —	8	— — — • •
d	— • •	q	— — • —	4	• • • • —	9	— — — — •
e	•	r	• — •	5	• • • • •	0	— — — — —
f	• • — •	s	• • •				
g	— — •	t	—				
h	• • • •	u	• • —				
i	• •	v	• • • —				
j	• — — —	w	• — —				
k	— • —	x	— • • —				
l	• — • •	y	— • — —				
m	— —	z	— — • •				

begrepen	• • • — •
fout	• • • • • • • •
vraag om sein	— • —
wacht	• — • • •
werk is klaar	• • • — • —
begin seinen	— • — • —

Een schipbreuk overleven 451

Houd jezelf warm en droog.

Bescherm jezelf tegen de zon.

Een knoop aanzetten 182

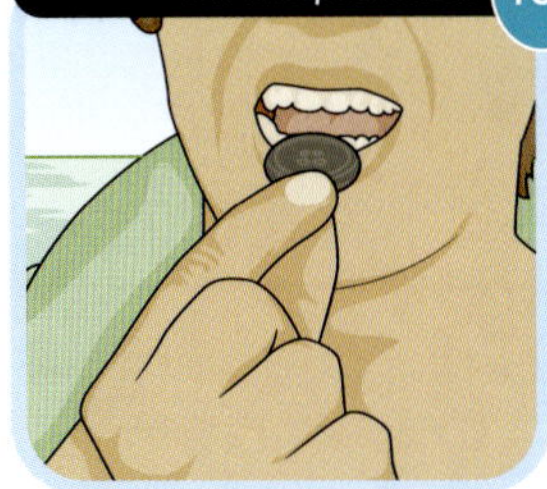

Zuig op een knoop tegen de dorst.

Vang regenwater op in een zeil.

Zie je land? Ga zwemmen.

Een haai van je afslaan 452

Draai je gezicht naar de haai.

Stomp hem tegen de slaap.

Stomp hem op zijn neus.

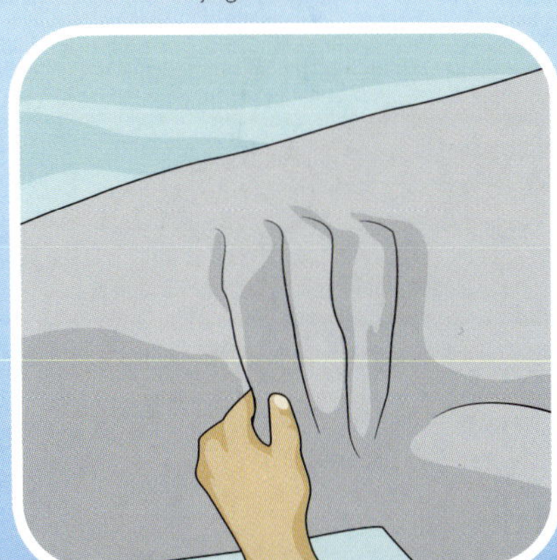

Pak met je hand de kieuwen.

Steek de haai in zijn oog.

Vlucht. Behandel wonden meteen.

453 Water in de woestijn maken

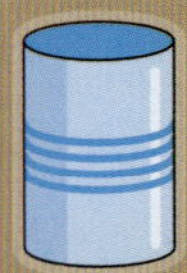

Elk waterdicht blikje is geschikt.

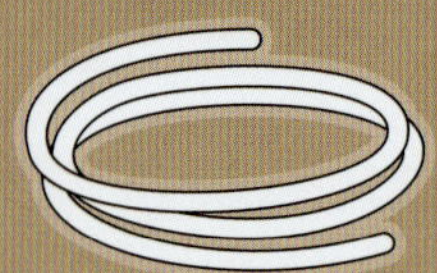

De slang moet minstens 90 cm lang zijn.

Een plastic zeil moet doorzichtig zijn.

Middelgrote stenen zijn het best.

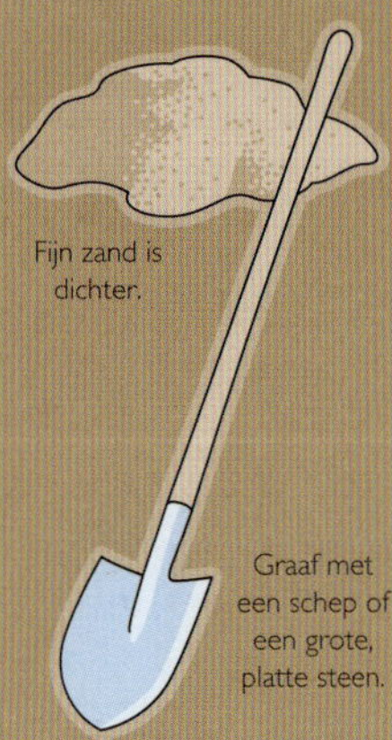

Fijn zand is dichter.

Graaf met een schep of een grote, platte steen.

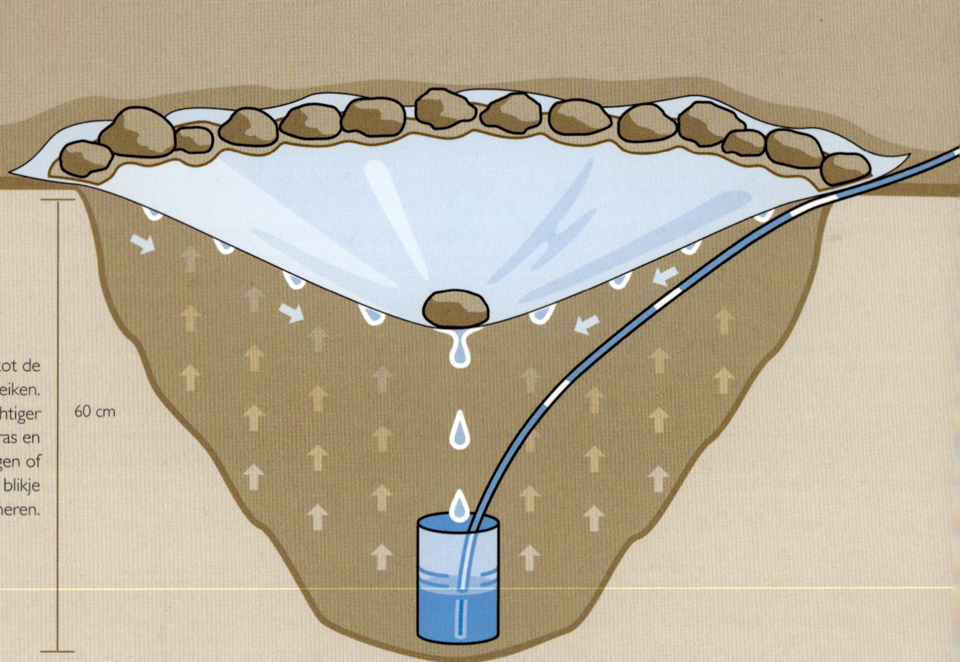

Het gat moet minstens tot de vochtige ondergrond reiken. Je kunt de grond vochtiger maken door bladeren, gras en takken in het gat te leggen of door bij – niet in! – het blikje te urineren.

42 Een lampion van blik maken

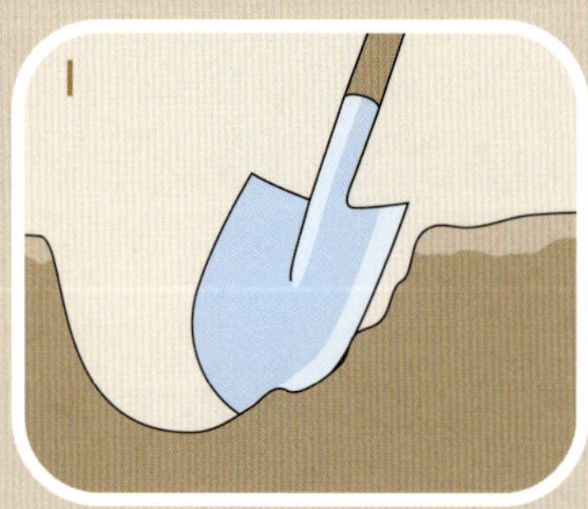

Maak het gat niet groter dan het zeil.

Zet een blikje neer voor het water.

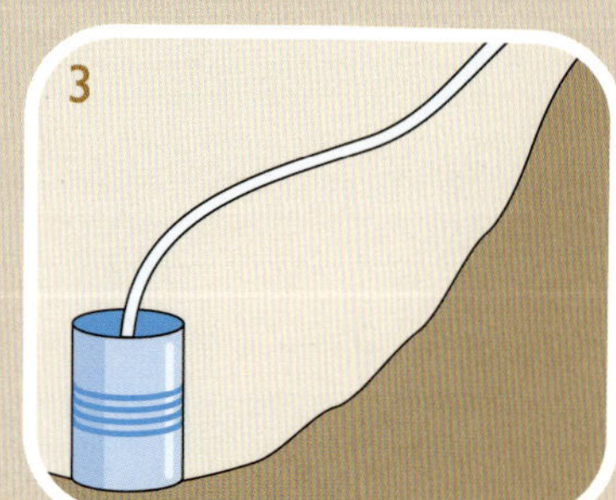

Hang de slang er als een rietje in.

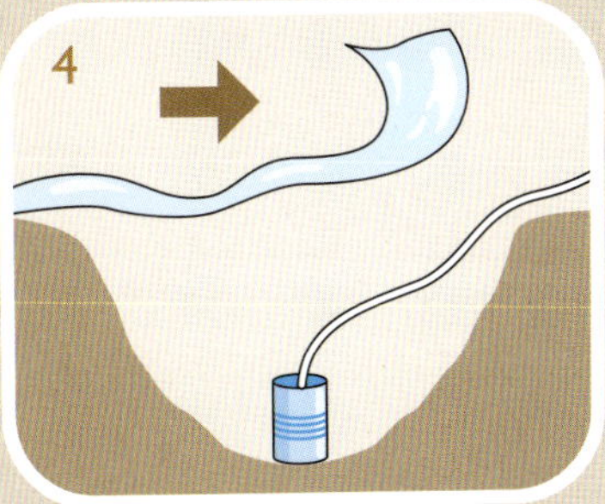

Bedek het gat met het zeil.

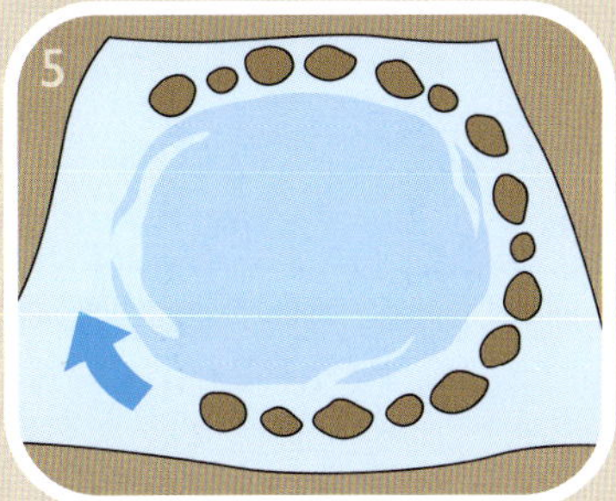

Leg het zeil vast met stenen.

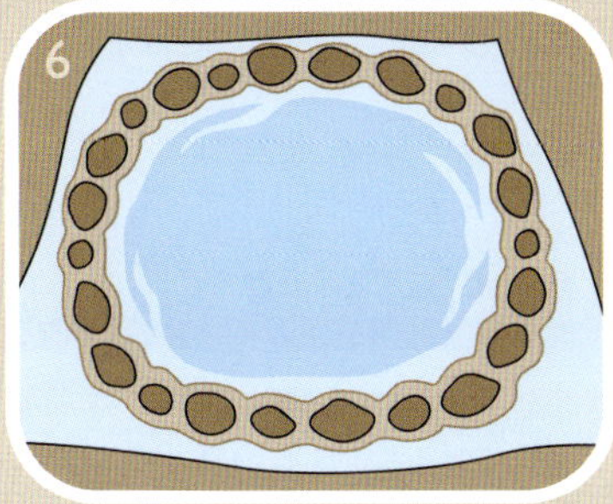

Bedek gaten en kieren met zand.

Leg een steen in het midden.

Wacht tot de waterdamp condenseert

* Overdag zal waterdamp condenseren onder het zeil en naar het laagste punt druppelen. Het duurt 24 uur voordat je 0,5 tot 1 liter water in het blikje hebt verzameld – afhankelijk van de temperatuur van de lucht en de vochtigheidsgraad van de aarde. Graaf drie gaten om elke dag voldoende water te kunnen drinken.

Maak tekens op de grond die ze vanuit de lucht kunnen zien.

I ernstig gewond	LL alles oké
O heb kompas en kaart nodig	△ veilige landingsplaats
K geef richting aan	↑ ik ga die kant op
F heb eten en water nodig	

Maak tekens met takken, met je voet of met andere geschikte materialen die je kunt vinden.

imponeren

455 Een lasso knopen

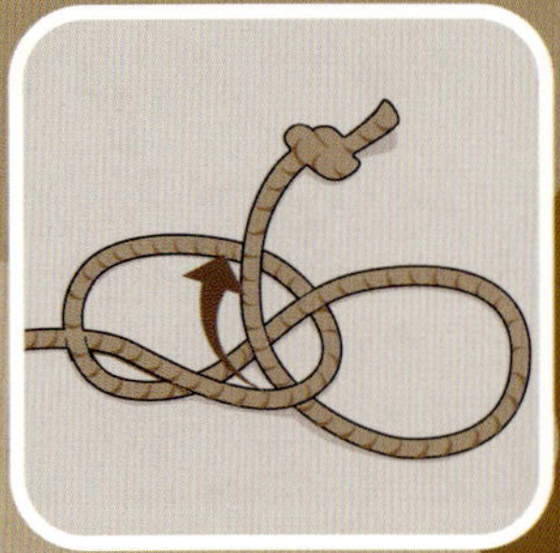

Trek de linkerlus strak.

Maak de strop.

84 Stukken rundvlees identificeren

Een kalf lassoën

Houd bovenaan vast. Rol de rest op.

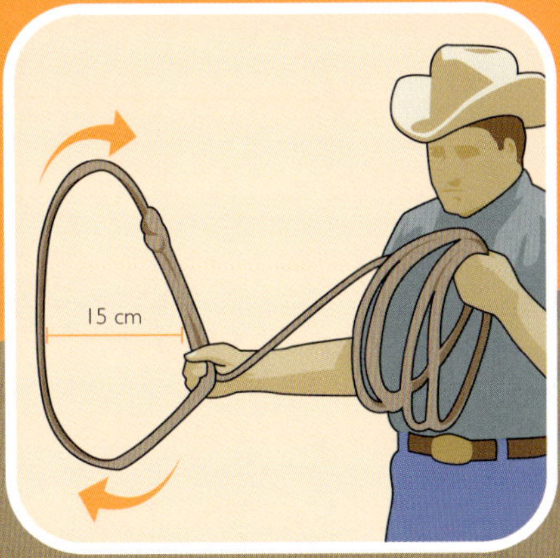

Draai de lasso met de klok mee rond.

Til boven je hoofd.

De lasso moet plat groter worden.

Stap naar voren en werp.

Trek de lus dicht.

De cowboysprong maken

* Krijg je je verticale lus niet groot genoeg om erdoorheen te springen? Voeg dan een verzinkte lassoknoop toe. Het extra gewicht trekt het touw omlaag, waardoor de cirkel groter wordt.

Houd je arm voor je borst wanneer de knoop op twaalf uur zit.

458 Een telefoonboek doorscheuren

14 Een boek uithollen

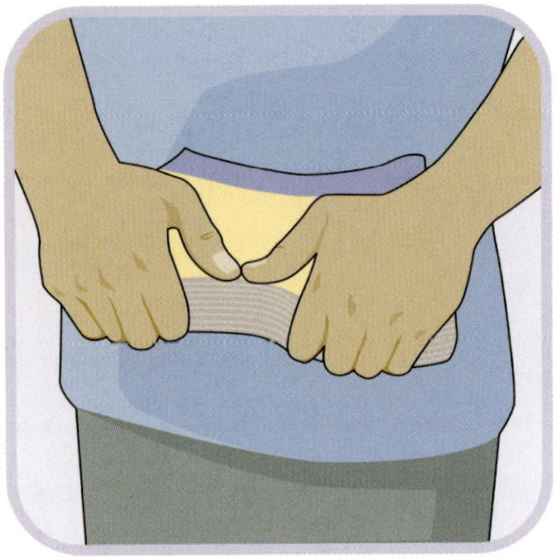

Zet het boek tegen je buik.

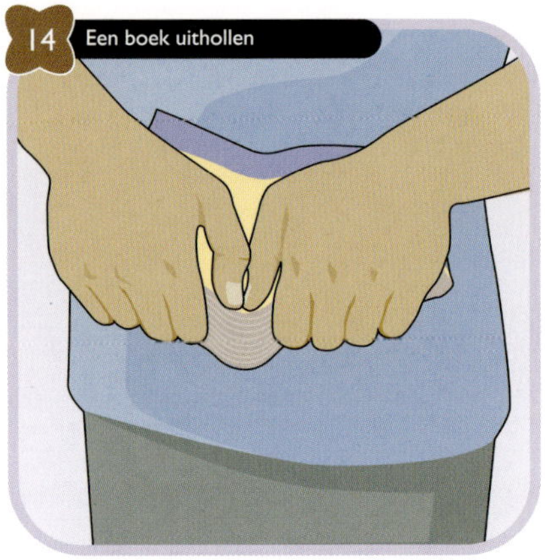

Knijp in het midden en vouw dubbel.

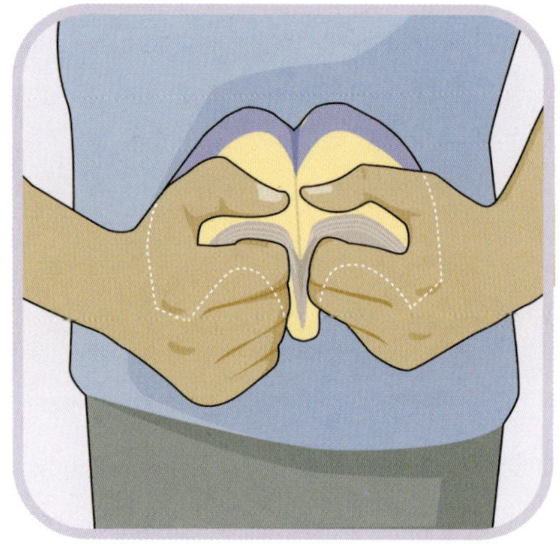

Blijf knijpen; trek aan de zijkanten.

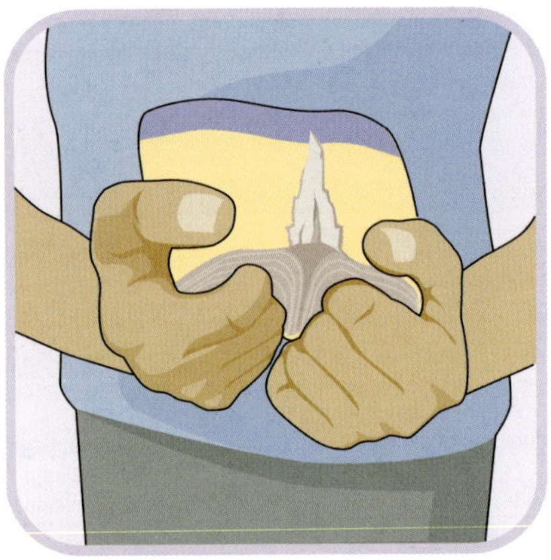

Begin te scheuren.

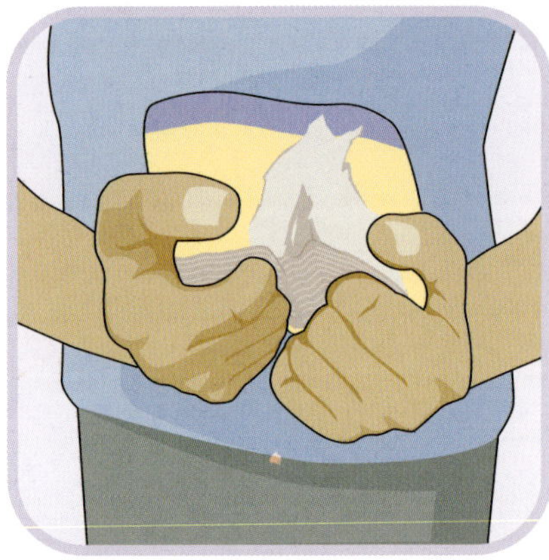

Scheur harder.

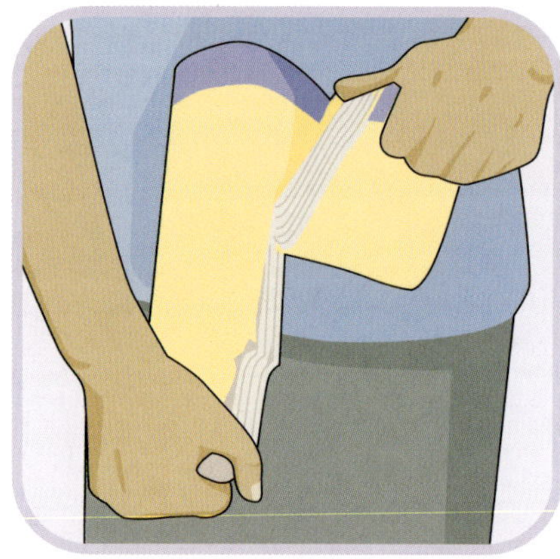

Scheur met al je kracht in tweeën.

459 Een propje schieten

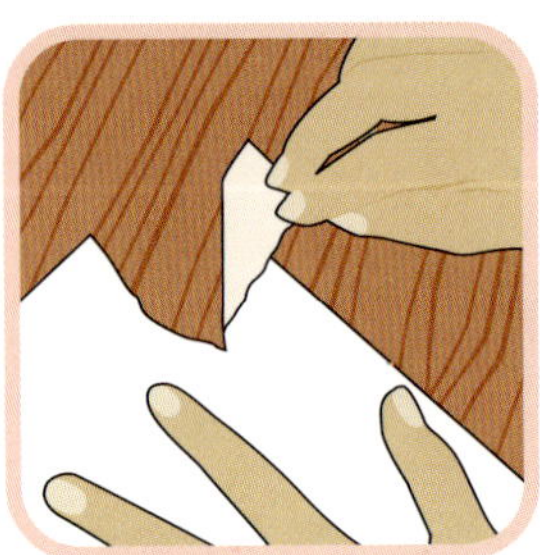

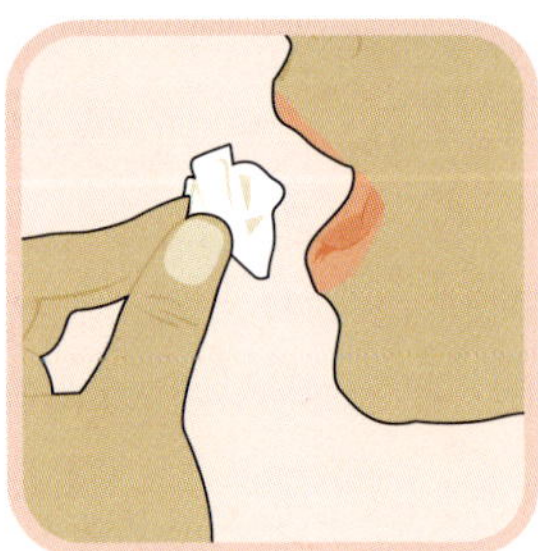

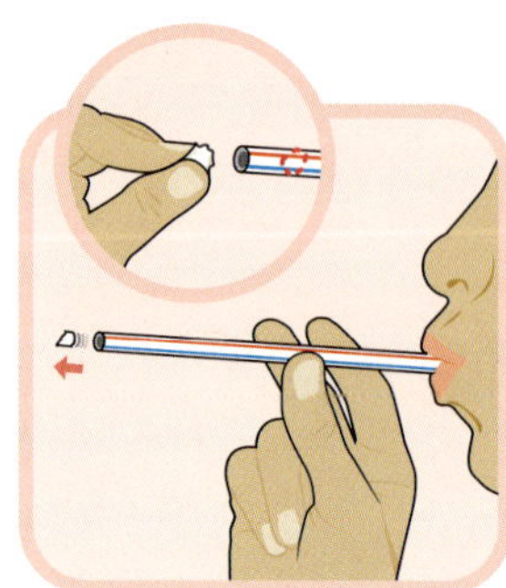

Druk het propje in het rietje; blaas.

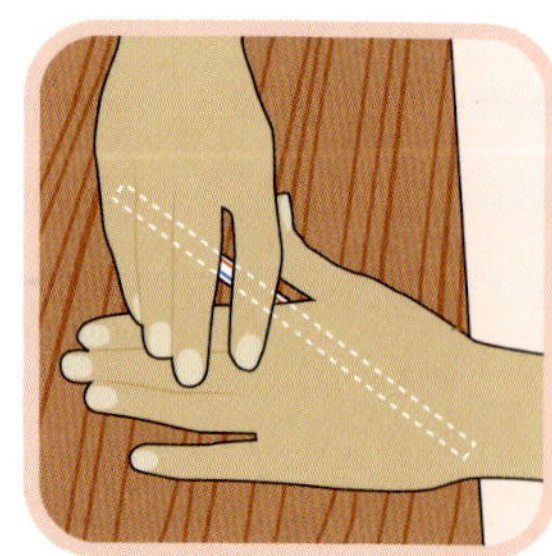

Verberg je wapen.

460 Een basketbal op je vinger draaien

Houd de bal op je vingertoppen.

Draai hem met een zwiep op je vinger.

Naar de andere hand; help een beetje mee.

461 Een steen over water keilen

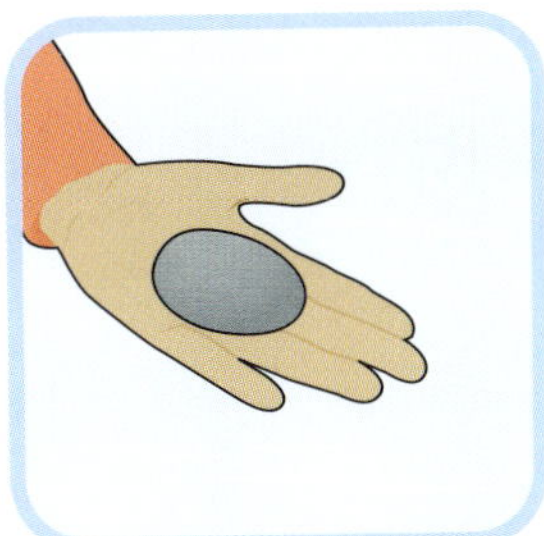

Zoek een platte kiezelsteen.

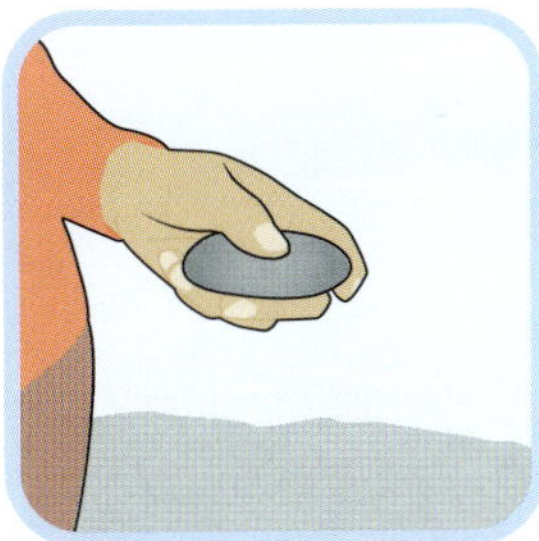

Klem er een vinger omheen.

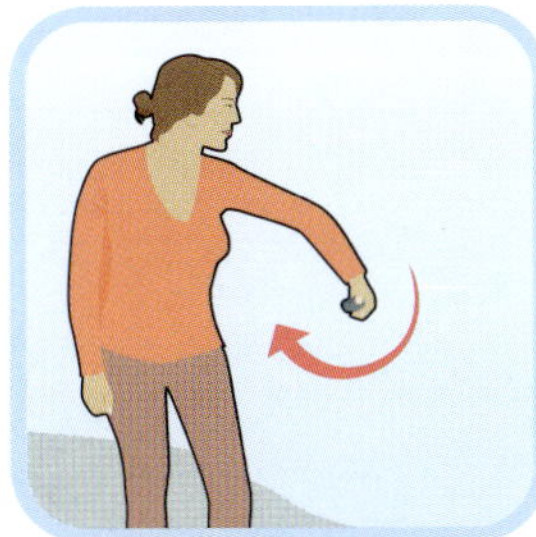

Door je knieën; arm naar binnen buigen.

Laat los met een snelle polsbeweging.

462 Jojoën

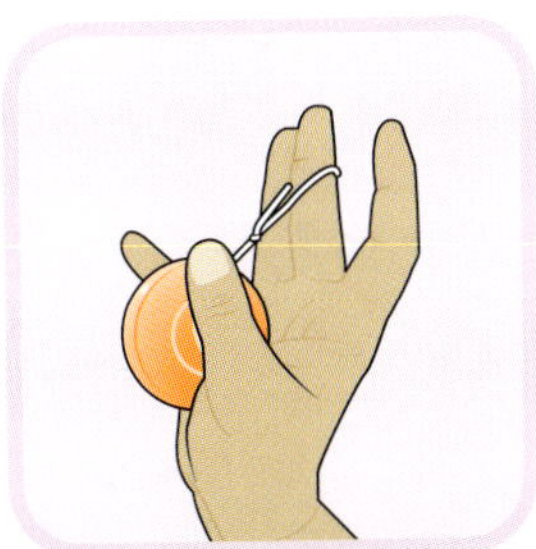

Doe de lus om een vinger.

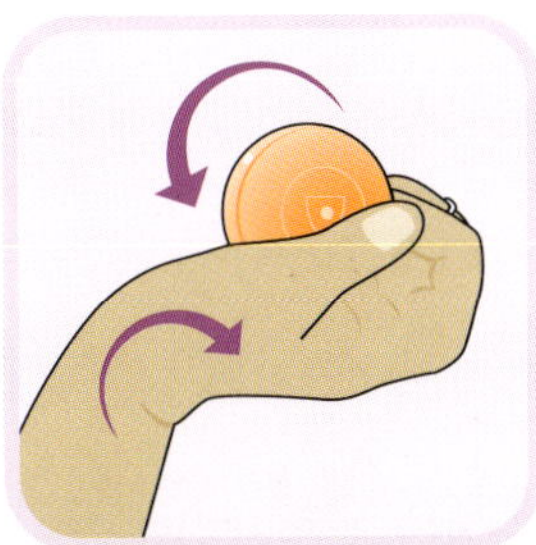

Maak een vuist. Buig pols naar achteren.

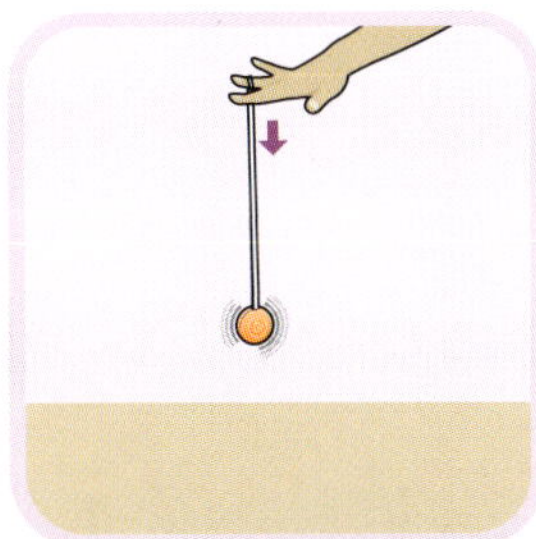

Laat de jojo langzaam zakken.

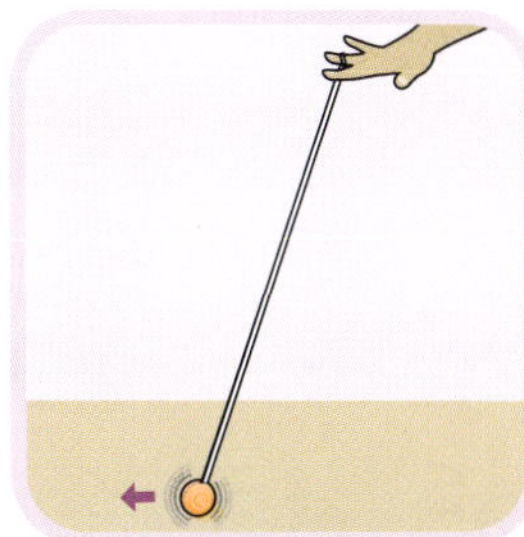

Laat de jojo lopen.

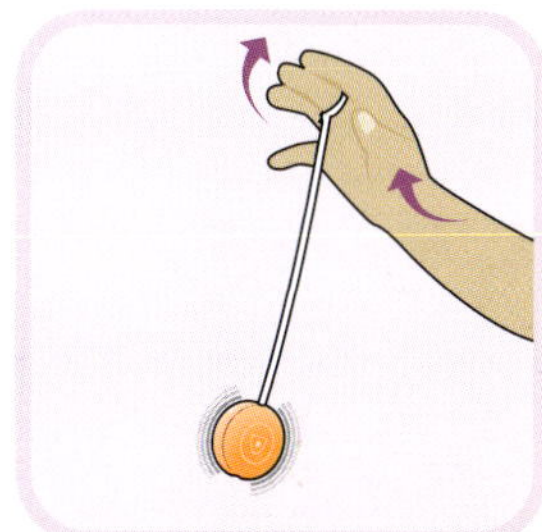

Haal hem met een rukje op.

463 De worm breakdancen

Zie je lichaam als een nogal wiebelige wip. Als je voeten omhoog gaan, moet je bovenlichaam plat op de grond liggen.

464 De moonwalk doen

Bind de strijd aan met deze breakdanceklassieker. Maak de bewegingen vloeiend, zodat het net is alsof je op de maan loopt.

465 Als een robot dansen

Het geheim achter de robotdans? Maak schokkerige, staccato bewegingen en blijf steeds even in dezelfde houding staan voordat je iets draait en verder gaat met nieuwe bewegingen.

Land op je tenen en druk jezelf op.

Draai om je as. Laat je kunstje van de andere kant zien.

466 Een eenvoudig deuntje spelen

467 Een 12-matenblues spelen

Voel je de blues? Speel ze dan! Speel steeds de aangegeven akkoorden. In de blues gaan twaalf maten van elk 4 tellen; de eerste tel is sterk en wordt gevolgd door 3 zwakke. Verplaats je handen over de hals als je een nieuw akkoord moet aanslaan.

468 Muzieknoten lezen

469 De zingende zaag bespelen

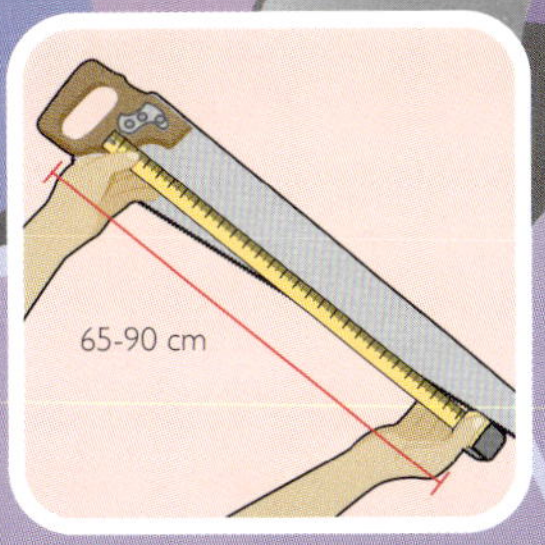

Smeer de strijkstok in met hars.

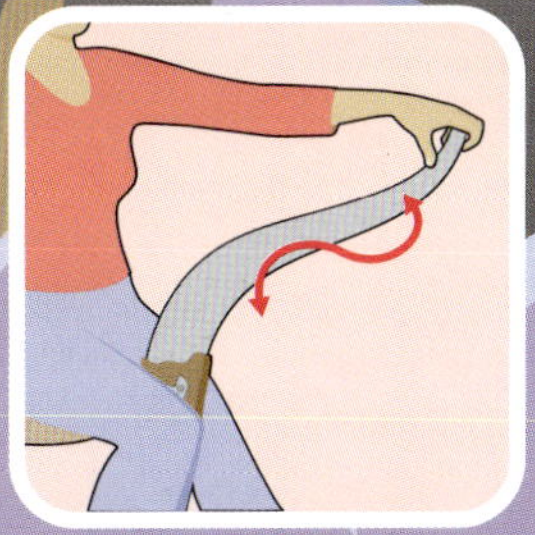
Buig de zaag in een S-vorm.

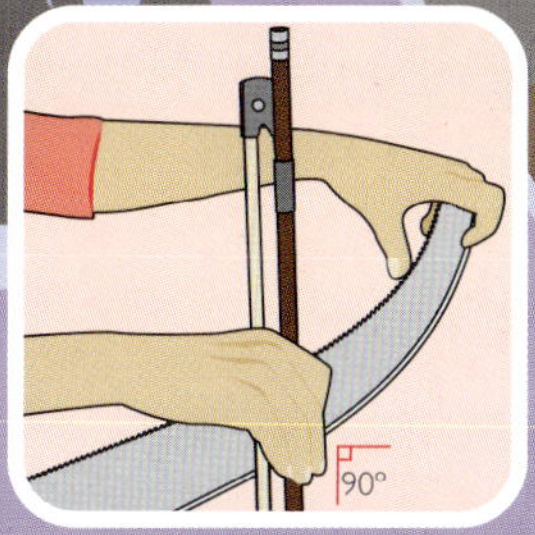

Bespeel de gladde kant.

470 Een knoop leggen in een sigaret

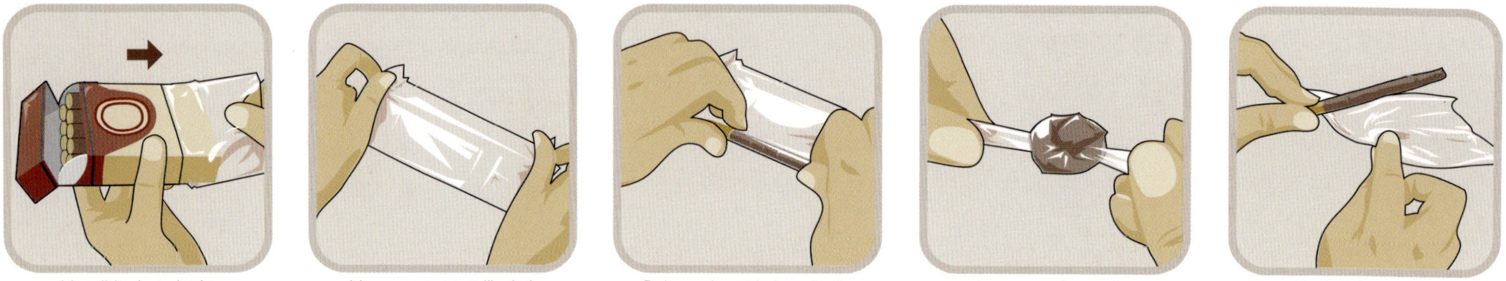

Verwijder het plastic. Vouw open en strijk glad. Rol een sigaret in het plastic. Leg er een knoop in. Maak de knoop los.

471 Drinken uit een bierhoed

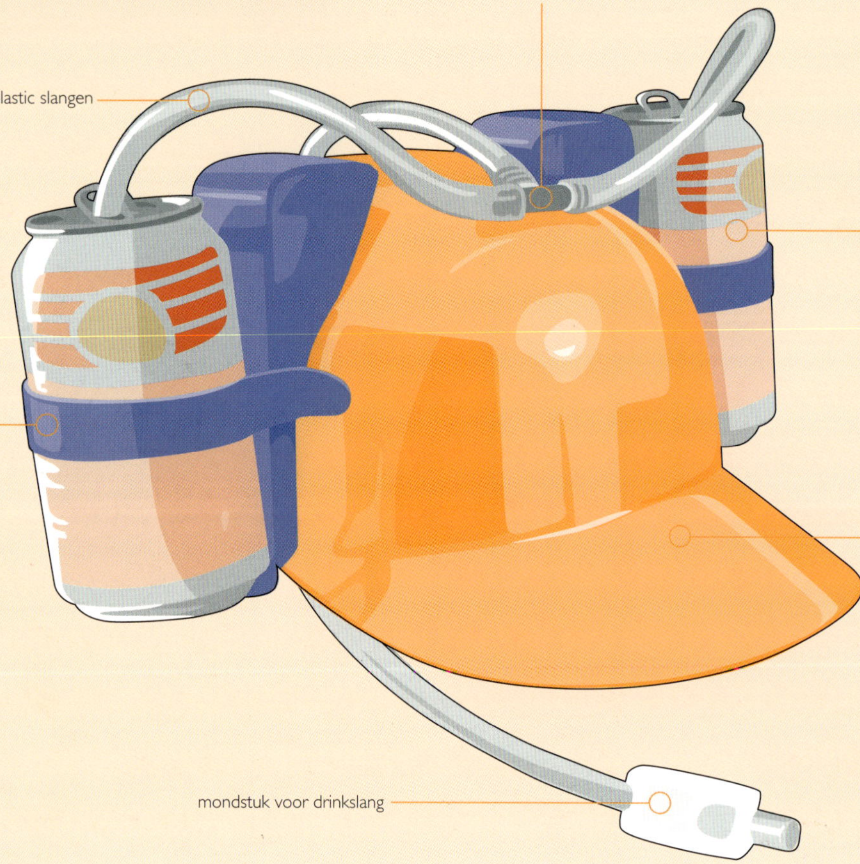

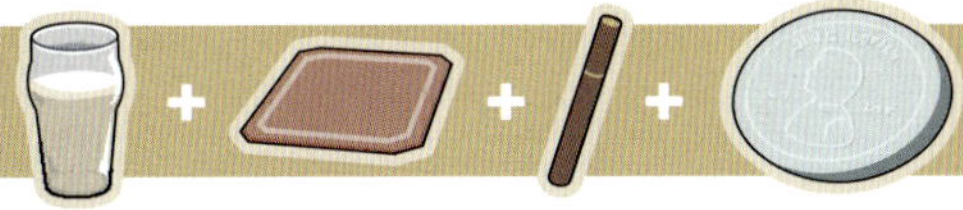

In de kroeg winnen met kop of munt 472

Bepaal de inzet.

Blaas tegen het glas.

In het gewonnen geld.

Een handstand op een biervat doen 473

Pak de rand van het vat vast.

Til één been op.

Schop ook je andere been omhoog.

Drink uit het mondstuk.

Trappel als je vol zit.

Van je hik afkomen 474

Steek je duimen in je oren.

Druk je neusgaten dicht.

Drink in één keer een glas water.

Kauw op suiker en slik door.

Drink nog wat water.

475 Een cloudbuster maken

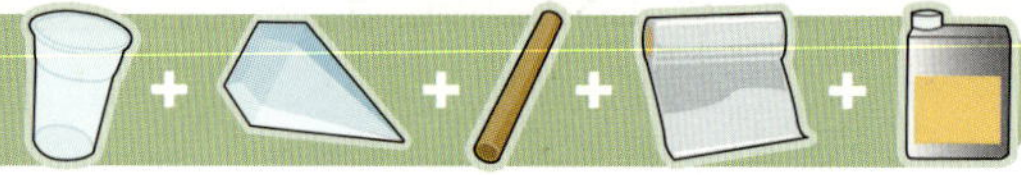

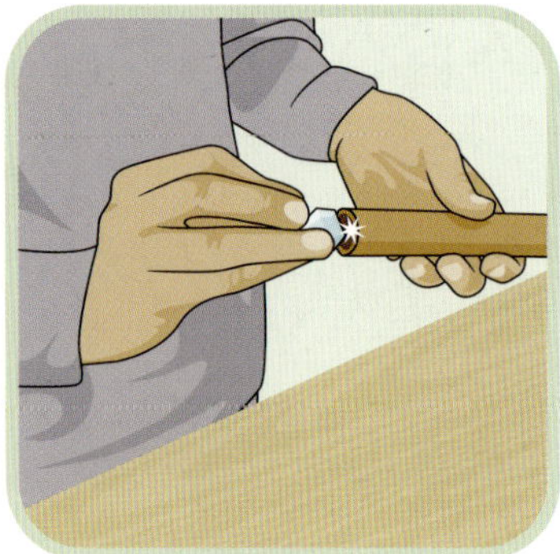

Stop het kristal in een koperen buis.

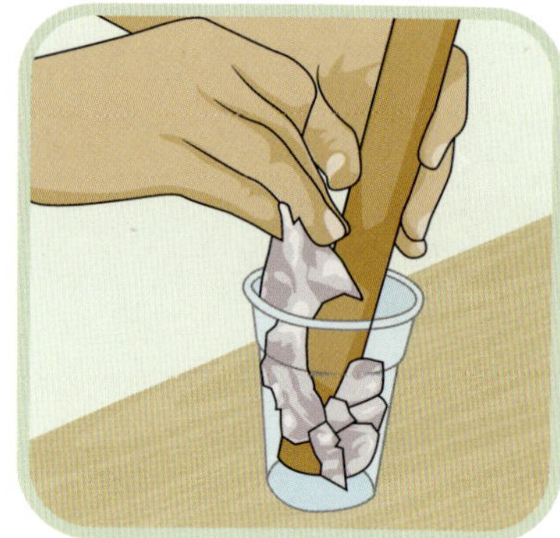

Houd de buis met folie op z'n plaats.

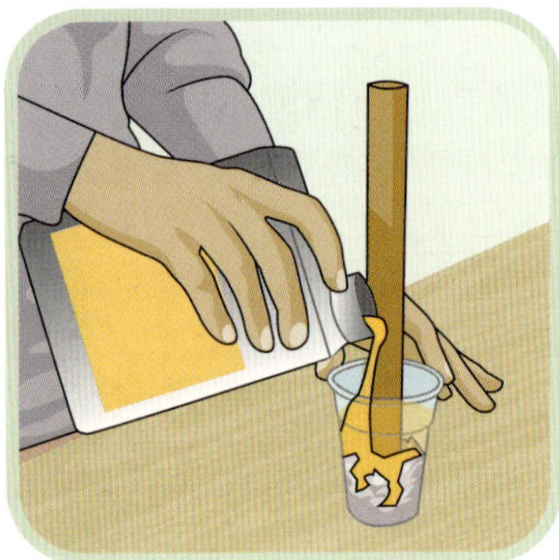

Vul de beker met vloeibare hars.

Laat de hars hard worden.

Geniet van je macht.

* De cloudbuster is zeer geliefd bij pseudowetenschappers. Dit grappige cult-instrument zou het weer stabiel maken doordat het energetische veranderingen in de atmosfeer veroorzaakt. Een echte cloudbuster is veel groter, maar hiermee kun je een regenbui verdrijven of het juist laten regenen.

476 De radar foppen met een nep-ufo

Vul ballonnen met helium.

Maak proppen van aluminiumfolie.

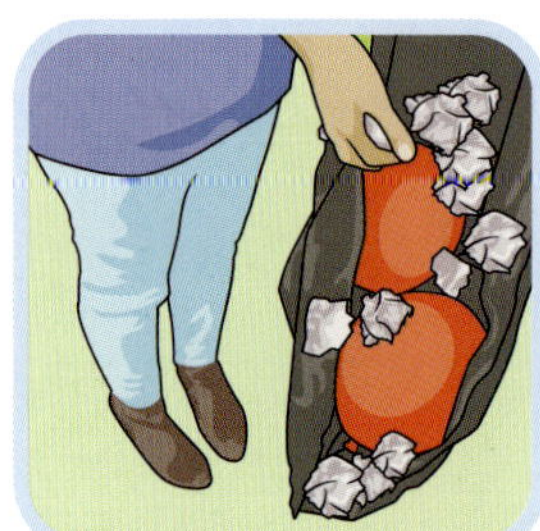

Stop ze in een vuilniszak.

Knoop de zak dicht en laat hem op.

Graancirkels maken

478 De toekomst voorspellen met thee

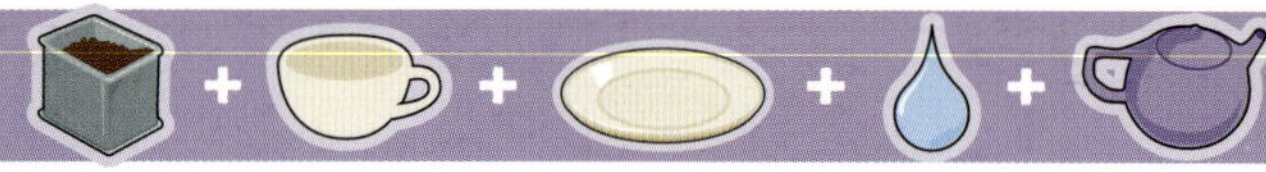

Inhaleer en bedenk een vraag.

479 Timing van gebeurtenissen voorspellen

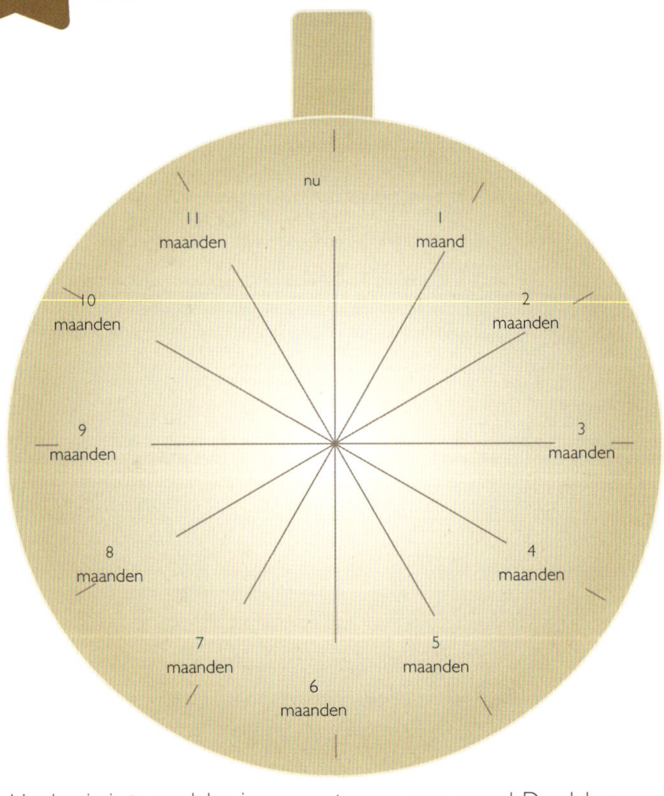

Het kopje is te verdelen in segmenten van een maand. De plek van een symbool bepaalt binnen hoeveel tijd een gebeurtenis zal plaatsvinden.

480 Symbolen in theeblaadjes ontdekken

Het is een kunst vertouwde vormen te herkennen in theeblaadjes. Bedenk dus een vraag waar je graag antwoord op wilt en probeer er een zinnig voorteken bij te vinden.

Draai het kopje met de klok mee.

Giet de thee weg; de blaadjes blijven.

Speur naar vormen.

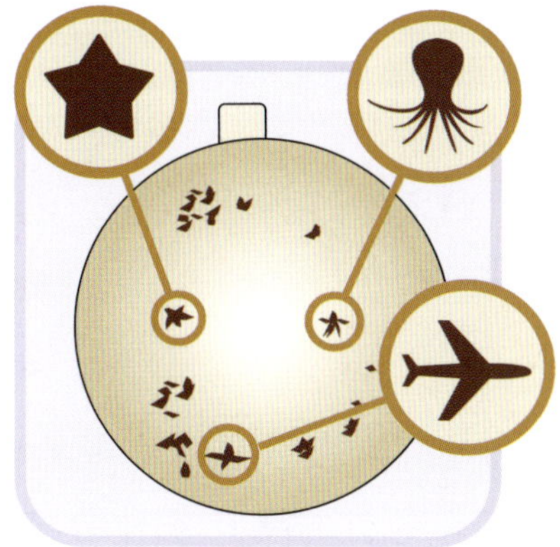

481 Schaduwen werpen met je handen

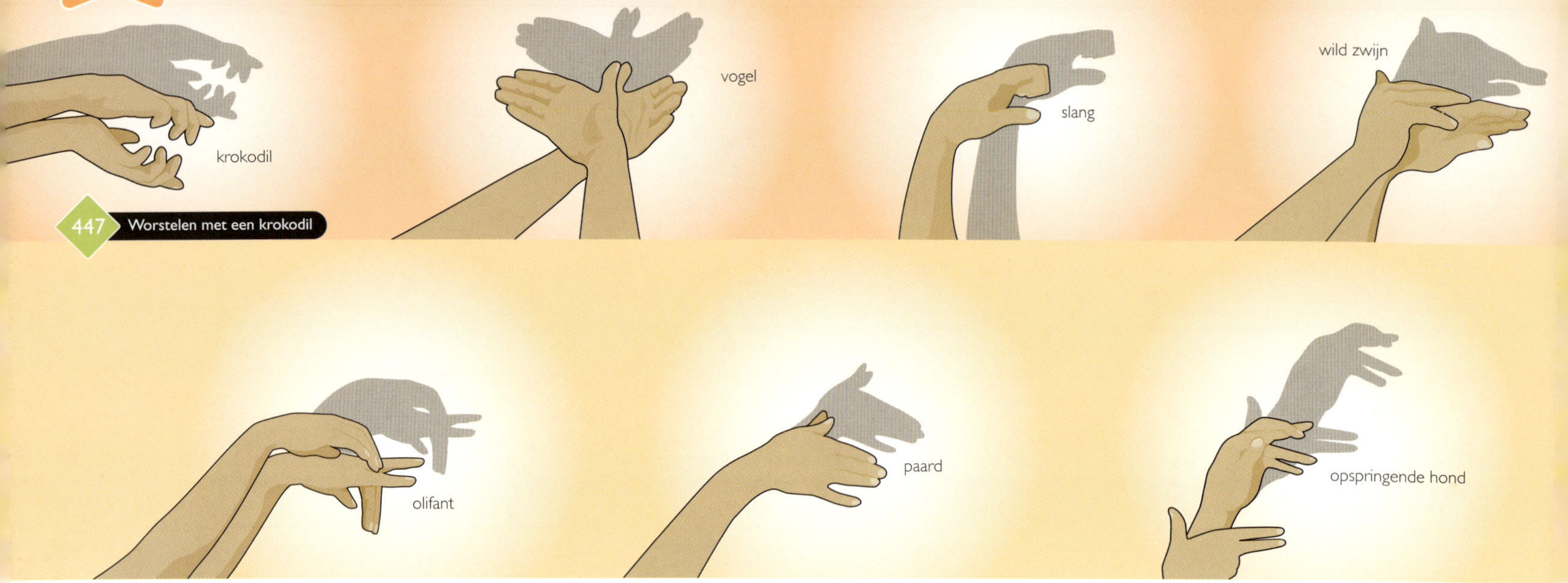

447 Worstelen met een krokodil

482 Geluidseffecten bij een film maken

57 Een kokosnoot openmaken

rendier
geit
schildpad

kameel
lama
konijn
kind

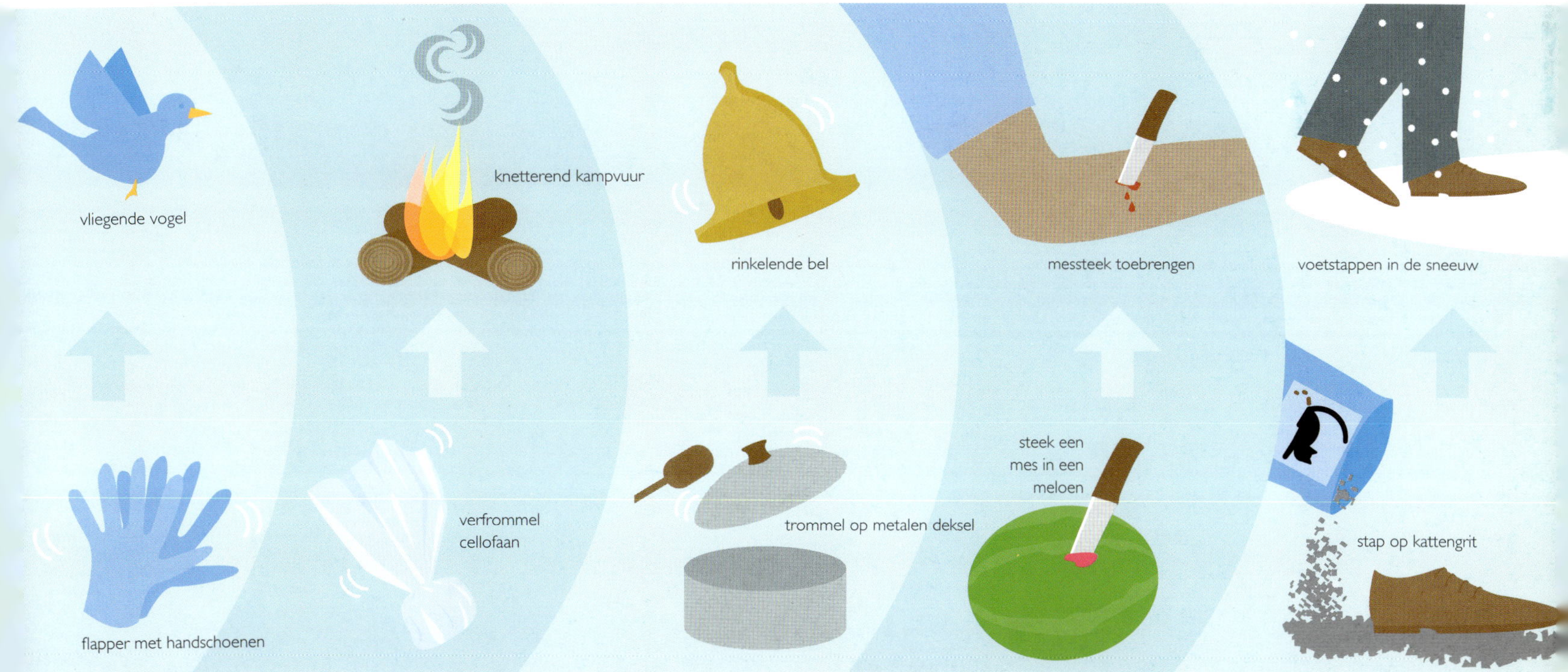
vliegende vogel
knetterend kampvuur
rinkelende bel
messteek toebrengen
voetstappen in de sneeuw
flapper met handschoenen
verfrommel
cellofaan
trommel op metalen deksel
steek een
mes in een
meloen
stap op kattengrit

483 Een muntstuk wegtoveren

Show de munt met veel theater.

Schuif je duim erachter.

Leg je hand ervoor.

Laat in je rechterhand vallen.

Klem de munt tussen je vingers.

Laat je rechterhand zakken.

Vestig de aandacht op links.

484 De illusie wekken dat je zweeft

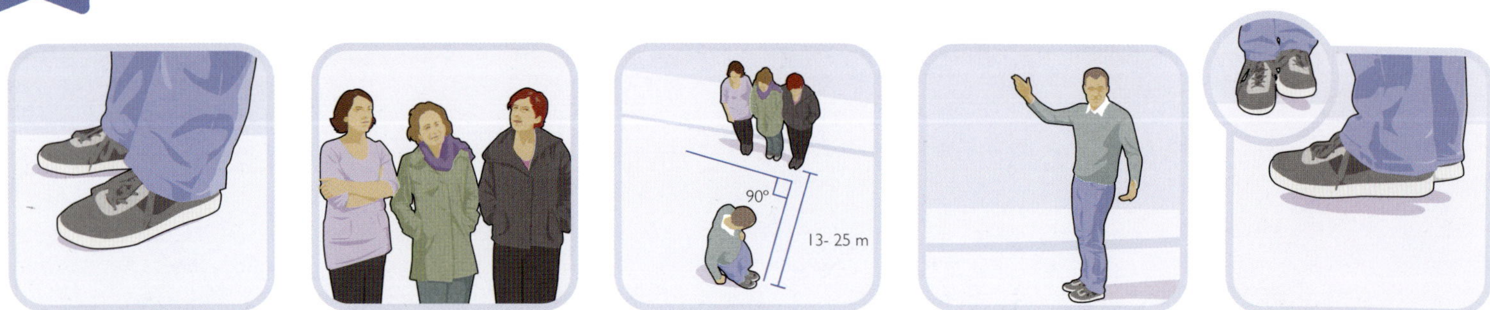

Draag een broek met wijde pijpen.

Verzamel wat toeschouwers.

Leid de aandacht af.

Ga op je linkerteen staan.

485 Jezelf bevrijden uit een dwangbuis

Kruis je sterke arm en adem in.

Adem uit en wriemel je los.

Ga ondersteboven hangen.

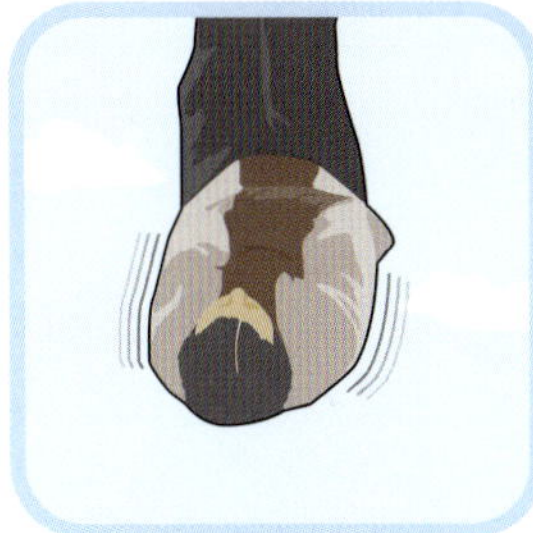

Wiebel je ellebogen heen en weer.

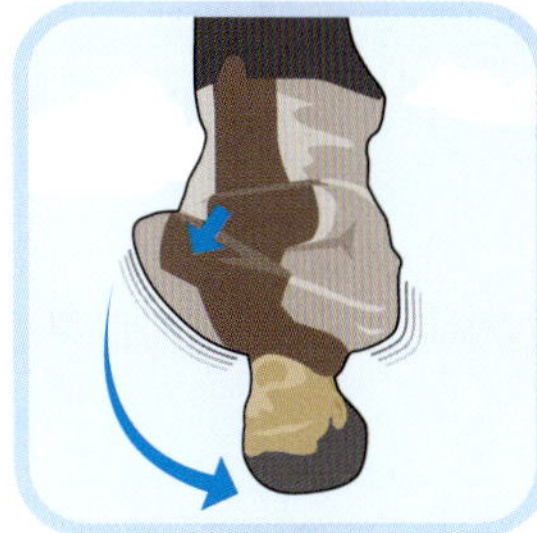

Duw je elleboog omhoog.

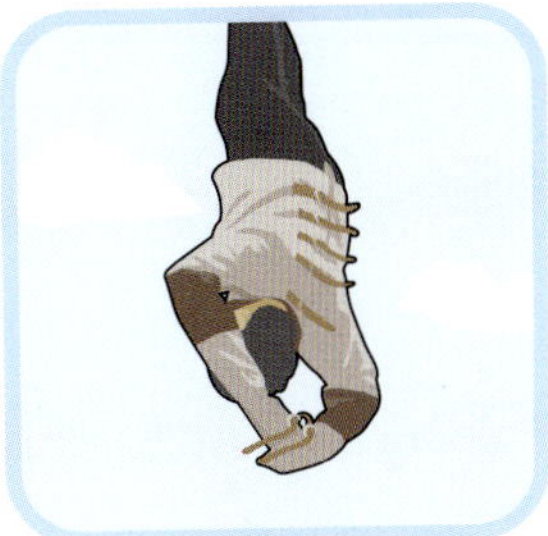

Armen van elkaar en boven je hoofd.

Maak met je tanden de armriem los.

Maak de riemen achter los.

Haak de armriem om je voeten; trek je op.

Trek de dwangbuis zwierig uit.

* Wil je een ontsnapping à la Houdini? Leg dan je sterke arm onder de elleboog van de andere arm en adem diep in als je in de dwangbuis wordt gehesen; zo zet je borstkas uit en zit de dwangbuis losser als je uitademt. Daardoor kun je later met kracht je elleboog over je hoofd brengen. Als je je armen niet langer over elkaar geslagen hebt, kun je de gespen losmaken en je publiek versteld doen staan van je ontsnappingskunsten.

486 Het laken van een gedekte dis rukken

Leg het laken op de tafel.

Strijk rimpels glad.

Zet zware dingen op tafel.

Pak in het midden vast.

Trek heel snel omlaag.

487 Een valse vingerafdruk maken

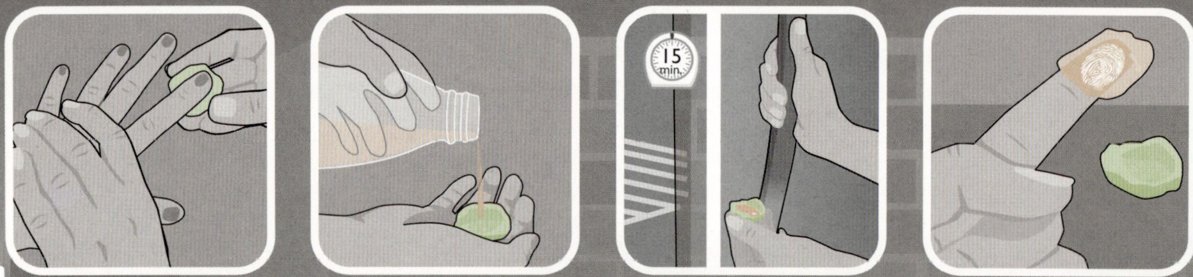

Maak een afdruk van iemands vinger. Vul de mal met vloeibare gelatine. Leg de mal in de koelkast. Trek gelatine eraf; doe op je vinger.

488 Een cilinderslot openmaken

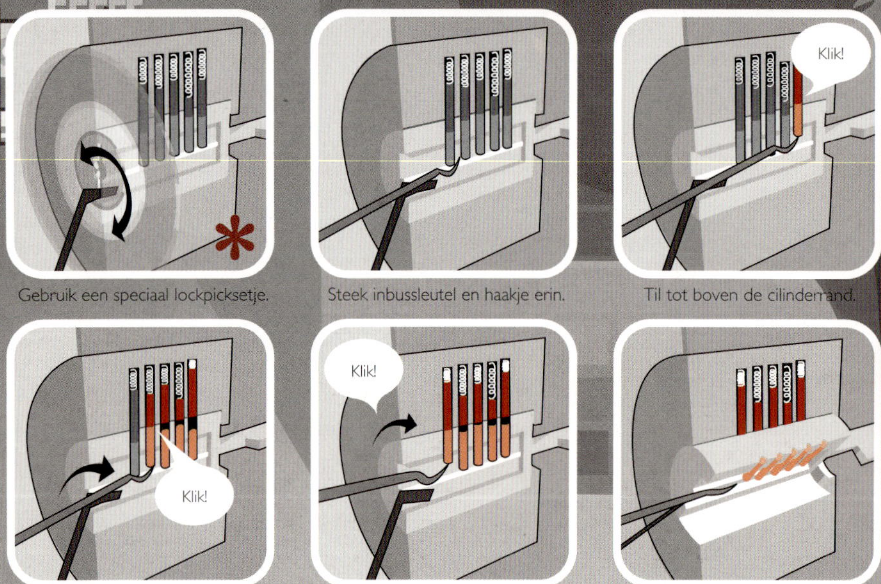

Gebruik een speciaal lockpicksetje. Steek inbussleutel en haakje erin. Til tot boven de cilinderrand.

Draai om; til de andere op. Til de laatste pin op. Draai; open de deur.

138 Er strak uitzien in een pak

* Test eerst welke kant het slot opdraait. Oefen vervolgens lichte druk uit diezelfde kant op en duw de sets pinnen omhoog, zodat elke bovenste pin buiten de cilinder steekt.

Er wordt iets duisters gedaan met deze gesloten attachékoffer en je hebt een paar verhelderende antwoorden nodig. Maar hoe weet je nu of iemand de waarheid spreekt? Kijk uit naar deze aanwijzigingen om een leugenaar op heterdaad te betrappen.

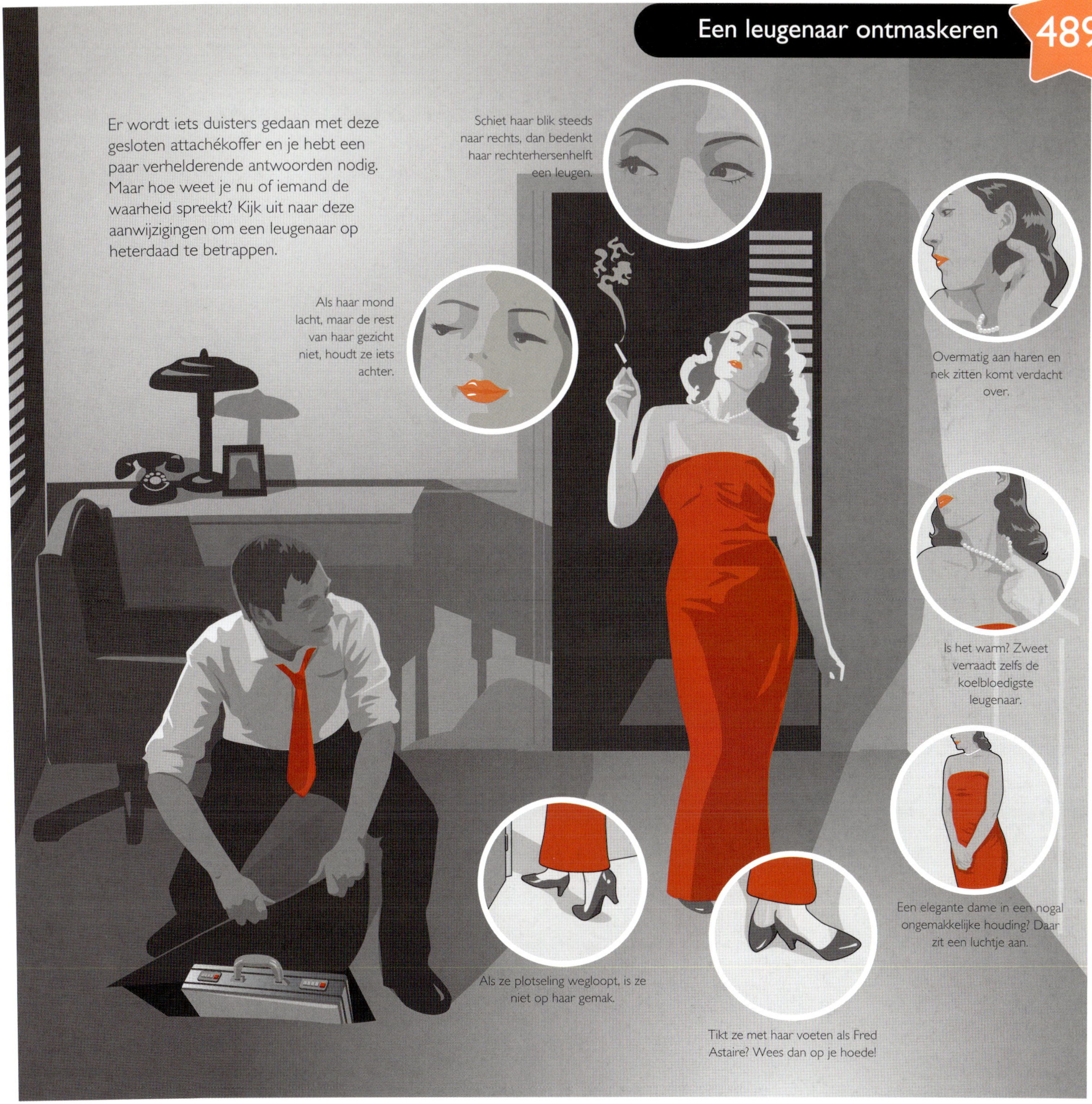

490 Een 180-gradenslip maken

491 Een wheelie maken

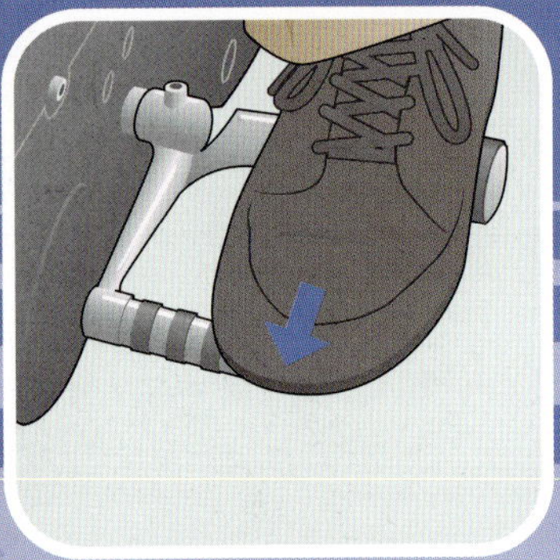
Schakel naar z'n 1.

Voer het toerental op.

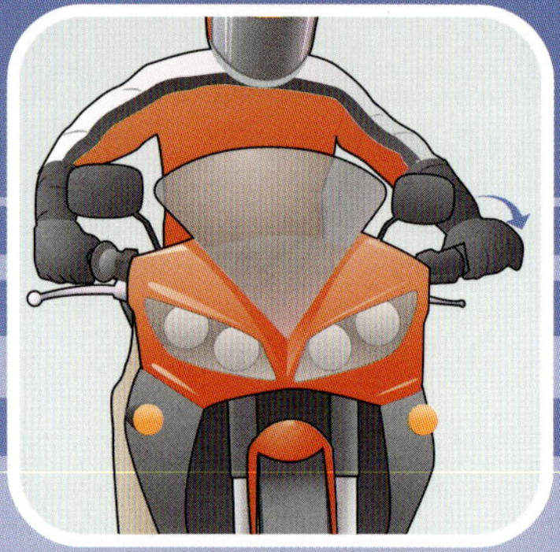
Laat de koppeling opkomen; geef volgas.

Schuif achter op het zadel.

Geef gas; laat de koppeling los.

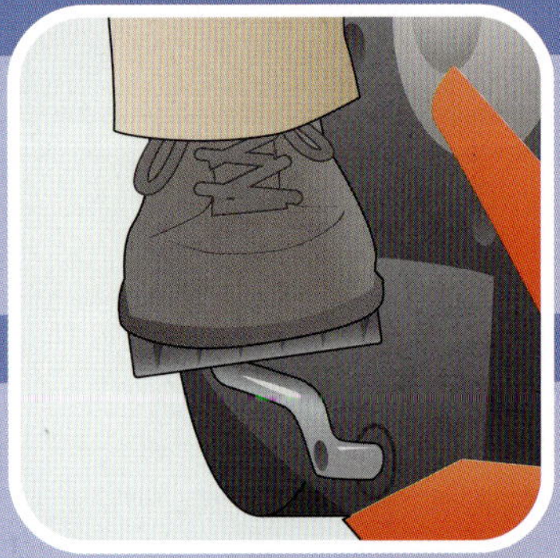
Zet je voet op de achterrem, voor het geval dat.

Trek omhoog. Houd het voorwiel recht.

Neem gas terug. Land weer.

Een donut maken

492

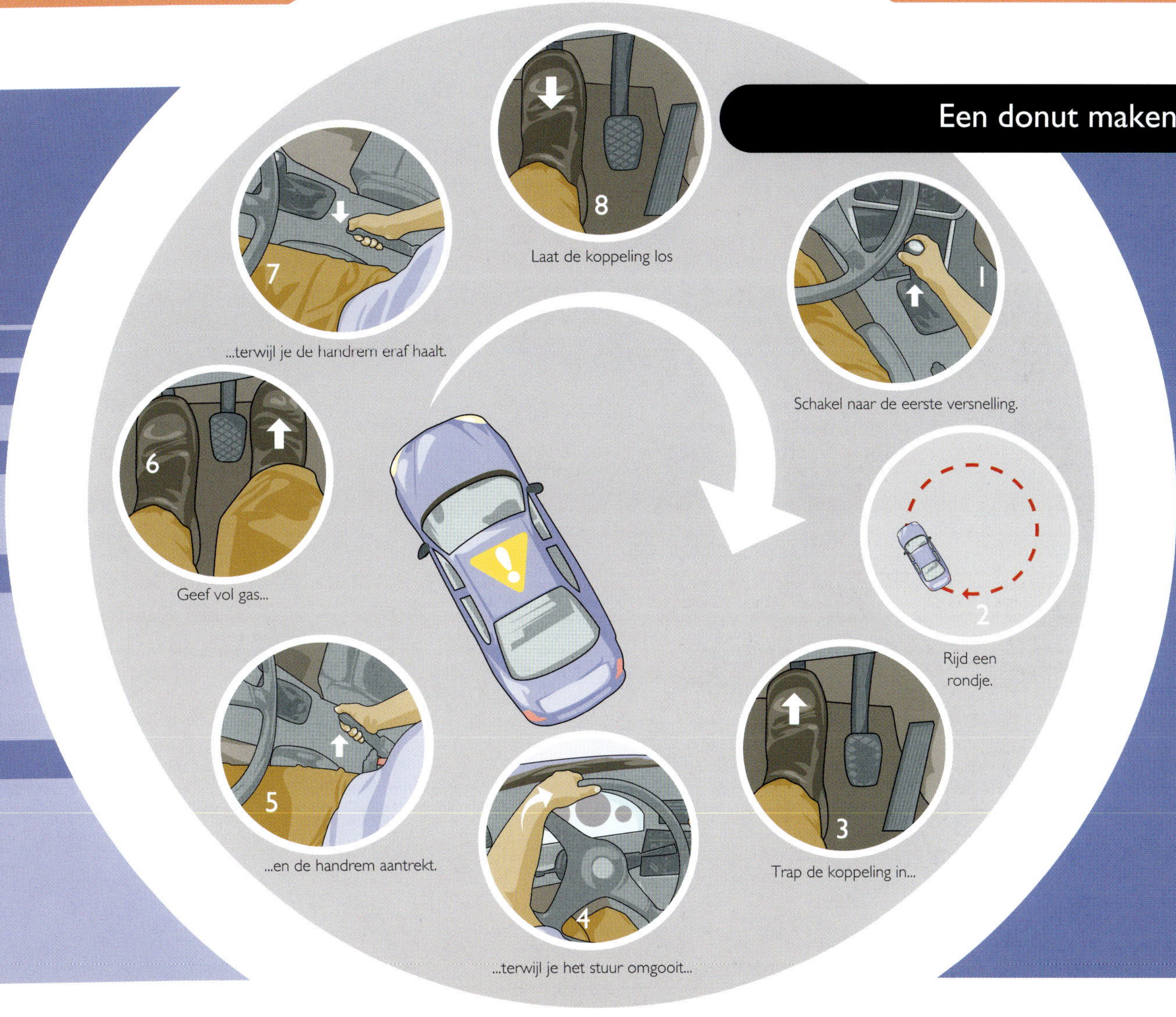

493 Vuur spuwen

Doe dit nooit zonder hulp.

Oefen met water spuwen.

Van welke kant komt de wind?

Melk neutraliseert kerosine.

Slik de kerosine niet door.

Spuw een wolk kerosine.

Beweeg de toorts neerwaarts.

Veeg af met een vochtige doek.

Brood neemt de kerosine op.

494 Lopen op het wiel van je eenwieler

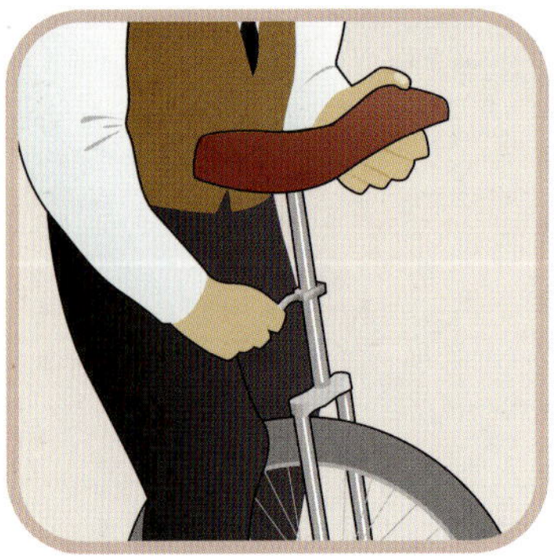

Draai het zadel omlaag.

Zet een voet op het wiel.

Leun voorover; zet de andere voet erbij.

Wissel van voet terwijl het wiel draait.

Jongleren met drie ballen 495

Een snoeiharde service slaan 317

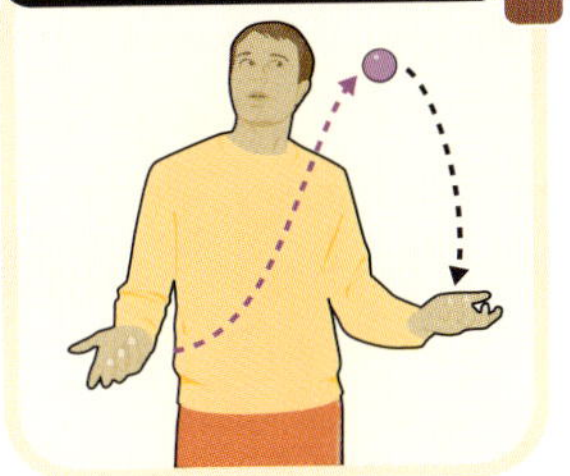

Oefen met één bal.

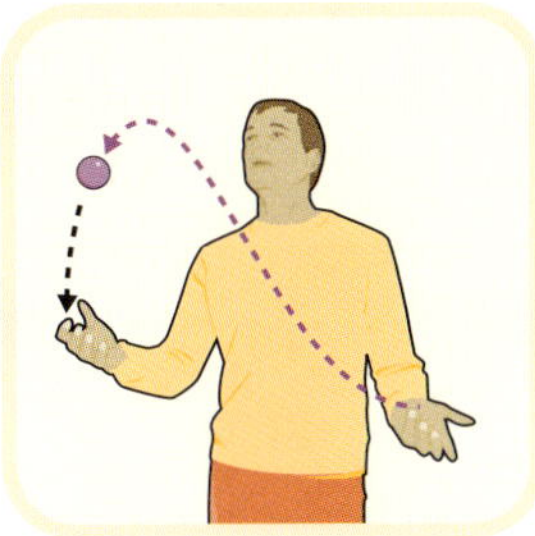

Blijf kijken naar de bal.

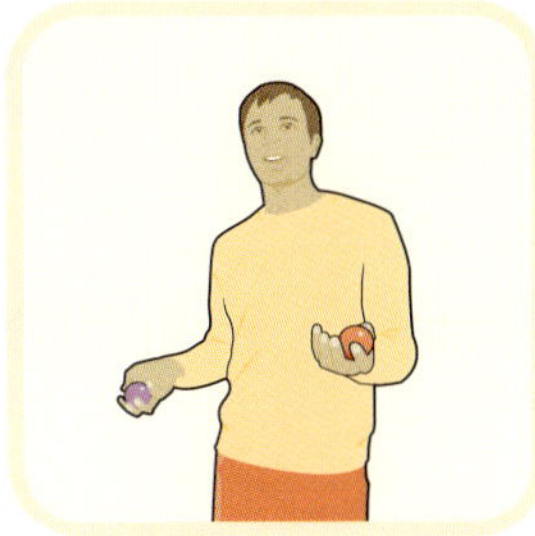

Voeg een tweede bal toe.

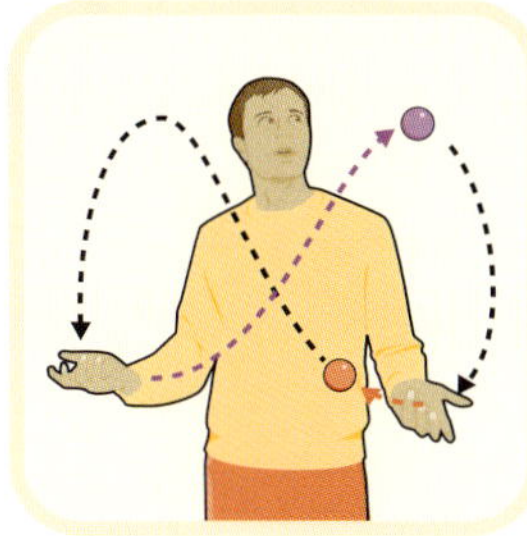

Gooi als bal 1 z'n piek bereikt.

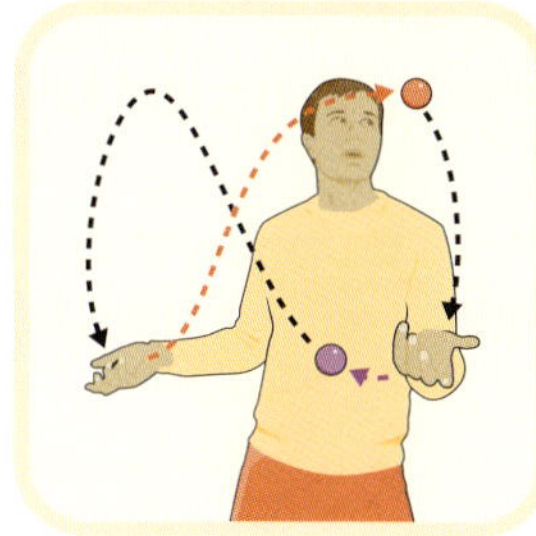

Herhaal – heel vaak!

Voeg een derde bal toe.

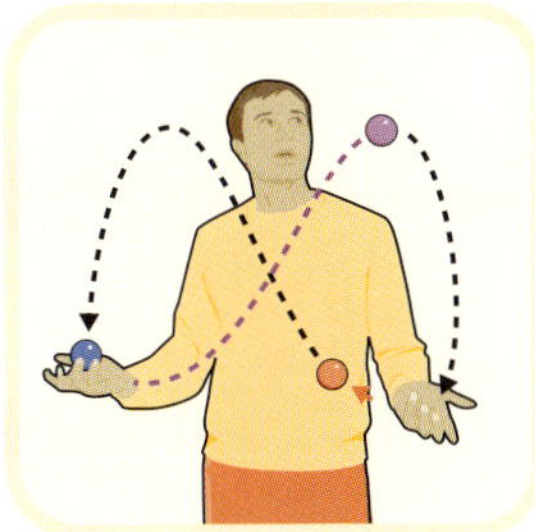

Gooi als bal 1 z'n piek bereikt.

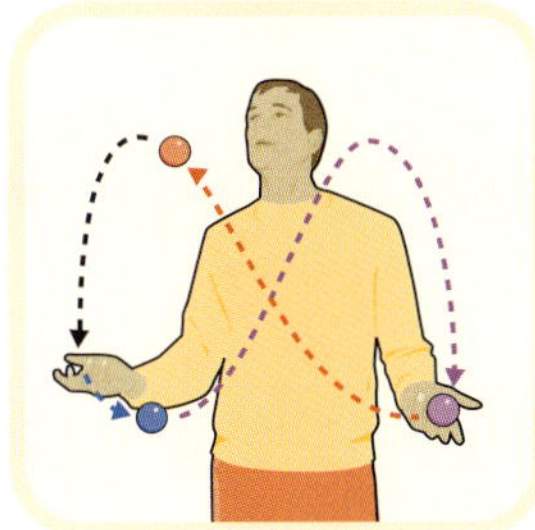

Gooi als bal 2 z'n piek bereikt.

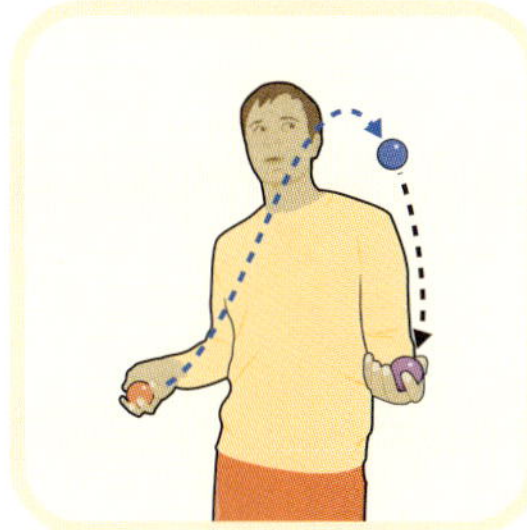

Hoe houd je alle ballen in de lucht? Oefen door één bal in een scheppende beweging in een achtvorm van hand naar hand te gooien. Het helpt ook de ballen een nummer te geven en tijdens het gooien "een, twee, drie" te roepen.

Een menselijke kanonskogel worden 496

Klim in een kanon.

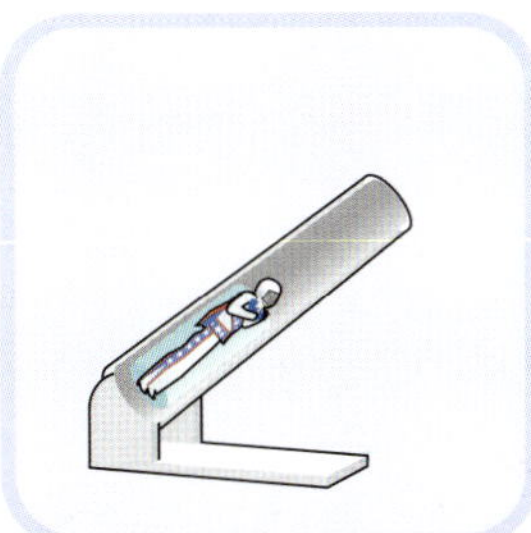

Ga in de loop liggen.

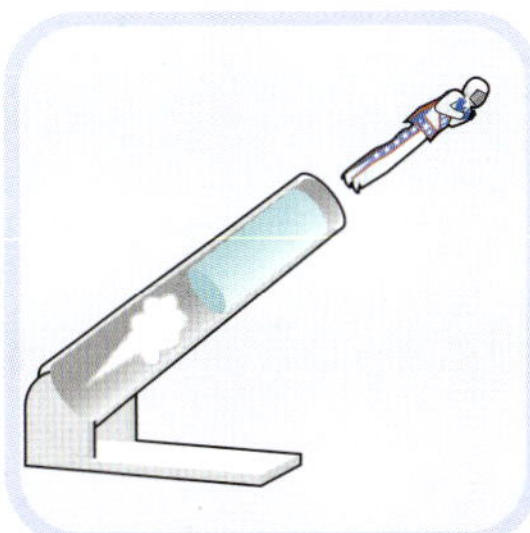

497 Een ollie maken als een pro

498 Een feeble grind wagen

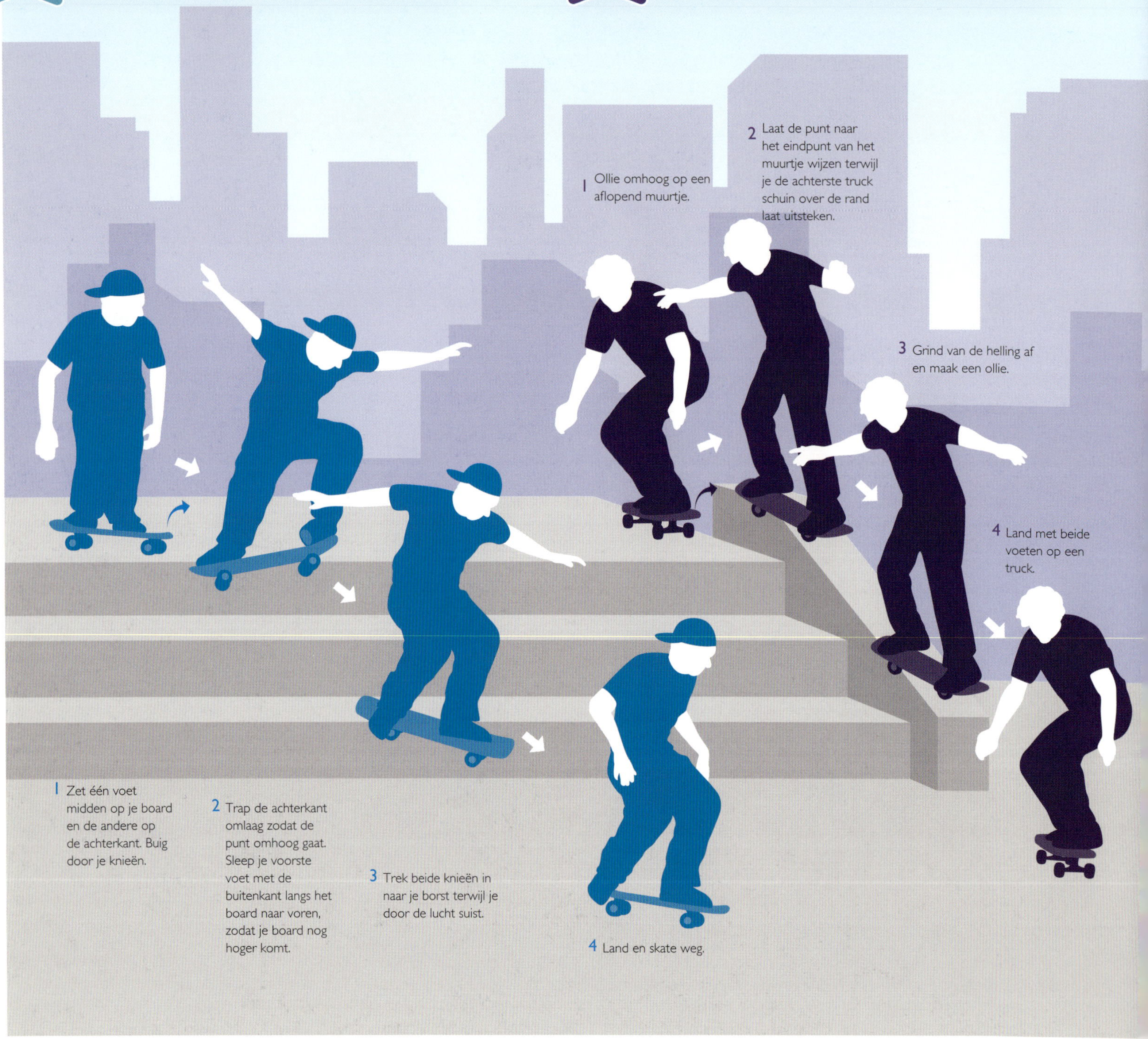

497

1 Zet één voet midden op je board en de andere op de achterkant. Buig door je knieën.

2 Trap de achterkant omlaag zodat de punt omhoog gaat. Sleep je voorste voet met de buitenkant langs het board naar voren, zodat je board nog hoger komt.

3 Trek beide knieën in naar je borst terwijl je door de lucht suist.

4 Land en skate weg.

498

1 Ollie omhoog op een aflopend muurtje.

2 Laat de punt naar het eindpunt van het muurtje wijzen terwijl je de achterste truck schuin over de rand laat uitsteken.

3 Grind van de helling af en maak een ollie.

4 Land met beide voeten op een truck.

Een 180-kickflip maken 499

1 Buig door je knieën voor een goede afzet.

2 Spring omhoog en trap met je achterste voet je board in een sick spin.

3 Houd beide voeten boven je board terwijl het draait. Houd je ogen op je board gericht.

4 Land met je voorste voet op de voorste truck en je achterste voet achter op je board.

Een handstand fingerflip maken 500

1 Doe een handstand. Grijp daarbij de zijkant van het board vast ter hoogte van beide trucks.

2 Buig je knieën en beweeg je benen snel naar beneden. Trek het board omhoog zodat het ronddraait.

3 Laat het board los terwijl het draait. Breng je benen onder je heupen.

4 Land met beide voeten boven een truck.

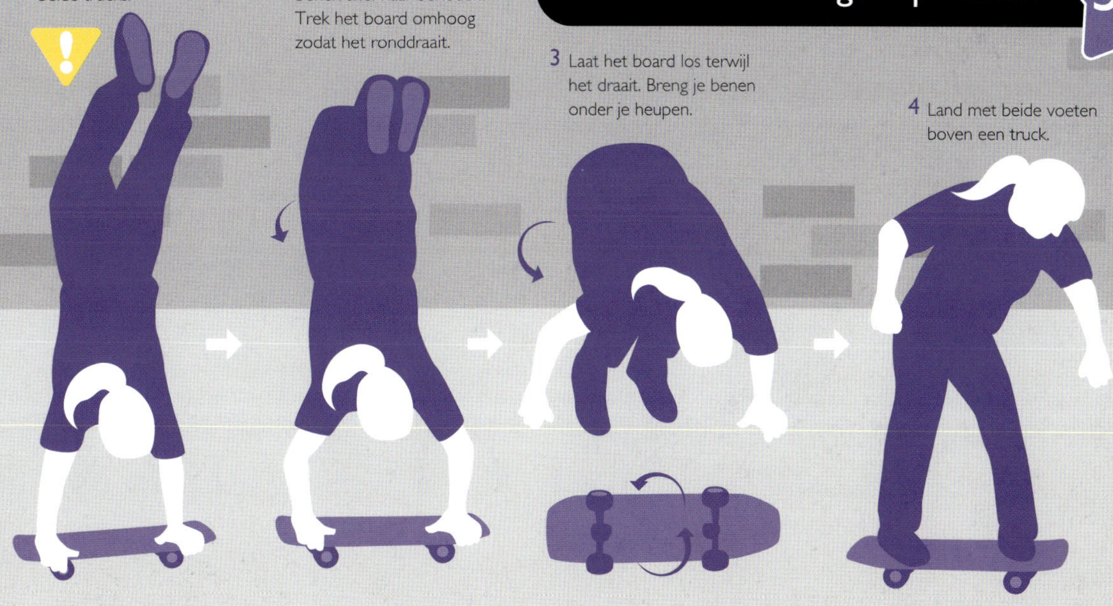

Ongezien afdrukken achterlaten 12

Benodigdheden

zaailingen	boek	blad	groenblijvende tak	kruiden	bloementape	datejime (kimonoceintuur)	crème de menthe	handdoek	kippenbouillon	koshi himo (kimonoceintuur)
aquariumplanten	wasco	rookfakkel	boom	hookah	bloemendraad	toner	lint	afplaktape	kom	ijswater
krekel	blikje	bananenblad	krokodil	schoonmaakmiddel	avocado	bandenplaksetje	hondentandpasta	vermout	hobbymesje	auto
olijf	wasabi	artisjok	sperziebonen	solutie	henna	muts	scherm	bellenblaassop	electriciteitsdraad	snowboard
olijfolie	citrusbomen	verf	kamerplant	decoratiegroen	norivellen	shisha (tabak)	papiergeld	water	verbandschaar	spons
nagellakremover	koriander	stekpoeder	bamboe	varen	rode wijn	stift	crèmespoeling	maismeel	emmer	granen
absint	munt	planten	bank	rozenstruik	bloemistendraad	pepermuntje	scheerkwast	ligstoel	elektratape	tandenborstel
limoen	tennisbal	shawl	waterspuit	lederhose	foto-emulsie	gemberbier	gieter	scheermesje	aquariumchemicaliën	zelftapschroeven
kerosine	sla	kam	gin	stof	komkommer	bloementape	styling lotion	netje	vis	plamuur
Spaanse peper	gekleurde klei	vihta	frisdrankflessen	toneelschmink	zeeoorschelp	krokodillenklemmetjes	massageolie	zeil(doek)	verfroller	jongleerballen

takkenschaar
hangmat
appel
nadenroller
heliumballonnen
lipgloss
jaarboek
tonijnsteak
plastic tassen
kalkoen
trui
zekering
dik penseel
salsa
pijptang
schaar
lippenstift
espressokopje
steak
ballon
marinade
knoop
skischoenen
aquariumstenen
nagellak
kreeft
mitella
lipliner
onderzetter
bloemen
kniebeschermers
snoepjes
plastic kralen
reverso
invetkwastje
voedselkleurstof
krab
lippenbalsem
tommesje
brandewijn
roos
plopper
nietpistool
ladder
flippers
behang
kersen
behangperforator
zwembroek
paletmes
pakje sigaretten
bessen
theedoek
ijzerzaag
lint
bed
inkt
popcorn
pilletje voor hond/kat
grenadine
draadschaar
gehakt vlees
obi (kimonoceintuur)
vloeibare latex
kajak
kabelstripper
spuitwater
wimperlijm
tomaat
schraper
nepworm
surfplank
antiaanbakspray
korset
trouwprogramma
laken
snoeischaar
jeans
strijkplank
brandblusapparaat
sokjes
hoofddoek
shirt
radijs
briefje
nagelvijl
slaapzak
veiligheidsspelden
decoratietape
kopspelden
paprika
modelleerballon
korsetveter
nepbloed
startkabels
wol
rouge
klei
schroevendraaier
ijskompres
draad
kers
dobber
pumps
tent
granaatappel
hulpstuk om tenen te scheiden
nagelriemolie
slaapmatje
aansteker
zoutoplossing
crêpepapier
plakband
pastabord
schoenpoetssponsje
natuurazijn
hoevenkrabber
kimono
kip
peddel
zijwieltjes

wortels
verzinkte lassoknoop
kit
rozijnen
turf
aardappel
speelgoeddino
gemberwortel
droogrek
hondenkoekje
bamboematje
sinaasappelsap
stok
kruidnagels
honkbalhandschoen
muddler
kokosnoot
vangnet
creditcard
pindakaas
honkbalknuppel
potgrond
zalmkaviaar
fakkel
specerijen
hark
oogschaduwborsteltje
houten plank
gitaar
suède
hekpalen
slang
zwaard
sinaasappel
drinkpot
dwangbuis
hamer
haarspelden
golftas
brandhout
schuurpapier
zachte borstel
verlengstuk verfroller
lijmapplicator
jojo
koperdraad
but
strijkstok
pollepel
elastische mortel
steunpaal
kartonnen doos
harde borstel
raam
satéprikker
koikarpers
strijkstokhars
kalf
boom met kale wortels
tondel
papieren tas
gevorkt takje
bloempot
deken
dennenappel
vloeibare gelatine
geraspte kaas
schatkist
wandelstok
blokje thee
snijplank
dun karton
tak
adobestenen
lamphouder
planken
benen spatel
glazen kralen
tondelzwam
bonen
chocoladereep
wateremmer
moker
watercracker
textielverf
ketel
bruine papieren zak
toiletrol
bloem
kamton
tafel
hoed
houten tang
figuurzaag
tortellinivulling
melktafel
touw
magnesiumpoeder
houten hamer
basketbal
haarborstel
sigaret
bier
dun penseel
twijndraad
surfwax
aas
koffiestamper
timmerhout
spatkleed
lucifer
hoevenvet
riem
eetstokjes
fotolijstje
plug
schoensmeer
samowaar
kattensnoepje
karton
koffiemok

rakel
knijper
zuiveringszout
citroen
babyshampoo
gloeilamp
bierdop
naaimachine
wattenbol
pvc-pijp
babybadje
lage pasteivorm
honkbal
metaalzoeker
telefoonboek
bij
sokken
verfroller
antibioticazalf
rijst
papier
golballen
elastiekje
schuimrubber
hars
boter
witte wijn
bijenwas
bladmuziek
theepot
kalkpoeder
houtsnippers
servet
stokje
tortilla's
stro
mango
champagne
strootjes
kaars
theekopje
katoenen luier
zeep
minirok
bloemtortilla
brood
aquariumthermometer
badeendje
biscuitjes
potloodstompje
obi makura
moisturizer
bierblikje
keukenpapier
witte lijm
bakstenenmal
babyvoeding
maisolie
citroensap
haarelastiekjes
papieren vlinder
zuurvrij papier
wattenstaafje
toiletpapier
scheerzeep
waterkoker
bloem
brooddeeg
ananas
jakboter
siroop
centimeter
votiefkaars
verband
kussen
kleefpleister
textiellijm
deegroller
pasteideeg
pil tegen zeeziekte
banaan
bel
zeefdrukframe
gaas
marshmallow
zoutstrooier
basket
rietjes
glazen laars
thee
Yerba Maté
stanleymes
eierverf
tandenstoker
krekelvoer
ui
peperstrooier
eieren
babybadschuim
pantykousen
hoeslaken
zand
wegwerphandschoen
borduurzijde
karnemelk
make-upsponsje
manicurestokje
suikerklontje
golfschoenen
fosfaat
scone
meetlint
taxi
schoenborstel
vaseline
pleister
T-shirt
nachtlampje
melatonine
melk
zeezout

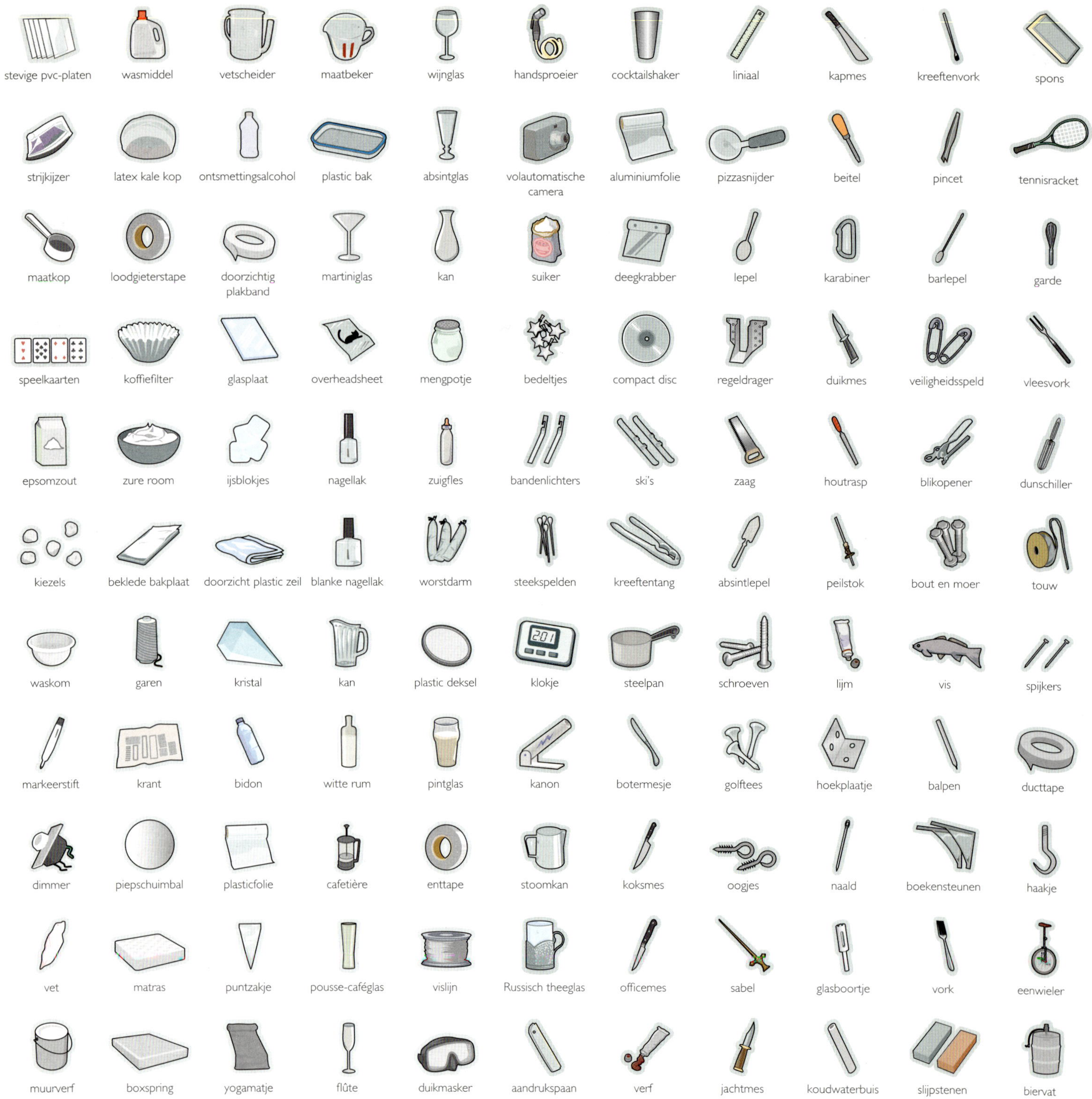
stevige pvc-platen
wasmiddel
vetscheider
maatbeker
wijnglas
handsproeier
cocktailshaker
liniaal
kapmes
kreeftenvork
spons
strijkijzer
latex kale kop
ontsmettingsalcohol
plastic bak
absintglas
volautomatische camera
aluminiumfolie
pizzasnijder
beitel
pincet
tennisracket
maatkop
loodgieterstape
doorzichtig plakband
martiniglas
kan
suiker
deegkrabber
lepel
karabiner
barlepel
garde
speelkaarten
koffiefilter
glasplaat
overheadsheet
mengpotje
bedeltjes
compact disc
regeldrager
duikmes
veiligheidsspeld
vleesvork
epsomzout
zure room
ijsblokjes
nagellak
zuigfles
bandenlichters
ski's
zaag
houtrasp
blikopener
dunschiller
kiezels
beklede bakplaat
doorzicht plastic zeil
blanke nagellak
worstdarm
steekspelden
kreeftentang
absintlepel
peilstok
bout en moer
touw
waskom
garen
kristal
kan
plastic deksel
klokje
steelpan
schroeven
lijm
vis
spijkers
markeerstift
krant
bidon
witte rum
pintglas
kanon
botermesje
golftees
hoekplaatje
balpen
ducttape
dimmer
piepschuimbal
plasticfolie
cafetière
enttape
stoomkan
koksmes
oogjes
naald
boekensteunen
haakje
vet
matras
puntzakje
pousse-caféglas
vislijn
Russisch theeglas
officemes
sabel
glasboortje
vork
eenwieler
muurverf
boxspring
yogamatje
flûte
duikmasker
aandrukspaan
verf
jachtmes
koudwaterbuis
slijpstenen
biervat

mobieltje
schuursponsje
pvc-tape
wielsleutel
skischoenen
haakje om sloten te openen
krultang
oude apple
draad
valse wimpers
vleugel
snoeischaar
theezeefje
haarborstel
b-2-blokken
schuimspaan
waterpas
haarspelden
fluitketel
fiets
hengel
nette schoenen
skistokken
lamp
bombilla
nagelknipper
keien
beits
plantschepje
make-upkwast
vogelspin
tondeuze
houtskool
ijsbijl
golfclub
klimschoenen
broek
vliegtuigstoel
inbussleutel
roskam
klimharnas
surfpak
usb-kabeltje
srl camera
muntstuk
lekpan
pétanqueballen
bakplaat
schroef
magneet
cocktailzeefje
horloge
zuurstoftank
klopboor
geisha-pruik
schop
krik
vleesthermometer
nageltang
kristaloortelefoon
breinaalden
stoel
waterkoker
zwemvest
lijmpistool
elpee
puimsteen
maatlepel
oester
ijsschep
paletmes
metalen kleerhanger
maliën
helm
autoband
usb-stick
magische items
buigtang
zeefje
tang
koekenpan
foam
punaise
espressomachine
oogschaduw
buigstrips
toiletontstopper
steen
garnaal
kelnersmes
thee
laptop
blikje
schroevendraaier
föhn
limousine
autosleutels
rubberen ring
douchekop
zwaaihaak
binnenbanden
ijsemmer
scheermes
entmesje
haarlak
hete kolen
mascara
koffiebonen
flacon
verfspuitbus
vleesmolen
koffiemolen
vishaakje
gordijnringen
vuilniszak
oogpotlood
batterij
rubberbuisje

Register

276

120

278

16

101

C

D

E

F

130

326

61

477

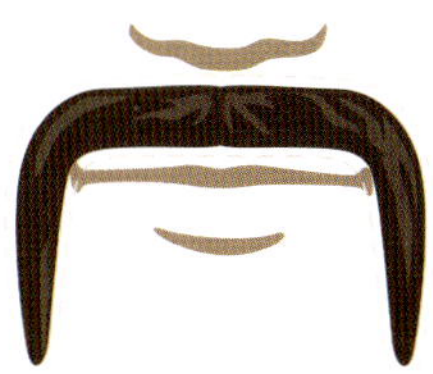
140

G

H

I

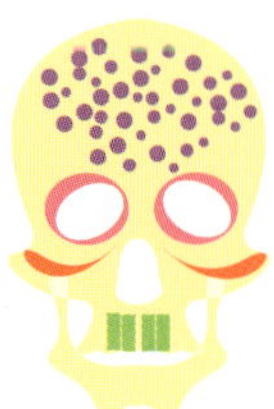
415

76

324

114

284

433

336

267

4

371

173

236

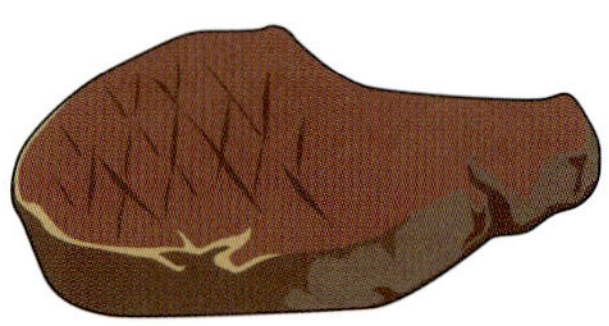
88

250

218

102

275

178

35

261

T

U

V

46

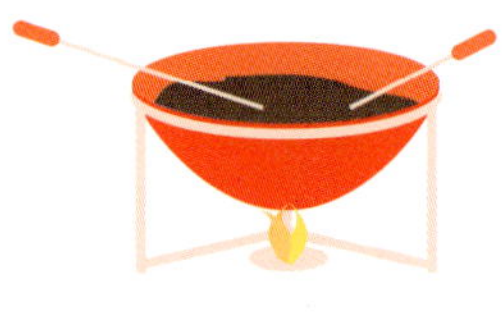
218

169

126

7

287

118

268

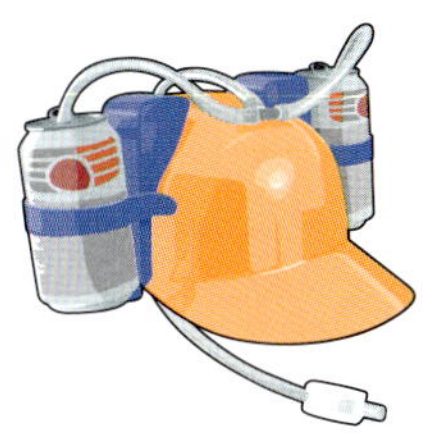
471

94

Zó doe je dat

John Owen.
Hoogvliegende directeur

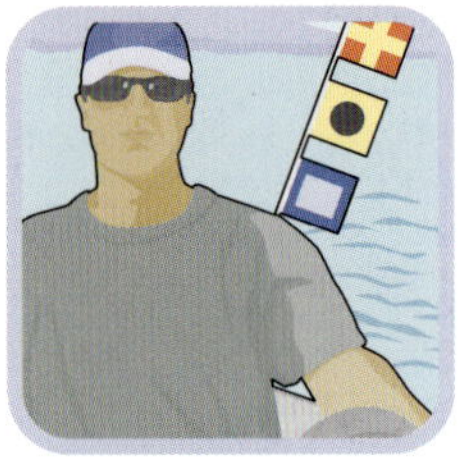

Terry Newell.
Zoutwater-CEO

Dawn Low
Gedreven verkoopdirecteur

Amy Kaneko.
Stijlvolle verkoopdirecteur

Stuart Laurence.
Surfend hoofd internationale verkoop

Kristine Ravn
Dieren minnende verkoopcoördinator

Roger Shaw.
Mixologische VP en uitgever

Mariah Bear.
Koelbloedige hoofdredacteur

Lucie Parker.
Zeevarende redacteur

Paula Rogers.
Vuurspuwende storyboard-redacteur

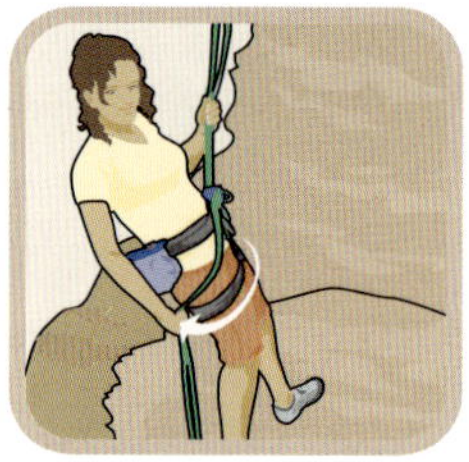

Sarah Gurman.
Bergbeklimmende assistent-redacteur

Mark Perrigo.
Handige financieel directeur

Gaye Allen.
VP met smaak; creative director

Kelly Booth.
Samba dansende artdirector

Britt Staebler.
Chique ontwerper en illustrator

Esy Casey.
Kosmische ontwerper

William Mack.
Designer vol trucs

Delbarr Navai.
Kiekjes makende ontwerper

Lauren Smith.
Creatieve woordvoerster

Derek Fagerstrom.
Zaagzingende woordvoerder

Oorspronkelijke uitgever:
Weldon Owen Inc., San Francisco
Oorspronkelijke titel: *Show me how*
© 2008 Weldon Owen Inc.
www.weldonowen.com

Nederlandstalige uitgave:
© 2008 Uitgeverij Terra Lannoo bv
Postbus 614
6800 AP Arnhem
info@terralannoo.nl
www.terralannoo.nl

Uitgeverij Terra maakt deel uit van de Lannoo-groep, België.

Redactie: Persklaar, Groningen
Vertaling: Elke Doelman, Ingrid Hadders, Kirsten Verhagen (voor Persklaar)
Opmaak: Scriptura, Westbroek

Printed in Singapore by Tien Wah

ISBN 978 90 5897 945 2
NUR 530

Derde druk, 2009

SHOW ME NOW™

A **Show Me Now** Book.
Show Me Now is a trademark of Weldon Owen Inc.
www.showmenow.com

Chris Hemesath
Basketballende productieleider

Michelle Duggan
Slalommende productiemanager

Teri Bell
Artistieke kleurenbaas

Charles Mathews
Onderhoudende productiecoördinator

Hayden Foell
Bier drinkende illustratiespecialist

Ross Sublett
Niet-dode illustratiespecialist

Matthew Borgatti.
Flitsende illustratiespecialist

Michael Alexander Eros.
Onbevreesde productieassistent

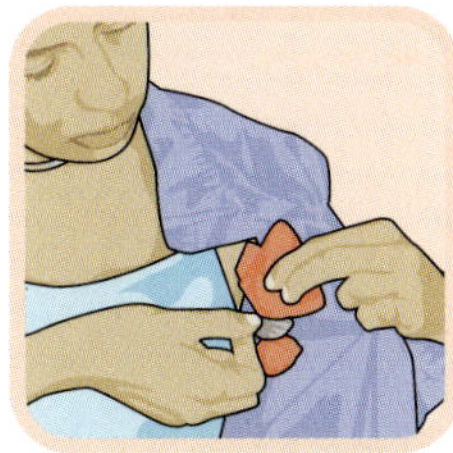

Brandi Valenza.
Fortuinlijke kunstredacteur

Juan Calle.
Gereanimeerde illustrator

Joshua Kemble.
Nachtbrakende illustrator

Vic Kulhin.
Jonglerende illustrator

Vincent Perea.
Honden trainende illustrator

Bryon Thompson.
Avontuurlijke illustrator

Otis Thomson.
Vaderlijke illustrator

Gabhor Utomo.
Mysterieuze illustrator

Tina Cash Walsh.
Mountainbikende illustrator

Mary Zins.
Doelgerichte illustrator

ILLUSTRATIEVERANTWOORDING: De illustraties in dit boek zijn het resultaat van echt teamwork. We bedanken al onze illustratoren.
Omslag voor: **Britt Staebler:** dansers, kameel, barkeeper **Juan Calle:** vlinderstrik, basketbalspeler **Mary Zins:** vuurspuwer **Bryon Thompson:** skateboarders.
Omslag achter: **Juan Calle:** geknoopt kersensteeltje, worm **Tina Cash Walsh:** mohawk, sabreren, baby **Bryon Thompson:** duikers.
Legenda ag=achtergrond, rd=rand, oml=omlijsting, ex=extra kunst.
Juan Calle: 16-18, 27, 28, 44, 81, 86, 150-156, 176, 187-188, 193-194, 258-259 oml, 277, 313-314, 317-318, 334, 347, 363-367, 387-391, 396-398, 412-414 oml, 435-438, 443-447, 460, 463-465, 470, 472. **Esy Casey:** 19 ex, 43, 126-127 ag, 241 ag, 256 ag, 258 ag, 354, 449. **Hayden Foell:** 210, 278 oml, 279. **Joshua Kemble:** 11 oml, 122-125, 191, 236-238 oml, 256-257 oml, 269-270, 315-316, 331-333, 335, 337-339, 340-343, 426-430, 451-452, 475-476, 490, 492. **Vic Kulhin:** 25-26, 29, 82, 98-101, 231, 241 oml, 252, 260-261bg, 384-385, 448, 461-462, 459, 491, 494-496. **William Mack:** openingsspreads van de hoofdstukken. **Vincent Perea:** 9 oml, 162-163, 180-182, 186, 280-281 oml, 283-284, 286, 289-290, 294, 296, 392, 394-395, 431-434, 439-42. **Britt Staebler:** 4, 9-11 ag, 10, 32, 35-38 ag, 39, 50, 55-56, 67, 68-69 ag, 76, 77, 77-79 ag, 84-85, 114, 116, 118-119, 120-121, 126-127, 133, 136-138, 171-174, 177, 184, 189-190, 197-200, 212-213, 218, 219-220, 233, 246-249, 250, 262, 268, 271-276, 278 ag, 303, 326-328, 336, 348, 353, 355-358, 370-371, 372, 375, 378-379, 386 oml, 406-408, 412-414 ag, 415, 455-457, 477, 478-480, 482. **Bryon Thompson:** 5-8, 59-62, 102-107, 140, 329-330, 359-362, 421-425, 453-454, 497-500. **Otis Thomson:** 113, 164, 226-228. **Wil Tirion:** 416, 420. **Gabhor Utomo:** 13, 15, 19, 20, 22, 24, 30-31, 33, 35-38 oml, 45-46, 51-53, 58, 73, 75, 87-89, 90, 92-93, 130, 142-143, 149, 185, 195, 224-225, 230, 234-235, 242, 244, 251, 263-264, 265-266, 280-282 ag. 282, 292, 295, 297, 307-311, 312, 319-325, 344-346, 351-352, 368, 373-374, 386 ag, 399-400, 409-411, 419, 458, 466-469 ag, 466, 471, 474, 483-486, 487-489. **Brandy Valenza:** 368-369 ag. **Tina Cash Walsh:** 2, 3, 12, 14, 21, 23, 34, 40-42, 47-49, 57, 63-66 oml, 68-72 oml, 74, 78-79 oml, 80, 83, 91, 94, 95-97, 108-112, 115, 117 oml, 128-129, 131-132, 134-135, 139, 141, 146-147, 157-161, 165-170, 175, 178-179, 183, 192, 203-206, 211, 216-217, 221-223, 236-238 ex, 239-240, 243, 253-255, 285, 287-288, 291, 298, 299-300, 302, 304-306, 349-350, 380-383, 401-405, 418. **Mary Zins:** 144-145, 148, 196, 214-215, 229, 232, 236 ex, 245, 260 oml, 265-267 ex, 267, 301, 393, 393 rd, 417, 467-469 oml, 473; 481, 493.

Hoe we het hebben gedaan

De illustraties in dit boek zijn gemaakt en bewerkt in Adobe Illustrator. Het gebruikte font is Gill Sans, ontworpen door Eric Gill in 1927. Dit veelzijdige en leesbare font was geïnspireerd op Edward Johnstons font Johnston voor de Londense metro, waaraan Gill als leerling van Johnston had gewerkt.

Onderzoek, verificatie en feitencontrole is verricht door een groot aantal experts en gepassioneerde beoefenaars. We bedanken met name Jennifer Newens en Hannah Rahill voor hun kookkennis, Lou Bustamante voor zijn mixadvies, Elizabeth Dougherty voor haar opvoedkundige inbreng, Jay Wiseman voor zijn eerstehulpaanwijzingen, Ronda Slota voor de yoga-instructies, Renee Myers voor de breidemonstraties, Khan 'Samoerai' Hasegawa van Café Abir voor zijn meesterlijke koffiekennis, Jan Egan voor haar kennis als verloskundige, Richard Troty voor de algemene savoir-faire, en Karen Perez voor de nautische feiten. Allerlei andere experts – in van alles en nog wat: van motoren tot minirokken – adviseerden brachten hun kennis in, waardoor dit boek enorm verbeterd is.

De meeste mensen die hebben meegewerkt aan dit boek, zijn op de vorige bladzijde afgebeeld. Anderen die een bijdrage hebben geleverd, zijn Christopher Davis, Stephanie Tang, Shelly Firth, Malin Westman en Scott Erwert. Susan Jonaitis gaf advies over het persklaar maken en Mike Bass zorgde ervoor dat de computers hun werk bleven doen. Iedereen bedankt!

Zo doe je dat

Denk je dat je een van de dingen in dit boek beter, sneller of slimmer kunt doen? Dan horen wij dat graag van je! Stuur je allerbeste ideeën* naar zodoejedat@terralannoo.nl en misschien gebruiken we jouw idee wel voor de volgende druk van dit boek. Stuur ons foto's en/of een video en wie weet ziet de hele wereld dan hoe jij ons laat zien hoe je dat doet.

* En misschien ook je op een na beste ideeën.